Das Problem der Finanzierung von UN-Friedensoperationen

INTERNATIONALE BEZIEHUNGEN

Herausgegeben von Klaus Hüfner

Band 8

PETER LANG
Frankfurt am Main · Berlin · Bern · Bruxelles · New York · Oxford · Wien

Klaus Johannes Müller

Das Problem der Finanzierung von UN-Friedensoperationen

Die Rolle der USA und ein Ausweg über den Kapitalmarkt

PETER LANG
Europäischer Verlag der Wissenschaften

Bibliografische Information Der Deutschen Bibliothek
Die Deutsche Bibliothek verzeichnet diese Publikation in der Deutschen Nationalbibliografie; detaillierte bibliografische Daten sind im Internet über <http://dnb.ddb.de> abrufbar.

Zugl.: Berlin, Freie Univ., Diss., 2004

D 188
ISSN 0941-3669
ISBN 3-631-53660-7

www.peterlang.de

Meinen Eltern

Auf diesem Wege möchte ich mich bei meinem Doktorvater, Herrn Professor Dr. Hüfner, herzlich für alles bedanken, was er trotz widriger Umstände für mich und die vorliegende Arbeit getan hat; eine solche Unterstützung und Geduld, die ich bei ihm erfahren habe, dürfte in der akademischen Welt selten anzutreffen sein.

Danken möchte ich außerdem vor allem Herrn Dr. Martin Wündisch, ohne den diese Arbeit nicht entstanden wäre.

Darüber hinaus gilt mein besonderer Dank Frau Constanze Wiedemann, Frau Kaniowska-Zitz und Frau Dr. Martina Späth, Herrn Dr. Klaus-Jürgen Siewert und meinem Vater Wolfgang Müller für die Diskussionen, Hinweise und Korrekturen.

Inhaltsverzeichnis

Verzeichnis der Abbildungen

Verzeichnis der Tabellen:

Verzeichnis der Abkürzungen

ABS .... Asset Backed Security/Asset Backed Securities
ACABQ .... Advisory Committee on Administrative and Budgetary Questions
AP .... Associated Press
Art.. Artikel
ASEAN.................................. Association of Southeast Asian Nations
BSP....................................... Bruttosozialprodukt
bzgl. .... bezüglich
CDS .... Credit Default Swap
CIPA..................................... Contributions to International Peacekeeping Activities
CIS.. Commonwealth of Independent States
CPI.. Consumer Price Index
CPC .... Committee for Programme and Co-ordination
CoC....................................... Committee on Contributions
dcf... Discount factor
DKPO .... Department of Peacekeeping Operations
DPA .... Department of Political Affairs
ECOWAS.............................. Economic Community of West African States
ECPS .... Executive Committee on Peace and Security
EISAS................................... ECPS Information and Strategic Analysis Secretariat
EU... Europäische Union
EUR .... Euro
FALD .... Field Administration and Logistics Division
FN... Fußnote
FT .... Financial Times
FX... Foreign Exchange
ggf... gegebenenfalls
GAO .... General Accounting Office
GAOR................................... General Assembly Official Records
GIS .... Geographic Information System
GPF....................................... Global Policy Forum
i.d.R. .... in der Regel
i.H.d. .... in Höhe der
i.H.v. .... in Höhe von
i.V.m. .... in Verbindung mit
ICJ .... Internations Court of Justice
IGH....................................... Internationaler Gerichtshof
IMTF .... Integrated Mission Task Force
IT .... Informationstechnologie
ITSD .... Information Technology Services Division
IWF....................................... Internationaler Währungsfond
KSZE.................................... Konferenz für Sicherheit und Zusammenarbeit in Europa
Mio. .... Millionen
Mrd. .... Milliarden
MNF .... Multinational Force
m.a.W. .... mit anderen Worten
NATO................................... North Atlantic Treaty Organisation
NGO .... Non-Governmental Organisation
NYT...................................... New York Times
OAS .... Organisation of American States
OIOS.................................... Office of Internal Oversight Services

ONUC .... Opération des Nations Unies au Congo
OSZE .... Organisation für Sicherheit und Zusammenarbeit in Europa
OTC .... Over the Counter
P-5 .... Permanent Five
POE .... Peace Operations Extranet
PDD .... Presidential Decision Directive
PLO .... Palestine Liberation Organisation
Rdnr. .... Randnummer
S. .... Seite
s. .... siehe
s.o. .... siehe oben
s.u. .... siehe unten
sog. .... sogenannt
SPV .... Special Purpose Vehicle
SWAPO .... South West Africa People's Organisation
u.a. .... unter anderem
u.U. .... unter Umständen
UN .... United Nations
UNEF .... United Nations Emergency Force
UNESCO .... United Nations Educational, Scientific and Cultural Organisation
UNIDO .... Industrial Development Organisation
UNLB .... United Nations Logistic Base
UNMOGIP .... United Nations Military Observer Group in India and Pakistan
UNOSOM .... United Nations Operation in Somalia
UNPROFOR .... United Nations Protection Force
UNSF .... United Nations Security Force in West New Guinea (West Irian)
UNTEA .... United Nations Temporary Executive Authority
UNTAES .... United Nations Transitional Administration for Eastern Slavonia, Baranja and Western Sirmium
UNTSO .... United Nations Truce Supervision Organisation
USD .... United States Dollars
USG .... Under-Secretary General
USUN .... United States Missions to the United Nations
Vgl. .... Vergleiche
VR .... Volksrepublik
WEU .... Western European Union
WFA .... World Federalist Association
WP .... Washington Post
WT .... Washington Times
z.T. .... zum Teil
z.Zt. .... zur Zeit

1 Einleitung

Als die Gründungsstaaten zum Ende des Zweiten Weltkriegs die Verhandlungen über die Ausgestaltung der Charta der Vereinten Nationen (UN) führten, dominierte der Wunsch nach einer neuen Weltordnung die Überlegungen. Die Erhaltung internationalen Friedens und Sicherheit sollte durch eine Organisation weltweit gewährleistet, zumindest maßgeblich unterstützt werden. Bei der Gestaltung dieser Organisation wirkten die damals unmittelbar vorangegangenen Erfahrungen der Entstehung und der Dynamik des zweiten Weltkriegs, das Scheitern des Völkerbunds und die in der Gründungsphase vorherrschenden weltpolitischen Verhältnisse sowie die Annahmen zu deren Entwicklung ein. Unter den zu bestimmenden Regularien für die UN befanden sich auch die Regeln bezüglich der Finanzierung der Aufgaben der Organisation, die sich aus deren Zweck ergaben[1].

Von Anfang an verwendeten Staaten den Umgang mit der finanziellen Ausstattung als Instrument, um ihrem jeweiligen politischen Willen Ausdruck zu verleihen. Mal wurden Beiträge von Nichtmitgliedern als Zeichen ihres guten Willens freiwillig geleistet, mal wurden Beitragszahlungen verweigert oder in unzulässiger Weise verrechnet, meist um dem Unwillen zur Zustimmung zu einer beschlossenen Maßnahme oder der Vorgehensweise der Organisation im allgemeinen Ausdruck zu verleihen. Insgesamt erwuchsen und erwachsen der UN-Organisation aus dem Zahlungsgebaren ihrer Mitglieder immer wieder finanzielle Schwierigkeiten, die nicht selten existenzbedrohende Ausmaße annahmen und immer noch annehmen.

Diese Arbeit konzentriert sich auf die Finanzierung der UN-Friedensoperationen. Diese Friedensoperationen sollen mit unmittelbarer Wirkung dem Ziel der Organisation dienen, den Weltfrieden und die internationale Sicherheit zu gewährleisten. Die Unmittelbarkeit der Wirkung ergibt sich aus der Tatsache, daß in Situationen, in denen Friedenstruppen entsendet werden, der Frieden meist bereits in ernsthaftem Ausmaß durch Gewaltanwendung gefährdet oder gebrochen worden ist und Kampfhandlungen im Gange sind. Aus völkerrechtlicher Sicht besteht zweifellos die Pflicht für die Mitgliedstaaten, die aus den beschlossenen Maßnahmen resultierenden finanziellen Lasten zu tragen. Daher beschäftigt sich die Arbeit insbesondere mit der Frage, aus welchem

---

[1] An dieser Stelle sei darauf hingewiesen, daß hier die Begriffe „UN" und „UN-Organisation" nicht synonym verwendet werden; die Unterscheidung ist im Gegenteil sehr wichtig: Die UN-Organisation stellt einen Verwaltungsapparat dar, er besteht aus den Mitarbeitern, die im Rahmen der einschlägigen Gesetze, Regeln und Strukturen zur Erreichung der gesetzten Ziele arbeiten. Demgegenüber geben die Mitgliedstaaten diese Ziele vor und entscheiden über die Ressourcen; sie bilden also in ihrer Summe und unter den gültigen Entscheidungsregeln den Willen der UN. Ist also in der vorliegenden Arbeit von der „UN-Organisation" die Rede, geht es um die Organisation hinsichtlich ihrer organisatorischen Aspekte, während bei den „UN" die Summe der politisch Handelnden aus dem Kreise der Mitgliedstaaten gemeint sind.

2 UN-Friedensoperationen: Historische Entwicklungen und Status Quo

Dieses Kapitel liefert eine weitgefaßte Beschreibung der UN-Friedensoperationen. Zum einen wird der völkerrechtliche Standort der Missionen umschrieben. Funktionen und Kosten der UN-Friedensoperationen werden erläutert, um anschließend die institutionalisierten Wege ihrer Finanzierung aufzuzeigen. Die juristische Grundlage findet sich wiederum in der UN-Charta. Darauf aufbauend wird zunächst die Mittelausstattung und -verteilung des ordentlichen Haushalts beschrieben, da sie die Grundlage auch für den Umgang mit den Kosten wegen Friedensoperationen bildet. Darauf folgt die Erläuterung der Prozesse der Lastenverteilung und der Mittelzuweisung bei Friedensoperationen, die sich aufgrund der Unvorhersehbarkeit und des Projektcharakters vom Prozeß des ordentlichen Haushalts unterscheidet. Der Abschnitt schließt mit der Schilderung der Finanzierungsschwierigkeiten, die sich im Verlauf der Zeit seit der ersten Friedensoperationen ergeben haben, deren Ursachen sowie Wegen zu deren Lösung bzw. Überbrückung, die beschritten wurden.

2.1 UN-Friedensoperationen

Eine exakte Beschreibung dessen, was als UN-Friedensoperation gilt, fällt schon deshalb schwer, weil in den Völkerrechtsnormen keine Definition dieses Mittels des sicherheitspolitischen Instrumentariums der UN zu finden ist. Ausgangspunkt für eine Eingrenzung ist die Positionierung der Friedensoperationen zwischen Kapitel VI und VII der Charta – jener Kapitel, welche die zentralen Regeln für internationale Streitigkeiten enthalten. Darauf folgt eine Beschreibung der Aufgaben, die Friedensoperationen im Verlauf ihrer Geschichte – also praktisch seit Bestehen der UN – wahrgenommen haben. Ein Blick auf die den Mitgliedstaaten im Zusammenhang mit der Durchführung von Friedensoperationen entstandenen Kosten schließt die Beschreibung ab.

2.1.1 Völkerrechtliche Aspekte der Friedensoperationen

Der rechtliche Charakter der UN-Friedensoperationen bedarf im Zusammenhang mit ihrer Finanzierung v.a. deshalb einer Erörterung, weil er die Frage der Kompetenz zur Mittelbeschaffung und die der Verteilung auf die Mitglieder der Organisation impliziert. Die Friedensoperationen finden keine direkte Erwähnung in der Charta; sie erfüllen weder die im Kapitel VII der Charta aufgeführten Vorschriften für Zwangsmaßnahmen zum militärischen Durchsetzen der Anordnungen des Sicherheitsrats in Fragen von Weltfrieden und internationaler Sicherheit, noch handelt es sich um Kapitel-VI-Maßnahmen der Organisation zur Beilegung von den Weltfrieden und die internationale Sicherheit gefährdenden Konflikten, die als Instrumentarium ausschließlich auf friedliche Aktivitäten zurückgreifen, wie Verhandlungen, Vermittlung oder Beratung durch Organe der UN. Dag Hammarskjöld hat für den rechtlichen Standort den Begriff

„Chapter 6 and a half" geprägt[2]; dies weist hin sowohl auf den inhaltlichen Charakter der Friedensoperationen als auch auf deren problematische völkerrechtliche Einordnung in die Charta-Bestimmungen.

In der Praxis der Durchführung der Friedensoperationen kam es von Beginn an zu Abgrenzungsschwierigkeiten zu Maßnahmen der Kapitel VI und VII, die insbesondere dann problematisch wurden, wenn es im Verlauf der Mission zu Verschiebungen in Richtung des Kapitels VII kam, die Mission also zeitweise Zwangscharakter annahm. Nach Beendigung des Ost-West-Konflikts häuften sich solche Verschiebungen, was dazu führte, daß viele Beobachter Klassifizierungen der Friedensoperationen vornahmen. Auf diesen Aspekt wird ausführlicher im Unterabschnitt „Funktionen von Friedensoperationen" eingegangen.

Um den völkerrechtlichen Charakter der Missionen etwas deutlicher zu machen, werden im folgenden die durch die Charta vorgesehenen Instrumente zur Wahrung von Weltfrieden und internationaler Sicherheit beschrieben; daran schließt sich die Beurteilung der Rechtsstellung der Friedensoperationen im Lichte der beiden genannten Kapitel der Charta an.

2.1.1.1 Die friedliche Beilegung von Streitigkeiten - das Kapitel VI der Charta

Das sechste Kapitel der UN-Charta kodifiziert die Prinzipien sowie die Handlungsoptionen und -kompetenzen der UN im Rahmen einer friedlichen Beilegung von Streitsituationen im internationalen Kontext. Das Kapitel umfaßt die Artikel 33 bis 38. Der erste Artikel des Kapitels VI betont die Priorität der Bemühungen der Streitparteien zur Beilegung ihres Streits im Verhältnis zu den Eingriffsmöglichkeiten der UN-Organe. Alle Handlungen von Sicherheitsrat oder Generalversammlung unter Kapitel VI beschränken sich auf Empfehlungen, welche die Adressaten der Empfehlung nicht rechtlich binden; die einzige Ausnahme macht in diesem Punkt der Art. 34 Charta.

Artikel 33[3]

1. Die Parteien einer Streitigkeit, deren Fortdauer geeignet ist, die Wahrung des Weltfriedens und der internationalen Sicherheit zu gefährden, bemühen sich zunächst um eine Beilegung durch Verhandlung, Untersuchung, Vermittlung, Vergleich, Schiedsspruch, gerichtliche Entscheidung, Inanspruchnahme regionaler Einrichtungen oder Abmachungen oder durch andere friedliche Mittel eigener Wahl.

2. Der Sicherheitsrat fordert die Parteien auf, wenn er dies für notwendig hält, ihre Streitigkeit durch solche Mittel beizulegen.

Artikel 33 Charta konkretisiert die in Art. 2 III Charta bereits in allgemeiner Form beschriebene eigene Verantwortung der Staaten zur friedlichen Beilegung von Streitigkeiten, indem er in seinem ersten Absatz beispielhaft Mittel aufzählt, die zur Erfüllung dieser Pflicht benutzt werden können. Die Verantwortung zur friedlichen Beilegung der Streitigkeit ist mit der Kodifizierung in der Charta

---

[2] Zitiert in Hüfner, Klaus, "Die Vereinten Nationen und ihre Sonderorganisationen (3A)", Bonn, 1997, S. 119.

[3] Vgl. zu Art. 33 Charta: Tomuschat, Christian, "Article 33", in: Simma, Bruno, "The Charter of the United Nations", München, 2002, S. 583-594.

rechtlich bindend. Es genügt ihrer Verantwortung nicht, wenn sich eine am Streit beteiligte Partei nur passiv verhält; vielmehr muß sie in Verhandlungen eintreten und sich dort aktiv um eine Lösung des Konflikts bemühen.

Dabei wird in Art. 33 I Charta die Natur des Konfliktes benannt und damit eine Schwelle für ggf. unter Kapitel VI erforderliche Handlungen durch jeweils kompetente Organe der UN definiert[4]: es handelt sich um solche Streitigkeiten, die bei Fortdauer zu einer Gefährdung von Weltfrieden und internationaler Sicherheit führen können. In diesem Zusammenhang gilt es, das Wesen der in Art. 33 I bezeichneten „Streitigkeit" zu identifizieren. Die Auffassung der angesprochenen Gefährdung des Friedens muß mit jener in den Artikeln 24 und 39 Charta übereinstimmen.

Bis zum Ende des Kalten Kriegs wurde überwiegend der negative Friedensbegriff als Definition verwendet, also die Abwesenheit von Intervention und Waffengewalt zwischen Staaten. Seit Mitte der 90er Jahre allerdings hat sich eine breitere Definition des Begriffs durch konsistente Behandlung durch den Sicherheitsrat gebildet. Dadurch werden auch Situationen der Anarchie und der Gesetzlosigkeit erfaßt. Der Ansatzpunkt für eine solche weitere Definition, die im Widerspruch zu Art. 2 VII Charta zu stehen scheint, bildet die Gefahr, daß eine Situation der Gesetzlosigkeit auf die internationale Ebene überzugreifen droht.

Im Bezug auf den Begriff „Streitigkeiten" im Art. 33 Charta ist es wichtig, zwischen Streit unter zwei oder mehreren Parteien einerseits und einer angespannten Situation andererseits zu unterscheiden. Aus dieser Differenzierung ergeben sich unterschiedliche Konsequenzen für prozedurale Fragen und Handlungskompetenzen der UN-Organe. Art. 33 Charta beschränkt sich auf Streitigkeiten, also spezielle Spannungssituationen, in denen eine Partei etwas fordert, was die andere Partei zurückweist. Da Art. 36 und 37 Charta auf Art. 33 I verweisen, ergeben sich dort die entsprechenden Konsequenzen.

Die Verantwortung für die friedliche Beilegung von Streitigkeiten, die in Art. 33 Charta formuliert wird, betrifft sowohl die Mitglieder der UN als auch Nichtmitglieder und ggf. nicht-staatliche Einheiten, wie z.B. De-facto-Regime oder Befreiungsbewegungen.

Die in Art. 33 I Charta aufgezählten Maßnahmen enthalten im einzelnen Anforderungen, die erfüllt sein müssen, damit man davon ausgehen kann, daß die am Streit beteiligten Parteien ihrer in Art. 33 I bezeichneten Verpflichtung wirksam nachgekommen sind[5]; die Aufzählung schließt die Anwendung anderer Mittel nicht aus.

---

[4] Dies betrifft aber nicht Handlungen gem. Art. 38 Charta.

[5] Vgl. zu allen in Art. 33 Charta beschriebenen Mitteln Tomuschat, Christian, "Article 33", in: Simma, Bruno, "The Charter of the United Nations", München, 2002, S. 588ff, Rdnrn. 26-34; dort wird auch das nicht in der Aufzählung enthaltene Mittel der „Guten Dienste" beschrieben, dessen sich häufig der Generalsekretär bedient: ein Dritter versucht in einem Streit die Parteien erstmals oder wieder zu Verhandlungen zu bewegen, ohne selbst daran

Artikel 34[6]
Der Sicherheitsrat kann jede Streitigkeit sowie jede Situation, die zu internationalen Reibungen führen oder eine Streitigkeit hervorrufen könnte, untersuchen, um festzustellen, ob die Fortdauer der Streitigkeit oder der Situation die Wahrung des Weltfriedens und der internationalen Sicherheit gefährden könnte.

Die einzige Bestimmung im Kapitel VI, die dem Sicherheitsrat eine über nichtbindende Empfehlungen hinausgehende Autorität einräumt, ist Art. 34 Charta. Dieser Artikel führte in den Vorschlägen von Dumbarton Oaks[7] das Kapitel sogar an; man entschied sich aber in San Francisco[8], die primäre Verantwortung der am Streit beteiligten Parteien hervorzuheben und setzte deshalb den Art. 33 Charta an die Spitze.

Sinn des Art. 34 Charta ist es, dem Sicherheitsrat die Möglichkeit zu geben, die Qualität des Streits bzw. der kritischen Situation zu analysieren, um aus dieser Erkenntnis heraus angemessene Maßnahmen ableiten zu können. Interessant ist dabei, daß im Unterschied zu Art. 33 I Charta auch eine *Situation* „..., die zu internationalen Reibungen führen oder eine Streitigkeit hervorrufen könnte..." untersucht werden kann. Während dem Begriff „Streitigkeit" sinnvollerweise dieselbe Definition zugewiesen werden kann wie in Art. 33 I Charta, stellt sich die Frage, was eine „Situation" i.S.d. Art. 34 Charta darstellen kann. Der Ansicht, daß eine Situation i.S.v. Art. 34 Charta eine solche sein müßte, die Weltfrieden und internationale Sicherheit bereits gefährdet, ist sicherlich auszuschließen, da es gerade die Absicht von Art. 34 Charta ist, u.a. dies nachzuprüfen. Schweisfurth definiert diese Situation als „...die Summe aller Ereignisse, Umstände und Beziehungen zwischen den am Streit Beteiligten...". Dabei bezieht sich diese Feststellung nicht auf eine allgemeine Weltlage, sondern auf eine konkrete, besondere Situation. Mit dieser Definition findet sich auch eine Eingriffsmöglichkeit für den Sicherheitsrat unter Art. 34 Charta für Fälle, in denen die Spannungen zunächst nur interner Natur sind; in solchen Fällen aber, in denen keinesfalls zu erwarten ist, daß der Konflikt auf die internationale Ebene getragen wird, greift der Schutz der nationalen Souveränität gem. Art. 2 VII, und es kann infolgedessen keine Anwendbarkeit des Art. 34 Charta gegeben sein [9].

---

teilzunehmen; dort werden auch andere Wege wie Schiedsstellen und Initiativen von regionalen Organisationen skizziert.

6 Vgl. zu Art. 34 Charta: Schweisfurth, Theodor, "Article 34", in: Simma, Bruno, "The Charter of the United Nations", München, 2002, S. 594-608.

7 Auf der Konferenz von Dumbarton Oaks (21.08.-07.10.1944) befaßten sich Vertreter der Vereinigten Staaten, Großbritanniens, der UdSSR und Chinas mit Satzung und Institutionen der geplanten Weltorganisation.

8 San Francisco war vom 25.4. bis 25.6.1945 Tagungsort zur Gründung der UN, an der Delegierte von 50 Staaten teilnahmen.

9 Das Problem der Abgrenzung der nationalen und internationalen Sphäre im Bezug auf Friedensbruch und Gefährdung der Sicherheit hat sich mit dem Ende des Ost-West-Konflikts stark vertieft. Mittlerweile kann als gesichert gelten, daß massive Menschenrechtsverletzungen innerhalb eines souveränen Staates und die faktische Abwesenheit staatlicher Autorität und administrativer Strukturen ein Eingreifen der UN

Art. 34 Charta ermächtigt ausdrücklich den Sicherheitsrat, Untersuchungen durchführen zu können. Dies bedeutet aber weder, daß der Sicherheitsrat zur Durchführung von Untersuchungen ausschließlich auf den Art. 34 Charta angewiesen wäre, noch, daß kein anderes Organ Untersuchungen vornehmen könnte, d.h. der Sicherheitsrat das exklusive Recht zur Durchführung von Untersuchungen hätte. Der Sicherheitsrat kann auch andere Charta-Bestimmungen verwenden, um dies zu tun[10], und die Generalversammlung bzw. der Generalsekretär sind zur Erfüllung ihrer Aufgaben ebenfalls auf das Mittel der Untersuchung angewiesen, und man wird ihnen implizite Ermächtigungen dazu zugestehen müssen[11].

Es werden relativ geringe Anforderungen an die Voraussetzungen für die Anwendung von Art. 34 Charta gestellt; schließlich besteht der Zweck darin, das Vorliegen der Voraussetzungen für andere Regelungen der Charta überhaupt erst zu verifizieren bzw. zu finden. So ist es insbesondere nicht notwendig, daß die betroffenen Staaten bereits Bemühungen unternommen haben, um ihrer Verpflichtung zur friedlichen Beilegung des Streits nachzukommen. Der Sicherheitsrat muß auch nicht von Staaten dazu aufgefordert werden, sich der Sache anzunehmen. Somit wird durch Art. 34 Charta die allgemeine Regel im Kapitel VI durchbrochen, daß der Sicherheitsrat nicht initiativ werden kann, bis die am Streit beteiligten Parteien selbst aktiv geworden sind und mit ihren Bemühungen gescheitert sind.

Bei den Untersuchungen i.S.d. Art. 34 Charta handelt es sich nicht einfach um die üblichen Erwägungen und Diskussionen während einer Sitzung des Sicherheitsrats; auch die Sammlung von Informationen über den Streit bzw. die Situation über die diplomatischen Kanäle durch Sicherheitsrat-Mitglieder ist nicht gemeint. Bei Untersuchungen im Sinne des Artikels handelt es sich nicht um eine allgemeine Autorisierung des Sicherheitsrats, Untersuchungen durchzuführen, sondern um bestimmte Prozeduren mit dem Ziel, definierte Sachverhalte zu klären, denen eine formale Entschließung des Sicherheitsrats vorausgegangen ist, in denen diese Elemente genannt werden. Dabei gilt als leitendes Prinzip der Zweck des Art. 34 Charta, nämlich Klarheit über die Natur des Konfliktes zu erlangen. Somit können Inhalt der Untersuchung sowohl die aktuellen Vorgänge sein als auch die Klärung der Gründe für den Konflikt bzw. die Situation. Die Organisation der Untersuchung kann unterschiedliche Formen annehmen, z.B. kann der Sicherheitsrat sich zu diesem Zweck ein Hilfsorgan einrichten (s.

---

begründen können (s. dazu auch oben zu Art. 33 Charta und ausführlicher in 2.1.2 Funktionen von Friedensoperationen). Dies ändert jedoch nichts am Prinzip der durch Art. 2 VII Charta kodifizierten nationalen Souveränität.

10 Z.B. unter Art. 39 Charta; vgl. Schweisfurth, Theodor, "Article 34", in: Simma, Bruno, "The Charter of the United Nations", München, 2002, S. 595f, Rdnr. 4.

11 Siehe „Declaration on Fact-finding by the United Nations in the Field of Maintenance of International Peace and Security“ ("Declaration on Fact-finding by the United Nations in the Field of Maintenance of International Peace and Security", GV-Res. A/Res/46/59, 09.12.1991).

Art. 29 Charta), oder er kann den Generalsekretär mit der Untersuchung beauftragen.

Wie bereits oben gesagt, hat die Entscheidung des Sicherheitsrats zur Durchführung einer Untersuchung unter Art. 34 Charta bindenden Charakter. Diese Bindung erklärt sich aus der allgemeinen Pflicht der Staaten, „...die Beschlüsse des Sicherheitsrats im Einklang mit dieser Charta anzunehmen und durchzuführen." (Art. 25 Charta)[12]. Damit besteht keine Notwendigkeit der Zustimmung der betroffenen Staaten zu der Untersuchung. Entschließt sich aber der Sicherheitsrat oder ein anderes berechtigtes Organ (Generalsekretär oder Generalversammlung) zur Durchführung einer Untersuchung auf Grundlage anderer Regeln als Art. 34 Charta, muß die Zustimmung der Staaten vorliegen.

Ist die Untersuchung gem. Art. 34 Charta abgeschlossen, ist der Sicherheitsrat zu weiteren, in Entsprechung zu den Untersuchungsergebnissen entscheidenden Schritten gezwungen; er kann dann erneute Untersuchungen nur auf andere Bestimmungen der Charta stützen.

Artikel 36[13]

1. Der Sicherheitsrat kann in jedem Stadium einer Streitigkeit im Sinne des Artikels 33 oder einer Situation gleicher Art geeignete Verfahren oder Methoden für deren Bereinigung empfehlen.

2. Der Sicherheitsrat soll alle Verfahren in Betracht ziehen, welche die Parteien zur Beilegung der Streitigkeit bereits angenommen haben.

3. Bei seinen Empfehlungen auf Grund dieses Artikels soll der Sicherheitsrat ferner berücksichtigen, daß Rechtsstreitigkeiten im allgemeinen von den Parteien dem Internationalen Gerichtshof im Einklang mit dessen Statut zu unterbreiten sind.

Die durch Art. 36 Charta gegebene Eingriffsmöglichkeit des Sicherheitsrats in Streitigkeiten i.S.d. Art. 33 I Charta bezieht sich auf die unverbindliche Empfehlung zur Methode der Streitbeilegung. Die Voraussetzung für die Anwendung des Art. 36 Charta besteht nicht nur im Vorliegen eines Streits i.S.d. Art. 33 I Charta, sondern darüber hinaus eine „Situation" ähnlicher Natur („...of like nature..."). Bei der Frage, was unter einer solchen „situation of like nature" verstanden werden muß, gilt es, die enge inhaltliche Verbindung zwischen Art. 34 Charta und Artn. 36 und 37 Charta zu beachten. Die inhaltliche Verknüpfung der genannten Artikel resultiert aus der Tatsache, daß es nur dann Sinn machen kann, eine Untersuchung i.S.d. Art. 34 Charta durchzuführen, wenn man als Folge der Untersuchungsergebnisse i.S.d. Art. 36 oder 37 eingreift. Diese Überlegung legt nahe, daß eine Situation „like nature" ähnlich wie eine Situation i.S.d. Art. 34 Charta zu interpretieren ist. Insbesondere wird man eine an sich interne Spannungssituation, die aber dazu neigt, Spannungen im internationalen Bereich zu induzieren, als Erfüllung der Voraussetzung für die Anwendung von Art. 36 Charta gelten lassen müssen. Für Situationen rein

[12] Für alle anderen Regeln des Kapitels VI kann der Art. 25 keine Anwendung finden.

[13] Vgl. zu Art. 36 Charta: Stein, Torsten, "Article 36", in: Simma, Bruno, "The Charter of the United Nations", München, 2002, S. 616-628

interner Natur dagegen gilt auch hier der Schutz der staatlichen Souveränität nach Art. 2 VII Charta.

Im Unterschied zu z.B. Art. 39 Charta, der weiter unten behandelt wird, ist der Sicherheitsrat im Falle des Art. 36 Charta nicht gezwungen, das Vorliegen der Voraussetzungen explizit festzustellen; bei Resolutionen des Sicherheitsrats, die sich auf Art. 36 I Charta stützen, muß man implizit vom Vorliegen dieser Voraussetzungen ausgehen. Im Sicherheitsrat muß aber dennoch, bevor man überhaupt über die Maßnahmen gem. Art. 36 I Charta abstimmt, darüber entschieden werden, ob es sich um eine Streitigkeit oder um eine Situation handelt. Sollte man übereinkommen, daß es sich um eine Streitigkeit handelt, muß sich ein in den Streit involvierter Staat, wenn er im Sicherheitsrat vertreten ist, bei der Abstimmung der Stimme enthalten, liegt dagegen eine Situation vor, kann er mitstimmen. Diese Vorentscheidung über die Natur der Spannung muß einstimmig unter den ständigen Mitgliedern des Sicherheitsrats getroffen werden und unterliegt damit dem Vetorecht einzelner Sicherheitsratsmitglieder (Art. 27 III Charta); dies gilt auch für nachfolgende Entscheidung über die Maßnahmen. Diese Struktur der Abstimmungsregularien wird als Option des Doppel-Veto für ständige Mitglieder des Sicherheitsrats bezeichnet.

Inhalt einer Empfehlung des Sicherheitsrats kann nur die Vorgehensweise bei der Beilegung des Streits bzw. Entspannung der Situation sein. Eine bindende Wirkung kann nicht aus Art. 25 Charta abgeleitet werden, da sich dieser nur auf Regeln bezieht, die spezifische Ermächtigungen betreffen, es sich aber hier ausdrücklich um Empfehlungen handelt.

Der zweite Absatz von Art. 36 Charta soll zum einen sicherstellen, daß der Sicherheitsrat nicht mit Vorschlägen zu anderen Verfahrensweisen hoffnungsvolle Verhandlungen der Streitparteien stört, und zum anderen, daß er durch die Erwägung bereits erfolglos angewendeter Prozeduren die Chancen für eigene Vorschläge besser abschätzen kann.

Artikel 37[14]

1. Gelingt es den Parteien einer Streitigkeit der in Artikel 33 bezeichneten Art nicht, diese mit den dort angegebenen Mitteln beizulegen, so legen sie die Streitigkeit dem Sicherheitsrat vor.

2. Könnte nach Auffassung des Sicherheitsrats die Fortdauer der Streitigkeit tatsächlich die Wahrung des Weltfriedens und der internationalen Sicherheit gefährden, so beschließt er, ob er nach Artikel 36 tätig werden oder die ihm angemessen erscheinenden Empfehlungen für eine Beilegung abgeben will.

Artikel 37 Charta ist die logische Fortsetzung von Art. 33 Charta. Während Art. 33 Charta die Verpflichtung der an einem Streit beteiligten Parteien betont, diesen Konflikt selbst mit friedlichen Mitteln beizulegen, drückt der Art. 37 I Charta die Verpflichtung der betreffenden Staaten aus, nach dem Scheitern ihrer eigenen Bemühungen den Sicherheitsrat einzuschalten. Dies bedeutet, daß die Einschaltung des Sicherheitsrats als eines der Mittel des

[14] Vgl. zu Art. 37 Charta: Stein, Torsten, "Article 37", in: Simma, Bruno, "The Charter of the United Nations", München, 2002, S. 629-643.

Art. 33 I Charta zu werten ist. Während aber die Wahl der Mittel Gegenstand der Entscheidung der Streitparteien ist (Art. 33 I Charta), verpflichtet Art. 37 I Charta die Parteien im Falle des eigenen Scheiterns, als ultima ratio den Weg über den Sicherheitsrat zu beschreiten.

Als Konsequenz aus einem Anruf des Sicherheitsrats durch die Streitparteien gem. Art. 37 I Charta ergibt sich nach Art. 37 II Charta, daß der Sicherheitsrat entscheiden kann – falls er der Ansicht ist, die Schwelle der Gefährdung von Weltfrieden und internationaler Sicherheit sei erreicht oder überschritten –, ob er den Streitparteien zu der Methodenwahl (Art. 36 I Charta) oder direkt zur Substanz des Streits unverbindliche Empfehlungen abgeben will. Da der Art. 37 I Charta ausdrücklich an Art. 33 Charta anknüpft, muß es sich um einen Streit handeln und nicht um eine Situation, von der in Artn. 34 und 35 Charta die Rede ist.

Zunächst stellt sich die Frage, wann ein Scheitern der Bemühungen der Streitparteien festzustellen ist. Da die Parteien eines Streits einerseits nicht gezwungen sind, die Anwendung aller Methoden zu erproben, die in Art. 33 I Charta aufgezählt sind (s.o. zu Art. 33 Charta), und andererseits Art. 33 Charta keine abschließende Aufzählung der Methoden vornimmt, kann man nicht einfach davon ausgehen, daß die Beilegung des Streits in Regie der beteiligten Parteien dann gescheitert ist, wenn eine oder alle in Art. 33 I Charta aufgezählten Methoden versagt haben. Vielmehr wird man dann von einer Sackgasse sprechen können, wenn alle Seiten auf ihrem Standpunkt unverändert beharren, wenn ein Vermittler keine Lösung herbeiführen konnte, wenn mindestens eine Seite sich weigert, an Verhandlungen teilzunehmen, oder wenn mindestens eine Partei auf nicht friedliche Mittel zurückgreift.

Es wird allgemein angenommen, daß keine Verpflichtung besteht, daß die am Streit beteiligten Parteien sich einstimmig für eine Hinwendung zum Sicherheitsrat gem. Art. 37 I Charta entschließen; es genügt, wenn sich einzelne Parteien zu diesem Schritt entschließen; wäre Einstimmigkeit zwingend erforderlich, könnte eine einzelne Streitpartei die Verpflichtung gem. Art. 37 I Charta zur Anrufung des Sicherheitsrats verhindern. Überdies genügt es auch, wenn keine der Parteien sich an den Sicherheitsrat unter Art. 37 I Charta gewendet hat und statt dessen sich der Sicherheitsrat ex officio entschließt, unter Art. 37 II Charta zu handeln. In diesem Fall muß er allerdings explizit feststellen, daß die Bemühungen der streitenden Parteien um eine friedliche Beilegung der Streitigkeit bisher fehlgeschlagen sind; um zu dieser Feststellung zu gelangen, kann er sich der durch Art. 34 Charta vorgesehenen Untersuchungen bedienen.

Der Sicherheitsrat kann gem. Art. 37 II Charta entweder auf die Anwendung des Art. 36 Charta zurückgreifen und damit Empfehlungen zur anzuwendenden Methode zur Streitbeilegung abgeben (vgl. Art. 36 Charta), er kann aber auch zu substantiellen Fragen Empfehlungen aussprechen, wobei ihm inhaltlich keine Grenzen außer den relevanten, allgemeinen Bestimmungen der Charta gesetzt sind. Die Vorschläge können aber auch aus einer Kombination von solchen zur

Methode und zur Substanz bestehen. Dabei berührt die Tatsache, daß sich ggf. der Internationale Gerichtshof (IGH) und/oder die Generalversammlung sich zur gleichen Zeit mit dem Problem beschäftigen, dieses Recht des Sicherheitsrats nicht. Zu beachten ist, daß auch die Vorschläge zur Substanz des Streits die Parteien nicht binden.

Artikel 38[15]

Unbeschadet der Artikel 33 bis 37 kann der Sicherheitsrat, wenn alle Parteien einer Streitigkeit dies beantragen, Empfehlungen zu deren friedlicher Beilegung an die Streitparteien richten.

Etwas abseits des Gesamtzusammenhangs von Artn. 33 bis 37 Charta steht der Art. 38 Charta: hier wird ein Recht kodifiziert, das weder Rechte noch Pflichten aus den anderen Artikeln des Kapitels VI berührt. Auch greift der Gesetzestext nicht auf Art. 33 Charta zurück und macht auch sonst keine qualifizierenden Angaben über die Streitigkeit; damit kann der Sicherheitsrat auf Antrag der Konfliktparteien in einen Streit eingreifen, der unterhalb der in Art. 33 I Charta bezeichneten Schwelle liegt, also insbesondere keine Gefahr für Weltfrieden und internationale Sicherheit darstellt. Eine wesentliche Aufgabe des Art. 38 Charta dürfte es sein, den Sicherheitsrat als eines der in Art. 33 I Charta aufgeführten Mittel zu benennen, ohne daß der Weg über den Sicherheitsrat hier als ultima ratio bestimmt würde (vgl. Art. 37 I Charta).

Dabei liegt es im Ermessen des Sicherheitsrats, diesem Wunsch zu entsprechen. Bezüglich des Inhalts der erbetenen Empfehlungen begrenzt Art. 38 Charta den Sicherheitsrat nicht. Die Möglichkeiten des Sicherheitsrats umfassen sowohl methodische Vorschläge wie auch solche zur Substanz des Streits, die allerdings nicht bindend sind.

Vorausgesetzt wird jedenfalls, daß der Wunsch einstimmig von allen Streitparteien formuliert wird, wobei die Formulierung sich ausdrücklich auf den Art. 38 Charta beziehen muß (englischer Text: „...if all parties...*so* request...“). Soll die Bitte zurückgezogen werden, muß dies entsprechend ebenfalls einstimmig geschehen.

2.1.1.2 Zwangsmaßnahmen - das Kapitel VII der Charta

Das Kapitel VII der Charta ist überschrieben mit „Maßnahmen bei Bedrohung oder Bruch des Friedens oder bei Angriffshandlungen“ und umfaßt die Artikel 39 bis 53. Die wesentlichen Bestimmungen allgemeiner Natur beinhalten die ersten vier Artikel. Dabei bildet der Artikel 39 Charta die Grundlage für Zwangsmaßnahmen insofern, als Art. 39 Charta die Kompetenz für den Beschluß von Zwangsmaßnahmen der Art. 41 und 42 Charta hinsichtlich ihrer Voraussetzungen, des handelnden Organs und des Umfangs festlegt.

---

[15] Vgl. zu Art. 38: Stein, Torsten, "Article 38", in: Simma, Bruno, "The Charter of the United Nations", München, 2002, S. 643-648.

Artikel 39[16]
Der Sicherheitsrat stellt fest, ob eine Bedrohung oder ein Bruch des Friedens oder eine Angriffshandlung vorliegt; er gibt Empfehlungen ab oder beschließt, welche Maßnahmen auf Grund der Artikel 41 und 42 zu treffen sind, um den Weltfrieden und die internationale Sicherheit zu wahren oder wiederherzustellen.

Schon in den vorbereitenden Arbeiten zur UN-Charta bestand kein Zweifel, daß allein dem *Sicherheitsrat* die *Kompetenz* für die Verhängung von Sanktionen eingeräumt werden sollte. Kleinere Staaten hatten Gegenvorschläge ausgearbeitet, die im wesentlichen eine stärkere Rolle der Generalversammlung bei der Frage der Verhängung von Zwangsmaßnahmen beinhalteten; diese konnten sich aber nicht gegen den Widerstand der damaligen Großmächte durchsetzen.

Als *Voraussetzung* für die Anwendungen der Normen des Kapitels wird aus Art. 39 Charta ersichtlich, daß es sich um die Einschätzung durch den Sicherheitsrat handelt, die in eine *Feststellung* mündet; diese Einschätzung betrifft eine politische Situation, die als bedrohend für Weltfrieden und internationale Sicherheit empfunden wird, die nach dieser Einschätzung bereits einen Bruch derselben darstellt oder die in einer Angriffshandlung besteht[17]. Dieser recht weite Ermessensspielraum der Sicherheitsratmitglieder war bewußt gewählt worden; Versuche während der vorbereitenden Verhandlungen, diesen Spielraum z.B. durch definitorische Formulierungen einzuengen, wurden ebenfalls nicht angenommen.

Im Zusammenhang mit dem Tatbestand der Bedrohung und des Bruchs von Weltfrieden und internationaler Sicherheit gem. Art. 39 Charta stellt sich die interessante Frage, inwieweit Situationen von *innerstaatlicher Gewalt* einen solchen Tatbestand begründen könnten. Sie ist interessant deshalb, weil Konflikte innerstaatlicher Natur in der Zeit nach Ende des Ost-West-Konflikts an Häufigkeit stark zugenommen haben (vgl. dazu auch Fn. 9). Der Begriff des Friedens im Kapitel VII zielt jedenfalls auf die Abwesenheit von organisierter Gewaltanwendung zwischen Staaten. Dies bedeutet, daß innerstaatliche, gewaltsam ausgetragene Konflikte keinesfalls einen Anwendungsfall darstellen können, der auf den Tatbestand des Bruchs des Weltfrieden zuträfe; auch eine Angriffshandlung (einer inländischen Streitpartei gegen eine andere) kommt nicht in Frage. Einzig die *Gefahr* des Bruchs von Weltfrieden oder eine *Gefährdung* von internationaler Sicherheit durch einen Bürgerkrieg könnte den Tatbestand nach Art. 39 Charta erfüllen. Dies wird dann der Fall sein, wenn ein Übergreifen des staateninternen Streits auf Nachbarstaaten zu befürchten steht. Durch den weiten Spielraum des Sicherheitsrats bedingt, der den Tatbestand festzustellen hat, gilt mittlerweile als gesichert, auch schwere Fälle von Menschenrechtsverletzungen in einem Staat als eine solche Gefährdung zu erkennen.

---

16 Vgl. zu Art. 39 Charta: Frowein, Jochen, Kritsch, Nico, "Article 39", in: Simma, Bruno, "The Charter of the United Nations", München, 2002, S. 717-729.

17 Siehe die Definition von „Aggression“ der Generalversammlung GV-Res. 3314 (XXIX), RP 5 II, 146, §19, 14.12.1974.

Eine genauere Betrachtung des Begriffs der *Aggression* erscheint ebenfalls angebracht, weil die fehlende Nennung eines Aggressors häufig als schwerwiegendes Problem für die Mandate von Friedensoperationen identifiziert wird[18]. Im ersten Halbsatz des Art. 39 Charta wird als eine Variante des Tatbestands, dessen Feststellung durch den Sicherheitsrat ein Eingreifen gem. den Vorschriften des Kapitels VII nach sich zieht, die Angriffshandlung eines Staates gegen einen anderen aufgeführt. Der Aggressor bezeichnet denjenigen, der den Friedensbruch herbeigeführt hat. In praxi erweist es sich teilweise als schwierig, eine solche Angriffshandlung festzustellen. Da auf eine Definition im Charta-Text verzichtet wurde, liegt es zwar im Ermessen des Sicherheitsrats, eine solche Handlung festzustellen. Trotzdem hat die Generalversammlung in ihrer Res. 3314 (XXIX) eine Definition erarbeitet; diese bindet den Sicherheitsrat durchaus nicht, er kann aber auf sie zurückgreifen. Der Buchstabe g im dritten Kapitel dieser Resolution identifiziert interessanterweise auch dann eine Aggression, wenn bewaffnete Banden durch einen Staat beauftragt werden, mittels Waffengewalt im Territorium eines anderen Staates vorzugehen; der IGH hat dies unter ausdrücklicher Bezugnahme auf diese Passage der Resolution anerkannt[19].

Als Konsequenz der Feststellung einer für Weltfrieden und internationale Sicherheit gefährdende Situation leitet der Artikel für den Kompetenzträger Sicherheitsrat ab, daß dieser entweder *Empfehlungen abgeben* oder gem. Art. 41 Charta oder gar Art. 42 Charta *Maßnahmen beschließen* kann, mit dem Ziel, Weltfrieden und internationale Sicherheit entweder zu wahren oder wiederherzustellen – je nachdem, ob eine Gefahr droht oder bereits ein Friedensbruch oder eine Angriffshandlung erfolgt ist.

Entschließt sich der Sicherheitsrat, Empfehlungen auszusprechen, stellt sich die Frage nach dem Unterschied zu den Empfehlungen, die nach den einschlägigen Normen des Kapitels VI abgegeben werden können, denn auch die Empfehlungen gem. Art. 39 Charta besitzen keinen bindenden Charakter. Empfehlungen, die auf Kapitel VII gestützt werden, können als Vorstufe zu Maßnahmen mit bindendem Charakter, also Zwangsmaßnahmen der Art. 41 und 42 Charta, gegeben werden. Empfehlungen nach Art. 39 Charta können aber auch anderen Charakter aufweisen als die Vorbereitung von Zwangsmaßnahmen. So hat der Sicherheitsrat in Abwesenheit der UdSSR bezüglich des Koreakonflikts 1950 den Mitgliedstaaten empfohlen, der Republik Korea entsprechende Hilfeleistung zu bieten, um den bewaffneten Angriff zurückzudrängen und Frieden und Sicherheit in der Region wiederherzustellen[20]. Dies wird als Aufforderung des

---

18 Vgl. Ansprenger, Franz, "Blauhelme - Markenzeichen und Albdruck der Vereinten Nationen", in: Hüfner, Klaus, "Die Reform der Vereinten Nationen", Opladen, 1994, S. 69.

19 Vgl. „Military "Military and Paramilitary Activities in and against Nicaragua (ICJ Reports)", §195, 1986.

20 Vgl. SR-Res. 83 (1950), 27.06.1950.

Sicherheitsrats an die Mitgliedstaaten interpretiert, gem. Art. 51 Charta zum Mittel der kollektiven Selbstverteidigung zu greifen.

Artikel 40[21]

Um einer Verschärfung der Lage vorzubeugen, kann der Sicherheitsrat, bevor er nach Artikel 39 Empfehlungen abgibt oder Maßnahmen beschließt, die beteiligten Parteien auffordern, den von ihm für notwendig oder erwünscht erachteten vorläufigen Maßnahmen Folge zu leisten. Diese vorläufigen Maßnahmen lassen die Rechte, die Ansprüche und die Stellung der beteiligten Parteien unberührt. Wird den vorläufigen Maßnahmen nicht Folge geleistet, so trägt der Sicherheitsrat diesem Versagen gebührend Rechnung.

Der Artikel 40 Charta enthält dieselben Voraussetzungen wie Art. 39 Charta; der Sicherheitsrat muß zunächst Gefährdung oder Bruch des Weltfriedens oder eine Angriffshandlung feststellen. Dies liegt begründet in der systematischen Verbindung mit Art. 39 Charta, die im Gesetzestext erscheint. Ursprünglich war in den Vorbereitungen von Dumbarton Oaks nicht an eine solche Regel gedacht worden. Als die Republik China den Vorschlag machte, waren die anderen Großmächte sofort bereit, ihn zu akzeptieren.

Inhaltlich soll der Artikel den Sicherheitsrat bei drohender Eskalation einer gem. Art. 39 Charta festgestellten Situation in die Lage versetzten, Zeit für die weitergehenden Erwägungen von Handlungen bzgl. der anstehenden Krise zu gewinnen, z.B. um den Aggressor im Konflikt zu bestimmen. Empfehlungen oder Maßnahmen, die in Art. 40 Charta genannt sind, beziehen sich deshalb typischerweise auf das Einstellen von Kampfhandlungen, das Einhalten von Waffenstillstandsabkommen, den Rückzug von Truppen o.ä.. Dabei muß es sich um Maßnahmen mit provisorischem Charakter handeln, denn sie dürfen keine Rechte der Konfliktparteien berühren. So kann der Sicherheitsrat keine Konfliktpartei unter Berufung auf Art. 40 Charta zwingen, etwa eine Grenzlinie *abschließend* anzuerkennen; er kann in einem solchen Fall lediglich verfügen, daß alle am Konflikt beteiligten Staaten eine solche Grenzlinie *vorübergehend* anerkennen, mit dem Ziel, die Situation zunächst zu deeskalieren.

In diesem Zusammenhang wird häufig von einer möglichen Rechtsgrundlage für Friedensoperationen ausgegangen, weil deren Ziel häufig in der Herstellung einer Grundlage für politische Verhandlungen und damit in der friedlichen Beilegung des Streits besteht. Auch der Generalsekretär Dag Hammarskjöld hat sich einmal während der Kongokrise ausdrücklich auf diesen Artikel berufen[22]. Obwohl dem Charakter des Art. 40 Charta mit einer Friedensoperation sicherlich entsprochen wird, erweist es sich als problematisch, diese Norm als Grundlage für den Einsatz von Friedensoperationen gelten zu lassen. Wenn man von einer verbindlichen Wirkung von Maßnahmen gem. Art. 40 Charta ausgeht, dann wäre eine verbindlich erzwungene Stationierung von Friedenstruppen nach diesem Artikel eine Umgehung des Art. 42 Charta, in dem aber militärische Zwangsmaßnahmen abschließend geregelt sind. Geht man von einer unverbind-

---

[21] Vgl. zu Art. 40 Charta: Frowein, Jochen, Kritsch, Nico, "Article 40", in: Simma, Bruno, "The Charter of the United Nations", München, 2002, S. 729-735.

[22] Vgl. UN-Doc. S/PV 920, §75 sowie RP 3 II, §§17-33, 13./14.12.1960.

lichen Empfehlung aus, dort Truppen zu stationieren, wäre es nicht erforderlich, diese Empfehlung nach Art. 40 Charta auszusprechen[23].

Zur Bindungswirkung der Empfehlungen oder Maßnahmen gem. Art. 40 Charta geht aus dem Wortlaut des Artikels nichts hervor. Das Schrifttum geht überwiegend von der Möglichkeit sowohl bindender Entscheidungen als auch nicht-bindender Empfehlungen aus, wobei als wichtigster Grund für diese Einschätzung die bloße Stellung im Kapitel VII der Charta angeführt wird.

Artikel 41[24]

Der Sicherheitsrat kann beschließen, welche Maßnahmen - unter Ausschluß von Waffengewalt - zu ergreifen sind, um seinen Beschlüssen Wirksamkeit zu verleihen; er kann die Mitglieder der Vereinten Nationen auffordern, diese Maßnahmen durchzuführen. Sie können die vollständige oder teilweise Unterbrechung der Wirtschaftsbeziehungen, des Eisenbahn-, See- und Luftverkehrs, der Post-, Telegraphen- und Funkverbindungen sowie sonstiger Verkehrsmöglichkeiten und den Abbruch der diplomatischen Beziehungen einschließen.

Der Artikel 41 Charta stellt die Rechtsgrundlage für solche Zwangsmaßnahmen dar, die ohne Waffengewalt ausgeführt werden. Die Anordnung von Maßnahmen aufgrund des Art. 41 Charta setzt die Feststellung von Gefährdung oder Bruch des Weltfriedens und der internationalen Sicherheit oder einer Angriffshandlung zwischenstaatlicher Natur durch den Sicherheitsrat gem. Art. 39 Charta voraus. Dabei kommt es nicht darauf an, daß der Sicherheitsrat in einer einzelnen Resolution diese Feststellung vorher getroffen hat; auch wird es nicht als unabdingbar für die Anwendung der Maßnahmen angesehen, daß der Sicherheitsrat die Art. 39 bzw. 41 Charta in seiner Resolution ausdrücklich nennt.

Der Satz 2 zählt die Maßnahmen nicht abschließend auf. In den Vier-Mächte-Verhandlungen von Dumbarton Oaks hatte man zwar eine solche abschließende Aufzählung erwogen, verwarf sie aber schließlich mit der Begründung, daß man den Sicherheitsrat nicht in seiner Entscheidung einengen wolle. Die Auflistung von Möglichkeiten in Satz 2 hat daher lediglich beispielhaften Charakter. Die Passage „...- unter Ausschluß von Waffengewalt - ..." schließt auch die Demonstration militärischer Stärke ein, z.B. das Kreuzen von Kriegsschiffen vor der Küste eines am Konflikt beteiligten Staates. Die wichtigsten Zwangsmaßnahmen, die unter Art. 41 Charta verhängt werden, bilden wirtschaftliche Boykottmaßnahmen. Dieser Boykott kann die gesamten Wirtschaftsbeziehungen betreffen, es kann aber auch beispielsweise nur der Austausch militärischer Güter unterbunden werden. Da die Aufzählung nur beispielhaft ist, ist der Sicherheitsrat frei in der Wahl der Mittel, soweit er in den von Art. 41 Charta abgesteckten Grenzen bleibt. In diesem Zusammenhang wurden nach Ende des Kalten Kriegs

---

[23] Diese Charta-Bestimmung nimmt Boutros-Ghali in der Agenda for Peace als Rechtsgrundlage für die Friedensoperationenen an (vgl. Boutros-Ghali, Boutros, "An Agenda for Peace", UN-Doc. A/47/277-S/24111, 31.01.1992, Rdnr. 44).

[24] Vgl. zu Art. 41 Charta: Frowein, Jochen, Kritsch, Nico, "Article 41", in: Simma, Bruno, "The Charter of the United Nations", München, 2002, S. 735-749.

auch bis dahin ungewöhnliche Maßnahmen ergriffen wie die Errichtung von Kriegsverbrechertribunalen (Ex-Jugoslawien, Ruanda) und die internationale Verwaltung von Gebieten, ohne daß die Zustimmung aller Beteiligten vorlag (z.B. Somalia, Kosovo, Ost-Timor).

Artikel 42[25]

Ist der Sicherheitsrat der Auffassung, daß die in Artikel 41 vorgesehenen Maßnahmen unzulänglich sein würden oder sich als unzulänglich erwiesen haben, so kann er mit Luft-, See- oder Landstreitkräften die zur Wahrung oder Wiederherstellung des Weltfriedens und der internationalen Sicherheit erforderlichen Maßnahmen durchführen. Sie können Demonstrationen, Blockaden und sonstige Einsätze der Luft-, See- oder Landstreitkräfte von Mitgliedern der Vereinten Nationen einschließen.

Der Artikel 42 Charta regelt die militärischen Zwangsmaßnahmen, die bei Vorliegen der Voraussetzungen des Art. 39 Charta durch den Sicherheitsrat angeordnet werden können, abschließend. In den Verhandlungen von Dumbarton Oaks herrschte Einigkeit darüber, daß die Organisation im Zweifel auch militärisch vorgehen können müßte; der Text für den Artikel wurde fast ohne Änderungen in der Konferenz von San Francisco übernommen. Die entscheidende Voraussetzung ist bereits erwähnt worden: der Sicherheitsrat muß gem. Art. 39 Charta eine den Weltfrieden oder die internationale Sicherheit gefährdende Situation festgestellt haben, oder er muß den Bruch derselben oder eine Angriffshandlung festgestellt haben. Die Anwendung militärischer Zwangsmaßnahmen gem. Art. 42 Charta setzt allerdings nicht voraus, daß bereits nicht-militärische Maßnahmen, die in Art. 41 Charta genannt sind, vorher eingesetzt worden sind. Die Norm spricht ausdrücklich von der Möglichkeit, daß der Sicherheitsrat einen Einsatz von Sanktionen gem. Art. 41 Charta als für einen Erfolg unwahrscheinlich einstufen und deshalb sofort zu militärischen Sanktionen greifen kann. Trotzdem kann davon ausgegangen werden, daß die Anwendung von Art. 42 Charta die ultima ratio darstellen soll; obwohl es dem Sicherheitsrat freigestellt ist, die Stufe des Art. 41 Charta zu übergehen, enthält der Text des Art. 42 Charta offensichtlich eine Art Eskalationsweg, weil er auch ausdrücklich darauf hinweist, daß Art. 42 Charta für den Fall anwendbar ist, daß sich Art. 41-Maßnahmen als unzulänglich erwiesen haben.

Was die im Art. 42 Charta bezeichneten Maßnahmen angeht, so sind sie vom Charakter her Zwangsmaßnahmen, genauso wie im Art. 41 Charta. Als kennzeichnendes Merkmal gilt, daß sie gegen den Willen des Staates ausgeführt werden, der von ihnen betroffen ist. Dies muß nicht notwendig der Staat sein, der als Aggressor erkannt worden ist; Maßnahmen nach Art. 42 Charta werden v.a. gegen solche Staaten verhängt werden, die – sind die Voraussetzungen des Art. 39 Charta gegeben – den Anordnungen des Sicherheitsrats gem. Art. 40 Charta nicht Folge leisten.

Wichtig ist in diesem Zusammenhang die Feststellung, daß eine Friedensoperation im Prinzip nicht auf das Kapitel VII der Charta gestützt werden kann, weil

---

[25] Vgl. zu Art. 42 Charta: Frowein, Jochen, Kritsch, Nico, "Article 42", in: Simma, Bruno, "The Charter of the United Nations", München, 2002, S. 749 – 759.

ihr durch die Zustimmung zu der Stationierung der Friedenstruppen das Element des Zwangs fehlt (s. unten 2.1.1.3.2). Trotzdem ist der Sicherheitsrat seit Mitte der neunziger Jahre dazu übergegangen, trotz Vorliegen der Zustimmung des betroffenen Staates das Mandat der Friedenstruppen öfters auf Art. 42 Charta zu stützen. Hauptgrund dafür war der Vorstoß in das Terrain der Bürgerkriegssituation mit den Mitteln der Friedensoperation; dadurch ergab sich oft eine unüberschaubare Anzahl von involvierten Parteien und Interessen, so daß der Konsens häufig nicht über eine längere Zeit zuverlässig bestehen blieb. War die Maßnahme auf Kapitel VII gestützt, war die Legitimität der Truppen auch bei Änderung oder Zurückziehen der Zustimmung einer oder mehrerer Parteien gegeben.

Obwohl dem Text des Art. 42 Charta dieser Charakter als Zwangsmaßnahme nicht unmittelbar zu entnehmen ist, gilt dieser als gesichert durch die systematische Verbindung von Art. 39 ff. Charta: wie oben bereits dargelegt, wird Art. 41 Charta – wenn auch nicht zwangsläufig – als vorhergehende Eskalationsstufe zu Art. 42 Charta anzusehen sein. Dort aber folgt deutlich aus dem Wortlaut, daß die Maßnahmen gegen den Willen des betroffenen Staates durchgeführt werden. Es liegt keine Grund vor, beim Art. 42 Charta von anderen Voraussetzungen auszugehen.

Ebenso wie in Art. 41 Charta werden im Satz 2 der Vorschrift beispielhaft militärische Einsatzmöglichkeiten aufgeführt, die den Sicherheitsrat im Umfang der zu beschließenden Maßnahmen nicht binden. Die Durchführung der Maßnahmen obliegt ebenfalls dem Sicherheitsrat, wenn auch nicht auf operativer Ebene. Art. 47 III Charta sieht vor, daß der Generalstabsausschuß die militärisch-strategische Leitung übernimmt, während die Autorität beim Sicherheitsrat bleibt. Die militärischen Mittel stellen die Mitgliedstaaten zur Verfügung; zu diesem Zweck bestimmt der Art. 43 Charta, daß geeignete Verträge mit den Mitgliedstaaten geschlossen werden, die diese Überlassung regeln. Solche Verträge existieren bis heute nicht.

Artikel 43[26]

1. Alle Mitglieder der Vereinten Nationen verpflichten sich, zur Wahrung des Weltfriedens und der internationalen Sicherheit dadurch beizutragen, daß sie nach Maßgabe eines oder mehrerer Sonderabkommen dem Sicherheitsrat auf sein Ersuchen Streitkräfte zur Verfügung stellen, Beistand leisten und Erleichterungen einschließlich des Durchmarschrechts gewähren, soweit dies zur Wahrung des Weltfriedens und der internationalen Sicherheit erforderlich ist.

2. Diese Abkommen haben die Zahl und Art der Streitkräfte, ihren Bereitschaftsgrad, ihren allgemeinen Standort sowie die Art der Erleichterungen und des Beistands vorzusehen.

3. Die Abkommen werden auf Veranlassung des Sicherheitsrats so bald wie möglich im Verhandlungswege ausgearbeitet. Sie werden zwischen dem Sicherheitsrat einerseits und Einzelmitgliedern oder Mitgliedsgruppen andererseits geschlossen und von den Unterzeichnerstaaten nach Maßgabe ihres Verfassungsrechts ratifiziert.

---

[26] Vgl. zu Art. 43 Charta: Frowein, Jochen, Kritsch, Nico, "Article 43", in: Simma, Bruno, "The Charter of the United Nations", München, 2002, S. 760-763.

In Dumbarton Oaks wurde die Idee einer ständigen Internationalen Armee zugunsten von unter dem verbindlichen Kommando des Sicherheitsrats stehenden nationalen Kontingenten verworfen. Aber auch bei der gewählten Konstruktion kamen von US-amerikanischer Seite Bedenken auf, daß der Gesetzgeber die Unterstellung der US-Truppen unter ein internationales Kommando nicht gestatten würde. Um diese Schwierigkeiten zu überwinden, wurde ein nationales Ratifikationserfordernis für alle Mitgliedstaaten beschlossen.

Die Verpflichtung des Art. 43 Charta bezieht sich lediglich auf eine Verhandlungspflicht; kein Mitglied ist gezwungen, den Inhalt eines dort angesprochenen Abkommens zu akzeptieren. Inhaltlich sollten die nach Art. 43 Charta ausgehandelten Verträge die Art und Umfang der Truppen (Stärke, Waffengattungen, Stationierung, Verfahrensweg zu ihrer Anforderung durch den Sicherheitsrat), des zu leistenden Beistands (z.B. Hilfseinrichtungen, Logistik) und der Durchmarschrechte durch das Hoheitsgebiet des Staates festlegen. Dem „Certain-Expenses"-Gutachten des IGH (s. unten 2.2.1.2) ist weiter zu entnehmen, daß die Verträge auch die Verteilung der Kosten zwischen Mitgliedstaat und UN zum Inhalt haben könnten.

Die Verhandlungen sollten zunächst unter den Mitgliedern stattfinden, während die Verträge jeweils mit dem Sicherheitsrat geschlossen würden. Es ist davon auszugehen, daß der Vertragspartner nicht der Sicherheitsrat selbst ist, wie dies im Art. 43 III 2 Charta festgelegt ist, sondern daß dieser die Verträge für die UN abschließt, weil nur die UN über eine Völkerrechtspersönlichkeit verfügt. Der Vertragspartner kann statt einem Einzelstaat auch eine Gruppe von Staaten sein, die gemeinsame Kontingente stellen (Art. 43 III 2 Charta).

Der Generalstabsausschuß, der 1946 damit beauftragt worden war, die Bestimmungen des Art. 43 Charta aus militärischen Gesichtspunkten zu erörtern, konnte sich nur über wenige Punkte einigen; über die in seinem Abschlußbericht[27] aufgeführten 41 Artikel konnte man sich nur in 25 Punkten einig werden. Hauptstreitpunkte blieben die Gesamttruppenstärke, diejenige der ständigen Sicherheitsratsmitglieder, der Ort der Stationierung und die Frage der Luftstreitkräfte gem. Art. 45 Charta. Dieses Ergebnis hatte zur Folge, daß keine solchen Verträge geschlossen wurden, also ist auch kein Mitgliedstaat verpflichtet, dem Sicherheitsrat auf Verlangen Streitkräfte zur Verfügung zu stellen. Trotz des Versuchs der Generalversammlung 1970, das Thema wiederzubeleben[28], ist es bis heute bei dieser Situation geblieben.

Ungeachtet der Tatsache, daß die Verträge nach Art. 43 Charta fehlen, kann der Sicherheitsrat nach überwiegender Auffassung bei Vorliegen der Voraussetzun-

---

[27] Vgl. "General Principles governing the Organization of the Armed Forces made available to the Security Council by Member Nations of the United Nations", 30.04.1947.

[28] Vgl. GV-Res. 2734 (XXV), §9, 16.12.1970; auch den Anregung Boutros-Ghalis in der Agenda for Peace bzgl. der Aufnahme solcher Verhandlungen brachte bis dato keine Ergebnisse (vgl. Boutros-Ghali, Boutros, "An Agenda for Peace", UN-Doc. A/47/277-S/24111, 31.01.1992, Rndr. 43).

gen des Art. 39 Charta Maßnahmen gem. Art. 42 Charta durchführen; die Verträge stellen somit keine unabdingbare Voraussetzung dar. Dies hat auch der IGH in seinem Gutachten bestätigt. Der Sicherheitsrat kann alternativ mit ad hoc geschlossenen Verträgen arbeiten (wie dies bei den Friedensoperationen der Fall ist) oder er kann – auch zusätzlich – einen Mitgliedstaat mit der militärischen Durchführung beauftragen.

2.1.1.3 Die friedenserhaltenden Maßnahmen in der Charta

2.1.1.3.1 Geschichte der Friedensoperationen

Schon sehr bald nach Gründung der UN haben sich die Friedensoperationen als Instrument der internationalen Sicherheitspolitik der UN entwickelt. Dabei handelt es sich um Aktionen mit militärischem Charakter, zumindest einer signifikanten militärischen Komponente. Es stellt sich die Frage, warum man solch ein Instrument erst entwickeln mußte, waren doch in Kapitel VII der Charta und dort insbesondere der Art. 42 Charta ausdrücklich und sogar abschließend die Grundlagen für militärische Einsätze gelegt.

Tatsächlich war die Entwicklung der Friedensoperationen eine Reaktion auf die Probleme, die durch die Konstruktion der Organisation entstanden waren, die in Sicherheitsfragen von den nach dem Zweiten Weltkrieg verbliebenen Großmächten dominiert wurde. Wie oben zu den Kapiteln VI und VII dargelegt, kommt dem Sicherheitsrat der UN und insbesondere seinen ständigen Mitgliedern die bei weitem größte Verantwortung bei der Bewahrung bzw. Wiederherstellung von Weltfrieden und internationaler Sicherheit zu. Die Entscheidungen in diesem Organ konnten und können auch heute noch nur von einer Mehrheit dort getroffen werden, wobei gleichzeitig keiner der ständigen Mitglieder des Sicherheitsrats einen Einwand gegen diese Entschlüsse geltend machen darf.

Dies war (und ist) einerseits realistisch, weil die UN kaum dauerhaft gegen die vitalen Interessen einer Großmacht handeln können, ohne daß diese früher oder später die Organisation verläßt. Dadurch verlören die UN ihre Stellung als Forum der Weltmeinung, was das faktische Ende der UN bedeuten würde. Andererseits haftete der Einschätzung, man könnte auf diese Weise Konsens in wichtigen Fragen herbeiführen, etwas Unrealistisches an. In der Tat führte insbesondere das Vetorecht im Sicherheitsrat sehr häufig während des Kalten Kriegs zu Pattsituationen, in denen das entscheidende Organ für Fragen von Frieden und Sicherheit gelähmt war, wodurch das System der kollektiven Sicherheit wirkungslos blieb.

Als Folge der schwierigen Situation und im Bemühen, das System der kollektiven Sicherheit zu retten, mußten die Mitglieder auf übliche Verfahren der Konfliktregelung zurückgreifen, nämlich diplomatische Verhandlungen, Schlichtung und Vermittlung. Friedensoperationen sind denn auch v.a. Werkzeuge, mit denen der Boden für solche Verhandlungen bereitet werden soll; ihr primäres Ziel besteht darin, deeskalierend zu wirken, also die Situation zu stabilisieren. Dies erklärt auch, warum auch während des Kalten Kriegs die Großmächte den

Militärmaßnahmen zugestimmt hatten: Keine der beiden Mächte hatte Interesse an einer Eskalation der Streitigkeiten; eine solche Eskalation birgt die Gefahr, daß der Konflikt außer Kontrolle, auch jener der Großmächte, gerät. Insofern reichte der Konsens zwischen den Großmächten bis zu einer Eindämmung des Konflikts, selten ging er weiter bis zu einer Lösung[29]. War eine der beiden Großmächte in einem laufenden Konflikt involviert, wurde dieser i.d.R. erst gar nicht im Sicherheitsrat behandelt.

2.1.1.3.2 Die Friedensoperationen im Verhältnis zu Kapitel VI und VII der Charta

Die Entsendung bewaffneter Kräfte in Krisengebiete zieht verschiedene völkerrechtliche Fragen nach sich. Zunächst ist die generelle Legitimation zu klären, weiterhin die Frage, welches Organ zu einer diesbezüglichen Entscheidung berechtigt ist, welche Voraussetzungen gegeben sein müssen, welche Grenzen den Mandaten gesetzt sind und nicht zuletzt, wer im Zweifel die Kosten für die Mission zu tragen hat. Eine zweifelsfreie, rechtssystematische Antwort gibt es bis heute nicht; vielmehr hat sich eine solide Rechtsgrundlage für den Einsatz von Friedensoperationen durch Übung gebildet[30].

2.1.1.3.2.1 Konstitutionelle Grundlagen für Friedensoperationen

Eine Rechtsgrundlage für die Mission muß „irgendwo" in den Vorschriften der beiden oben beschriebenen Kapitel VI und VII der Charta liegen[31] bzw. kann durch Auslegung allgemeiner Vorschriften der Charta gebildet werden[32]. Der Charakter als Wegbereiter für Verhandlungen und Vermittlung im Sinne einer Stabilisierung von zur Eskalation neigenden Situationen weist auf Kapitel VI hin. Allerdings ist in Kapitel VI nirgendwo die Rede von militärischen Maßnahmen. Den Schwerpunkt bilden deutlich erkennbar „...Verhandlung, Untersuchung, Vermittlung, Vergleich, Schiedsspruch, gerichtliche Entscheidung, Inanspruchnahme regionaler Einrichtungen oder Abmachungen oder durch andere friedliche Mittel...", wie im ersten Artikel des Kapitels VI, dem Art. 33 Charta, beschrieben. Maßnahmen, die der Sicherheitsrat ergreifen kann, scheinen sich auf Empfehlungen zu beschränken (Art. 36, 37, 38 Charta). Die Entsendung von militärischen Einheiten scheint über das hinauszugehen, was das Kapitel VI als Instrumente zur Beilegung von Streitigkeiten vorsieht.

Militärische Maßnahmen behandelt das nächste Kapitel. Im Art. 42 des Kapitel VII werden militärische Einsätze abschließend geregelt. Da solche Militäreinsätze – selbst innerhalb der Kapitels VII – offenbar als Handlung der *ultima ratio* gedacht sind, ist nicht davon auszugehen, daß sie in irgendeiner Weise ver-

---

29 Vgl. Bothe, Michael, "Peace-Keeping", in: Simma, Bruno, "The Charter of the United Nations", München, 2002, S. 661, Rdnr. 6.

30 Vgl. Bothe, Michael, "Peace-Keeping", in: Simma, Bruno, "The Charter of the United Nations", München, 2002, S. 662, Rdnr. 7f.

31 Vgl. White, N.D., "Keeping the Peace", Manchester, New York, 1997, S. 227.

32 Vgl. Bothe, Michael, "Peace-Keeping", in: Simma, Bruno, "The Charter of the United Nations", München, 2002, S. 684, Rdnr. 83.

steckt in den Normen des Abschnitts VI erlaubt wären. Wenn aber von „abschließender Regelung“ und „letztem Mittel“ die Rede ist, bezieht sich das auf die zwangsweise Anwendung der Vorschriften des Kapitels VII; dabei kennzeichnet den Zwang der Maßnahme, daß sie gegen den Willen der Konfliktparteien durchgeführt wird; sind die am Konflikt beteiligten Parteien mit den Maßnahmen einverstanden, so fehlt das Merkmal des Zwangs. Da aber gerade dieses Merkmal prägend für die Vorschriften des gesamten Kapitels, zumindest aber für den Umfang der dort erwähnten Maßnahmen ist, kann man nicht davon ausgehen, daß Kapitel VII der Charta die Rechtsgrundlage für Friedensoperationen bilden kann. Insgesamt scheint es so zu sein, daß man eine Beilegung des Streits primär mit Mitteln des Kapitels VI erreichen will, während man sich gleichzeitig begleitend der Mittel des Kapitels VII bedient. Aus diesem Grund ordnete Dag Hammarskjöld die Rechtsgrundlage auf einen Ort zwischen Kapitel VI und VII an, indem er den Begriff „Chapter VI and a half“ benutzte[33].

2.1.1.3.2.2 Kompetenzen der Organe

Die Frage nach dem Organ der UN, das Friedensoperationen rechtswirksam beschließen kann, beinhaltet die Frage nach der materiellen Kompetenz, der formellen Kompetenz und der Organisationskompetenz[34]. Die *materielle Kompetenz* beschreibt die Kompetenz, in einer bestimmten Situation handeln zu können. Bei der Frage nach der *formellen Kompetenz* geht es v.a. um die Bindungswirkung der getroffenen Entscheidung. Die *organisatorische Kompetenz* schließlich entscheidet darüber, ob das betreffende Organ befugt ist, Hilfsorgane zu schaffen und den Generalsekretär mit bestimmten Aufgaben zu betrauen[35]. Die Hauptorgane der UN, die für die Entsendung von Beobachtergruppen oder von militärischen Einheiten im Rahmen einer Friedensoperation grundsätzlich in Frage kommen, sind der Sicherheitsrat, die Generalversammlung und der Generalsekretär.

Wie oben gezeigt, enthalten Art. 34 bzw. 39 Charta die Situationen, bei deren Vorliegen der Sicherheitsrat gem. Kapitel VI bzw. VII handeln kann; sie definieren damit seine materielle Kompetenz für die dort beschriebenen Situationen. Die Umstände und Vorgänge, die bisher die UN veranlaßt haben, Friedensoperationen aufzustellen, waren allesamt von der in den genannten Vorschriften beschriebenen Natur; es kann kein Zweifel hinsichtlich der materiellen Kompetenz des Sicherheitsrats bestehen[36]. Hinsichtlich der formellen Voraussetzung verleiht der Art. 25 Charta dem Sicherheitsrat in allgemeiner

---

[33] Vgl. Hufnagel, Frank-Erich, "UN-Friedensoperationen der zweiten Generation", Berlin, 1996, S. 30.

[34] Vgl. Bothe, Michael, "Peace-Keeping", in: Simma, Bruno, "The Charter of the United Nations", München, 2002, S. 684, Rdnr. 83.

[35] Vgl. Bothe, Michael, "Peace-Keeping", in: Simma, Bruno, "The Charter of the United Nations", München, 2002, S. 684, Rdnr. 83.

[36] Vgl. Hufnagel, Frank-Erich, "UN-Friedensoperationen der zweiten Generation", Berlin, 1996, S. 25.

Form die Fähigkeit zur Beschlußfassung mit bindender Wirkung; allerdings wird diese generelle Befugnis im Spezialfall des Kapitels VI reduziert: hier sehen die Normen ausdrücklich Handlungsalternativen in Form von Untersuchung, Diskussion und der Abgabe von Empfehlungen vor (z.B. Art. 33 II, 36 I Charta). Demgegenüber haben Beschlüsse des Sicherheitsrats im Kapitel VII bindende Wirkung, wie oben ausführlich dargelegt wurde. In der Praxis der Friedensoperationen allerdings hat die Frage nach der Bindungswirkung keine Relevanz, denn wegen des Einverständnisses der Konfliktparteien zu der Maßnahme, also besonders auch zu ihrer militärischen Komponente, wird die erzwingende Wirkung einer Bindung an den Beschluß überflüssig. Trotzdem bleibt festzustellen, daß der Sicherheitsrat ohne Zweifel mindestens dann über die formelle Kompetenz verfügt, wenn die Voraussetzungen des Art. 39 Charta vorliegen; nach gängiger Praxis hat der Sicherheitsrat aber auch ausreichende Kompetenz, wenn nur Voraussetzungen des Kapitels VI erfüllt sind[37]. Die Organisationskompetenz zur Errichtung von Hilfsorganen und zur Weisung des Generalsekretärs wird ausreichend durch Art. 29 bzw. 98 Charta begründet. Zeitweilig geäußerte Zweifel an der Kompetenz des Sicherheitsrats, Friedensoperationen durchzuführen, betreffen allein die Fälle, in denen Friedensstreitkräfte aufgestellt werden (im Gegensatz zu bewaffneten Beobachtergruppen). Es wurde zuweilen argumentiert, daß die Rekrutierung von Truppenkontingenten der Mitgliedstaaten ohne die Existenz von Verträgen gem. Art. 43 Charta nicht möglich sei. Es liegt aber kein Grund vor, daß ad hoc abgeschlossene Verträge nicht als Verträge i.S. dieser Vorschrift gelten dürften. Solche Verträge wurden und werden für die Friedensoperationen schriftlich niedergelegt, und in den Fällen, wo das nicht geschehen ist, kann man von einer stillschweigenden oder mündlich geschlossenen Vereinbarung zwischen der UN und dem truppenstellenden Staat ausgehen.

Insgesamt kann die Kompetenz des Sicherheitsrats zur Entscheidung über die Einsetzung einer Friedensoperation als gegeben angesehen werden.

Bei der Generalversammlung liegt der Fall nicht besonders klar. Die materiellen Kompetenzen, die sie zu einer Beschäftigung mit der Situation befugen, können als jedenfalls ausreichend betrachtet werden (Art. 10, 11, 14 Charta). Die formelle Kompetenz, die sie zu einer bindenden Beschlußfassung befähigen würde, dagegen fehlt[38].

Aber da die formelle Kompetenz im Falle der Friedensoperation aufgrund des Einverständnisses der am Streit beteiligten Parteien nicht entscheidend ist (s.o.), liegt das Hauptproblem in der Reichweite der materiellen Kompetenz: Insbesondere wird trotz der unbedingt vorhandenen Befugnis der Generalversammlung, sich mit dem Konflikt zu beschäftigen, durch Art. 11 II Charta offensichtlich der Handlungsrahmen explizit beschränkt: Im Wortlaut des Art. 11 II 2 Charta heißt

---

37 Vgl. Bothe, Michael, "Peace-Keeping", in: Simma, Bruno, "The Charter of the United Nations", München, 2002, S. 685, Rdnr. 86.

38 Vgl. Bowett, Derek William, "United Nations Forces", London, 1964, S. 291.

es: „Macht eine derartige Frage Maßnahmen erforderlich, so wird sie von der Generalversammlung vor oder nach der Erörterung an den Sicherheitsrat überwiesen". Dieser Satz scheint zu verfügen, daß die Kompetenz der Generalversammlung spätestens nach der Erörterung des Problems endet und daß die des Sicherheitsrats dort spätestens anfängt.

Dieser Interpretation wird entgegengehalten, daß durch eine systematische Auslegung der Charta-Vorschriften das Wort „Maßnahmen" des Art. 11 II 2 Charta allein i.S.v. Maßnahmen gem. Kapitel VII zu verstehen ist, also lediglich auf Zwangsmaßnahmen zielt. Eine Zwangsmaßnahme ist aber eine Friedensoperation anerkanntermaßen gerade nicht, so daß dieser Argumentation gemäß die Befugnisgrenzen des Art. 11 II 2 Charta für sie nicht gilt.

Eine andere Argumentation unterstützt diese Ansicht. Art. 14 Charta befugt die Generalversammlung, „...Maßnahmen zur friedlichen Bereinigung jeder Situation empfehlen..., wenn diese Situation nach ihrer Auffassung geeignet ist, das allgemeine Wohl oder die freundschaftlichen Beziehungen zwischen Nationen zu beeinträchtigen; ...". Einleitend wird diese Befugnis explizit unter den Vorbehalt des Art. 12 Charta gestellt („Vorbehaltlich des Artikels 12..."). Art. 12 Charta wiederum verfügt, daß die Generalversammlung keine Empfehlungen zu einer Konfliktsituation abgeben kann, „[s]olange der Sicherheitsrat in einer Streitigkeit oder einer Situation die ihm in dieser Charta zugewiesenen Aufgaben wahrnimmt...". Daraus leiten Teile der Literatur ab, daß allein der Art. 12 Charta eine Begrenzung der Kompetenz der Generalversammlung darstellt, nicht aber Art. 11 II 2 Charta. Da aber – zumindest – in den Zeiten des Kalten Kriegs der Sicherheitsrat regelmäßig handlungsunfähig war, griff und greift in solchen Situationen die Einschränkung von Art. 12 Charta nicht. Dieser Argumentation ist auch der IGH in seinem Gutachten gefolgt[39]. Man kann aber auch die Ansicht vertreten, Art. 14 Charta sei nur eine Präzisierung der allgemeinen Befugnisse der Generalversammlung nach Art. 10 und 11 Charta, die auch den gleichen allgemeinen Schranken, also auch denen gem. Art. 11 II 2 Charta, unterliegt[40].

Während der Korea-Krise im Jahr 1950 war der Sicherheitsrat nur deswegen handlungsfähig gewesen, weil die UdSSR den Sitzungen aus Protest gegen die Anwesenheit des (national-)chinesischen Vertreters ferngeblieben war[41]. Um den UN trotz einer im Sicherheitsrat durch Veto oder durch die Tatsache der fehlenden Verträge gem. Art. 43 Charta entstehenden Handlungsunfähigkeit die Funktionsfähigkeit auf sicherheitspolitischem Gebiet zu gewährleisten, wurde kurz nach Beginn des militärischen Engagements in Korea durch das

---

[39] Vgl. Bothe, Michael, "Peace-Keeping", in: Simma, Bruno, "The Charter of the United Nations", München, 2002, S. 685, Rdnr. 90.

[40] Vgl. Bothe, Michael, "Peace-Keeping", in: Simma, Bruno, "The Charter of the United Nations", München, 2002, S. 685, Rdnr. 90.

[41] Die Gültigkeit des entsprechenden Beschlusses des Sicherheitsrats wurde durch die UdSSR abgelehnt und war auch heftig umstritten (s. Prößdorf, Klaus, "Die Uniting For Peace Resolution", Köln, 1960, S. 82 FN 4).

US-Außenministerium ein Plan ausgearbeitet, der schließlich in der Annahme der „Uniting-for-peace-Resolution“[42] durch die Generalversammlung mündete[43]. Die Generalversammlung soll gemäß dieser Resolution den Mitgliedstaaten kollektive Maßnahmen empfehlen können, die geeignet sind, der betreffenden Bedrohung der internationalen Sicherheit bzw. einem Friedensbruch zu begegnen, und zwar ausschließlich in solchen Fällen, in denen der Sicherheitsrat seiner Verantwortung aus o.g. Gründen nicht nachkommen kann.

Die Uniting-for-peace-Resolution besteht aus drei einzelnen Resolutionen (A-C): Durch Teil A wurde beschlossen, daß bei Versagen des Sicherheitsrats in Fällen der Bedrohung von Weltfrieden und internationaler Sicherheit die Generalversammlung sofort beraten und den Mitgliedstaaten gegenüber Empfehlungen aussprechen kann, die auch militärische Mittel beinhalten. Zu diesem Zweck wurde die Geschäftsordnung insoweit geändert, als daß sieben Mitglieder des Sicherheitsrats oder die Mehrheit der Mitgliedstaaten eine Notstandssitzung einberufen können. Außerdem schaffte sie sich eine Friedensbeobachtungskommission als ein Organ, das eine Beobachtung der Krisenregionen ermöglichen sollte und das ihr selbst bei Versagen des Sicherheitsrats oder dem Sicherheitsrat zur Verfügung stehen sollte. In den Teilen B und C empfiehlt die Generalversammlung dem Sicherheitsrat, seinerseits notwendige Schritte einzuleiten, um ein Funktionieren des Friedenssicherungsintrumentariums, das in der Charta enthalten ist, gewährleisten zu können.

Die erste eindrucksvolle Bewährungsprobe bestand die Uniting-for-peace-Resolution im Jahr 1956, als auf ihrer Basis die Aufstellung von UNEF durch die Generalversammlung beschlossen wurde. Während eskalierender Spannungen im Suez-Gebiet v.a. zwischen Israel und Ägypten konnte der Sicherheitsrat wegen einer Veto-Blockade von Großbritannien und Frankreich keinen Beschluß zu einem Eingreifen fassen. Überdies lehnte die ägyptische Regierung eine bilaterale Initiative von Frankreich und Großbritannien ab, gemäß derer die beiden Staaten Truppen zwischen die Parteien stellen wollten, um eine Beruhigung der Situation und die Wiederherstellung der Betriebsfähigkeit des Suez-Kanals zu erreichen. Nachdem sich die beiden europäischen Länder trotzdem militärisch in den Konflikt eingeschaltet hatten, blockierten sie mögliche Aktivitäten des UN-Sicherheitsrats[44]. Da sowohl die USA als auch die UdSSR an einem sofortigen Waffenstillstand interessiert waren, wurde dem Antrag von Jugoslawien stattgegeben, eine Notstandssitzung der Generalversammlung explizit auf Basis der Uniting-for-peace-Resolution einzuberufen – insofern arbeitete selbst die UdSSR in diesem Fall auf der Grundlage der von ihr im Prinzip abgelehnten Resolution[45]. Die Generalversammlung verabschiedete umgehend eine Reihe von Resolutionen, in denen sie die Streitparteien zur sofortigen Beendigung der be-

---

[42] Vgl. GV-Res. 377(V), 03.11.1950.
[43] Vgl. Bowett, Derek William, "United Nations Forces", London, 1964, S. 290.
[44] Vgl. UNDPI, "The Blue Helmets", New York, 1996, S. 36.
[45] Vgl. Prößdorf, Klaus, "Die Uniting For Peace Resolution", Köln, 1960, S. 88.

waffneten Auseinandersetzungen und zum Rückzug hinter die anerkannten Grenzlinien aufforderte, der Generalsekretär wurde mit der kurzfristigen Aufstellung einer UN-Friedensoperation beauftragt. Mit Resolution 1000 (ES I)[46] wurde am 5. November 1956 erstmals durch die Generalversammlung eine Friedensoperation errichtet; dieser Vorgang markiert gewissermaßen die Geburtsstunde der „Blauhelme“[47].

Mit Blick auf die bisherige Praxis der Friedensoperationen der UN stellt man fest, daß die Generalversammlung bisher nur zweimal eine Friedensoperation begründet hat. Im Falle von UNEF I blieb die Rechtslage immer strittig, während UNTEA eine Mission besonderen Zuschnitts war, welche als Hauptziel die zeitweilige Verwaltung des Gebiets Niederländisch-Neuguinea beinhaltete. Bei UNSF/UNTEA[48] gab es auch keine Kostendiskussionen, da die Regierungen der Niederlanden und Indonesiens die Kosten vollständig übernahmen[49]. Obwohl es in der Frage, ob die Generalversammlung über eine ausreichende Kompetenz zur Aufstellung einer Friedensoperation verfügt, kein abschließendes Urteil gibt, geht man heute i.d.R. davon aus, daß die Generalversammlung nicht dazu berechtigt ist[50]. Trotz dieser vorherrschenden Auffassung vertreten Teile der Literatur die Ansicht, daß – ganz im Sinne des IGH-Gutachtens – die Generalversammlung eine subsidiäre Befugnis hat, eine Friedensoperation zu beschließen[51], zumal auf Basis der Uniting-for-peace-Resolution.

2.1.2 Funktionen von Friedensoperationen

Die Aufgaben, die Friedensoperationen in der Vergangenheit zugewiesen worden sind, erstrecken sich über ein breites Spektrum. Im Rückblick haben Beobachter viele Versuche der Klassifizierung der Operationen unternommen, die sich in erster Linie auf die Funktionen der Missionen stützen. Allen Klassifizierungen ist gemeinsam, daß ein deutlicher Wandel der Funktionen der Friedensoperationen festgestellt wird, der mit dem Ende des Kalten Kriegs einhergeht. Dieser Wandel erklärt sich zum einen durch die veränderte Verteilung der Macht innerhalb der Weltpolitik, durch die einerseits die Beschlußfähigkeit im Sicherheitsrat und andererseits die Natur der Konflikte grundlegend verändert worden ist. Weitergehende Differenzierungen der Missionen sowohl vor als

---

46 Vgl. UN-Doc. A/3256, 5.11.1956.

47 Vgl. Prößdorf, Klaus, "Die Uniting For Peace Resolution", Köln, 1960, S. 89.

48 UNSF sicherte die Arbeit von UNTEA durch das Beobachten der Waffenstillstandsvereinbarung und das Aufrechterhalten von Sicherheit und Ordnung.

49 Vgl. UNDPI, "Peacekeeping Missions", 1996.

50 Vgl. Bothe, Michael, "Peace-Keeping", in: Simma, Bruno, "The Charter of the United Nations", München, 2002, S. 685f, Rdnr. 91.

51 Vgl. Hufnagel, Frank-Erich, "UN-Friedensoperationen der zweiten Generation", Berlin, 1996, S. 23.

auch der nach Ende des Kalten Kriegs werden auf unterschiedliche Weise vorgenommen[52].

Allgemein gültig für alle betrachteten Zeiträume erscheint eine Negativ-Definition der Friedensoperation, eben keine Zwangsmaßnahme gem. Kapitel VII der Charta zu sein[53]. In diesem Zusammenhang wird häufig gesagt, die Friedensoperation sei eine Maßnahme vom Charakter des sechsten Kapitels der Charta, das mit Mitteln des siebten Kapitels durchgeführt wird. Dadurch wird deutlich, daß der Mission nicht der Zwangscharakter des Kapitels VII innewohnt.

Trotzdem hat bisher jede Mission Druck auf die Streitparteien ausgeübt, sonst wäre sie nicht implementiert worden. Das Ausmaß dieses Drucks bzw. der Anwendung von Gewalt seitens der Mission ist maßgeblich für eine Positionsbestimmung der einzelnen Mission auf dem Spektrum zwischen den Kapiteln VI und VII. So bewirkt die ausschließliche Beobachtung der Einhaltung von Waffenstillstandsabkommen einen nur sehr sanften Druck dadurch aus, daß die Handlungen der Verantwortlichen veröffentlicht werden und daß sie sich dadurch unter schärferer Beobachtung der Weltöffentlichkeit und der Organe der UN wissen. Dagegen bringt eine zwangsweise Durchsetzung von getroffenen Vereinbarungen im Rahmen der Konfliktlösung die Friedensoperation an den Rand des Kapitels VII.

Die zweite wesentliche Dimension neben dem Grad der Ausübung von Druck, die zur Einordnung der Friedensmissionen dient, ist das politische Ziel der Mission. Die unterste Ebene bildet dabei das bloße Durchbrechen der Eskalationsspirale, d.h. die Mission soll die Kombattanten lediglich auseinanderbringen. Das andere Ende des Spektrums bildet über die Stabilisierung der Konfliktsituation hinaus die Schaffung der Voraussetzungen für ein künftiges friedliches Miteinander der Streitparteien.

Die Klassifikationen, die in der Literatur vorgefunden werden können, werden im Prinzip immer in der von den beiden Dimensionen Mittel und Ziele aufgespannten Beschreibungsebene vorgenommen. Die Grundlage zur Erklärung der im Einzelfall jeder Mission vorzufindenden Instanziierungen in den beiden Dimensionen bilden die Machtverteilung der maßgeblichen UN-Mitglieder und die zur gegebenen Zeit vorherrschende Interpretation der relevanten völkerrechtlichen Voraussetzungen und Möglichkeiten.

2.1.2.1 Klassische Missionen

Dag Hammarskjöld hatte bereits für die erste Friedensoperation mit größerer militärischer Komponente (UNEF I) einige grundsätzliche Richtlinien für die Auf-

---

[52] Vgl. z.B. Ansprenger, Franz, "Blauhelme - Markenzeichen und Albdruck der Vereinten Nationen", in: Hüfner, Klaus, "Die Reform der Vereinten Nationen", Opladen, 1994, S. 59ff; Bowett, Derek William, "United Nations Forces", London, 1964, S. 268ff

[53] Vgl. Hufnagel, Frank-Erich, "UN-Friedensoperationen der zweiten Generation", Berlin, 1996, S. 30.

stellung von Friedensoperationen ausgeführt[54]: Alle Konfliktparteien müssen der Operation zustimmen und für eine vollständige Kooperation mit den UN bereit sein. Die volle Unterstützung der internationalen Gemeinschaft muß gegeben sein. Diese findet ihren Ausdruck insbesondere in der Unterstützung des Sicherheitsrats und der Bereitschaft weiter Teile der Mitgliedstaaten, Truppen und Ausrüstung zu stellen und die entstehenden Kosten gemeinschaftlich zu tragen. Die Streitmacht muß sich unter UN-Kommando befinden, wobei die Kontrolle durch den Generalsekretär ausgeübt wird, der unter der Autorität des Sicherheitsrats bzw. der Generalversammlung handelt. Die multinationale Zusammensetzung der Truppe ergibt sich aus Konsultationen mit dem Sicherheitsrat und den am Streit beteiligten Parteien, wobei keine Truppen von Staaten gestellt werden sollen, die einen ständigen Sitz im Sicherheitsrat innehaben. Die Soldaten der Streitmacht üben keine Gewalt außer der zu ihrer eigenen Verteidigung aus und bleiben über die gesamte Operation strikt unparteiisch.

Betrachtet man die unterschiedlichen Funktionen, die den Friedensoperationen in der Zeit nach Gründung der UN bis gegen Ende des Kalten Kriegs zugewiesen wurden, erkennt man, daß in den meisten Fällen die Begrenzung einer drohenden Eskalation von bewaffneten Konflikten den Schwerpunkt bildete. Die Konflikte beruhten zumeist auf dem Prozeß der Entkolonialisierung während dieser Zeit. Das Machtvakuum, daß die ehemaligen Kolonialstaaten bei ihrem Abzug hinterließen, bot Raum für teilweise mit Gewalt ausgetragene Konflikte um die Herrschaft in den neu entstandenen Staaten oder für Sezessionsbestrebungen, die ebenfalls häufig mit gewalttätigen Auseinandersetzungen einhergingen. In vielen Fällen griffen die rivalisierenden Gruppen dabei auf Hilfestellungen der beiden Großmächte, USA und UdSSR, zurück. Dadurch entstand oft ein Interessenkonflikt im Sicherheitsrat über die zu treffenden Maßnahmen, wodurch der Sicherheitsrat in diesen Fällen wegen der Veto-Regelung in diesem Organ regelmäßig blockiert wurde. Kam dennoch ein Kompromiß zustande, so war eine Zwangsmaßnahme auf Basis des Kapitel VII der Charta meist politisch nicht durchsetzbar. Im Falle der durch die Generalversammlung autorisierten Mission (UNEF I) wäre eine Zwangsmaßnahme nach Kapitel VII sowieso aus rechtlichen Gründen nicht möglich gewesen.

Das Feststellen des Aggressors durch den Sicherheitsrat, die auf Anordnung des Sicherheitsrats – also nicht freiwillig – zu stellenden Truppen durch die Mitgliedstaaten (und in diesem Zusammenhang das Fehlen der verbindlichen Zusagen von Ressourcen gem. Art. 43 Charta) und die Anwendung von Waffengewalt gegen den Aggressor bedurften des Einsatzes großen politischen Kapitals, wenn überhaupt eine Chance bestehen sollte, das Veto eines der ständigen Mitglieder des Sicherheitsrats zu vermeiden. Statt dessen entschied man sich als Ergebnis eines erreichbaren Kompromisses i.d.R. für die Einsetzung einer Frie-

---

[54] Vgl. z.B. Sitkowski, Andrzej, Reflections On the Peacekeeping Doctrine, in: International Peacekkeeping, 2001; Greig, Alison Joanne, "The Role of the Security Council - An Opportunity for Reform", Wien, 1996.

densoperation, die deeskalierend auf die streitenden Parteien wirken sollte, deren Ziel aber nicht die Lösung des Konflikts war. Aus diesem Grund wird auch von der Mehrzahl der Autoren der Art. 40 Charta – obwohl er in den Resolutionen des Sicherheitsrats regelmäßig nicht direkt genannt wurde – als konstitutionelle Basis für die Operationen bezeichnet[55], weil er den Charakter einer vorläufigen Anordnung von Maßnahmen durch den Sicherheitsrat trägt. Bei Anwendung dieser Norm muß der Sicherheitsrat weder eine Feststellung des Aggressors noch Entscheidungen über verbindliche Anordnungen gegenüber den streitenden Parteien getroffen haben.

Vor diesem Hintergrund bildeten sich über die Zeit die Charakteristika der Friedensoperationen heraus, für die sich, wie erwähnt, in der Charta keine direkten Normen finden. Eine wesentliche Grundlage bildet die Zustimmung der im Streit befindlichen Parteien zum Einsatz der Mission[56]. Dazu gehören Abmachungen zwischen den UN und den Streitparteien, die den Umfang der Maßnahmen und die Rechte der Angehörigen der Mission im definierten Einsatzgebiet auf Konsensbasis festlegen. Ein weiteres, charakteristisches Merkmal besteht im Umfang der Gewaltanwendung: die Soldaten verfügen i.d.R. lediglich über das Selbstverteidigungsrecht, über das völkerrechtlich sowieso jeder Mensch verfügt[57]. Verbunden mit einer üblicherweise nur leichten Bewaffnung des militärischen Teils der Mission, schließt dieses Charakteristikum glaubwürdig eine Parteinahme auf militärischer Ebene aus.

Grundsätzlich unterscheidbar sind dabei Beobachtermissionen und Friedensoperationen mit militärischer Komponente. Reine Beobachtermissionen verfügen über keine nennenswerte militärische Komponente, und es ist deren zentrale Aufgabe, die Einsetzung von Abkommen (wie z.B. Waffenstillstandsabkommen), welche die Konfliktparteien geschlossen haben, bzw. deren Verletzungen zu beobachten und dem Generalsekretär bzw. dem Sicherheitsrat direkt zu berichten. Bei Friedensoperationen hat die militärische Komponente zumeist die Aufgabe, sich zwischen die streitenden Parteien zu stellen, Ruhe und Ordnung im Einsatzgebiet aufrechtzuerhalten oder die Einhaltung von Waffenstillstandsabkommen zu überwachen. Die meisten Missionen waren mit mehreren der o.g. Aufgaben beauftragt.

Versuche der Verantwortlichen in den UN, also insbesondere des Sicherheitsrats, die Grenzen der Friedensoperationen in Richtung erhöhten Zwangscharakters auszuweiten, waren ebenfalls zu beobachten. Allerdings kam es dazu meist im Verlauf einer Friedensoperation, wenn die Lage im Krisengebiet sich verschlechterte. Gleich bei der zweiten Operation größeren Ausmaßes in der Geschichte der UN, der Operation ONUC (Kongo) 1960 - 1964, drängte der

---

[55] Vgl. Hufnagel, Frank-Erich, "UN-Friedensoperationen der zweiten Generation", Berlin, 1996, S. 28.

[56] Vgl. Kühne, Winrich, Friedenseinsätze verbessern – der Brahimi-Report, SWP - akutell, No. 63, 01.08.2000, S. 1

[57] Vgl. White, N.D., "Keeping the Peace", Manchester, New York, 1997, S. 240.

Sicherheitsrat im Verlauf der Krise auf ein höheres Maß der Anwendung militärischer Gewalt durch die eingesetzten Friedenstruppen. Allerdings blieben die erhofften Erfolge aus, und die Truppen gerieten während der Mission häufig in ernste Gefahr, so daß durch ONUC im Ergebnis bei den UN Ernüchterung in einem solchen Ausmaß eintrat, daß man auf die Anwendung von über die Selbstverteidigung hinausgehende militärische Gewalt für lange Zeit verzichtete[58].

Wenige Missionen in der Zeit des Kalten Kriegs zielten in eine andere Richtung als die der Stabilisierung von Situationen, in denen kriegerische Auseinandersetzungen vorherrschten. Eine wichtige Ausnahme diesbezüglich stellt die Mission UNTEA dar, die von UNSF (beide Missionen in West New Guinea) flankiert wurde. UNTEA ermöglichte den geordneten Rückzug der Niederlande als Kolonialmacht aus West-Neuguinea, einem Gebiet, das von Indonesien beansprucht wurde und dessentwegen es im Vorfeld der Mission zum Konflikt zwischen beiden Ländern gekommen war. Die Aufgabe von UNTEA war es, die zivile Verwaltung des Landes für eine definierte Übergangszeit auszuführen; sie konnte auf die funktionierende Kolonialverwaltung, die von den Niederlanden eingerichtet worden war, zurückgreifen. Während dieser Übergangsperiode sorgte UNSF für die Aufrechterhaltung von Ruhe und Ordnung; ihre Hauptfunktion war die Ausübung der Polizeigewalt in dem Gebiet. Die Kosten für UNTEA und UNSF wurden von den Niederlanden und Indonesien vollständig übernommen[59].

2.1.2.2 Erweiterte Missionen

Mit dem Ende der bipolaren Weltordnung änderte sich der Hintergrund für die Einsätze der UN-Friedenstruppen. Der oben skizzierte Mechanismus der Parteinahme der Supermächte in den Entwicklungsländern funktionierte nicht mehr[60], wodurch viele vorher unterstützte Regime destabilisiert wurden. Gleichzeitig ergaben sich im Einflußbereich der zerfallenden Sowjetunion Unabhängigkeitsbestrebungen und Konflikte um die Herrschaft in verschiedenen Regionen.

Diese Geschehnisse brachten eine Vielzahl von Konflikten hervor, die häufig den vollständigen Zusammenbruch der Staatsgewalt in den betroffenen Ländern nach sich zog und auf welche die UN durch ihre Konstruktion in sicherheitspolitischer Hinsicht nicht sonderlich gut vorbereitet waren: während die neuen Konflikte sich in erster Linie innerhalb der Grenzen der Länder abspielten, stehen alle sicherheitspolitischen Regelungen der UN auf der Basis des Konflikts auf internationaler Ebene; ein Eingreifen in nationale Konflikte schließen die

58 Vgl. Hufnagel, Frank-Erich, "UN-Friedensoperationen der zweiten Generation", Berlin, 1996, S. 35.

59 Vgl. UNDPI, "Peacekeeping Missions", 1996.

60 Vgl. Hüfner, Klaus, "Die Finanzierung der Vereinten Nationen", in: Hüfner, Klaus, "Die Reform der Vereinten Nationen", Opladen, 1994, S. 7.

Charta-Bestimmungen aus, die nationale Souveränität bleibt ausdrücklich unangetastet[61].

V.a. wegen der mit den Streitigkeiten auf nationaler Ebene einhergehenden humanitären Härten wurde die Rolle der UN allenthalben als unbefriedigend empfunden[62]. Vorschläge zur Einschränkung der nationalen Souveränität zur Ermöglichung von humanitären Interventionen waren sehr umstritten und konnten sich nicht durchsetzen[63]. Um die Konflikte dem sicherheitspolitischen Instrumentarium der UN dennoch zugänglich zu machen, wurde die Definition der Friedensbedrohung weiter gefaßt; es wurde unterstellt, daß die instabile Lage eines Landes auf die umliegenden Länder übergreifen könnte[64]. Auch wurde argumentiert, die Folgen der Flüchtlingsströme aus den bürgerkriegsbelasteten Ländern lösten Probleme auf internationaler Ebene aus[65]. Diese Interpretation gilt heute als gesichert[66].

Wenig hilfreich für mögliche Lösungen waren die mit der Zusammensetzung der ständigen Mitglieder des Sicherheitsrats verbundenen Interessengegensätze. Die Besetzung des Sicherheitsrats war auch nach dem Zusammenbruch der Sowjetunion und des Warschauer Pakts nicht geändert worden[67], und die Verbindungen der Sicherheitsrat-Mächte aus der Zeit des Kalten Kriegs spielten häufig noch immer eine wesentliche Rolle, wenn es um die Definition der Aggressoren und deren Bekämpfung ging[68].

Mit dem Aufkommen der Krisen „neuen Zuschnitts" veränderte sich auch Aufgabenschwerpunkt und -inhalte der Friedensoperationen. Während bei den Missionen traditionellen Typs die militärische Funktion eindeutig im Vordergrund stand, erlangten die zivilen Komponenten jetzt deutlich höhere Bedeutung, obwohl die militärischen Einheiten zahlenmäßig weiter überwiegen[69]. Zu den zivilen Komponenten zählen ebenfalls die regelmäßig teilnehmenden zivilen Polizeikontingente. Diese Verschiebung ist Folge des veränderten Charakters der

---

61 Vgl. Art. 2 VII Charta: „Aus dieser Charta kann eine Befugnis der Vereinten Nationen zum Eingreifen in Angelegenheiten, die ihrem Wesen nach zur inneren Zuständigkeit eines Staates gehören...nicht abgeleitet werden;...".

62 Vgl. Simma, Bruno, "NATO, the U.N. and the Use of Force: Legal Aspects", 1999; Rivlin, Benjamin, "UN Reform from the Standpoint of the United States", 1995.

63 Vgl. Albrecht, Ulrich, "Die Reform der Vereinten Nationen nach friedenspolitischen Vorgaben", in: Hüfner, Klaus, "Die Reform der Vereinten Nationen", Opladen, 1994, S. 29.

64 Vgl. Lailach, Martin, "Die Wahrung des Weltfrieden und der internationalen Sicherheit als Aufgabe des Sicherheitsrates der Vereinten Nationen", Berlin, Göttingen, 1997, S. 134ff und zu dem "Gesichtspunkt" des Zusammenbruchs staatlicher Strukturen S. 146.

65 Vgl. Arbenz, Peter, "Möglichkeiten und Grenzen der Blauhelme in Ex-Jugoslawien", Zürich, 1995.

66 Vgl. Czempiel, Ernst-Otto, "Die Reform der UNO", München, 1994, S. 97; 108

67 Rußland erhielt als Rechtsnachfolger der UdSSR deren Sitz im Sicherheitsrat.

68 Vgl. The Stanley Foundation, "Getting Down to Cases: Enforcing Security Council Resolutions", Stowe, Vermont, 06/1998, S. 9.

69 Vgl. Hufnagel, Frank-Erich, "UN-Friedensoperationen der zweiten Generation", Berlin, 1996, S. 210.

neuen Konflikte: die Missionen finden nicht mehr vorwiegend in den Grenzgebieten zwischen zwei Ländern statt, sondern breiten sich über weite Teile des Staatsgebiets aus. Während bei traditionellen Friedensoperationen die Konfliktlösung selbst nicht das Ziel war, ist die politische Konfliktlösung in den Missionen der neuen Generation wichtiger Bestandteil. Regelmäßig helfen Teile der Mission beim Wiederaufbau des Staates auf technischer, administrativer und politischer Ebene mit[70].

Die Struktur und die Interessenlage der am Streit beteiligten Parteien in diesen Krisen waren häufig vergleichsweise unübersichtlich, so daß das Zustimmungserfordernis für die Mission – eine wichtige Grundlage für die Friedensoperationen klassischen Zuschnitts – oftmals nicht oder nicht ausreichend gegeben war. Infolgedessen wurden die Mandate immer häufiger so konzipiert, daß die Truppen zur Durchsetzung ihres Auftrags die Erlaubnis erhielten, militärischen Zwang anwenden. Solche Operationen werden zuweilen als „Chapter six-and-three-quarters“ bezeichnet; viele Beobachter warnen vor der Gefahr des Scheiterns solcher Missionen[71].

Beobachter sprechen in diesem Zusammenhang von einer „zweiten Generation“ des UN-Peacekeeping seit Ende des Kalten Kriegs[72]. Einige Autoren unterscheiden die Missionen entlang der o.g. Dimensionen in Operationen der zweiten, dritten[73] oder gar vierten Generation[74]. Unabhängig davon, ob und wann innerhalb der Missionen neueren Zuschnitts signifikante, qualitative Sprünge erkennbar sind, kann bei den Missionen seit 1988[75] eine deutlich erkennbare Zunahme an Komplexität hinsichtlich der verfolgten Ziele und/oder eine ausgeweitete Handhabe der militärischen Komponente, also eine Erhöhung des Drucks, konstatiert werden. Die erweiterten Ziele, die v.a. zivile Bereiche erfassen, führen zu dem häufig verwendeten Begriff der *Multidimensionalität* der Friedensmission[76]. Im Zusammenhang mit dem erhöhten Niveau der Anwendung von

---

70 Vgl. Hufnagel, Frank-Erich, "UN-Friedensoperationen der zweiten Generation", Berlin, 1996, S. 211.

71 Vgl. z.B. Weiss, Thomas G., "Problems for Future U.N. Military Operations in "An Agenda for Peace"", in: Kühne, Winrich, "Blauhelme in einer turbulenten Welt", Baden-Baden, 1993, S. 189f

72 Vgl. Osmançavuşoğlu, Emel, "Challanges to United Nations Peacekeeping Operations in the post-cold War Era", 1999-2000

73 Vgl. Kühne, Winrich, Friedenseinsätze verbessern – der Brahimi-Report, SWP - akutell, No. 63, 01.08.2000, S. 2f; Czempiel, Ernst-Otto, "Die Reform der UNO", München, 1994, S. 126f

74 Vgl. Kühne, Winrich, Friedenseinsätze verbessern – der Brahimi-Report, SWP - akutell, No. 63, 01.08.2000, S. 3

75 Vgl. McDermott, Anthony, "The New Politics of Financing the UN", Oslo, 1998, S. 78; Kühne, Winrich, "Völkerrecht und Friedenssicherung in einer turbulenten Welt", in: Kühne, Winrich, "Blauhelme in einer turbulenten Welt", Baden-Baden, 1993, S. 51

76 Boutros-Ghali hat in seiner Agenda for Peace (1992) die Aufgaben der modernen Friedensoperationen in die Phasen peace-making, peace-keeping und peace-building unterteilt und so die Vorstellung der UN-Organisation konkretisiert, das Peacekeeping in ein Instrument

Gewalt zur Durchsetzung des Mandats wird üblicherweise von einer *robusten* Operation gesprochen[77].

2.1.3 Kosten der Operationen

Die allgemein zugänglichen Statistiken der UN-Organisation bzgl. der Kosten der Friedensoperationen stehen in unmittelbarer Beziehung zu den auf die Mitgliedstaaten umgelegten Veranlagungen für die Durchführung der einzelnen Missionen. Dies bedeutet, daß es sich lediglich um diejenigen Belastungen handelt, die nach den jeweils gültigen Regeln für die Aufteilung der Kosten zwischen truppenstellenden Staaten und den UN errechnet worden sind. Nicht enthalten sind demnach freiwillige Beitragsleistungen, die außer in der Bereitstellung finanzieller Mittel z.B. in der Form entstanden sind, daß truppenstellende Staaten für ihre bereitgestellten nationalen Kontingente zusätzlichen Sold bezahlen, zusätzliche Ausrüstung bereitstellen usw.. Selbstverständlich sind auch keine kalkulatorische Kosten enthalten, die anteilig in der UN-Verwaltung anfallen.

---

für eine nachhaltige Konfliktlösung zu wandeln. (Vgl. zur Begriffsbestimmung Boutros-Ghali, Boutros, "An Agenda for Peace", UN-Doc. A/47/277-S/24111, 31.01.1992, Rdnrn. 20f und die jeweiligen Kapitel zu den Phasen).

77 Boutros-Ghali hat diesen Typ von Operationen „erweitertes“ Peacekeeping genannt, andere sprechen von „peace-keeping with teeth and muscles“ (vgl. Kühne, Winrich, "Völkerrecht und Friedenssicherung in einer turbulenten Welt", in: Kühne, Winrich, "Blauhelme in einer turbulenten Welt", Baden-Baden, 1993, S. 55)

Abbildung 1: UN-Ausgaben für Friedensoperationen 1947-2001[78]

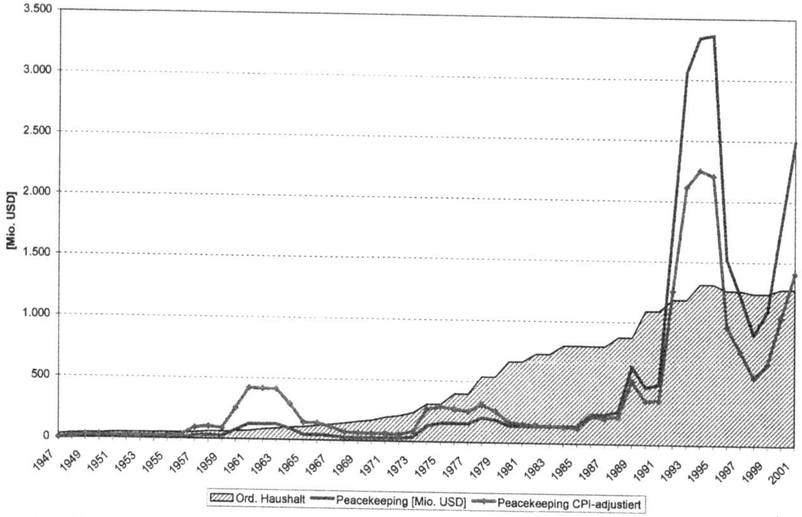

Die in Abbildung 1 aufgeführten Zahlen repräsentieren also die Belastung der Mitgliedstaaten in Summe, die diesen unabhängig von einer eigenen militärischen oder zivilen Beteiligung entstanden sind; es handelt sich genaugenommen um die *Ausgaben der UN-Organisation* für die Friedensoperationen.

Deutlich erkennbar wird die signifikante Steigerung der Kosten für Friedensoperationen seit Ende des Kalten Kriegs. Zieht man die preisbereinigte[79] Kurve der Ausgaben für Friedensoperationen heran, wird auch die hohe Belastung der UN während der zeitlichen Überlappung von UNEF I und ONUC im Verhältnis zu den Ausgabenanstieg ab 1990 besser sichtbar.

Die folgende Abbildung verdeutlicht den verstärkten Rückgriff auf UN-Friedensoperationen als Mittel zur Beilegung von Streitigkeiten nach dem Ende des Ost-West-Konflikts.

---

78 Quellen: für die Ausgaben für Friedensoperationen: Renner, Michael, "Peacekeeping Expenditures: 1947-2001", 2002, siehe auch detaillierte Quellenangaben dort; die Werte für 2000 und 2001 sind geschätzt, da zum Zeitpunkt der Erstellung noch nicht alle Daten verfügbar waren; für den ordentlichen Haushalt: Hüfner, Klaus, "Die Vereinten Nationen und ihre Sonderorganisationen (3A)", Bonn, 1997, S. 105;107; Hüfner, Klaus, "Die Vereinten Nationen und ihre Sonderorganisationen (Teil 3B)", Bonn, 1997, S. 246 Tab. V.1-1; "Financial Report and audited financial Statements for the biennium ended 31.12.1999", UN-Doc. A/55/5, Supplement No. 5, 2000; „final appropriation" für den Zweijahreshaushalt 2000-2001, s. GV-Res. 56/240 E, 27.03.2002; für die CPI-Werte: Consumer Price Index, All Urban Consumers, US city avarage, all items, basis: 1982-1984 = 100, s. z.B. http://stats.bls.gov/cpihome.htm.

79 Der verwendete CPI-Faktor gilt für den Durchschnitt aller konsumierten Güter in größeren Städten der USA (s. Fn. 78); seine Anwendbarkeit auf die Ausgaben für Friedensoperationen ist durch diese Definition sicherlich nur eingeschränkt gegeben.

Abbildung 2: UN-Friedensoperationen seit Bestehen der UN bis Ende 2002[80]

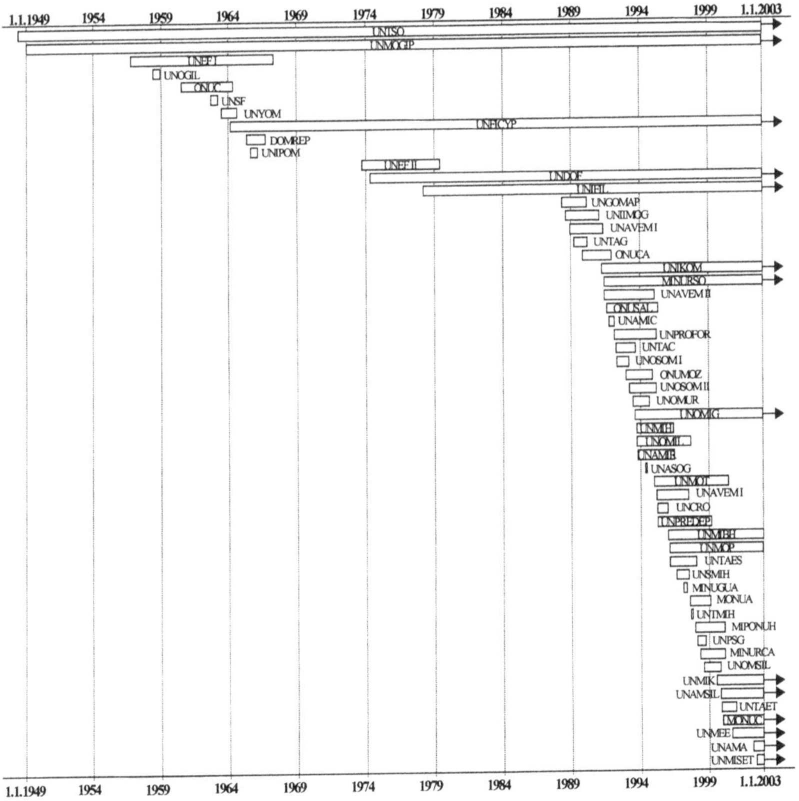

[80] Quelle: UNDPI, "Peacekeeping Missions", 2003.

2.2 *Finanzierungsregelungen*

Die Mittelbeschaffung der UN-Organisation erfolgt über ein System von Pflichtbeiträgen einerseits und freiwilligen Leistungen zugunsten der Organisation andererseits. Die freiwilligen Beiträge machen dabei einen erheblichen Teil der Mittelbeschaffung aus. So waren beispielsweise die freiwilligen Beitragsleistungen im Jahr 1994 etwa so hoch wie die Summe der Pflichtbeiträge zu ordentlichem Haushalt und UN-Friedensoperationen für das gesamte UN-System[81].

Innerhalb der Pflichtbeiträge unterscheidet man den ordentlichen Haushalt oder Programmhaushalt und die Haushalte für die einzelnen Friedensoperationen. Es ist heute weitgehend unbestritten, daß die Beitragsforderungen für beide Haushaltsarten mit der Zugehörigkeit zur Organisation völkerrechtlich bindende Verpflichtungen zur Zahlung darstellen, was bedeutet, daß die mit ihnen im Zusammenhang stehenden Fragen durch dieselben Normen der Charta geregelt werden. Für beide Haushaltsarten gilt, daß sie die Kosten für die Arbeit der Organisation abdecken.

Während der ordentliche Haushalt jedoch in Höhe und Zeitpunkt der Zahlung recht gut planbar ist, unterliegen die Beiträge zu Friedensoperationen über die Zeit erheblichen Schwankungen. Außerdem fallen die Kosten für die Missionen – zumindest in der jüngeren Vergangenheit – im Vergleich zum ordentlichen Haushalt in einer durchaus signifikanten Höhe an. Aus diesem Grund weichen bestimmte Verfahren für die beiden Haushaltsarten – als sicherlich wichtigstes die Methode der Verteilung der Kosten – voneinander ab.

Insgesamt gesehen überwiegen die Gemeinsamkeiten bei weitem, so daß Fragen der Kosten für UN-Friedensoperationen nicht isoliert werden können von Fragen, die sich im Zusammenhang mit dem ordentlichen Haushalt stellen. In der Praxis der angespannten Finanzverhältnisse werden liquide Mittel von den Missionskonten entnommen und für die Deckung der Lücken verwendet und umgekehrt[82]. Die Schwierigkeiten, die sich bei der Verteilung der finanziellen Lasten ergeben, sind dem Ursprung nach dieselben bei ordentlichem Haushalt und den Budgets für die Friedensoperationen[83]. Das problematische Zahlungsverhalten der Mitgliedstaaten bezieht sich auf beide Haushaltsarten gleichermaßen, allerdings mit leichten Unterschieden in Ursachen und schwerwiegenden in der Konsequenz.

Der folgende Abschnitt befaßt sich daher mit beiden Haushalten und stellt die Besonderheiten im Zusammenhang mit den Budgets für die Friedensoperationen bei Bedarf heraus.

---

81 Vgl. Hüfner, Klaus, "Die Vereinten Nationen und ihre Sonderorganisationen (3A)", Bonn, 1997, S. 41.

82 Vgl. McDermott, Anthony, "The New Politics of Financing the UN", Oslo, 1998, S. 91.

83 Vgl. McDermott, Anthony, "The New Politics of Financing the UN", Oslo, 1998, S. 81.

2.2.1 Die Finanzverfassung der UN

Der zentrale Artikel, durch den alle Aspekte der Ausgaben der Organisation geregelt werden, ist Art. 17 Charta. Er wird flankiert durch die Bestimmungen der Artikel 18 II und 19 Charta. Somit bilden Art. 17, 18 II und 19 Charta die Finanzverfassung der UN[84].

Artikel 17

1. Die Generalversammlung prüft und genehmigt den Haushaltsplan der Organisation.

2. Die Ausgaben der Organisation werden von den Mitgliedern nach einem von der Generalversammlung festzusetzenden Verteilungsschlüssel getragen.

3. Die Generalversammlung prüft und genehmigt alle Finanz- und Haushaltsabmachungen mit den in Artikel 57 bezeichneten Sonderorganisationen; sie prüft deren Verwaltungshaushalt mit dem Ziel, Empfehlungen an sie zu richten.

Artikel 18

1. Jedes Mitglied der Generalversammlung hat eine Stimme.

2. Beschlüsse der Generalversammlung über wichtige Fragen bedürfen einer Zweidrittelmehrheit der anwesenden und abstimmenden Mitglieder. Zu diesen Fragen gehören: Empfehlungen hinsichtlich der Wahrung des Weltfriedens und der internationalen Sicherheit, die Wahl der nichtständigen Mitglieder des Sicherheitsrats, die Wahl der Mitglieder des Wirtschafts- und Sozialrats, die Wahl von Mitgliedern des Treuhandrats nach Artikel 86 Absatz 1 Buchstabe c, die Aufnahme neuer Mitglieder in die Vereinten Nationen, der zeitweilige Entzug der Rechte und Vorrechte aus der Mitgliedschaft, der Ausschluß von Mitgliedern, Fragen betreffend die Wirkungsweise des Treuhandsystems sowie Haushaltsfragen.

3. Beschlüsse über andere Fragen, einschließlich der Bestimmung weiterer Gruppen von Fragen, über die mit Zweidrittelmehrheit zu beschließen ist, bedürfen der Mehrheit der anwesenden und abstimmenden Mitglieder.

Artikel 19

Ein Mitglied der Vereinten Nationen, das mit der Zahlung seiner finanziellen Beiträge an die Organisation im Rückstand ist, hat in der Generalversammlung kein Stimmrecht, wenn der rückständige Betrag die Höhe der Beiträge erreicht oder übersteigt, die dieses Mitglied für die vorausgegangenen zwei vollen Jahre schuldet. Die Generalversammlung kann ihm jedoch die Ausübung des Stimmrechts gestatten, wenn nach ihrer Überzeugung der Zahlungsverzug auf Umständen beruht, die dieses Mitglied nicht zu vertreten hat.

Angesiedelt sind alle drei Artikel in den Bestimmungen die Generalversammlung betreffend (Kapitel IV, Art. 9-22 Charta); die Generalversammlung wird im Art. 17 I Charta ausdrücklich als dasjenige Organ der Organisation benannt, das den Haushaltsplan der Organisation zu prüfen und zu genehmigen hat. Den Gegenstand der in Art. 17 I Charta bezeichneten Prüfungs- und Genehmigungspflichten definiert Absatz 2 des Artikels: es sind dies die „Ausgaben der Organisation". Dazu gehören nach vorherrschender Meinung nicht bloß die Kosten, die durch die Verwaltung der UN entstehen, sondern ebenfalls die durch die Programme und sonstige Aktivitäten der UN verursachten Kosten[85]. So zählen auch diejenigen Kostenanteile der Friedensoperationen, die durch die Organisation zu

---

84 Vgl. Hüfner, Klaus, "Die Finanzierung der Vereinten Nationen", in: Hüfner, Klaus, "Die Reform der Vereinten Nationen", Opladen, 1994, S. 211.

85 Vgl. IGH, "Advisory Opinion", 20.07.1962.

tragen sind, d.h., die nicht durch freiwillige Beitragsleistungen abgedeckt werden, zu den nach Art. 17 II Charta definierten Ausgaben[86]. Art. 17 II Charta verpflichtet die Mitgliedstaaten zur Übernahme der Kosten der Organisation[87].

Art. 17 II Charta legt außerdem die Quelle der Finanzmittel fest: die Ausgaben sind durch die Mitgliedstaaten zu tragen; die Verteilung der Kosten auf die Mitgliedstaaten bestimmt wiederum die Generalversammlung. Dabei ist die Generalversammlung in der Methodenwahl für die Kostenverteilung auf die Mitglieder frei, was der IGH in seinem „Certain-Expenses"-Gutachten explizit klarstellt. Im für Haushaltsfragen zuständigen Ausschuß der Konferenz von San Francisco war eine Kodifizierung u.a. der Verteilungsmethode erwogen, aber dann doch verworfen worden[88], wodurch man davon ausgehen kann, daß die Generalversammlung zur Bestimmung der Methode der Verteilung der Kosten bewußt befugt worden war[89].

Art. 18 Charta befaßt sich in erster Linie mit den formalen Bedingungen der Beschlußfassung durch die Generalversammlung. Auf den Gegenstand der Beschlußfassungen der Generalversammlung weist Absatz 2 hin; er zählt beispielhaft, aber nicht abschließend mögliche Fragestellungen auf, die als „wichtige Fragen" in Absatz 1 bezeichnet worden sind. Als wichtige Frage i.S. des Absatzes 1 werden in der Aufzählung u.a. Haushaltsfragen genannt.

Schließlich widmet sich der Art. 19 Charta den Konsequenzen des Versäumnisses von Mitgliedern, der Beitragspflicht gem. Art. 17 Charta nachzukommen. Hier wird bestimmt, daß solche Mitglieder vorübergehend das Stimmrecht in der Generalversammlung verlieren, deren Beitragsrückstand größer oder gleich dem Betrag ist, der in Summe für das betreffende Mitglied für die vergangenen beiden Jahre durch die Generalversammlung festgesetzt worden ist. In Satz 2 wird der Generalversammlung allerdings die Möglichkeit gegeben, die in Satz 1 formulierte Sanktionierung für den Fall auszusetzen, daß das Mitglied den Zahlungsverzug nach Überzeugung der Generalversammlung nicht zu vertreten hat.

2.2.1.1 Die Regelungen in der Charta

2.2.1.1.1 Der Begriff des Haushalts und der Ausgaben der Organisation

Obwohl der IGH in seinem Gutachten ausdrücklich darauf hingewiesen hat, daß die in Art. 17 II Charta genannten „Ausgaben der Organisation" sich keinesfalls auf die reinen Verwaltungsausgaben beschränken, sondern grundsätzlich all jene Ausgaben durch diesen Terminus abgedeckt sind, die sich aus der Verfolgung der Ziele der Organisation ergeben, stellt sich der ordentliche Haushalt als im

---

86 Vgl. IGH, "Advisory Opinion", 20.07.1962.

87 Vgl. Koschorreck, Wilfried, "Article 17", in: Simma, Bruno, "The Charter of the United Nations", München, 2002, S. 334, Rdnr. 4.

88 Vgl. Döpp, Hansjörg, "Der Haushalt der Vereinten Nationen", Vereinte Nationen, 1/1973, S. 14

89 Vgl. Stoessinger, John G., "Budget Allocations and Assessments", in: Waters, Maurice, "The United Nations", New York, 1967, S. 223.

Prinzip reiner Verwaltungshaushalt dar[90]. Er enthält auch Mittelbewilligungen für soziale, wirtschaftliche, rechtliche und politische Aktivitäten der UN, die sich allerdings in erster Linie auf die durch sie verursachten Verwaltungskosten beziehen[91]. Die Hoheit für Planung und Genehmigung dieses Budgets obliegt der Generalversammlung.

In den Finanzregeln und Ausführungsbestimmungen der Generalversammlung wird bestimmt, daß der Haushalt in US-Dollar zu budgetieren ist[92].

Nicht in den ordentlichen Haushalt einbezogen, aber trotzdem innerhalb der Kompetenz der Generalversammlung ist die Budgetierung der weit überwiegenden Zahl der Friedensoperationen. Für die einzelnen Missionen werden üblicherweise Sonderkonten eingerichtet, deren Ausstattung durch die Generalversammlung revolvierend, normalerweise in Zyklen von zwölf Monaten beginnend zur Jahresmitte, je Mission einzeln geplant wird. Dieses Vorgehen folgt keiner Chartabestimmung, sondern hat sich historisch so entwickelt und entspricht dem Projektcharakter einer Friedensoperation.

Die Generalversammlung errichtet für ihre soziale, wirtschaftliche und politische Arbeit Spezialorgane (z.B. UNHCR, UNICEF), deren Kosten zum überwiegenden Teil durch freiwillige Beitragsleistungen der Mitgliedstaaten getragen werden. Auf den im jährlichen Turnus abgehaltenen Beitragszusagekonferenzen (UN Pledging Conferences for Development Activities) werden die notwendigen Mittel eingeworben; diese auf freiwilliger Basis übertragenen Gelder werden i.d.R. unter den Vorbehalt der Genehmigung durch die nationalen Entscheidungsgremien gestellt[93].

Die Haushalte der Sonderorganisationen der UN unterliegen nicht der Haushaltshoheit der Generalversammlung; nur die finanziellen Beziehungen zwischen der UN-Organisation und den Sonderorganisationen unterliegen der Prüfungs- und Genehmigungspflicht der Generalversammlung. Trotzdem bestimmt Art. 17 III Charta, daß die Generalversammlung die Haushalte der Sonderorganisationen prüft und ggf. Empfehlungen aussprechen kann.

2.2.1.1.2 Der Sanktionsmechanismus des Art. 19 Charta

Trotz der Erfahrungen aus dem Völkerbund, der ständig mit Beitragsrückständen zu kämpfen hatte, waren in den vorbereitenden Gesprächen von Dumbarton Oaks keine Sanktionen für den Fall vorgesehen, daß ein Mitglied es versäumen sollte, seinen Zahlungsverpflichtungen nachzukommen[94]. Erst in San Francisco

---

90 Vgl. Hüfner, Klaus, "Die Vereinten Nationen und ihre Sonderorganisationen (3A)", Bonn, 1997, S. 87.

91 Vgl. Hüfner, Klaus, "Die Vereinten Nationen und ihre Sonderorganisationen (3A)", Bonn, 1997, S. 87.

92 Vgl. ST/SGB/Financial Rules/1/Rev. 3 (1985), Art. III, Regulation 3.2.

93 Vgl. Hüfner, Klaus, "Die Vereinten Nationen und ihre Sonderorganisationen (3A)", Bonn, 1997, S. 147.

94 Vgl. Tomuschat, Christian, "Article 19", in: Simma, Bruno, "The Charter of the United Nations", München, 2002, S. 363f, Rdnr. 1.

schlugen einige nicht dem Kreis der Großmächte angehörende Staaten eine entsprechende Regelung vor, die dann auch in Form des Art. 19 Charta berücksichtigt wurden[95].

Der Art. 19 Charta sagt direkt nichts über die Art der Beiträge aus, bei denen Störungen in der Bezahlung Sanktionen auslösen können. Durch die Bestimmung des Satzes 1, daß „...der rückständige Betrag die Höhe der Beiträge erreicht oder übersteigt, die dieses Mitglied für die vorausgegangenen zwei vollen Jahre schuldet." läßt sich aber schließen, daß es sich um gem. Art. 17 Charta auf die Mitglieder umgelegten Kosten der Organisation handelt, aber nicht um – wenn auch zugesagte – freiwillige Leistungen der Mitglieder[96].

Einige Schwierigkeiten wirft die Frage auf, ob auch die Mittel, die für Friedensoperationen auf die Mitglieder verteilt werden, in die Berechnung gem. Art. 19 Charta eingehen. Zunächst erscheint – v.a. vor dem Hintergrund des IGH-Gutachtens aus dem Jahre 1962 (s. 2.2.1.2) – die Einbeziehung deshalb richtig, weil der IGH ausdrücklich festgestellt hat, daß die Ausgaben für Friedensoperationen Ausgaben i.S.v. Art. 17 II Charta seien, was heute auch allgemein anerkannt wird. Als problematisch stellen sich Präzendenzfälle dar, insbesondere der Kompromiß, den ein Sonderausschuß für Friedensoperationen in Folge der Finanzkrise von 1964 ausgehandelt hatte. In diesem Kompromiß war man übereingekommen, im Falle der beiden die Krise auslösenden Friedensoperationen UNEF I und ONUC auf die Anwendung des Art. 19 Charta zu verzichten[97]. Die Begründung der beitragsverweigernden Staaten für ihre Nichterfüllung der zugewiesenen Beiträge zu den Friedensoperationen hatte sich damals u.a. auf die angeblich rechtswidrige Handlung der Generalversammlung, also eines Organs der UN, bezogen, das den UNEF I-Einsatz beschlossen hatte. Die USA hatten damals den Kompromiß widerwillig akzeptiert und sich gleichzeitig unter Hinweis auf den „Doppelstandard", nach dem in diesem Fall gemessen worden war, das Recht vorbehalten, in Zukunft ggf. ebenfalls Ausnahmen aus der kollektiven finanziellen Verantwortung zu machen, was sie schließlich auch später getan hat[98].

Obwohl sich heute die Praxis durchgesetzt hat, die Beiträge wegen Friedensoperationen in die Berechnung des Art. 19 Charta miteinzubeziehen[99], hat man in der Vergangenheit im Falle der VR China an den o.g. Kompromiß wegen

---

[95] Vgl. Tomuschat, Christian, "Article 19", in: Simma, Bruno, "The Charter of the United Nations", München, 2002, S. 364, Rdnr. 2.

[96] Vgl. Tomuschat, Christian, "Article 19", in: Simma, Bruno, "The Charter of the United Nations", München, 2002, S. 364f, Rdnr. 5.

[97] Vgl. Hüfner, Klaus, "Die Vereinten Nationen und ihre Sonderorganisationen (3A)", Bonn, 1997, S. 121.

[98] „Goldberg reservation", UN-Doc. A/5916, GAOR (XIX), 31.08.1965, Annexes, Nr. 21, S. 86.

[99] Vgl. Tomuschat, Christian, "Article 19", in: Simma, Bruno, "The Charter of the United Nations", München, 2002, S. 366f, Rdnr. 9.

UNEF I und ONUC ausdrücklich angeknüpft[100], als China von den Rückständen bzgl. der Friedensoperationen aus der Zeit vom 25.10.71 (Anerkennung der Vertretung des Landes durch die Regierung der VR in Peking) bis 31.12.81 faktisch befreit wurde, indem man die fraglichen Beträge auf ein „Sonderkonto umbuchte" und gleichzeitig explizit darauf hinwies, daß man auf die Anwendung von Art. 19 Charta wegen dieser Beträge verzichten würde[101].

Im Gesetzestext von Art. 19 Charta wird nicht definiert, wann genau der Tatbestand des Beitragsrückstands eintritt. Dies wird durch die Finanzregeln der Generalversammlung[102] geregelt: Als rückständig werden Beiträge gewertet, wenn sie fällig sind. Für die Fälligkeit der Beiträge sind zwei Termine maßgeblich, von denen der späteste die Fälligkeit bestimmt: der erste Zeitpunkt ist der erste Tag desjenigen Jahres, für den die Beiträge erhoben werden, der zweite Zeitpunkt ist definiert als 30 Tage nach Erhalt der Benachrichtigung wegen der Veranlagung durch den Generalsekretär. In der Regel ist der letztere Zeitpunkt der spätere und damit maßgebend. Sind die Beiträge bis dahin nicht eingetroffen, werden sie als rückständig betrachtet.

Die Feststellung des Tatbestands des Art. 19 Charta beschränkt die Generalversammlung auf einen Zeitpunkt im Jahr, nämlich am 1. Januar eines jeden Jahres und bezieht sich auf die Beiträge der vergangen beiden Kalenderjahre[103]. Dadurch bleiben Verletzungen der Beitragspflicht in der durch Art. 19 Charta beschriebenen Form, die während des laufenden Jahres auftreten, ohne die in der Bestimmung genannten Rechtsfolgen. Dagegen wird mit Valuta der Überweisung über einen Betrag, der das Mitglied aus dem Bereich der Verschuldung i.H.d. Beiträge der letzten zwei Jahre bringt, automatisch die Sanktion des Art. 19 Charta wieder aufgehoben. Diese Regelung ermöglicht es den Mitgliedstaaten prinzipiell, Rückstände i.H.v. bis zu knapp drei Jahresbeiträgen aufzubauen, ohne daß es zum Eintritt der Rechtsfolgen des Art. 19 Charta kommt[104] (s. Abbildung 3).

Auch der Verlust des Stimmrechts tritt automatisch (ipso iure) ein, also ohne Beschluß der Generalversammlung. Allerdings berichtet der Generalsekretär

---

[100] Vgl. GV-Res. 36/116 A, Dezember 1981, §4 und Präambel.

[101] Vgl. Tomuschat, Christian „Art. 19", München, 2002, S. 366f, Rdnr. 9; das General Accounting Office (GAO) nimmt im Zusammenhang mit den Zahlungsrückständen der USA darauf Bezug (vgl. GAO, "United Nations: Financial Issues and U.S. Arrears", 06/1998, S. 49).

[102] Vgl. ST/SGB/Financial Rules/1/Rev. 3 (1985).

[103] Vgl. FinRule 5.4 S. 3 (ST/SGB/Financial Rules/1/Rev. 3 (1985)).

[104] In jüngster Vergangenheit werden Reformen der Prüfung des Tatbestands von Art. 19 Charta diskutiert. Nach den durch den Beitragsausschuß (CoC) ausgearbeiteten Vorschläge sollen die Zahlungsrückstände in Zukunft zweimal im Jahr, nämlich zum Beginn der Finanzperiode der Friedensoperationen (1. Juli eines Jahres) zusätzlich geprüft werden. Außerdem soll eine Indexierung oder eine Verzinsung von Rückständen erwogen werden. Die Vorschläge des CoC stoßen allerdings auf Skepsis v.a. der Entwicklungsländer (vgl. Press Release GA/AB/3459, 16.10.2001 und UN-Doc. A/57/11, 21.06.2002, Supplement No. 11).

dem Präsidenten der Generalversammlung schriftlich über die Erfüllung des Tatbestands von Art. 19 Charta. Dieses Schreiben wird veröffentlicht, bei Sitzungseröffnung wird auf das Schreiben hingewiesen und der Text des Art. 19 Charta verlesen[105]. Bei namentlichen Abstimmungen wird der betreffende Staat nicht aufgefordert, bei anderen Abstimmungen erhält dessen Vertreter keinen Stimmzettel. Die Sanktionierung betrifft aber nicht bloß Abstimmungen im Plenum, sondern sie erstreckt sich auch auf die Entscheidungsfindungen in den Hauptausschüssen der Generalversammlung, während die Arbeit in den Nebenorganen i.S.d. Art. 22 Charta nicht betroffen ist. Allerdings betrifft die Sanktionierung des Art. 19 Charta nicht die Prozeduren des Sicherheitsrats[106].

Abbildung 3: Praxis der Prüfung der Erfüllung des Tatbestands von Art. 19 Charta

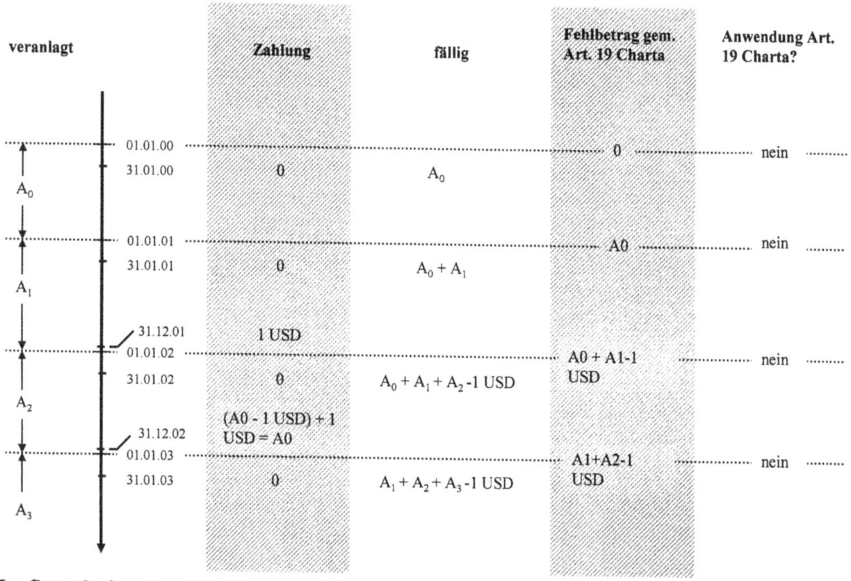

In Satz 2 des Art. 19 Charta wird bestimmt, daß die Generalversammlung darüber zu entscheiden hat, ob sie dem säumigen Zahler dennoch das Stimmrecht beläßt, falls Umstände zu einer Erfüllung des Tatbestands von Art. 19 Charta geführt haben, die das Mitgliedsland nicht zu vertreten hat. Da diese Entscheidung keine wichtige Frage i.S.d. Art. 18 II Charta darstellt, genügt eine einfache Mehrheit der anwesenden und abstimmenden Mitglieder (Art. 18 III Charta)[107].

[105] Vgl. Tomuschat, Christian, "Article 19", in: Simma, Bruno, "The Charter of the United Nations", München, 2002, S. 373, Rdnr. 32.

[106] Vgl. Tomuschat, Christian, "Article 19", in: Simma, Bruno, "The Charter of the United Nations", München, 2002, S. 372, Rdnr. 30.

[107] Vgl. Tomuschat, Christian, "Article 19", in: Simma, Bruno, "The Charter of the United Nations", München, 2002, S. 374, Rdnr. 34.

2.2.1.2 Das Gutachten des IGH

Die ersten Friedensoperationen größeren Umfangs, UNEF und ONUC, lösten innerhalb der UN verschiedene Schwierigkeiten aus. Aufgrund der politischen Differenzen und der divergierenden Ansichten über Kompetenzen der Organe, schließlich ausgelöst durch die zunehmende Bedrohlichkeit der finanziellen Lage der Organisation bat die Generalversammlung den Generalsekretär, beim IGH um eine „advisory opinion" bzgl. der Finanzierung der beiden Missionen nachzusuchen[108].

Bereits die Formulierung der Frage, die der IGH beantworten sollte, war umstritten; man einigte sich in der Generalversammlung darauf, das Gericht zu fragen, ob die Ausgaben, die durch die Generalversammlung hinsichtlich der beiden Operationen autorisiert worden waren, Ausgaben der Organisation im Sinne des Art. 17 II der UN-Charta seinen. Im Fragetext genannt wurden einerseits alle Resolutionen zur Errichtung der Mission – also Resolutionen der Generalversammlung im Falle von UNEF und Resolutionen des Sicherheitsrats für ONUC – und andererseits die relevanten Resolutionen der Generalversammlung, die sich auf die Verabschiedung des Budgets für beide Operationen bezogen.

Eine Variante der Fragestellung, die der französische Delegierte vorgeschlagen hatte und die nicht angenommen worden war, war etwas allgemeiner angelegt: das Gericht sollte gefragt werden, ob die Entscheidung über die Ausgaben bzgl. ONUC und UNEF in Übereinstimmung mit der Charta getroffen worden seien. In seinem Gutachten griff der IGH diese Fragestellung auf und bemerkte, daß er diese Fragestellung ebenfalls erörtern würde, sollte er dies für notwendig erachten.

Da die Frage nach den „Ausgaben der Organisation" i.S.v. Art. 17 II Charta gestellt wurde, bemerkte das Gericht, daß eine Interpretation des Absatzes II dieses Artikels implizit sei, die im wesentlichen drei Fragen aufwerfen könnte: Eine Identifikation der „expenses of the Organization", die Veranlagung durch die Generalversammlung und der Ausdruck „...shall be borne by the Members." Die Frage der Generalversammlung bezog sich lediglich auf die erste, also die Frage der Identifizierung der Ausgaben der Organisation. Der IGH stellte generell fest, daß Ausgaben für eine Organisation solche Auszahlungen seien, welche die Kosten abdeckten, die zur Erreichung der Ziele der Organisation benötigt würden[109].

Obwohl damit nicht direkt die Frage der Generalversammlung beantwortet wurde, setzte diese allgemeine Feststellung den Rahmen für die weitere Untersuchung. Zu untersuchen war folglich, ob die o.g. Resolutionen, welche die Errichtung der Mission bezweckten, ein Ziel der UN verfolgten oder nicht. Alle anderen Fragen, die vorher in den Diskussionen innerhalb der UN aufgeworfen worden waren, traten hinter diesen Sachverhalt zurück, insbesondere die Zweifel an der Berechtigung der Generalversammlung, eine solche Mission

---

[108] Vgl. GV-Res. 1583 (XV), 20.12.1960.

[109] Vgl. IGH, "Advisory Opinion", 20.07.1962, S. 117.

aufzustellen, genauso wie die Hinweise auf die fehlenden Verträge zwischen Mitgliedstaaten und dem Sicherheitsrat bzw. der UN gem. Art. 43 Charta.

Zunächst stellte der IGH klar, daß die Wörter „budget“ im Absatz I und „expenses“ im Absatz II keiner impliziten Voranstellung zusätzlich qualifizierender Adjektive wie „administrativ“ oder „operational“ bedürfen. Als Begründung führte er u.a. an, daß der 3. Absatz diese Unterscheidung bzgl. der Verwaltungshaushalte der Spezialorgane gemacht hat, daß man sich also dieses Unterschieds prinzipiell bewußt war und ihn in den ersten beiden Absätzen daher absichtlich nicht gemacht hat. Insgesamt stellte der IGH fest, daß es in Art. 17 II Charta unerheblich sei, ob die Ausgaben administrativer, operativer oder sonstiger Art sind[110].

Als nächstes wendete sich der IGH dem Argument zu, daß die Zuständigkeit der Generalversammlung aufgrund Art. 17 II Charta limitiert sei, wenn die dort genannten Ausgaben durch Handlungen ausgelöst würden, die ausschließlich dem Sicherheitsrat vorbehalten sind, insbesondere dann, wenn Art. 43 Charta in diesem Zusammenhang relevant sei. Dieses Argument eröffnete dem IGH die Möglichkeit, sich zu der Zuständigkeitsfrage von Sicherheitsrat vs. Generalversammlung für UNEF und ONUC zu äußern (s. auch 2.1.1.3.2.2).

Er bemerkt zunächst, daß dieses Argument nur dann zutreffend sein könne, wenn sicherheitspolitische Handlungen der Organisation ausschließlich dem Sicherheitsrat vorbehalten wären. Art. 24 I Charta bestimmt, daß die Mitgliedstaaten dem Sicherheitsrat die Hauptverantwortung in diesen Fragen übertragen, um ein schnelles und effektives Handeln der UN zu gewährleisten; allerdings sei diese Verantwortung lediglich eine primäre, nicht aber eine exklusive[111]. Exklusiv dem Sicherheitsrat vorbehalten sei lediglich die Anwendung von Zwang in der Sicherheitsfrage; die Generalversammlung trägt aber ganz offensichtlich ebenfalls Verantwortung in der Frage von Weltfrieden und internationaler Sicherheit. Auch die Schranke in Art. 12 Charta (vgl. 2.1.1.3.2.2) greife nicht, denn diese bezöge sich lediglich auf die Zwangsmaßnahmen nach Kapitel VII der Charta. Der Sicherheitsrat trägt nach Ansicht des IGH lediglich primär die Verantwortung für Weltfrieden und internationale Sicherheit[112], die Tätigkeiten der Generalversammlung aber könnten sich nicht in Diskutieren, Erwägen, Studieren und Vorschlagen erschöpfen; auf subsidiäre Weise könne sie auch Handlungen ausführen. Insbesondere meinte das Gericht, durch Art. 11 II Charta sei die Generalversammlung befugt, auf Bitte oder mit Zustimmung der betroffenen Staaten durch Empfehlungen eine Friedensoperationen zu organisieren. Das Gericht bezog bzgl. des letzten Satzes des Art. 11 II Charta[113] die Position, daß es sich bei dem Wort „Maßnahmen“

---

110 Vgl. IGH, "Advisory Opinion", 20.07.1962, S. 119.

111 Vgl. IGH, "Advisory Opinion", 20.07.1962, S. 120.

112 Vgl. Art. 24 I Charta.

113 Art. 11 II 2 Charta: „Macht eine derartige Frage Maßnahmen erforderlich, so wird sie von der Generalversammlung vor oder nach der Erörterung an den Sicherheitsrat überwiesen“.

(„action“) um Zwangsmaßnahmen handelte, weil es etwas bezeichnen müsse, das ausschließlich der Sicherheitsrat tun kann, so daß keine Verpflichtung zur Übergabe des Themas an den Sicherheitsrat entstehe. Insgesamt urteilte der IGH, die Generalversammlung habe durchaus die Kompetenz, gem. Art. 22 Charta Organe einzusetzen, die u.a. untersuchen, beobachten und überwachen[114].

Die prinzipiellen Zahlungsverweigerer hatten auch auf das Verhältnis von Art. 43 Charta zu Art. 17 II Charta verwiesen: Ihrer Ansicht nach brach die Spezialregel des Art. 43 Charta, der bestimmt, daß die Länder mit dem Sicherheitsrat als Verhandlungspartner bilaterale Verträge aushandeln, die allgemeine Regelung des Art. 17 II; wenn der Sicherheitsrat bei Kapitel-VII-Maßnahmen die Verträge mit den truppenstellenden Staaten abzuschließen die Macht hätte, sollte auch er es sein, der bei Friedensoperationen die Kosten zu verteilen habe. Diese Ansicht verwarf das Gericht mit dem Hinweis, daß erstens UNEF und ONUC keine Zwangsmaßnahmen i.S.d. Kapitels VII waren und damit Art. 43 Charta keine Relevanz aufweise und daß, selbst wenn es sich um Zwangsmaßnahmen handele, die Kosten, welche die Mitgliedstaaten nicht selbst übernähmen, Ausgaben der Organisation i.S.d. Art. 17 II Charta darstellten. Schließlich merkte der IGH an, daß eine Handlungsunfähigkeit des Sicherheitsrats nicht im Sinne der Charta sein könne; schließlich seien keine Verträge gem. Art. 43 Charta abgeschlossen worden.

Der IGH unterstrich nochmals die Konformität der Ziele der ergriffenen Maßnahmen (UNEF, ONUC) mit dem in der Charta bestimmten Zweck der Organisation. Im Zusammenhang mit der Diskussion um die Rechtmäßigkeit der Errichtung von UNEF durch die Generalversammlung merkte er an, daß, selbst wenn ein falsches Organ die Handlungen ausgeführt hätte, dies ein Fehler innerhalb der internen Struktur der Organisation sein könne; dies hieße nicht, daß es sich bei den resultierenden Ausgaben nicht um Ausgaben der Organisation i.S.v. Art. 17 II Charta handele. Insofern machte der IGH den Unterschied zwischen der Entstehung der Kostenbelastung und deren Verteilung klar: Die Verteilung der Kosten auf die Mitglieder obliege – unabhängig aufgrund welcher Umstände diese entstanden seien – allein der Generalversammlung. Er hob ausdrücklich die Freiheit der Generalversammlung in der Methodenwahl hervor: „It [Generalversammlung] may apportion the cost of the item according to the ordinary scale of assessment; it may apportion the cost according to some special scale of assessment; it may utilize funds which are voluntarily contributed to the Organization; or it may find some other method or combination of methods for providing the necessary funds.“.[115] Die Einrichtung eines Kontos, das ausschließlich für Zahlungsbewegungen der einzelnen Mission bestimmt ist,

[114] Vgl. IGH, "Advisory Opinion", 20.07.1962, S. 122.
[115] Vgl. IGH, "Advisory Opinion", 20.07.1962, S. 125.

ordnete das Gericht als buchhalterisch technische Maßnahme ein, jedenfalls ohne juristische Relevanz[116].

Kritik an den Missionen hatte sich an die Rolle des Generalsekretärs v.a. bei ONUC gerichtet: Die Kritiker hatten angeführt, daß allein der Sicherheitsrat die Zuständigkeit besitze, die Staaten auszuwählen, welche die beschlossenen Maßnahmen umsetzen sollten, während im Falle von ONUC der Generalsekretär dies getan habe. Auch dieses Argument wurde vom IGH entkräftet, indem er darauf hinwies, daß der Sicherheitsrat diese Aufgaben in mehreren Resolutionen an den Generalsekretär delegiert habe und daß dies aufgrund Art. 98 Charta oder Art. 29 Charta auch durchaus rechtens sei.

Bei der detaillierten Analyse der Resolutionen von Generalversammlung und Sicherheitsrat zu den beiden in Frage stehenden Missionen[117] schloß der IGH, daß es sich um Maßnahmen handele, die der Erreichung des Ziels der Organisation dienten.

Alle wesentlichen Argumente der die Zahlung verweigernden Staaten waren aufgegriffen und als unbegründet zurückgewiesen worden. Insgesamt urteilte der IGH also, daß die Ausgaben als Ausgaben i.S.v. Art. 17 II Charta anzusehen seien[118].

2.2.2 Der Haushaltsprozeß

Für den durch Art. 17 II Charta bezeichneten Kompetenzbereich der Generalversammlung in Haushaltsfragen werden durch die entsprechenden Finanzregeln und Ausführungsbestimmungen der Generalversammlung die Verfahren bestimmt. In die Haushaltsplanung ist in hohem Maße das Sekretariat der UN-Organisation eingebunden. Der Generalversammlung stehen verschiedene Organe zur Verfügung, die bei Planung und Kontrolle der Budgets der Haushaltsentscheidung durch das Plenum der Generalversammlung vor- bzw. nachgelagerte Aufgaben wahrnehmen.

Bedingt durch die unterschiedliche Natur der Ausgaben bei den vergleichsweise gut planbaren und gleichmäßig verteilten Ausgaben für den ordentlichen Haushalt einerseits und den nicht bzw. schlecht prognostizierbaren Ausgaben für Friedensoperationen andererseits werden unterschiedliche Verfahren zur Planung, Durchführung und Kontrolle der Budgets angewendet.

2.2.2.1 Ordentlicher Haushalt

Durch die zunehmende Kritik an der absoluten Höhe und den Steigerungsraten des ordentlichen UN-Haushalts wurden auf Druck der Hauptbeitragszahler über die Zeit eine Vielzahl von Veränderung im Prozedere der Haushaltsplanung vorgenommen. Die Gliederung des ordentlichen Haushalts war von Anfang an nicht strikt systematisch vorgenommen worden. Bei den Verhandlungen der vorberei-

---

[116] Vgl. IGH, "Advisory Opinion", 20.07.1962, S. 126.
[117] Vgl. IGH, "Advisory Opinion", 20.07.1962, S. 126-133.
[118] Vgl. IGH, "Advisory Opinion", 20.07.1962, S. 133.

tenden Kommission war erwogen worden, ob der Haushalt projektmäßig organisiert werden solle; im Zeitverlauf hatte sich aber tatsächlich eher eine Ausrichtung nach Kostenarten herauskristallisiert.

Der nicht fest definierte Ansatz zur Ordnung des Haushalts führte zu einer schlecht überschaubaren Mischung aus Mittelansätzen und gab dadurch häufig Anlaß für Kritik bei den Hauptbeitragszahlern; auch der Generalsekretär berichtete wiederholt über diesen Mangel. So wurde ab 1972 nach dem Vorbild des Planungssystems der USA für deren Bundeshaushalt ein neues Haushaltssystem mit verändertem Format und einem zweijährigem Zyklus verwendet; der erste Haushalt der neuen Gestalt war der ordentliche Haushalt 1974/75.

Unter dem Druck der USA und auf Initiative Japans einigte man sich in der Generalversammlung 1986 mit Annahme der Resolution 41/213 auf wesentliche Veränderungen im Haushaltsprozeß. Als bedeutende Änderung wurde das Konsens-Prinzip bei Haushaltsentscheidungen des Committee for Programme and Co-ordination (CPC) eingeführt: das CPC beschließt konsensual die Höhe des Gesamtbudgets, wodurch es das Wachstum des ordentlichen Haushalts unabhängig von einzelnen Programmpunkten steuern kann[119]. Problematisch erscheint an dieser Regelung, daß die Bestimmung des Art. 18 II Charta damit stark beeinträchtigt wird, denn jeder im CPC vertretene Staat kann eine Erhöhung des Budgets durch den Mechanismus des Konsenszwangs verhindern[120].

Der erste ordentliche Haushalt, der unter Anwendung der neuen Regelungen geplant und entschieden wurde, war der Zweijahreshaushalt 1990/91[121].

Die Planungsprozedur im Jahr vor der Verabschiedung des Haushalts (sog. off-budget-year) beginnt mit der Vorbereitung des mittelfristigen Rahmenplans, der die grundsätzlichen Politiklinien der kommenden Jahre umreißt[122], durch das UN-Sekretariat.

Nachdem der Mittelfristplan erstellt worden ist, schickt der Generalsekretär und der Controller des Büros für Verwaltung und Budget Memoranden an die Abteilungsleiter, in denen sie um ihre Schätzung des Budgets für das kommende

---

119 Vor Implementierung dieser Regelung hatten sich die Hauptbeitragszahler auf informellen Treffen („Genfer Gruppe“) bereits auf eine solche Höhe des Gesamtbudgets geeinigt, die mit dem Willen der Regierungen und den Möglichkeiten der nationalen Parlamente vereinbar waren; so hatte man eine gemeinsame Verhandlungsposition gefunden. Nach Implementierung der Regelung von GV-Res. 41/213, 19.12.1986, ist die auf diesen Treffen festgelegte Gesamthöhe des Haushalts weitaus einfacher durchzusetzen, weil ein höherer Wert nicht konsensfähig ist (vgl. Mathiason, John R., "Internal Management", New York, 05.11.2001).

120 Vgl. Hüfner, Klaus, "Die Finanzierung der Vereinten Nationen", in: Hüfner, Klaus, "Die Reform der Vereinten Nationen", Opladen, 1994, S. 215.

121 Vgl. Hüfner, Klaus, "Die Vereinten Nationen und ihre Sonderorganisationen (3A)", Bonn, 1997, S. 31.

122 Der mittelfristige Rahmenplan beinhaltet die Programmaktivitäten für die kommenden vier (früher sechs) Jahre (vgl. "Regulations and Rules Governing Programme Planning, the Programme Aspects of the Budget, the Monitoring of Implementation and the Methods of Evaluation", 1985, Regulation 3.9).

Jahr gebeten werden. Der Controller prüft die Budgetschätzungen unter Berücksichtigung der aktuellen finanziellen Situation der Organisation und des Rahmenplans und paßt sie entsprechend an. Der so erstellte Budgetentwurf wird an den Generalsekretär weitergeleitet. Der Generalsekretär bildet einen Ausschuß, der ggf. weitere Änderungen am Budgetvorschlag vornimmt und einen Rahmenentwurf für den kommenden Zweijahreshaushalt erarbeitet, der auch einen Vorschlag zur Höhe des Contingency Funds[123] enthält[124].

Anschließend legt der Generalsekretär den Rahmenplan sowohl dem CPC als auch dem Advisory Committee on Administrative and Budgetary Questions (ACABQ) vor. Die beiden Organe versehen den Entwurf des Sekretariats mit Empfehlungen; im CPC muß der Budgetentwurf konsensual genehmigt werden. ACABQ und CPC leiten den so angepaßten Plan dem fünften Hauptausschuß der Generalversammlung zu. Dort wird er unter Berücksichtigung der Beratungsergebnisse von CPC und ACABQ wiederum beraten, ggf. angepaßt und schließlich an die Generalversammlung mit der Empfehlung zur Annahme geleitet, wo die formelle Verabschiedung des Rahmenplans und des Contingency-Funds mit 2/3-Mehrheit gem. Art. 18 II Charta erfolgt[125].

Der Budgetrahmenplan bildet die Grundlage für die Detailplanung des ordentlichen Haushalts durch das Sekretariat. Das CPC gleicht diesen Entwurf des Haushaltsplans mit dem mittelfristigen Plan ab, kommentiert ihn und übergibt ihn danach dem ACABQ zur Prüfung auf Konformität mit dem zuvor verabschiedeten Rahmenplan. Nachdem ihr fünfter Hauptausschuß den so begutachteten Haushaltsplan nochmals beraten hat, verabschiedet ihn die Generalversammlung.

Mit diesem Vorgehen verfolgt die UN-Organisation einen Top-down-Planungsansatz, der vom Budgetrahmen ausgeht und damit die Vorgabe für die Detailplanung gibt. Früher war man genau umgekehrt vorgegangen: das Sekretariat leitete aus den geplanten Einzelprogrammen die notwendigen Mittel ab und kumulierte sie bis zum Gesamthaushaltsplan (Bottom-up). Die Absicht hinter der gegenwärtig praktizierten Top-down-Planung dagegen besteht darin, das Wachstum des Gesamthaushalts, das oft Gegenstand der Kritik war und ist, wirksamer planen zu können[126].

---

[123] Der Fonds ist vorgesehen für zusätzliche Aktivitäten, die aufgrund von Resolutionen der Generalversammlung betrieben werden. (s. Hüfner, Klaus, "Die Vereinten Nationen und ihre Sonderorganisationen (3A)", Bonn, 1997, S. 31, Fn. 22).

[124] Vgl. Bentley College Model United Nations, "The United Nations Budget Process", 2001, S. 1.

[125] Vgl. Bentley College Model United Nations, "The United Nations Budget Process", 2001, S. 2.

[126] Vgl. Hüfner, Klaus, "Die Vereinten Nationen und ihre Sonderorganisationen (3A)", Bonn, 1997, S. 33.

Abbildung 4: Budgetprozeß Ordentlicher Haushalt[127]

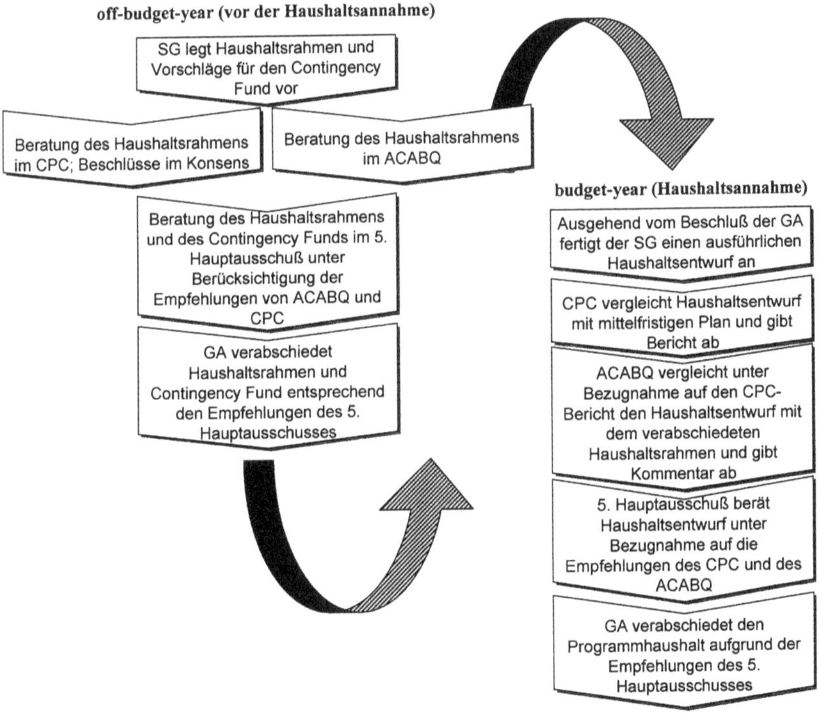

Schwierigkeiten entstehen im Falle eines realen und v.a. nominalen Null-Wachstum des Haushalts, wenn Programmprioritäten geändert werden sollen. Bei jeder Prioritätsveränderung werden andere Programme auf Mittel verzichten müssen, was politisch große Schwierigkeiten erzeugt; bei steigendem Budget dagegen können Änderungen der Prioritäten durch Allokation des Mittelzuwachses hin zu den priorisierten Budgetpunkten relativ einfach vorgenommen werden[128].

Seit Ende der 90er Jahre versucht der Generalsekretär, die Mitgliedstaaten von der Einführung eines sog. Result-Based-Budgeting-Verfahrens zu überzeugen, welches die bisherige Programmplanung ablösen soll. Dieses Verfahren soll für eine stärkere Orientierung des Budgets an den Zielen der Programme sorgen. Das v.a. durch die Hauptbeitragszahler geforderte Budgetverfahren stößt v.a. bei den Entwicklungsländern auf Skepsis, die dahinter lediglich ein Mittel zur Budgetkürzung vermuten[129].

---

[127] Quelle: Hüfner, Klaus, "Die Vereinten Nationen und ihre Sonderorganisationen (3A)", Bonn, 1997, S. 40, Abbildung I.1-9.

[128] Vgl. Mathiason, John R., "Internal Management", New York, 05.11.2001.

[129] Vgl. Mathiason, John R., "Internal Management", New York, 05.11.2001.

2.2.2.2 Budgetierung der Friedensoperationen[130]

Im Vorfeld einer möglichen Friedensoperation werden bereits vorläufige Kostenschätzungen vorgenommen. Dies geschieht üblicherweise im Rahmen einer sog. technical survey mission, die ihre Ergebnisse an den Sicherheitsrat und den Generalsekretär berichtet. Nach dem Beschluß des Sicherheitsrats zur Durchführung der Mission ersucht der Generalsekretär die Generalversammlung um die Genehmigung zur Tätigung von Ausgaben für die Mission. Ab diesem Zeitpunkt kann er im Rahmen seiner Befugnis, Mittel für ungeplante bzw. außerordentliche Ausgaben der Organisation bereitzustellen, pro Mission höchstens zehn Mio. USD verplanen. Er schöpft die liquiden Mittel dafür aus im System vorhandenen Barmitteln, wie z.B. aus Fonds wie dem peacekeeping reserve fund, dem working capital fund oder dem special account fund.

Innerhalb der nächsten zwei bis vier Wochen planen die Mitarbeiter des Sekretariats die benötigten finanziellen Ressourcen. Unterstützend für den Planungsprozeß im Sekretariat werden Kostenschablonen („costing templates") und Standards („standard formats") verwendet, die geeignet sind, möglichst viele Kostenaspekte der Mission unspezifisch zu planen.

Zum Abschluß dieses Planungsprozesses liegt ein Budgetentwurf vor, der durch durch die Field Administration and Logistics Division (FALD) geprüft und durch das Department of Management abgezeichnet wird. Im Anschluß daran wird die Budgetplanung an den ACABQ übergeben.

Nachdem der ACABQ das Budget genehmigt hat, empfiehlt er es zur Genehmigung beim fünften Hauptausschuß der Generalversammlung. Während dieser Phase verfügt der Generalsekretär maximal über die Summe von 50 Mio. USD für die Mission; eine Obergrenze von 150 Mio. USD gilt für die Gesamtheit von Missionen in diesem Status. Dabei handelt es sich allerdings lediglich um eine Autorisierung: auch in dieser Phase stehen ihm deswegen liquide Mittel noch nicht zu Verfügung; diese muß er einem der oben erwähnten Fonds entnehmen.

Der fünfte Hauptausschuß genehmigt das Budget und empfiehlt es zur weiteren Genehmigung der Generalversammlung. Üblicherweise verabschiedet die Generalversammlung das Budget innerhalb zweier Tage und autorisiert die Aussendung der Veranlagungsbescheide an die Mitgliedstaaten, deren Höhe gemäß der aktuell gültigen Verteilungssätze berechnet wurden. Bei der Beschlußfassung handelt es sich i.d.R. um eine Formalität; sollte sich die Generalversammlung in einer Sitzungspause befinden, rekonstituiert sich der fünfte Hauptausschuß und bestätigt seine eigene Genehmigung.

---

[130] Vgl. UNDPI, "The Complicated Process of Financing a Peackeeping Mission", New York, Datum n.v..

Abbildung 5: Budgetprozeß Friedensoperationen

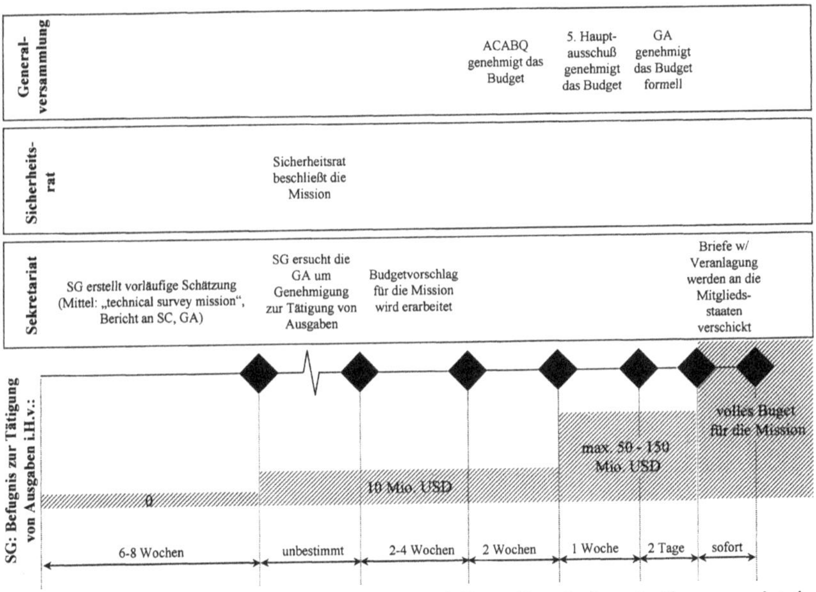

Das Budget für die Mission wird während ihrer Laufzeit ständig, zumeist in gleichmäßigen zeitlichen Abständen, erneuert. Üblicherweise werden Ressourcen periodisch für ein Jahr festgelegt, also Stärke der Truppe, Ausrüstung und finanzielle Mittel. Die Festsetzungen erfolgen i.d.R. Ende Juni eines Jahres. Nach Ende des Budgetzyklus folgt ein sog. „financial performance report" des Generalsekretärs, in dem u.a. die tatsächlichen Ausgaben der Mission für die Berichtsperiode enthalten sind[131].

2.2.3 Die Verteilung der Kosten im ordentlichen Haushalt

Wie bereits erwähnt, verfügt die Generalversammlung über weitreichende Freiheit in der Wahl der Methode zur Verteilung der Ausgaben der Organisation. Die Generalversammlung bedient sich des Beitragsausschusses (Committee on Contributions, CoC) für die Arbeit im Zusammenhang mit dem Verteilungsschlüssel. Einer der ersten Resolutionen der Generalversammlung seit Bestehen der UN befaßt sich mit dem Thema der Methodik der Kostenaufteilung unter den Mitgliedstaaten[132]: Sie verpflichtete sich dort selbst, die Zahlungsfähigkeit („Capacity to Pay") der Mitgliedstaaten zum Grundsatz für die Verteilungsfrage zu machen.

Dieser Grundsatz findet häufig auch in ähnlicher Form in Systemen nationaler Steuergesetzgebung Anwendung, da er intuitiv als gerecht empfunden wird. Die

[131] Vgl. z.B. Press Release GA/AB/3365, 08.05.2000.

[132] Vgl. GV-Res. 14 A (I), 1946.

Gerechtigkeit besteht darin, daß Steuersubjekte mit hohem Einkommen einen größeren absoluten Beitrag leisten können als solche mit geringem Einkommen. Analog zu nationalen Steuersystemen wird konsequenterweise zur Bestimmung der Fähigkeit zur Zahlung das Einkommen des Steuersubjekts in einem definierten Zeitraum verwendet: Im Falle der UN sind dies grundsätzlich die Volkseinkommen der einzelnen Mitgliedstaaten im Zeitraum eines Jahres. Wie es auch für Steuersysteme auf nationaler Ebene meist gilt, wird dieses Prinzip allerdings häufiger noch korrigiert, um Sondereinflüsse und/oder steuerungspolitische Ziele vielerlei Art berücksichtigen zu können.

Die Generalversammlung modifizierte schon kurze Zeit später den Grundsatz der Zahlungsfähigkeit, indem sie statt der Zahlungsfähigkeit die „tatsächliche Zahlungsfähigkeit" als Grundlage für die Kostenumlage verwendete. Durchbrochen wurde das Prinzip auch an den beiden „Enden" der Skala, indem von Anfang an ein Mindest- („Floor Rate") und ein Höchstsatz („Ceiling Rate") eingeführt wurde. Begründet wurde die Begrenzung am unteren Ende der Skala damit, daß ein Minimum an finanzieller Selbstverpflichtung durch zu kleine Absolutbeträge gefährdet sein würde[133]; die obere Begrenzung wurde eingeführt, um zu vermeiden, daß der Einfluß eines einzelnen Mitglieds bzw. die Abhängigkeit der Organisation von diesem durch einen übermäßigen finanziellen Beitrag zu groß würde, was letzten Endes das Prinzip der kollektiven finanziellen Verantwortung gefährden würde[134].

Zur Bestimmung des Volkseinkommens verwendete die UN-Organisation von 1965 bis 1998 für mit marktwirtschaftlichen Wirtschaftssystemen arbeitende Mitglieder das mit Marktpreisen bewertete Nettosozialprodukt[135]. Seit 1998 wird das Bruttosozialprodukt als Maß für das Volkseinkommen verwendet[136], da man übereinkam, daß die Unsicherheit in den Schätzungen für Abschreibungen volkswirtschaftlichen Vermögens den Vorteil der gerechteren Erfassung durch Berücksichtigung dieser Einkommensverringerungen weitgehend zunichte

[133] Der Satz von 0,04% wurde fast 30 Jahre lang beibehalten, um dann in zwei Schritten auf 0,02% (1974) und schließlich 0,01% (1978) gesenkt zu werden (vgl. Hüfner, Klaus, "Die Vereinten Nationen und ihre Sonderorganisationen (3A)", Bonn, 1997, S. 59); zuletzt wurde das Minimum ab 1998 auf 0,001% reduziert (vgl. GV-Res. A/Res/52/215, 20.01.1998).

[134] Unmittelbar nach dem Zweiten Weltkrieg lag der gemäß Zahlungsfähigkeit errechnete Satz der USA bei knapp 50%; später (1954) wurde die Obergrenze auf 1/3 des Haushaltsvolumens festgelegt, eine weitere Senkung auf 30% wurde 1957 vorgenommen (vgl. Koschorreck, Wilfried, "Article 17", in: Simma, Bruno, "The Charter of the United Nations", München, 2002, S. 310, Rdnr. 66 und Hüfner, Klaus, "Die Finanzierung der Vereinten Nationen", in: Hüfner, Klaus, "Die Reform der Vereinten Nationen", Opladen, 1994, S. 59).

[135] Vgl. Hüfner, Klaus, "Die Vereinten Nationen und ihre Sonderorganisationen (3A)", Bonn, 1997, S. 53f: „...nicht das NSP zu Faktorkosten, das üblicherweise als „Volkseinkommen" bezeichnet wird...".

[136] Vgl. GV-Res. A/Res/52/215, 20.01.1998.

machten[137]. Bei Ländern, deren Wirtschaft nach zentralem Plan betrieben wird, mußten und müssen die Volkseinkommen um die Dienstleistungen ergänzt werden, die in den Produktionsbilanzen dort keine Erwähnung finden. Schließlich gibt es eine Reihe Mitgliedstaaten, über deren Wirtschaft kein ausreichendes Zahlenmaterial erhältlich ist. Entweder stammen die fehlenden Zahlen dann aus anderen Quellen[138] oder werden geschätzt[139].

Das so ermittelte Volkseinkommen wird über die jeweils gültige Referenzperiode gemittelt. Hintergrund der Verwendung einer Referenzperiode war der Wunsch, den Beitragssatz eines einzelnen Mitgliedstaates einigermaßen stabil zu halten, indem ggf. auftretende erratische Schwankungen im Volkseinkommen durch Mittlung über diese Periode abgefangen werden. Diese Referenzperiode betrug zunächst ein Jahr. 1953 wurde sie auf drei Jahre erhöht, 1978 nochmals auf sieben Jahre. Von 1981 bis 1994 galt eine Referenzperiode von zehn Jahren. Danach wurde sie auf durchschnittlich 7,5 Jahre (1994), für die Haushaltsberechnung 1998 bis 2000 auf 6 Jahre gekürzt[140]; zuletzt beschloß die Generalversammlung im Dezember 2000, die Periode künftig auf durchschnittlich 4,5 Jahre zu reduzieren[141].

Die Werte für Einkommen der Mitgliedstaaten müssen nun auf eine Währung normiert werden. Da der Haushalt der UN in USD fakturiert wird (s. 2.2.1.1.1), werden die in nationaler Währung berechneten Volkseinkommen mit einem durchschnittlichen Wechselkurs zum USD umgerechnet, falls ein solcher verfügbar ist, d.h. falls die Währung des betreffenden Mitgliedslands konvertierbar ist. Ist dies nicht der Fall – wie bei vielen Zentralplanwirtschaftssystemen in der Zeit des Kalten Kriegs – muß ein fiktiver Wechselkurs zur Umrechnung verwendet werden, den die UN selbst für diesen Zweck festsetzen[142].

Hinter diesem Vorgehen steht die Fiktion, daß sich die Unterschiede in der Kaufkraft der Mitgliedstaaten in den marktmäßig zustandekommenden Wechselkursen niederschlägt[143], was für viele Mitgliedstaaten Anlaß zur Kritik ist. Nachdem der Beitragsausschuß der Generalversammlung sich mit diesem Problem im Jahr 1995 beschäftigt hatte, blieb man trotz der geäußerten Kritik bei diesem Verfahren, beabsichtigte allerdings die Erarbeitung eines Kriterien-

---

137 Vgl. Laurenti, Jeffrey, "The New U.N. Assessment Scale", 28.01.1998.

138 IRBD, IMF, regionale Institutionen (vgl. Hüfner, Klaus, "Die Vereinten Nationen und ihre Sonderorganisationen (3A)", Bonn, 1997, S. 54).

139 Vgl. Hüfner, Klaus, "Die Vereinten Nationen und ihre Sonderorganisationen (3A)", Bonn, 1997, S. 54; 1995 bzw. Mitte der 90er Jahre lieferten 70% der Mitglieder ausreichendes Zahlenmaterial.

140 Vgl. Hüfner, Klaus, "Die Vereinten Nationen und ihre Sonderorganisationen (3A)", Bonn, 1997, S. 54f; McDermott, Anthony, "The New Politics of Financing the UN", Oslo, 1998, S. 59.

141 Vgl. UN-Doc. A/55/521/Add.1, 23.12.2000.

142 Vgl. Hüfner, Klaus, "Die Vereinten Nationen und ihre Sonderorganisationen (3A)", Bonn, 1997, S. 55.

143 Vgl. Cezanne, Wolfgang, "Grundzüge der Makroökonomik", München, Wien, 1988, S. 180.

katalogs, anhand dessen Fälle identifiziert werden könnten, in denen von der Anwendung von Marktkursen für Devisen zugunsten anderer Verfahren abgewichen würde[144].

Wie oben bereits erwähnt, wird das auf USD normierte Volkseinkommen nochmals korrigiert, um bestimmte Einflüsse zu berücksichtigen. Insbesondere die Berücksichtigung des auf die Bevölkerungszahl bezogenen Einkommens, das Pro-Kopf-Einkommen, führt zu einer Entlastung derjenigen Länder, deren Pro-Kopf-Einkommen unterhalb einer willkürlich festgelegten Grenze liegt. Dazu wird die Grenze, das Schwelleneinkommen, (EK_S) festgelegt, und – ebenso willkürlich – ein Entlastungsfaktor (f_e). Die verwendete Formel lautet:

$$\frac{(EK_S - EK_K)}{EK_K} * f_e$$

wobei:

EK_S = Schwelleneinkommen,

EK_S = Pro-Kopf-Einkommen,

f_e = Begünstigungsfaktor

Tabelle 1: Schwelleneinkommen und Begünstigungsfaktoren für die Beitragsbemessung[145]

Zeitraum	Schwellen-Pro-Kopf-Einkommen [USD]	Begünstigungsfaktor [%]
1948-1952	1.000	40
1953-1971/73	1.000	50
1974-1976	1.500	60
1980-1982	1.800	70
1983-1985	2.100	75
1986-1991	2.200	85
1992-1994	2.600	85
1995-1997	3.200	85
1998-2001[146]	4.880	80

Seit dem Zweijahreshaushalt 1989/90 werden außer den durchschnittlichen Pro-Kopf-Einkommen die Auslandsschulden der Mitgliedstaaten bei der Beitragsberechnung korrigierend hinzugezogen. Das Einkommen von Ländern bis zu einer bestimmten Pro-Kopf-Einkommensschwelle verringert sich dabei um 12,5% der Summe an langfristigen Auslandsschulden des privaten und öffentlichen Sektors. Dieser Rechnung liegt die Fiktion zugrunde, daß die langfristi-

144 Vgl. Hüfner, Klaus, "Die Vereinten Nationen und ihre Sonderorganisationen (3A)", Bonn, 1997, S. 56.

145 Quelle: Hüfner, Klaus, "Die Vereinten Nationen und ihre Sonderorganisationen (3A)", Bonn, 1997, S. 58 und Hüfner, Klaus, "Financing the UN: The Role of the United States", in: Dijkzeul, Dennis; Beigbeder, Yves, "Rethinking international Organizations: Pathology and Promise", New York, 2002, S. 35.

146 Vgl. Press Release GA/9850, 23.12.2000 bzw. "Report of the 5th Committee", UN-Doc. A/55/521, 23.12.2000.

gen Schulden im Mittel in acht Jahren zurückbezahlt werden; ob dies tatsächlich geschieht, wird nicht geprüft.

Schließlich findet noch eine Kappung bzw. eine Anhebung auf die Beitragsobergrenze bzw. den Mindestbeitrag statt. Die Höchstgrenze war sukzessive von ursprünglich fast 50% für die USA (49,89% zur Gründung der UN) über 39,89% (1946) [147], 33,33% (1954), 30,0% (1957) und 25% (1972)[148] auf die nun seit Ende 2000 gültigen 22% gesenkt worden. Auch der Mindestbeitrag wurde über die Zeit geändert: ursprünglich auf 0,04% senkte man ihn erstmals fast 30 Jahre nach Gründung auf 0,02% (1974), und schließlich wurde er ab 1978 auf 0,001% gesenkt[149].

Im Zeitraum von 1985-2000 wurden weitere Anpassungen vorgenommen. Um zu starke Schwankungen in der Beitragshöhe zu vermeiden, wurden – insbesondere im Bereich niedriger Beitragssätze – Kategorien gebildet, innerhalb derer lediglich eine willkürlich festgelegte, maximale Abweichung zum vorhergehenden Beitragsschlüssel möglich war. Dieses Verfahren war allerdings in die Kritik geraten, und die Generalversammlung beschloß, es bis 2000 auslaufen zu lassen[150].

Schließlich kommt es nach der Berechnung der an sich als endgültig zu betrachtenden Sätze häufig noch zu oft langwierigen Verhandlungen, da einzelne Delegierte aufgrund von ihnen angeführter Sachverhalte bzgl. der individuellen Lage ihres Landes, welche die Zahlungsfähigkeit beeinträchtige, eine Reduktion ihrer Sätze wegen dieser „besonderen Umstände“ durchzusetzen trachten.

2.3 *Wege und Probleme der Finanzierung*

Das Verfahren der Finanzierung ist im Prinzip seit den ersten Missionen unverändert geblieben. Die den UN entstehenden Kosten werden durch die Generalversammlung unter den Mitgliedern aufgeteilt und als Beitragsforderungen erhoben, die verbleibenden Kosten werden durch die truppenstellenden Staaten getragen und durch freiwillige Beitragsleistungen abgedeckt. Der Kern der Streitigkeiten und Änderungen betraf jeweils die Frage der Verteilung der Kosten.

---

147 Vgl. Hüfner, Klaus, "Financing the UN: The Role of the United States", in: Dijkzeul, Dennis; Beigbeder, Yves, "Rethinking international Organizations: Pathology and Promise", New York, 2002, S. 32.

148 Aufgrund des Beitritts der beiden deutschen Staaten konnte die Senkung des US-Anteils relativ leicht durchgesetzt werden (vgl. Hüfner, Klaus, "Die Vereinten Nationen und ihre Sonderorganisationen (3A)", Bonn, 1997, S. 59).

149 1995 betrug der Mindestsatz absolut 1.400 USD bei Anwendung der Floor Rate von damals 0,01% (vgl. Hüfner, Klaus, "Die Vereinten Nationen und ihre Sonderorganisationen (3A)", Bonn, 1997, S. 59).

150 Vgl. Hüfner, Klaus, "Die Vereinten Nationen und ihre Sonderorganisationen (3A)", Bonn, 1997, S. 60.

2.3.1 Auseinandersetzungen und Ad-hoc-Lösungen bis 1974

Bis zum Zeitpunkt der Suez-Krise Ende 1956 setzte die UN kleinere Beobachtergruppen im Mittleren Osten (UNTSO) und im Grenzgebiet (Jammu-Kashmir) von Indien und Pakistan (UNMOGIP) ein. Beide Missionen hatten die Aufgabe, die Einhaltung des jeweils ausgehandelten Waffenstillstands zu beobachten. Die Kapazitäten der militärischen Komponenten waren überschaubar: ca. 150 Beobachter bei UNTSO[151] und nur ca. 50 im Falle von UNMOGIP[152]. Die Kosten dieser Missionen konnten daher ohne nennenswerte Schwierigkeiten im ordentlichen Haushalt aufgefangen werden. Da es für Maßnahmen dieser Art keine Regelungen gab und die Kosten angesichts der unkritischen Größe der Mission nicht außer Kontrolle gerieten, wurden die Ausgaben für UNTSO einfach in den ordentlichen Haushalt eingestellt.

Die ersten Schwierigkeiten ergaben sich aus der 1956 gestarteten Mission UNEF. Abgesehen von den politischen Schwierigkeiten nahm UNEF zum erstenmal einen Umfang an, der Kosten erahnen ließ, die eine gewisse Signifikanz im Verhältnis zum ordentlichen Haushalt aufwiesen. Als die erste UN Emergency Force (UNEF I) im Gebiet des Suezkanals und der Sinai-Halbinsel eingesetzt wurde, um die Beendigung der bewaffneten Auseinandersetzungen zwischen den am Konflikt beteiligten arabischen Staaten und Israel zu sichern, bedurfte es angesichts des Ausmaßes der kriegerischen Auseinandersetzungen des Einsatzes einer internationalen Streitmacht. Die Größe der eingesetzten militärischen Einheiten wuchs zum ersten Mal auf über 6.000 Mann an. Bei dieser Mission konnte die UN-Organisation die notwendigen infrastrukturellen Bedingungen schaffen; sie war in hohem Maße auf die Bereitstellung von Material und logistischen Strukturen auf die Mitgliedstaaten angewiesen[153].

Die Entscheidung für ein Eingreifen in der Region war im Sicherheitsrat wegen des Vetos Englands und Frankreichs nicht zustandegekommen. Als Reaktion darauf stützte sich die Generalversammlung auf Betreiben der USA auf die Uniting-for-peace-Resolution und errichtete so UNEF. Die Sowjetunion und die Staaten des Warschauer Pakts hatten die Rechtmäßigkeit des Vorgehens von Beginn an angezweifelt. Sie stellten sich auf den Standpunkt, daß nur der Sicherheitsrat in der Lage sei, eine solche mit militärischen Elementen versehene Mission zu beschließen[154]. Sie waren der Abstimmung ferngeblieben, weil Ägypten, das ihrer Ansicht nach Opfer der israelischen Aggression geworden war, sich mit der Stationierung einverstanden erklärt hatte[155].

---

[151] Vgl. UNDPI, "The Blue Helmets", New York, 1996, S. 24; in der Spitze (1948) standen der Mission kurzzeitig insgesamt 573 Beobachter und unterstützendes Personal zur Verfügung.

[152] Vgl. UNDPI, "The Blue Helmets", New York, 1996, S. 24, S. 137.

[153] Vgl. Bowett, Derek William, "United Nations Forces", London, 1964, S. 389.

[154] Vgl. Bowett, Derek William, "United Nations Forces", London, 1964, S. 93.

[155] Vgl. Bowett, Derek William, "United Nations Forces", London, 1964, S. 93.

Vermutlich um nicht noch weitergehenden als den ohnehin schwelenden politischen Streit innerhalb der Mitgliedstaaten zu riskieren, verschob der Generalsekretär die Diskussion um die Kostenfrage zunächst, indem er darauf hinwies, daß Grundsätze der Finanzierung weiterer Untersuchung bedürften. Gleichzeitig schlug er vor, für UNEF die provisorische Regel zu etablieren, daß die truppenstellenden Staaten prinzipiell die Kosten für ihre Einheiten selbst tragen mögen und daß ihnen lediglich durch die Mission direkt entstehende Kosten ersetzt würden[156]. Diese den UN verbleibenden Kosten sollten dann außerhalb des ordentlichen Haushalts durch die Mitglieder getragen werden. Die Zustimmung der Generalversammlung zu dieser Regelung hatte ebenfalls nur vorläufigen Charakter[157].

Später[158] stellte die Generalversammlung klar, daß es sich bei der Besoldung ihrer Truppen und den zur Verfügung gestellten Ausrüstungsgegenständen um freiwillige Leistungen der truppenstellenden Staaten handelte und daß darüber hinaus die UN selbst verantwortlich seien[159]. Im Februar 1957 formulierte der fünfte Hauptausschuß der Generalversammlung, daß die sog. „zusätzlichen Kosten" durch die UN getragen würden. Dag Hammarsjöld sprach im Oktober 1957 von den „zusätzlichen und außerordentlichen Kosten", die durch die Organisation den an der Mission teilnehmenden Staaten ersetzt würden[160].

Im Rahmen von UNEF kam es zum ersten Mal zur Errichtung eines Sonderkontos für die Ein- und Auszahlungen für die Mission. Damit war zunächst ein technisches Hilfsmittel geschaffen worden, um den ordentlichen Haushalt nicht mit politischen Schwierigkeiten aus UNEF zu belasten. Die Generalversammlung ging mit der Finanzierungsfrage recht vorsichtig um[161]: Sie entschloß sich, zunächst eine Summe von 10 Mio. USD für die Mission zur Verfügung zu stellen. Diese Mittel sollten durch die Mitglieder aufgebracht werden, und zwar nach jenem Schlüssel, nach dem auch für den ordentlichen Haushalt die Belastungen aufgeteilt wurden. Im Resolutionstext wurde allerdings darauf hingewiesen, daß diese Regelung nicht notwendig für ggf. entstehende weitere Kosten der Mission gelten würde[162]. Auch als zwei Monate später klar wurde, daß die bisher genehmigten Mittel unzureichend sein würden und daraufhin der Kostenrahmen um 6,5 Mio. USD erweitert wurde, war keine Klarheit über die weitere Verfahrensweise hinsichtlich des Umgangs mit den Kosten geschaffen. Man

---

[156] Vgl. "Final Report on the plan for an emergency United Nations force of the Secretary General", UN-Doc. A/3302, 06.11.1956.

[157] Vgl. Hüfner, Klaus, "Die Vereinten Nationen und ihre Sonderorganisationen (3A)", Bonn, 1997, S. 113.

[158] Vgl. GV-Res. 1089 (XI), 21.12.1956.

[159] Vgl. Hüfner, Klaus, "Die Vereinten Nationen und ihre Sonderorganisationen (3A)", Bonn, 1997, S. 113.

[160] Vgl. Hüfner, Klaus, "Die Vereinten Nationen und ihre Sonderorganisationen (3A)", Bonn, 1997, S. 113.

[161] Vgl. GV-Res. 1089 (XI), 21.12.1956.

[162] Vgl. GV-Res. 1089 (XI), 21.12.1956.

verständigte sich in der Generalversammlung darauf, daß die zuletzt genehmigte Summe durch freiwillige Beiträge der wirtschaftlich potenten Mitgliedstaaten aufgebracht werden sollte[163]. Bei der folgenden Aufstockungen auf insgesamt 30 Mio. USD wurde wiederum beschlossen, die Kosten gemäß des Schlüssels für den ordentlichen Haushalt aufzuteilen; für das Jahr 1958 sollte ein nur unerheblich geringerer Gesamtbetrag ebenfalls durch die Mitglieder getragen werden[164].

Kurz darauf nahm die hinsichtlich Aufgaben, Einsatzgebiet und damit auch Einsatzkräften umfangreichste Operation der ersten 45 Jahre in der UN-Geschichte ihren Anfang, die Operation im Kongo (ONUC)[165]. Auch für diese Operation war ein Sonderkonto eingerichtet worden[166], das ebenfalls durch Pflichtbeiträge gespeist werden sollte.

ONUC war im Jahre 1960 als Reaktion auf die sich verschärfende Lage im Kongo beschlossen worden, diesmal auf Initiative des Sicherheitsrats, obwohl im Verlauf der Krise im Kongo die Generalversammlung die Führung der Mission wegen des politischen Patts im Sicherheitsrat übernahm[167]. Als erste Maßnahme genehmigte der ACABQ als Organ der Generalversammlung dem Generalsekretär, Verpflichtungen bis zu 15 Mio. USD für ONUC einzugehen[168]. Bereits zwei Monate später wurde dieser vorläufige Budgetrahmen auf 40 Mio. USD erweitert. Bis Ende des Jahres 1960 stiegen die Kosten bis über 60 Mio. USD. Im April 1961 entschied die Generalversammlung zunächst, monatlich acht Mio. USD für ONUC bereitzustellen[169], kurz danach einigte man sich für die ersten drei Viertel des Jahres 1961 für einen Gesamtbetrag von 100 Mio. USD. Für den Rest des Jahres kamen weitere zehn Mio. USD dazu; für das erste Halbjahr des folgenden Jahres genehmigte die Generalversammlung 80 Mio. USD[170].

Auf der politischen Seite führte ONUC ebenfalls zu heftigen Kontroversen in den UN. Der Charakter der Mission verschob sich immer mehr vom mit dem Konsens der Streitparteien versehenen Peacekeeping unter der strikten Einhaltung der Neutralität der UN-Truppen und der Anwendung von Waffengewalt ausschließlich zum Zwecke der Selbstverteidigung hin zu einem militärischen Eingreifen der Truppen unter Verwendung von Zwang. Der Begriff der Selbst-

---

[163] Vgl. Hüfner, Klaus, "Die Vereinten Nationen und ihre Sonderorganisationen (3A)", Bonn, 1997, S. 115.

[164] Vgl. GV-Res. 1151(XI) v. 22.11.1957; Bowett, Derek William, United Nations Forces, London, 1964, S. 144.

[165] Vgl. UNDPI, "The Blue Helmets", New York, 1996, S. 175.

[166] Vgl. GV-Res. 1583 (XV), 20.12.1960; UNDPI, "The Blue Helmets", New York, 1996, S. 435.

[167] Vgl. UNDPI, "The Blue Helmets", New York, 1996, S. 183; s. auch: Hüfner, Klaus, "Die Vereinten Nationen und ihre Sonderorganisationen (3A)", Bonn, 1997, S. 119.

[168] Vgl. Bowett, Derek William, "United Nations Forces", London, 1964, S. 253.

[169] Vgl. GV-Res. 1595 (XV), 03.04.1961.

[170] Vgl. Bowett, Derek William, "United Nations Forces", London, 1964, S. 250.

verteidigung wurde zu diesem Zwecke deutlich ausgedehnt[171]: die offensive Vertreibung von Söldnergruppen war als Maßnahme zum Schutz der Truppe interpretiert worden. Der Generalsekretär hat zwar immer wieder ausdrücklich darauf hingewiesen, daß es sich bei ONUC nicht um Maßnahmen gem. Kapitel VII der Charta handele[172]; ungeachtet dessen geht die Literatur heute bzgl. dieser Mission überwiegend zumindest von teilweiser Anwendung von Zwang gem. Kapitel VII aus[173].

Aufgrund der Weigerung von Mitgliedstaaten, die insgesamt für einen bedeutenden Teil der Beitragsleistung verantwortlich waren, ihren finanziellen Verpflichtungen bzgl. UNEF und ONUC nachzukommen[174], geriet die UN-Organisation in ihren ersten ernsten Liquiditätsengpaß. Obwohl zunehmend klar wurde, daß der Modus der Finanzierung der teuren Missionen einer grundsätzlichen Regelung bedurfte, konnte kein Konsens über eine neue Regelung herbeigeführt werden. So einigte man sich in der Generalversammlung erneut auf die Verfahrensweise, die man bereits bei UNEF angewendet hatte und damit darauf, die Beiträge über den Schlüssel, der für den ordentlichen Haushalt galt, zu verteilen.

Im November 1961 hatte die Liquiditätslücke eine Größe von ca. 85 Mio. USD angenommen und war damit etwa so hoch wie der ordentliche Haushalt der Organisation für das folgende Jahr[175]. Um die Schwierigkeiten zu umgehen, die sich mit der Zahlungsverweigerung ergaben, autorisierte die Generalversammlung den Generalsekretär in ihrer Sitzung im Dezember 1961[176] zu einer Fremdfinanzierung über eine Anleihe im Nominalwert von bis zu 200 Mio. USD – eine bisher einmalig gebliebene Maßnahme. Diese Anleihe wurde allerdings nicht am Kapitalmarkt gehandelt, sondern von Staaten – Mitgliedstaaten und Nichtmitgliedern – angekauft[177]. Zins und Tilgung der Anleihe wurden über den ordentlichen Haushalt geleitet[178]. Der Generalsekretär war dadurch in der Lage, den finanziellen Verpflichtungen, welche die UN-Organisation aufgrund der Friedensoperationen eingegangen war, teilweise zu erfüllen, und überdies

[171] Vgl. White, N.D., "Keeping the Peace", Manchester, New York, 1997, S. 243.
[172] Vgl. Bowett, Derek William, "United Nations Forces", London, 1964, S. 175.
[173] Vgl. White, N.D., "Keeping the Peace", Manchester, New York, 1997, S. 228.
[174] Auch diejenigen administrativen Positionen im ordentlichen Haushalt, die sich auf die genannten Missionen bezogen, wurden von einigen Staaten zurückbehalten (vgl. GAO, "United Nations: Financial Issues and U.S. Arrears", 06/1998, S. 49).
[175] Vgl. Hüfner, Klaus, "Die Vereinten Nationen und ihre Sonderorganisationen (3A)", Bonn, 1997, S. 115 u. 120.
[176] Vgl. GV-Res. 1739 (XVI), 20.12.1961.
[177] Vgl. Hüfner, Klaus, "Die Vereinten Nationen und ihre Sonderorganisationen (3A)", Bonn, 1997, S. 115: Ausstattung: 2%, Laufzeit 25 Jahre; den größten Teil der Anleihe zeichneten die USA mit ca. 76 Mio. USD, insgesamt wurden Anteile i.H.v. nominal 170 Mio. USD verkauft.
[178] Vgl. Bowett, Derek William, "United Nations Forces", London, 1964, S. 473.

konnten die Beiträge der Entwicklungsländer für die Mission auf 20% ihres Beitragsschlüssels zum ordentlichen Haushalt reduziert werden[179].

Wegen der fortwährenden Beitragsverweigerungen, die von ständigen Streitigkeiten über die Rechtmäßigkeit des gewählten Verfahrens zur Kostenaufteilung begleitet wurden, war kein Zustandekommen eines Konsenses über die Finanzierung der Friedensoperationen in Sicht. In der Sitzung der Generalversammlung, in der die Emission der Anleihe beschlossen worden war, forderte man deshalb ein Gutachten beim IGH an, ob Art. 17 II Charta im Falle der Kosten für die Friedensoperationen anwendbar sei.

Der IGH stellte (u.a.) fest, daß die von der Organisation durchgeführten Friedensoperationen als Mittel zur Erfüllung des Hauptziels – der Bewahrung von Weltfrieden und internationaler Sicherheit – zu bewerten seien und daher Ausgaben der Organisation darstellten, die gem. Art. 17 Charta zu regeln seien. Dabei spielte keine Rolle, welches Organ die Friedensoperation beschließt, nicht einmal, wenn das Organ bei seinem Beschluß über die Grenzen seiner Kompetenz schritte.

Mit dem Gutachten entkräftete der IGH alle Argumente der Zahlungsverweigerer. Da das Gutachten keine Rechtsbindung bewirkt hatte[180], wurde innerhalb der Generalversammlung über die Annahme der IGH-Meinung abgestimmt und – bei einigen Gegenstimmen und vielen Enthaltungen – mit ausreichender Mehrheit angenommen[181]. Auf derselben Sitzung wurde festgestellt, daß der Beitragsschlüssel, nach denen die Kosten des ordentlichen Haushalts aufgeteilt wurden, nicht notwendig derselbe sein müsse, wie der, mit dem die finanziellen Belastungen aus den Friedensoperationen verteilt würden[182].

Trotzdem signalisierten die prinzipiellen Zahlungsverweigerer, ihre Position nicht verändern zu wollen[183]. Somit bestand weiterhin der Zwang, eine Kompromißlösung finden zu müssen. Dazu setzte die Generalversammlung einen Sonderausschuß ein, der eine Verfahrensweise für die Kostenverteilung erarbeiten sollte, die bei Friedensoperationen grundsätzlich angewendet werden sollte; in ihrem Auftrag war explizit die Erarbeitung eines neuen Beitragsschlüssels für Kosten aus Friedensoperationen als ein zentrales Element der Arbeit des Aus-

---

179 Vgl. Hüfner, Klaus, "Die Vereinten Nationen und ihre Sonderorganisationen (3A)", Bonn, 1997, S. 118f.

180 Vgl. Reckhard, Michael, "Die rechtlichen Rahmenbedingungen der Sanktionierung von Beitragsverweigerung im System der Vereinten Nationen", Frankfurt/Main, Berlin, Bruxelles, New York, Wien, 1999, S. 204.

181 Vgl. Hüfner, Klaus, "Die Vereinten Nationen und ihre Sonderorganisationen (3A)", Bonn, 1997, S. 119f: Ja: 75, Nein: 18, Enthaltungen: 44.

182 Vgl. Hüfner, Klaus, "Die Vereinten Nationen und ihre Sonderorganisationen (3A)", Bonn, 1997, S.120.

183 Vgl. Hüfner, Klaus, "Die Vereinten Nationen und ihre Sonderorganisationen (3A)", Bonn, 1997, S. 120.

schusses benannt worden[184]. Nach langen Verhandlungen gelangte man zu einem Kompromiß, der durch Großbritannien eingebracht wurde und von den afrikanischen, asiatischen, lateinamerikanischen und den westlichen Staaten unterstützt wurde. Der Vorschlag bezog sich auf die Finanzierung von UNEF und ONUC für den Zeitraum nach Auslaufen der Finanzierung der Missionen über die Anleihe, also dem 30. Juni 1963 bis zum Ende des Jahres. Ein Teil der für diesen Zeitraum benötigten Mittel sollte nach dem Schlüssel für den ordentlichen Haushalt aufgeteilt werden, für den Restbetrag sollte zwar grundsätzlich ebenfalls dieser Schlüssel verwendet werden, die Entwicklungsländer sollten jedoch zulasten der Industrieländer mit einem deutlich verringertem Teil ihres Satzes veranlagt werden. Der Vorschlag enthielt allerdings nicht die Art und Weise, wie die Entlastungen der Entwicklungsländer auf die Industrieländer zu verteilen war; diese sollten auf freiwilliger Basis die zusätzlichen Mittel aufbringen.

Ein zweiter Vorschlag beinhaltete eine grundsätzliche Regelung der Kostenverteilung für die Friedensoperationen. Die Kosten sollten ihrer Höhe nach in drei Stufen aufgeteilt werden. Der Vorschlag sah vor, die ersten 10 Mio. USD, die für eine Friedensoperation benötigt würden, gemäß des Verfahrens für den ordentlichen Haushalt zu verteilen. Für über den Betrag der ersten Stufe hinaus gehende Zahlungen sollte den Entwicklungsländern eine Ermäßigung der Hälfte ihres Satzes zuteil werden, wobei die Industrieländer die entstehende Lücke schließen sollten. Die Kosten der dritten Stufe würden die truppenstellenden Staaten selbst übernehmen und dafür ein besonderes Mitspracherecht bei der Mission erhalten[185]. Während der erste Vorschlag, der lediglich eine Regelung für das kommende halbe Jahr beinhaltete, angenommen wurde[186], wurde der zweite, die prinzipielle Regelung betreffende Vorschlag abgelehnt[187].

Zum Höhepunkt der Finanzkrise trieb die UN-Organisation im Jahre 1964. Da die Sowjetunion (u.a.) bereits vergleichsweise hohe Zahlungsrückstände angehäuft hatte, indem sie ständig Teile der ihnen zugewiesenen Kosten für die laufenden Friedensoperationen und diesbezügliche Kostenanteile aus dem ordentlichen Haushalt zurückbehielt, geriet sie in die Nähe der Betragsgrenze des Art. 19 Charta. Die USA drohten an, die Durchsetzung von Sanktionen aus Art. 19 Charta in der Generalversammlung gegen die Sowjetunion betreiben zu

---

[184] Vgl. Hüfner, Klaus, "Die Vereinten Nationen und ihre Sonderorganisationen (3A)", Bonn, 1997, S. 120 FN 12: UN-Doc. A/1854 B (XVII), 19.12.1962.

[185] Vgl. Hüfner, Klaus, "Die Vereinten Nationen und ihre Sonderorganisationen (3A)", Bonn, 1997, S. 121.

[186] Am 17.06.1963 durch die Generalversammlung beschlossen; die Entlastung für die Entwicklungsländer betrug 45% des Schlüssels für den ordentlichen Haushalt bzgl. 7,5 Mio USD; für die restlichen 2,5 Mio USD wurde keine Ermäßigung gegenüber dem Schlüssel für den ordenlichen Haushalt gewährt.

[187] Vgl. Hüfner, Klaus, "Die Vereinten Nationen und ihre Sonderorganisationen (3A)", Bonn, 1997, S. 121.

wollen[188]. Die Sowjetunion drohte daraufhin mit ihrem Austritt aus der UN, was weder im Interesse der Mehrheit der Mitgliedstaaten noch der USA lag. Also vermied man die Rechtsfolgen des Art. 19 Charta und bemühte sich in Verhandlungen und durch Einsetzen eines Ausschusses, der sich speziell um die Frage des Art. 19 Charta in Zusammenhang mit den beiden Friedensoperationen UNEF und ONUC befaßte, um eine Lösung. Dieser Ausschuß stellte einen Kompromiß dahingehend her, daß man bei Beitragsrückständen, die wegen der beiden Friedensoperationen entstanden waren, die Anwendung der Sanktionen des Art. 19 Charta aussetzen würde[189].

Damit war die Krise abgewendet worden. Aber es war ein Präzedenzfall geschaffen worden für die selektive Beitragsverweigerung als sichtbaren Protest gegen bestimmte Maßnahmen der UN, und mithin war ein Bruch in der oft beschworenen kollektiven finanziellen Verantwortlichkeit entstanden. Die USA wiesen nach dem Zustandekommen des Kompromisses ausdrücklich darauf hin, daß sie sich nun auch selbst das Recht vorbehielten, zukünftig jederzeit den Grundsatz der kollektiven Verantwortung ggf. zu verletzen, falls hinreichende Gründe dafür vorliegen würden[190].

Als Reaktion auf die Tatsache, daß Mitgliedstaaten ihren politischen Protest auf der finanziellen Ebene durch Zurückhaltung ihrer Beitragsleistungen formulierten, entschloß sich die Mehrheit in der Generalversammlung im darauffolgenden Jahr, ein „Ad-hoc-Konto" einzurichten, auf das die Mitgliedstaaten freiwillige Geld- und Sachleistungen einzahlen konnten[191]. Durch die unspezifische Zielsetzung des Kontos sollten finanzielle Engpässe für die Organisation vermieden werden, während gleichzeitig die Mitgliedstaaten ihrem Protest weiterhin Ausdruck verleihen konnten, indem sie gewissermaßen unerkannt ihren Beitragsverpflichtungen mit dem Ziel der Erhaltung der UN nachkommen konnten, während sie öffentlich sichtbar Beiträge zurückhalten konnten.

Maßgeblich zur Rettung vor der Zahlungsunfähigkeit der Organisation dürfte aber die Tatsache beigetragen haben, daß mit Beendigung von ONUC 1964 die bedeutendste Ursache der finanziellen Belastung weggefallen war[192]. Eine ab-

---

188 Vgl. Hüfner, Klaus, "Die Vereinten Nationen und ihre Sonderorganisationen (3A)", Bonn, 1997, S. 121.

189 Vgl. Tomuschat, Christian, "Article 19", in: Simma, Bruno, "The Charter of the United Nations", München, 2002, S. 329, Rdnr. 6; exakt lautet die Kompromißformel: „...die Frage der Anwendbarkeit von Art. 19 Charta im Hinblick auf ...[UNEF I und ONUC]...nicht aufgeworfen wird." („...will not be raised").

190 Dieser Vorbehalt ist unter der Bezeichnung „Goldberg-Reservation" bekannt, s. auch 2.2.1.1.2).

191 Vgl. Hüfner, Klaus, "Die Vereinten Nationen und ihre Sonderorganisationen (3A)", Bonn, 1997, S. 122.

192 Vgl. Hüfner, Klaus, "Die Vereinten Nationen und ihre Sonderorganisationen (3A)", Bonn, 1997, S. 122.

schließende, allgemein akzeptierte und durchsetzbare Regelung zur Finanzierung der Friedensoperationen gab es bis 1973 jedoch nicht[193].

2.3.2 Die Regelung von 1973

Ende des Jahres 1973 beschloß der Sicherheitsrat eine zweite UNEF-Mission (UNEF II). Wiederum wurde ein Sonderkonto für die Ein- und Auszahlungen eingerichtet, die im Verlauf von UNEF II benötigt wurden. In der Resolution des Sicherheitsrats wurde explizit die kollektive finanzielle Verantwortung gem. Art. 17 II Charta als Grundlage für die Aufteilung der Kosten benannt, worüber nunmehr auch Einverständnis bei den Mitgliedern vorlag[194]. Parallel dazu wurde in der Generalversammlung im Dezember 1973 ein neues Verfahren zur Verteilung der Belastungen aus Friedensoperationen für die Mitgliedstaaten eingeführt[195]. Dieses Verfahren trug den prinzipiellen Charakter der vorübergehenden Lösungen, die in den vergangenen Jahren bereits vorgeschlagen worden waren, also die Entlastung der am wenigsten zahlungskräftigen Länder zulasten der Industrienationen, wobei der besonderen Verantwortung bzw. des besonderen Einflusses der ständigen Sicherheitsratsmitglieder zusätzlich Rechnung getragen wurde.

Dazu wurden die Mitgliedstaaten in vier Gruppen aufgeteilt. Die Staatengruppe, welche die größten Entlastungen genoß, waren die am wenigsten entwickelten Staaten (Gruppe D); sie wurden mit zehn Prozent ihres Satzes im ordentlichen Haushalt, der ohnehin der Mindestsatz von 0,01% war, veranlagt. Die Gruppe C setzte sich aus Entwicklungsländern zusammen. Ihr Beitragssatz zu Friedensoperationen wurde gegenüber dem ordentlichen Haushalt auf 20% des dort für sie geltenden Satzes reduziert. Während die Gruppe B, welche die wirtschaftlich entwickelten Länder umfaßte – wozu seinerzeit neben den westlichen Industrienationen auch einige Ostblockstaaten und Südafrika zählten – mit demselben Satz veranlagt wurden, der für den ordentlichen Haushalt galt, mußten die Staaten der Gruppe A, die ständig im Sicherheitsrat vertreten waren, die finanziellen Zugeständnisse an die Gruppen C und D ausgleichen. Dieser Ausgleich berechnete sich aus dem Verhältnis der Prozentsätze dieser Staaten, aus denen sich ihre jeweiligen Veranlagungen für den ordentlichen Haushalt ergaben.

Außerdem einigte sich die Generalversammlung in ihrem fünften Hauptausschuß darauf, hinsichtlich der Erstattung der zusätzlichen und außerordentlichen Kosten an die truppenstellenden Staaten Standardisierungen einzuführen, um so langwierige Einzelverhandlungen zu vermeiden und sicherlich auch die Planbar-

[193] Vgl. Hüfner, Klaus, "Die Vereinten Nationen und ihre Sonderorganisationen (3A)", Bonn, 1997, S. 122.

[194] Vgl. Hüfner, Klaus, "Die Vereinten Nationen und ihre Sonderorganisationen (3A)", Bonn, 1997, S. 122.

[195] vgl. Hüfner, Klaus, "Die Vereinten Nationen und ihre Sonderorganisationen (3A)", Bonn, 1997, S. 122.

keit zu verbessern[196]. Ein Jahr danach wurde rückwirkend ein einheitlicher Erstattungssatz von 500 USD pro Monat und Soldat festgelegt, wobei für Spezialisten eine Zulage von 150 USD pro Monat zu entrichten war[197]. Diese Sätze wurden in der Folgezeit mehrfach angepaßt; z.Zt. (01.01.2002) beträgt der Standardsatz 1.028 USD, die Zulage für Spezialisten 303 USD[198].

2.3.3 Die Krise der 90er Jahre

Wann die Finanzkrise der späten 90er Jahre ihren Anfang nahm, kann nicht ganz genau bestimmt werden. Viele Beobachter vertreten die Ansicht, daß ihre Ursprünge bis an das Ende der 70er Jahre reichen[199], wobei seit Beginn der Reagan-Administration die Politik der selektiven Beitragszurückhaltungen einen konsistenten Charakter annahm.

Die Politik der USA gegenüber den UN war Teil der Neuorientierung der Außenpolitik durch die Reagan-Administration, deren Hauptlinie eine stärkere Konzentration auf die Belange der eigenen Nation darstellte. Das Außenministerium unterzog das US-Engagement in internationalen Organisationen einer allgemeinen Überprüfung anhand eines Kriterienkatalogs. Bezüglich der UN setzte man fünf Ziele fest, die u.a. ein Nullwachstum des ordentlichen UN-Haushalts enthielten[200].

Ideologisch flankiert wurde die Administration durch die konservative Heritage-Foundation, die auch eine organisierte Besetzung wichtiger US-Regierungsämter betrieb[201]. Die Heritage-Foundation nimmt gegenüber den UN üblicherweise eine äußerst kritische Haltung ein; ihre damaligen Arbeiten zur Bewertung der Organisation formulierten des öfteren den Austritt der USA aus der UN-Organisation als Ziel[202], die Einschätzungen der Organisation durch die Foundation waren entsprechend negativ: der UN-Organisation wurde Ineffizienz, hohe Kosten, verantwortungsloser Umgang mit dem Geld US-amerikanischer Steuerzahler, Korruption und Betrug vorgeworfen. Es wurde auch behauptet, die UN diene als Plattform für Spionageaktivitäten durch die Sowjetunion[203].

Eine Grundlage für unilaterale Beitragskürzungen der USA schaffte das Kemp-Moynihan-Amendment (1979), mit dem die zustimmende Kongreßmehrheit verhinderte, daß Geld aus dem US-Haushalt für UN-Programme bzgl. der SWAPO

---

196 Vgl. Hüfner, Klaus, "Die Vereinten Nationen und ihre Sonderorganisationen (3A)", Bonn, 1997, S. 124.

197 Vgl. Hüfner, Klaus, "Die Vereinten Nationen und ihre Sonderorganisationen (3A)", Bonn, 1997, S. 125; GV-Res. A/Res/963 (XXIX), 29.11.1974.

198 Vgl. DPKO, United Nations Stand-by Arrangements System (UNSAS) Rapid Deployment Level (RDL) - Terms of Reference , Datum n.v., Annex A: Personnel.

199 Vgl. Campaign for U.N. Reform, "How We Got Here from There", 11.08.2000.

200 Vgl. Righter, Rosemary, "Utopia lost", New York, 1995, S. 212.

201 Vgl. Zitka, Frank, "Wandel und Kontinuität", Berlin, 1997, S. 312.

202 Vgl. Righter, Rosemary, "Utopia lost", New York, 1995, S. 216.

203 Vgl. Righter, Rosemary, "Utopia lost", New York, 1995, S. 216f.

und der PLO freigegeben wurde. Der Präzedenzfall für das Eingreifen des US-Kongresses in die UN-Politik der Exekutive fand dann im Jahr 1980 statt: der Kongreß verringerte gegen den ausdrücklichen Rat Präsident Carters seine Zahlungen an den ordentlichen UN-Haushalt i.H.d. Personalkosten für zwei Sekretariatsangestellte für die Palästinafrage[204]. In dieser Zeit opponierte man in Washington auch gegen die Art und Weise der Besteuerung von US-amerikanischen Angestellten bei der UN-Organisation und behielt aufgrund dessen durchschnittlich 10 Mio. USD pro Jahr ein[205].

Seit 1982 verschob die Reagan-Administration die Zahlungen für den ordentlichen UN-Haushalt, die i.d.R. Ende Januar eines Jahres fällig sind[206], auf das diesem Termin folgende, US-amerikanische Haushaltsjahr, das am 1. Oktober eines Jahres beginnt, und verursachte dadurch erste planmäßige Zahlungsverzögerung um acht Monate[207]. Dies geschah als Reaktion auf die Mehrheitsentscheidung der Generalversammlung, den ordentlichen Haushalt mit einer 12%igen Steigerung auszustatten, statt – wie die USA gefordert hatte – auf eine nominale Erhöhung zu verzichten[208].

Zwei Jahre später[209] (1985) wurde das Kassebaum-Solomon Amendment verabschiedet, das eine unilaterale Kürzung der US-Pflichtbeiträge zur UN-Organisation um 20% anordnete, solange die Forderungen des Kongresses an die UN nicht erfüllt würden, das Stimmrecht in der Generalversammlung nach Beitragssätzen zu gewichten[210].

Diese Forderung zur Abkehr von dem Grundsatz des „One-state-one-vote“ begründete man damit, daß überall dort, wo in internationalen Organisationen[211] ein gewichtetes Abstimmungsverfahren implementiert sei, die Interessen der USA besser vertreten seien und sich die betreffende Organisation in effektiverem Zustand befände[212]. Im übrigen stand man den UN insgesamt recht kritisch gegenüber hinsichtlich ihrer Fähigkeit, Konflikte wirksam und im Sinne US-amerikanischer Interessen lösen zu können; im Grenada-Konflikt machten

---

[204] Vgl. Zitka, Frank, "Wandel und Kontinuität", Berlin, 1997, S. 87.

[205] Vgl. Laurenti, Jeffrey, "Losing America's Vote at the United Nations", 29.06.1998; die Gehälter des UN-Personals unterliegen einer Besteuerung, die den UN zugeführt wird. Fällt eine nationale Steuer auf die Gehälter an, wird diese zur Vermeidung der Doppelbesteuerung bis zur Höhe der von den UN erhobenen Steuer über einen Fonds (tax equalization fund) ausgeglichen (vgl. Döpp, Hansjörg, "Der Haushalt der Vereinten Nationen", Vereinte Nationen, 1/1973, S. 17).

[206] Vgl. Regulation 5.4 der Finanzordnung der UN (ST/SGB/Financial Rules/1/Rev. 3 (1985); s. 2.2.1.1.2.

[207] Vgl. Laurenti, Jeffrey, "Losing America's Vote at the United Nations", 29.06.1998.

[208] Vgl. Hüfner, Klaus, "Die Vereinten Nationen und ihre Sonderorganisationen (3A)", Bonn, 1997, S. 24f.

[209] Kurz zuvor (31.12.1984) waren die USA aus der UNESCO ausgetreten (vgl. Hüfner, Klaus, "Die Vereinten Nationen und ihre Sonderorganisationen (3A)", Bonn, 1997, S. 25).

[210] Vgl. Zitka, Frank, "Wandel und Kontinuität", Berlin, 1997, S. 181.

[211] Insbesondere sind Weltbank und IWF gemeint.

[212] Vgl. Zitka, Frank, "Wandel und Kontinuität", Berlin, 1997, S. 130f.

die USA klar, daß sie den Weg über Regionalorganisationen dem über die UN bevorzugten. Auch während der Libanon-Krise der Jahre 1982-84 ließen sie die UN außen vor und errichteten eine multinationale Streitmacht (MNF), während sie entsprechende Bemühungen im Sicherheitsrat nicht unterstützten[213]. Auch in der Politik gegenüber Südafrika und Namibia suchten die Verantwortlichen der US-Regierung ihr Heil eher auf bilateralem als auf multilateralem Weg. Dreh- und Angelpunkt der Außenpolitik war das direkte nationale Interesse, wie das Junktim zwischen der Unabhängigkeit Namibias und dem Abzug kubanischer Truppen aus Angola zeigte[214].

Gerade zu der Zeit, als verschiedene legislative Offensiven des Kongresses die UN-Organisation in eine finanziell angespannte Lage brachten[215], änderte sich die Position der Sowjetunion durch die neue Politik der Offenheit unter der Führung von Michael Gorbatschow. Im Zuge dieser Entwicklung setzte sich bei der Reagan-Administration langsam die Erkenntnis durch, daß die UN möglicherweise doch ein nützliches außen- und entwicklungspolitisches Instrument sein könne[216]. Als sichtbares Zeichen für diesen Wandel in der US-amerikanischen UN-Politik kann der Wechsel des UN-Botschafters gelten. Während Jeanne Kirkpatrick für ihren vergleichsweise harten Kurs gegenüber den UN bekannt war, galt Vernon Walters als den UN sehr viel geneigter[217]. So wurden auch bald nach dem Wechsel die sog. voting records entschärft, die von Kirkpatrick eingeführt worden waren. In den voting records war das Abstimmungsverhalten der Entwicklungsländer aufgezeichnet worden, mit dem erklärten Ziel, die bilaterale Entwicklungspolitik gegenüber den beobachteten Ländern entsprechend zu gestalten.

Unter dem Eindruck der angespannten Finanzlage der Organisation nahm die Generalversammlung Vorschläge der Ende 1985 eingesetzten „Group of High-Level Inter-Governmental Experts“ (Gruppe der 18) im Sommer des folgenden Jahres an, der unter anderem die Einführung eines Konsensverfahrens bei der Haushaltsentscheidung des CPC beinhaltete[218]. Dieser Zwang zum Konsens im CPC führt dazu, daß die im CPC vertretenen Länder Haushaltsentwürfe durch ein Veto ablehnen können. Damit war faktisch ein weitreichendes Einspruchsrecht der Hauptbeitragszahler eingeführt worden, wodurch die Generalversammlung den USA, die ein gewichtetes Stimmrecht gefordert hatte (s.o.), entgegengekommen war[219]. Letzten Endes jedoch bleibt das Budget in der Verantwortung der Generalversammlung; kommt im CPC kein Kompromiß zustande,

---

[213] Vgl. Zitka, Frank, "Wandel und Kontinuität", Berlin, 1997, S. 161ff.

[214] Vgl. Zitka, Frank, "Wandel und Kontinuität", Berlin, 1997, S. 167.

[215] Kassebaum-Amendment 1985, Sundquist-Amendment 1985, Gramm-Rudman-Hollings-Act 1985.

[216] Vgl. Zitka, Frank, "Wandel und Kontinuität", Berlin, 1997, S. 172.

[217] Vgl. Zitka, Frank, "Wandel und Kontinuität", Berlin, 1997, S. 174.

[218] Vgl. GV-Res. 41/213, 19.12.1986.

[219] Vgl. Hüfner, Klaus, "Die Vereinten Nationen und ihre Sonderorganisationen (3A)", Bonn, 1997, S. 26.

wird das Budget an die Generalversammlung zur Entscheidung weitergeleitet[220]. Ende 1988 verkündete Reagan, daß man mit der Reform der UN-Finanzierung zufrieden sei und daher innerhalb der darauffolgenden fünf Jahre die aufgelaufenen Schulden abzahlen werde. Sein Nachfolger George Bush konnte dem Kongreß in den ersten zwei Jahren die von Reagan angekündigten Zahlungen abringen, dann jedoch setzten sie wieder aus. Von den ca. 300 Mio. USD an Rückständen waren nur etwa 60 Mio. USD bezahlt worden.

Seit 1995 trug die USA nur noch zu 25% der Kosten für Friedensoperationen bei, obwohl ihre veranlagte Rate bei 30,4% lag. Diese Entscheidung zur Eliminierung der sog. „Permanent-Five-Premium" bei der Veranlagung wegen Kosten für Friedensoperationen wurde auf unilaterale Weise im US-Kongreß getroffen[221]. Die „Prämie" soll durch einen gegenüber der Rate für den ordentlichen Haushalt erhöhten Beitragssatz die besondere Verantwortung der ständigen Sicherheitsratsmitglieder reflektieren und betrug zu diesem Zeitpunkt im Falle der USA etwa 5%.

Tabelle 2: US-Veranlagung wegen UN-Peacekeeping[222]

Year	U.N. Assessment	Recognized by US
1992	30,387% (30,4%)	30,40%
1993	31,739% (31,7%)	30,40%
1994	31,735% (31,7%)	30,40%
1995	31,151% (31,2%)	30,4%; 25% since Oct, 1
1996	30,9652% (30,9%)	25%
1997	30,862% (30,9%)	25%
1998	30,5324% (30,5%)	25%
1999	30,3648% (30,4%)	25%
2000	30,2816% (30,39%)	25%
2001	28,1340% (28,13%)	25%

Bill Clinton forderte 1995 vom Kongreß die zusätzliche Bewilligung von 672 Mio. USD für die Bosnien-Mission der UN; dieses Ansinnen wies der Kongreß zurück, und die Mittel wurden nicht freigegeben[223].

Bereits Mitte August 1995 mußte die UN-Verwaltung anfangen, Bargeld von den Friedensoperationskonten zu leihen, weil im ordentlichen Haushalt keine nennenswerten Barmittel mehr aufzufinden waren[224]. Einen Monat später kündigt das US Senate Appropriations Committee an, daß als ein Teil von Sparmaßnahmen im Außenministerium auch die Zahlungen an das UN-System betroffen sein würden. Die Zahlungen, die sowieso seit Anfang der 80er Jahre ca. acht

---

220 Vgl. Righter, Rosemary, "Utopia lost", New York, 1995, S. 233.

221 Vgl. Laurenti, Jeffrey, "Losing America's Vote at the United Nations", 29.06.1998.

222 Quelle: Browne, Marjorie Ann, "United Nations Peacekeeping: Issues for Congress", 04.12.2001, S. 2

223 Vgl. Campaign for U.N. Reform, "How We Got Here from There", 11.08.2000.

224 Vgl. GPF, "Chronology", 01-12/1995.

Monate zu spät eintreffen, sollten auf einen späteren Zeitpunkt verschoben werden[225].

Im November 1995 einigten sich der republikanisch dominierte Kongreß und die Clinton-Administration darauf, die Zahlungen an Bedingungen zu knüpfen, die Reformmaßnahmen seitens des UN-Systems beinhalten[226].

Während die Zahlungen aus den USA immer unsicherer wurden, kündigte die Russische Föderation am 10.11.1995 an, trotz ihrer angespannten wirtschaftlichen Lage ihre Beitragsrückstände zu ordentlichem und Peacekeeping-Haushalt der UN über die kommenden sieben Jahre vollständig abzubauen[227].

Anfang Dezember 1995 kündigte die USA ihren Ausstieg aus der UNIDO an. Währenddessen bemühte sich USG Connor um die Verminderung des Personals im Peacekeeping-Department (DPKO), weil die Anzahl der Operationen abgenommen hatte. Viele Mitgliedstaaten lehnten diese Pläne unter dem Hinweis ab, daß man auch in der Zukunft bereit sein wolle, aufkommenden Konflikten mit ausreichenden Ressourcen in dieser Abteilung begegnen zu können.

Im Sommer 1996 ließ die US-Administration verlauten, daß sie eine zweite Kandidatur von Boutros-Ghali nicht befürworteten und im Sicherheitsrat notwendigenfalls durch ein Veto verhindern würden. Als Grund wurden die angeblich mangelnden Fähigkeiten des Generalsekretärs angegeben, die notwendigen Reformen in der UN-Organisation durchzuführen. Boutros-Ghali beantragte daraufhin sofort seine Kandidatur[228].

Anfang November 1996 verloren die USA ihren Sitz im ACABQ bei einer geheimen Wahl, was seit Bestehen der UN noch nie passiert war. Weil das US-amerikanische Außenministerium sich der ausreichenden Unterstützung seiner Kandidatin im Vorfeld versichert hatte, war das Ergebnis umso überraschender. Man war sich im Außenministerium allerdings auch klar darüber, daß der schleppend verlaufende Abbau der Schulden an die UN ein wesentlicher Grund für das Wahlergebnis war[229]. Es unterstrich insofern die häufig von Madeleine Albright, damals noch UN-Botschafterin der USA, geäußerten Bedenken, daß man sich durch die wachsenden, unerfüllten finanziellen Verpflichtungen gegenüber der UN-Organisation dort zunehmend isolieren würde. Kurz darauf verhinderten die USA durch Veto bei der Wahl des Generalsekretärs die zweite Amtszeit Boutros-Ghalis[230]. Statt dessen wurde Kofi Annan gewählt, der als Chef des DPKO gearbeitet hatte und von dem die Exekutive der USA eine größere Überzeugungskraft auf ihre Legislative erhofften[231]. Andere Mitglied-

---

[225] Vgl. GPF, "Chronology", 01-12/1995.
[226] Vgl. GPF, "Chronology", 01-12/1995.
[227] Vgl. GPF, "Chronology", 01-12/1995.
[228] Vgl. GPF, "Chronology", 06-12/1996.
[229] Vgl. UNA-USA, "US Voted Off Key UN Budget Committee", Washington Weekly Report, 18.11.1996.
[230] Vgl. GPF, "Chronology", 06-12/1996.
[231] Vgl.“Peacemaker for the U.N: Kofi Annan”, NYT, 14.12.1996.

staaten waren offenbar verstimmt über das Verhalten der USA, und die Vorwürfe bzgl. der Zahlungsverweigerungen wurden lauter[232].

Verhandlungen über die Rückzahlung der über die Jahre aufgestauten Zahlungen an die UN zwischen Exekutive und Kongreß Anfang 1997 führten zu der Budgetvereinbarung, daß für die UN-Forderungen insgesamt 1.021 Mio. USD zurückgestellt werden müßten. Außerdem kamen Außenministerin Madeleine Albright einerseits und die führenden Senatoren des außenpolitischen Senatsausschusses Jesse Helms und Joseph Biden andererseits überein, die Zahlungen eines Teils der Rückstände über den Zeitraum von drei Jahren zu strecken. Diese Übereinkunft wurde als Helms-Biden-Agreement bekannt[233].

Den geplanten Zahlungen wurden allerdings wiederum zahlreiche Bedingungen angehängt, die sich zumeist auf Reformen der UN-Organisation bezogen. Zwei wichtige Bedingungen bestimmten, daß die UN die bereits vom US-Kongreß unilateral vorgenommenen Kürzungen der Beitragssätze von 25 auf 20% für den ordentlichen Haushalt und von gut 30% auf 25% für die Beiträge für Friedensoperationen anerkennen sollten, indem sie diese Sätze für die USA im entsprechenden Organ, also der Generalversammlung, beschlössen. Die Erfüllung aller Bedingungen sollten durch die US-Administration jeweils bestätigt werden. Im Zuge der Verhandlungen wies das US-Außenministerium darauf hin, daß eine Kürzung der Quote für den ordentlichen Haushalt auf 20% in naher Zukunft realistischerweise nicht erreichbar sei[234].

Nachdem der Kongreß innenpolitische Ziele mit den Bedingungen bzgl. der Beitragszahlungen an die UN verquickt hatte, sah sich der Präsident gezwungen, das gesamte Gesetzespaket durch Veto zurückzuweisen, so daß die Überweisung an die UN-Organisation trotz des gefundenen Kompromisses nicht erfolgen konnten. Zu Beginn des Jahres 1999 wurden die Verhandlungen wiederaufgenommen, und das Helms-Biden-Agreement wurde mit unveränderten Summen, aber abgeänderten und reduzierten Bedingungen an die UN sukzessive durch die Legislative geschleust und schließlich 1999 durch den Präsidenten abgezeichnet. Von den insgesamt ausstehenden Zahlungen von ca. 1,6 Mrd. USD genehmigte der Kongreß Ende 1999 knapp 1 Mrd. USD; kurz vor dem Fälligkeitsdatum für die nächste Haushaltszahlung Ende Januar 2000 wurden noch rasch ca. 50 Mio. USD überwiesen, um den drohenden Verlust des Stimmrechts in der Generalversammlung gem. Art. 19 Charta abzuwenden[235]. Die zwei weiteren Tranchen beinhalteten 475 Mio. USD bzw. 244 Mio. USD mit jeweils anderen

---

[232] Der Sprecher der französischen Mission Pierre-Henri Guignard wird zitiert: "Who cares about their Congress! As far as we are concerned, it is the United States that has to pay, not Congress." zitiert aus: GPF, "Chronology", 06-12/1996.

[233] Vgl. UNA-USA, "Foreign Relations Committee Adopts Arrears' Payment Plan; Lugar Opens Debate on Alternative", Washington Weekly Report, XXIII-18, 19.06.1997.

[234] Vgl. UNA-USA, "Senate bill raises new problems for US/UN contributions", Washington Weekly Report, XXIV-19, 20.07.1998.

[235] Vgl. Tagesspiegel, "Verlust des Stimmrechtes in der Vollversammlung abgewendet", 23.12.1999.

Bedingungen[236] und sollten in den US-Haushaltsjahren 2001 und 2002 gezahlt werden[237]. Dabei sollten gut 100 Mio. USD nicht bar bezahlt werden, sondern wurden gegen eigene Forderungen, die aufgrund von Leistungen in Zusammenhang mit Friedensoperationen durch die USA erbracht worden waren[238], verrechnet[239]. Während die UN die Zahlung von 1 Mrd. USD als Teilzahlung der US-amerikanischen Gesamtrückstände von 1,6 Mrd. USD betrachtete, ging der Kongreß von der abschließenden Bereinigung der Frage seiner UN-Schulden aus[240 241]. In der Folgezeit verhandelten Kongreß und Administration weiter um die 22 der UN auferlegten Bedingungen, ohne allerdings den verbleibenden Betrag der beiden letzten Tranchen zu überweisen.

Für das Haushaltsjahr 2001 forderte die Clinton-Administration ca. 740 Mio. USD für durch den UN-Sicherheitsrat genehmigte Friedensoperationen, wovon der Kongreß lediglich 500 Mio. USD freigab.

Um seiner Unzufriedenheit mit der Unterstützung des nicht unumstrittenen sog. „Lomé-Accord“[242] durch die Clinton-Administration Ausdruck zu verleihen, blockierte der republikanische Senator Judd Gregg Mitte 2000 die zwischen Administration und Kongreß vereinbarten Zahlungen an die UN wegen vier laufender Friedensoperationen[243]. Die Macht, dies durchzusetzen, erhielt er durch seine Position als Vorsitzender des Unterausschusses für Budgetfragen des Senats (Senate Appropriations Subcommittee), welches das Budget des Außenministeriums kontrolliert.

2.3.4 Die Regelung von 2000

Am 16. Mai 2000 hatten auf Betreiben der USA Gespräche in der Generalversammlung über die Änderung des seit 1973 bestehenden Veranlagungssystems

---

236 Vgl. Bureau of International Organization Affairs, "U.S. Plan for Paying UN Arrears", 03.12.1999.

237 Vgl. GPF, "Chart on US Law on UN Arrears and Reform" (Diese Zusammenstellung basiert auf einer Version, die vom US-Senat am 22.06.1999 verabschiedet wurde).

238 Diese Zahl basiert auf eigenen Berechnungen der USA, vgl. USIS Washington File, "Senate agrees to pay most of U.S. Back Dues to United Nations", 23.06.1999.

239 Durch die Verrechnung sicherten sich die USA gewissermaßen die volle Erstattung ihrer Leistungen, während andere truppen- bzw. materialstellenden Staaten auf ihren Erstattungsanspruch verzichten mußten.

240 „...this is payment in full...If the United Nations is expecting more money, they're sadly mistaken.“ (Senator Jesse Helms wird zitiert in: USIS Washington File, "Senate agrees to pay most of U.S. Back Dues to United Nations", 23.06.1999).

241 Das Editorial des Boston Globe vom 22.1.2000 bewertet diesen Handel: „With an adamancy that other countries regard as arrogance, Helms struck a bargain that offered the UN $926 million of the $1.7 billion it is owed by the United States.“ (vgl. Boston Globe, "Helms' Bombast at the UN", 22.01.2000).

242 Beim Lomé-Accord handelt es sich um ein Friedensabkommen, das die Streitparteien in Ost Timor im Juli 1999 geschlossen hatten und das den Rebellen u.a. Amnestie und teilweise Kontrolle über die Diamantenminen gegeben hatte.

243 Vgl. NYT, "G.O.P. Senator Frees Millions for UN Mission in Sierra Leone", 07.06.2000.

für Friedensoperationen begonnen[244]. Für den UN-Botschafter Richard Holbrooke und den Verhandlungsführer der USA Donald Hays bestand die Schwierigkeit darin, die Mitglieder der Generalversammlung davon zu überzeugen, daß diese sich mit einer Reduktion des Veranlagungssatzes der USA nicht einem Ultimatum des US-Kongresses ergäben, sondern den UN-Budgetprozeß modernisierten, was angesichts der Bedingungen, die der Kongreß an die Zahlungen geknüpft hatte, offensichtlich keine leichte Aufgabe war[245]. Anfang September 2000 kamen die ständigen Mitglieder des Sicherheitsrats überein, daß man das seit 1973 bestehende System der Beitragsbemessung für Friedensoperationen dahingehend ändern müßte, daß eine stabilere und fairere Verteilung der entstehenden Kosten erreicht würde[246]. Allerdings war damit noch kein formaler Durchbruch gelungen, da die Generalversammlung für Finanzierungsfragen nach Art. 17 Charta zuständig ist (s. 2.2.1.1.1). Trotzdem galt diese Vereinbarung der Mitglieder des Sicherheitsrats als Wegweiser, um den dann im Dezember des Jahres erzielten Kompromiß zu erreichen. Anfang Oktober 2000 wiesen die EU-Länder in Form eines Statements die Absicht der USA zurück, ihren Beitragssatz zu senken. Sie erklärten, daß das Prinzip der „Capacity to Pay" aufrechterhalten werden müsse, und daß sie die aktuell geltende US-Quote von 25% bereits als Zugeständnis betrachteten, da die USA einen Anteil am Weltbruttosozialprodukt von 29% hätten[247]. Holbrooke verwies dagegen auf die Freigebigkeit der USA bei vielen UN-Aktivitäten, die durch freiwillige Beiträge finanziert werden[248]. Währenddessen wies der demokratische Senator Biden darauf hin, daß die Verringerung des US-amerikanischen Beitragssatzes für den ordentlichen Haushalt auf 22% ein unverzichtbarer Bestandteil des Helms-Biden-Agreements sei, ohne dessen Erfüllung der gesamte Handel hinfällig werde[249]. Kurz darauf überwiesen die USA im Zahlungsverzug befindliche Mittel i.H.v. über 200 Mio. USD.

Im Dezember 2000 fand die 55. Generalversammlung eine Kompromißlösung, die zur Beseitigung der seit einigen Jahren währenden finanziellen Krise führen sollte. Die Regelung betraf sowohl den ordentlichen Haushalt als auch die Budgets für die Friedensoperationen. In beiden Fällen wurde methodisch keine signifikante Änderung herbeigeführt; es wurden lediglich die Parameter der Verfahren geändert, die bis dahin angewendet worden waren.

Für den ordentlichen Haushalt wurde die Beitragsgrenze für den größten Anteil eines einzelnen Mitglieds (Ceiling Rate) auf 22% reduziert. Außerdem wurde die statistische Periode, auf deren Basis die Zahlungsfähigkeit der Mitglieder gem. Bruttosozialprodukt gemessen wird (s. 2.2.3), für den Zweijahreshaushalt

---

[244] Vgl. WT, "UN Talks to Review US Share of Costs", 16.05.2000.
[245] Vgl. NYT, "US Begins Lonely Fight to Cut Back its UN Costs", 12.03.2000.
[246] Vgl. FT, "US Welcomes Shift on Funding UN Operations", 08.09.2000.
[247] Vgl. GPF, "Chronology", 07-12/2000.
[248] Vgl. GPF, "Chronology", 07-12/2000.
[249] US-Senator Jesse Helms: „Without that, diplomats can forget the whole package." (vgl. GPF, "Chronology", 07-12/2000).

2001-2003 erstmals auf drei bzw. sechs, im Mittel 4,5 Jahre, verkürzt. Der Korrekturfaktor für Staaten mit geringen Pro-Kopf-Einkommen wurde auf 80% belassen, und die untere Beitragsgrenze blieb auf 0,001%.

Die Veranlagung für die Friedensoperationen wurde mit Wirkung zum 1. Juli 2001 insoweit geändert, daß von da an nicht nur vier, sondern zehn Kategorien A bis J gebildet wurden. Entscheidendes Kriterium für die Einordnung in die Kategorien war das Pro-Kopf-Einkommen. Wie bereits in der seit 1973 gültigen Ad-hoc-Lösung gelten weiterhin die Beitragssätze aus dem ordentlichen Haushalt als Grundlage für die Berechnung der Beitragssätze für die Friedensoperationen. Jeder Kategorie wird eine Ermäßigung gegenüber dieser Veranlagung zugeordnet, wie dies vor der Neuordnung aus 2000 auch schon der Fall war. Kategorie J wurden die am wenigsten entwickelten Länder zugeordnet und erhielten damit den höchsten Nachlaß von 90% auf ihren Beitragssatz zum ordentlichen Haushalt. Für die Kategorien I bis D gelten Nachlässe von 80% bis 20%, für Kategorie C 7,5%. Keine prinzipielle Änderung der Regelung erfuhren Gruppen B und A: Mitgliedstaaten der Gruppe B – sie sind durch ein Pro-Kopf-Einkommen über 9.594 USD gekennzeichnet – zahlen denselben Prozentsatz wie im ordentlichen Haushalt, und Gruppe A fängt die Summe aller Nachlässe aus den Gruppen J bis C im Verhältnis ihrer Beitragssätze auf. Außerdem wurden Übergangsperioden für den Wechsel von Kategorien definiert[250].

Als Bestandteil des Kompromisses erklärten sich die USA bereit, einmalig 3% des ordentlichen Haushalts für das Jahr 2001 zu zahlen; dieser Anteil wurde in Form einer Beitragsermäßigung an bestimmte Mitgliedstaaten weitergereicht[251]. Kurioserweise wurde dieser Betrag (34 Mio. USD) nicht von den USA selbst, sondern durch einen US-amerikanischen Privatmann (Ted Turner, Chef des US-amerikanischen Senders CNN) gezahlt, der sie aber zuerst an die US-Behörden überweisen mußte, damit diese den Betrag an die UN weiterreichen konnten[252].

Die Vereinbarung wurde von den Versprechen der USA bzgl. ihres Zahlungsverhaltens abhängig gemacht: Die USA wollten danach alle ihnen zugewiesenen Zahlungen in voller Höhe entrichten und ihre bisher aufgelaufenen Rückstände bis zum Jahr 2003 vollständig abbauen, wobei der Teil der Rückstände i.H.v. 582 Mio. USD sofort gezahlt werden sollten. Dabei ließen die Mitgliedstaaten offen, wie sie bei Nichterfüllung der US-amerikanischen Zusicherungen mit den getroffenen Abmachungen umgehen wollten[253].

Senator Jesse Helms reagierte positiv auf die Abmachungen in der Generalversammlung; er signalisierte, den UN bei der im Vergleich zu den vom Kongreß

---

250 Vgl. "Report of the 5th Committee", UN-Doc. A/55/521, 23.12.2000.

251 Vgl. GV-Res. A/Res/55/5 B-F, 23.12.2000 für die Aufteilung auf die Mitglieder.

252 Vgl. Hüfner, Klaus, "Financing the UN: The Role of the United States", in: Dijkzeul, Dennis; Beigbeder, Yves, "Rethinking international Organizations: Pathology and Promise", New York, 2002, S. 48.

253 Vgl. GPF, "Chronology", 07-12/2000.

geforderten 25% leicht höheren Rate von 26,5% für Friedensoperationen entgegenkommen zu wollen. In diesem Zusammenhang wies der demokratische Senator Joseph Biden darauf hin, daß der Kongreß die durch das immer noch gültige Kassebaum-Amendment aus dem Jahre 1985 (s.o.) gezogene Limitlinie von 25% aufheben müsse, da sich sonst sofort neue Schulden anhäufen würden[254] [255]. Am 12. Februar 2001 stimmte der Senat der Zahlung der vereinbarten 582 Mio. USD an die UN als ersten Schritt der Abzahlung der angewachsenen Schulden zu.

Die Vertreter der UN-Mitgliedstaaten in der Generalversammlung mögen sich an die Versprechen der Präsidenten Reagan, George Bush und Clinton erinnert gefühlt haben, als sie Ende März 2001 im fünften Hauptausschuß die Zahlung der 582 Mio. USD anmahnten, die bis zu diesem Zeitpunkt immer noch nicht eingetroffen waren[256]. Tatsächlich verzögerte der Kongreß den Abbau der Schulden an die UN im Mai 2001 ein weiteres Mal[257]. Die kurz zuvor gescheiterte Wiederwahl des US-amerikanischen Vertreters in die Menschenrechtskommission hatte die Reaktion des Repräsentantenhauses provoziert[258].

Erst die Serie von Terroranschlägen auf New York und Washington im September 2001 konnte die Abgeordneten des Repräsentantenhauses zu einer einstimmigen Verabschiedung der im Dezember 2000 als unverzüglich zu leistende Zahlung der ersten Rate von 582 Mio. USD bewegen; die Abgeordneten, die bis zu diesem Zeitpunkt die Zahlungen blockiert hatten, argumentierten, daß in einer Zeit, in welcher der Präsident die UN als Forum für eine internationale Anti-Terror-Koalition zu nutzen gezwungen sein könnte, die eigene Position nicht durch die nicht eingelösten Zahlungsversprechungen belastet sein dürfte[259]. Bei der Unterzeichnung der Gesetzesvorlage betonte der Präsident George W. Bush die Schlüsselrolle, welche die UN beim Schließen der Finanzquellen der terroristischen Organisationen spielen könne und gab seiner Hoffnung Ausdruck, das feste Band zwischen den USA und den UN würde durch die Überweisung des Geldes noch gestärkt[260].

---

[254] Vgl. WT, "The Check's in the Mail", 12.02.2001.

[255] Siehe auch US-Botschafter Welch mit dem Appell an das House Appropriations Committee, die 25%-Obergrenze für CIPA (Contributions for International Peacekeeping Activities) zu eliminieren.

[256] Vgl. Press Release GA/AB/3436, 29.03.2001.

[257] Vgl. GPF, "Chronology", 01-07/2001.

[258] Vgl. WFA, "Another delay on payment of UN dues under debate--House passes resolution to hold backpayments", 09.05.2001.

[259] Vgl. WP, "House Approves UN Payment", 25.09.2001.

[260] "This release of funds will enhance the close bond between the United States and the United Nations and will help to facilitate the work the United States carries out in concert with other U.N. members,", zitiert in: AP, "US to Make Second Dues Payment to UN", 06.10.2001.

3 Ursachen der Finanzierungsschwierigkeiten

Seit die UN ihre ersten Friedensoperationen durchgeführt haben, ergeben sich immer wieder mit wechselnder Intensität Probleme mit deren Finanzierung. Die Gründe für diese Schwierigkeiten haben sich im Laufe der Zeit ebenso geändert wie deren Verursacher. Waren es in den Zeiten des Kalten Kriegs u.a. die Sowjetunion und Verbündete, arabische Staaten und Frankreich, die Zahlungen wegen politischer Unzufriedenheit mit den Maßnahmen, die von den Vereinten Nationen im Rahmen deren Regularien beschlossen worden waren, so müssen seit der Amtszeit von Ronald Reagan und insbesondere seit Ende des Ost-West-Konflikts die USA als die Hauptverursacher der immer wieder auftretenden finanziellen Engpässe identifiziert werden.

Abbildung 6: Zahlungsrückstände 1996-2002[261]

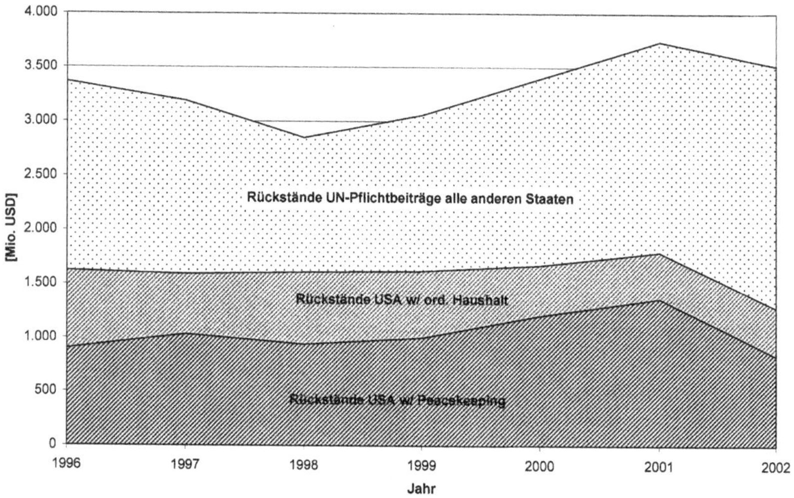

Als Gastgeberland der UN, als Hauptbeitragszahler und als ständiges Mitglied des Sicherheitsrats nehmen die USA eine Sonderstellung unter den Mitgliedern der Vereinten Nationen ein[262]. Allerdings genügt es für die Untersuchung der Finanzierungsschwierigkeiten der Friedensoperationen der UN nicht, die USA in ihrer Eigenschaft als Mitgliedstaat der UN zu betrachten.

Innerhalb des politischen Systems der USA existieren verschiedene Teilsysteme, die das Verhalten der USA hinsichtlich deren Politik der UN gegenüber bestimmen. Da diese Elemente jeweils eigene Interessen verfolgen und dabei dem Druck von unterschiedlichen Einflußfaktoren unterliegen, verhalten sie sich teil-

261 Quelle: GPF, "Comparison of US and Total Debt to the UN", monatliche Aufstellung; für die vorliegende Grafik wurden die Zahlen jeweils von Ende Januar des Jahres verwendet.
262 Vgl. Zitka, Frank, "Wandel und Kontinuität", Berlin, 1997, S. 355.

weise antagonistisch zueinander. Das Verhältnis der internen Kräfte der US-Politik determiniert wesentlich das Verhalten der USA im Rahmen ihrer UN-Politik im allgemeinen und in der Frage der politischen Unterstützung und Finanzierung von Friedensoperationen im besonderen.

Eine wichtige Frage, die sich im Zusammenhang mit den nachhaltig verweigerten Zahlungen stellt, beschäftigt sich mit dem Zweck der unilateralen Maßnahme für die USA, die immerhin einen Bruch internationalen Rechts darstellt. Da es sich einerseits bei den Beiträgen sowohl für den ordentlichen Haushalt als auch für die Friedensoperationen der UN um Beträge marginaler Größenordnung handelt, und sich anderseits für die USA immer wieder Schwierigkeiten durch diese Zahlungsverweigerungen auf dem Feld der internationalen Zusammenarbeit ergeben, muß die Frage gestellt werden, warum sich die USA so nachhaltig und über einen vergleichsweise längeren Zeitraum derartigen Problemen aussetzt. Es liegt nahe, daß dieses Verhalten nicht allein in der Verantwortung der jeweiligen Exekutive als das die Außenpolitik gestaltende Organ liegt, sondern daß bei der Entscheidung für oder gegen die vollen Beitragszahlungen Kräfte auf sie einwirken. Ansonsten wäre es kaum erklärbar, warum sich die US-amerikanische Exekutive wegen vergleichsweise geringer monetärer Vorteile durch die eingesparten Beitragsteile auf dem Feld der Außenpolitik selbst den Handlungsspielraum einengt.

Um dem Problem der mangelnden Liquidität bei den Vereinten Nationen in der jüngeren Vergangenheit näherzukommen, ist also ein Blick in die inneren politischen Abhängigkeiten des Hauptbeitragszahlers nötig. Dabei fällt rasch auf, daß – zumindest als beobachtbare Tatsache – die Exekutive regelmäßig die Beitragszahlungen sowohl für den ordentlichen Haushalt als auch die Beiträge aufgrund der Veranlagungen für Friedensoperationen in voller Höhe in ihrem Budgetantrag an den Kongreß einstellt, und es finden dort regelmäßig auch die Rückzahlungen der aufgelaufenen Schulden Berücksichtigung[263]. Allerdings weist der Kongreß, der nach amerikanischem Recht die Hoheit über Haushaltsfragen der USA innehat, die Zahlungen zumindest in der geforderten Höhe zurück[264]. Die Reaktion der Administration gegen diese Kürzungen bleibt ebenso regelmäßig milde, so daß sich die Schulden gegenüber den UN weiter erhöhen.

Für die Beantwortung der Frage, warum dieser Prozeß immer wieder und seit so langer Zeit stabil verläuft, ist eine spieltheoretische Betrachtung nützlich. Dabei

---

[263] Vgl. z.B. Project on Peacekeeping and the United Nations, "U.N. and Peacekeeping Issues in Congress", 21.05.1998; Emergency Coalition for U.S. Financial Support of the United Nations, "Key Concerns: U.N. Issues in the FY98 State Department Authorization Conference", 09.07.1997; NYT, "Envoy slams US over its UN policies", 02.10.2000; Boston Globe, "UN Peacekeeping In Question", 05.10.2000.

[264] Vgl. z.B. die Gegenüberstellung von Budget Proposals von Exekutive und Legislative der Emergency Coalition for U.S. Financial Support of the United Nations für das Jahr 1998 (vgl. Emergency Coalition for U.S. Financial Support of the United Nations, "U.S. Proposals to Fund the United Nations, FY98 - A Comparison of the President's and Congress' Budget Proposals for the United Nations", 16.07.1997).

dient das spieltheoretische Modell, das im folgenden entwickelt wird, als ein theoretisches Gerüst, anhand dessen der Sachverhalt systematisiert und der Charakter der Auseinandersetzung aufgezeigt werden kann sowie Ansätze für mögliche Lösungen identifiziert werden können. Um den Konflikt deutlich zu machen, lassen sich die Zahlungen für Friedensoperationen der UN nicht sinnvoll isoliert betrachten (s. auch 2.2). Es spricht vieles dafür, daß die Ursachen des Zahlungsproblems eher in wahltaktischen Partikularinteressen und umstrittenen, grundsätzlichen außenpolitischen Überzeugungen liegen; bei den außenpolitischen Grundsätzen bildet das Vertrauen in multilaterale Politikansätze in allen möglichen Fragen – nicht nur im sicherheitspolitischen Bereich – den Dreh- und Angelpunkt der Auseinandersetzungen. Durch diese Annahme bedingt sind Zahlungsprobleme im Bezug auf den ordentlichen Haushalt der UN hier ebenfalls Objekt der Betrachtung.

3.1 Der Inhalt des Konflikts

Über die Gründe der Zahlungsverweigerungen der USA im allgemeinen und des Kongresses im besonderen werden in Beiträgen zu diesem Thema viele Vermutungen geäußert. Die Information über die wahren Gründe für die Handlungen der Beteiligten, die in Summe zu dem Ergebnis der teilweisen Zurückhaltung der UN-Beiträge führen, sind von außerordentlichem Interesse, geben sie doch Hinweise auf den Weg aus der chronischen finanziellen Krise. Bedauerlicherweise sind sie allerdings vermutlich niemals zweifelsfrei belegbar. Tatsächlich aber lassen sich einige Vermutungen, durch Indizien belegt, nachvollziehen; die Tatsache, daß diese Vermutungen überdies von mehreren Beobachtern angeführt werden, kann ebenfalls als Hinweis dienen, daß sie der Wahrheit zumindest nahekommen.

3.1.1 Kooperation zwischen US-Administration und Kongreß?

Die erste Frage, die es zu beantworten gilt, muß sein, ob es sich bei den Auseinandersetzungen um das UN-Budget tatsächlich um einen Konflikt zwischen Kongreß und Administration handelt oder nicht. Wenn überhaupt, dann ist ein Konflikt nur dann erkennbar, wenn der Kongreß die vom Präsidenten für die Beitragszahlungen an die UN angeforderten Mittel nicht in der vollen Höhe bewilligt. Auf der Ebene der Wahrnehmung durch die Öffentlichkeit besteht bei diesem Verlauf des Budgetverfahrens ein Konflikt, der darin besteht, daß der Kongreß etwas nicht tut, was der Präsident als seinen Willen durch Beantragung kundgetan hat. Es könnte aber auch sein, daß es sich nur um einen scheinbaren Streit handelt. Sollte sich Administration und Kongreß auf diese Vorgehensweise – z.B. die Beantragung der Gelder und anschließende Ablehnung durch den Kongreß – im vorhinein verständigt haben, existiert keine Uneinigkeit zwischen den beiden Organen, und somit müßte jeder Lösungsvorschlag, der von der Existenz eines Konflikts ausgegangen war, fehlgehen. Sinn einer solchen geheimen Absprache könnte sein, daß die Exekutive in ihrer außenpolitischen Arbeit durch Vorwürfe anderer Staaten wegen der nicht überwiesenen

Beitragszahlungen nicht allzu sehr behindert wäre – denn sie kann immerhin ihre Bemühungen um vollständige Zahlungen nachweisen –, während gleichzeitig einerseits das Geld gespart worden wäre und andererseits die UN zu mehr politischen Zugeständnissen der USA gegenüber gezwungen sein würden, um ihr finanzielles Überleben zu sichern.

Bis zu einem gewissen Grad wird wohl die Exekutive zwar mit Beitragskürzungen durch den Kongreß stillschweigend einverstanden sein; sie ist letztlich Nutznießer des Hebels, der durch die finanziellen Zwänge innerhalb der UN-Organisation entsteht[265]. Allerdings beinhaltet dieser Hebel das Problem, daß er sich außerhalb der Kontrolle der Exekutive befindet, so daß eine gelegentlich sicherlich willkommene Hebelwirkung zu einem Nachteil für die Arbeit der Exekutive zu führen droht[266].

Obwohl sich nicht völlig ausschließen läßt, daß eine informelle Absprache zwischen Administration und Kongreß stattfindet, soll hier davon ausgegangen werden, daß der Konflikt tatsächlich besteht. Einige Indizien sprechen für diese Annahme, und so soll hier eine einfache Plausibilitätsanalyse ausreichen.

Zunächst kann allgemein gesagt werden, daß es äußerst schwierig sein dürfte, bei der Vielzahl an Beteiligten, d.h. Kongreßabgeordneten, Präsident, Außenministerium, dem UN-Botschafter usw., und überdies über mehrere Amtsperioden mit unterschiedlichen regierenden Parteien solche Absprachen wirkungsvoll geheimzuhalten. Bisher wurde keine solche Vermutung durch Aussagen aus politischen Kreisen ehemals oder aktuell aktiver Politiker untermauert. Weiterhin müssen die o.g. Ziele einer Absprache gegen Aufwand und Risiko, den diese hervorruft, abgewogen werden. Es kann angenommen werden, daß das Risiko der Aufdeckung einer solchen Absprache recht hoch ist. Allein eine Vermutung einer solchen Absprache, die durch Indizien und Gerüchte gestützt würde, würde vermutlich zu heftigen Protesten der anderen Mitgliedstaaten sowie der Öffentlichkeit in den USA und anderen Staaten und so zu einer Beschädigung des Rufs der USA führen. Diesem Risiko stehen die o.g. Vorteile für die USA gegenüber. Die gesparten Beträge dürften bei weitem zu niedrig sein, um Aufwand und Risiko zu rechtfertigen[267]. Daß den politischen Organen in den USA daran gelegen ist, die UN zu politischen Zugeständnissen zu bewegen, ist sicher grundsätzlich anzunehmen. Allerdings muß man sich fragen, ob bei der gegenwärtigen Kompetenzverteilung der UN ein solches Vorgehen nötig ist, um

---

265 Vgl. Righter, Rosemary, "Utopia lost", New York, 1995, S. 232: „The administration...was well pleased by the leverage it [Kassebaum amendment] provided, ...".

266 So hatte selbst die Reagan-Administration in ihren ersten Jahren Schwierigkeiten mit den Aktivitäten im Kongreß: „It was with great difficulty that the administration managed to pay the UN, which came close to bankruptcy as the year ended, $100 million. The administration was by now compelled to plead with Congress to release funds for the organization..." (vgl. Righter, Rosemary, "Utopia lost", New York, 1995, S. 232).

267 Beispielweise betrug 1994 der Beitrag der USA am ordentlichen Haushalt ca. 300 Mio. USD, der Anteil der USA an Friedensoperationen ca. 1,1 Mrd. USD (vgl. GAO, "How Assessed How Contributions for Peacekeeping Operations Are Calculated", 08/1994, S. 28).

innerhalb des UN-Systems Ergebnisse im Sinne der USA zu erzeugen. Immerhin gibt der Sitz im Sicherheitsrat verbunden mit dem Vetorecht den USA jederzeit die Möglichkeit, unliebsame Beschlüsse zu verhindern. Und das Organ, das die USA nicht direkt beeinflussen können, die Generalversammlung, läßt sich nur schwer durch die Zahlungsverweigerung einschüchtern und zu einer US-freundlichen Haltung zwingen; bei der Generalversammlung ist eher das Gegenteil beobachtbar[268]. Schließlich weisen sehr viele Beobachter darauf hin, daß durch die hartnäckigen Zahlungsverweigerungen politischer Schaden für die Supermacht entsteht[269]; dies manifestiert sich auf der politischen Ebene in Protesten nicht nur innerhalb des UN-Systems[270].

Insgesamt scheint es angemessen zu sein, von der Existenz einer stillschweigenden oder per geheimer Abrede erreichten Kooperation in Verbindung mit einem öffentlich ausgetragenen Scheindisput in der Frage der UN-Beitragszahlungen für die weitere Betrachtung abzusehen.

3.1.2 Konfliktgründe

Wenn aber ein Konflikt zwischen Kongreß und Administration in der Frage der UN-Beitragszahlungen besteht, müssen die Beweggründe der Akteure bestimmt werden.

Zunächst bietet es sich zu diesem Zweck an, die offiziellen Verlautbarungen, die der Öffentlichkeit über die Presse oder sonstige Wege zugänglich gemacht werden, zu untersuchen. Seitens der Administration (insbesondere Außenministerium und Botschaft bei den UN (USUN)) wird im Wesentlichen darauf hingewiesen, daß es sich bei den Zahlungsverpflichtungen um *legal obligations* handelt, die aus internationalem Recht entstehen, daß die Arbeit im internationalen Umfeld erschwert wird und daß das Ansehen der USA in der Welt Schaden nimmt, weil die reichste Nation der Welt mit einem klar definierten, politischen Führungsanspruch ihre finanziellen Verpflichtungen gegenüber einer Organisation nicht erfüllt, während die USA gleichzeitig eine entscheidende Hauptrolle im UN-System als ständiges Mitglied im Sicherheitsrat innehat[271]. Auf der Seite des Kongresses wird dies meist nicht prinzipiell bestritten (sieht man einmal davon ab, daß einige Kongreßabgeordnete die Höhe der Beiträge anzweifeln[272]).

---

268 Vgl. Inter Press Service, "US Blamed Again for New Cash Crisis in UN", 01.04.2001; NYT, "Europeans Reject US Bid to Lower UN Dues", 02.10.2000; GPF, "Chronology", 01-06/2000, 16.5.2000: GPF merkt an, daß verschiedene U.S.-Botschafter seit einer Dekade versuchen, der Generalversammlung die Beitragskürzung zu verkaufen.

269 Vgl. z.B. GAO, "United Nations: Financial Issues and U.S. Arrears", 06/1998, S. 36-49, insbesondere auch den Kommentar des US-State Departments im Appendix IV des Dokuments.

270 Vgl. U.S. Department of State, "Arrears Hurt U.S. Influence Beyond the UN", 24.10.2000.

271 Vgl. z.B. GPF, „Chronology“ 01-05/1996, 03.03.1996; GPF, "Chronology", 07-12/1997, 06. Nov. 1997, GPF, "Chronology", 01-06/1997, 15.01.1997; GPF, "Chronology", 01-06/1998.

272 Vgl. UNA-USA, "Republican agenda, UN-related bills provide forecast of congressional debate", Washington Weekly Report, XXIII-9, 14.03.1997; Project on Peacekeeping and

Im Wesentlichen heben die Mitglieder des Kongresses hervor, daß durch ineffiziente Prozesse innerhalb des UN-Sekretariats und exzessives Ausgabeverhalten der Organisation das US-amerikanische Volk als Träger der absolut größten finanziellen Belastung Hauptleidtragender der Vermögensvernichtung bzw. Umverteilungswirkung ist, die dadurch entstehen. Um dies zu ändern, setzen sie das Machtmittel ein, das ihnen qua Verfassung zugestanden wird, nämlich die sog. *power of the purse*, welche die UN-Organisation über den ökonomischen Hebel der einseitigen Beitragskürzungen zu Reformen zwingen soll. In den allermeisten Fällen werden die Zahlungsverweigerungen mit Forderungen nach Reformen der UN-Organisation verknüpft[273]. Insofern handelt es sich um bedingte Beitragsleistungen; ihre Auszahlung ist an mehr oder weniger konkrete Bedingungen geknüpft. Außerdem ist man im Kongreß mit der Höhe des Anteils der USA sowohl am ordentlichen Haushalt als auch an den Friedensoperationen nicht zufrieden; aus diesem Grunde war die Kappung beider Prozentsätze – weil nicht innerhalb der UN durchsetzbar – unilateral über Gesetzgebung und Budgetbeschlüsse durch den Kongreß vorgenommen worden.

Daß diese vom Kongreß offiziell geäußerten Gründe für das Zurückhalten von Beitragsteilen den tatsächlichen Beweggründen der gegen die Zahlungen opponierenden Kongreßmitglieder entsprechen, wird vielerorten bestritten[274]. In der Tat muß in diesem Zusammenhang nochmals auf die Größenordnung der Beiträge hingewiesen werden. Es werden in der Literatur verschiedene Vergleichsgrößen herangezogen, um die Konsistenz der Begründung des Kongresses zu hinterfragen: So werden die Ausgaben für die eigenen Ressourcen, die der Landesverteidigung dienen und so auch in das Feld der Sicherheitspolitik fallen, mit den Beitragszahlungen für Friedensoperationen verglichen[275]. Die Beitragshöhe betrug im Jahr 1999 lediglich ca. 0,15% der weltweiten, nationalen Militärausgaben[276]. Andere Quellen beziffern den Betrag pro Kopf der US-amerikanischen

---

the United Nations, "Does the U.N. Owe the U.S. for Past Support of Peacekeeping Operations?", 06/1996.

273 Der Helms-Biden-Kompromiß beispielsweise enthält eine Reihe von Bedingungen, die sich auf die Zahlungen für den ordentlichen Haushalt, UN-Friedensoperationen und den Abbau der Schulden beziehen; der Präsident ist gehalten, die Erfüllung der Bedingungen zu gegebenen Zeitpunkten vor dem Kongreß darzulegen (vgl. z.B. Emergency Coalition for U.S. Financial Support of the United Nations, "Information on the Helms-Biden 'Package' for UN Funding", 10.06.1997).

274 Vgl. z.B. GPF, "Chronology - Background & History of the UN Financial Crisis": „The main issue was certainly not a financial one.“; Novosseloff, Alexandra, "Revitalizing the United Nations", 12/1999: „The non-payment of contributions is entirely a political problem, not a financial one.“.

275 Z.B. wurden im Haushaltsjahr 2001 in den USA ca. 310 Mrd. USD für Verteidigungsausgaben bereitgestellt (vgl. Singapore Straits Times, "International Scrooge", 21.08.2001), während die Ausgaben für UN-Friedensoperationen in diesem Jahr ca. 2,5 Mrd. USD betrugen.

276 Zu den Schätzungen der Militärausgaben vgl. SIPRI Yearbook 2002, Tabellen 6.1 und 6A.3.

Bevölkerung für die Begleichung des Beitrags für den ordentlichen Haushalt und Friedensoperationen (im Jahr 1999 waren dies 1,2 USD pro Kopf für den ordentlichen Haushalt und 7 USD für Friedensoperationen)[277]. Einige Autoren vergleichen die Beiträge mit den Aufwendungen, mit dem die Stadt New York in einem Jahr ihre Polizei und Feuerwehr unterhält: im Jahr 2000 lag das jährliche Budget der New Yorker Polizei mit ca. 2,5 Mrd. USD deutlich höher als die veranlagte Summe für UN-Friedensoperationen in diesem Jahr (ca. 1,8 Mrd. USD)[278].

Insgesamt betrachtet, scheint die Aufrichtigkeit der Sorge um die materiellen Verluste der US-amerikanischen Bürger im Zusammenhang mit den Zahlungen and das UN-System in der vom Senat gezeigten Intensität schon allein wegen der vergleichsweise äußerst geringen Summen zweifelhaft.

Aber selbst wenn die Möglichkeit in Betracht gezogen wird, daß die Legislative besonders verantwortungsbewußt auch mit kleineren Beträgen umgeht, gibt es weitere Hinweise, die darauf hindeuten, daß die wahren Beweggründe jenseits der materiellen Ursachen liegen[279].

So wurde bei der UN-Organisation im Zuge der erzwungenen Reformen eine Verwaltungseinheit eingerichtet, welche die Aufgabe einer internen Revision erfüllen soll (OIOS). Bei Gründung bestand eine konkrete Aufgabe für das Büro darin, die UN-Organisation auf verschwenderische und fraudolente Vorgänge zu untersuchen. Ergebnisse lagen nach dem ersten Jahr vor. Amtsinhaber Paschke berichtete auf einer Pressekonferenz, daß solche Vorgänge in einem Maße identifiziert worden waren, das sich für eine solche Organisation in üblichen Größenordnungen bewegt[280]. Auf diese Erkenntnisse erfolgte seitens des Kongresses jedoch kein Einlenken.

Im Übrigen hat sich die Organisation selbst in Person ihres Generalsekretärs und seines Sekretariats grundsätzlich kooperativ gegenüber den Forderungen des Kongresses nach Reformierung der UN-Organisation gezeigt und verhalten, wenn diese Reformen auf höhere Effizienz der Organisation gezielt waren[281].

---

277 Vgl. Novosseloff, Alexandra, "Revitalizing the United Nations", 12/1999.

278 Vgl. Schoettle, Enid C.B., "Kein Geld für den Frieden? Die Finanzierung der UN-Friedenserhaltung", in: Europa-Archiv, 48/16, 1993, S. 454; Paul, James A., "Deadbeat Nation", in: The Nation Magazine, 1996, S. 4f.

279 Auch Bemerkungen wie die von US-Senator Helms geben einen Hinweis auf die Existenz anderer als der offiziell geäußerten Beweggründe. In einem Brief an einen Wähler in North Carolina schreibt Helms: "I disagree with the premises upon which the UN is built and with the illusions that it propagates. It would be one thing if the UN were just an international side show, but it plays a far greater role. It is a vast engine for the promotion of socialism and to promote this purpose the UN provides a quarter of its budget. It strikes me that there are enough organizations in this world willing to promote socialism and anti-American propaganda free of charge, and for that reason I have long called for our country's departure from this organization and vice versa." (vgl. GPF, "Chronology", 01-05/1996, 01.02.1996).

280 Vgl. GPF, "Chronology", 01-12/1995.

281 Vgl. z.B. Boutros Ghali, Boutros: "The US Must Pay Its Dues" in: NYT, 08.04.1996.

Nicht nur vom Generalsekretär selbst, sondern auch von Beobachtern und Mitgliedern der Exekutive der USA wurde allerdings eine Beschränkung des Umfangs der Reformforderungen, die als zu erfüllende Bedingungen an die Beitragszahlungen geknüpft waren, auf das mögliche Maß gefordert. Es waren nämlich auch durchaus Forderungen enthalten, die außerhalb der Kompetenz des Sekretariats lagen, welche beispielsweise nur durch Beschlüsse der Generalversammlung oder des Sicherheitsrats herbeizuführen waren[282]. Diese UN-Regularien wurden bei der Formulierung der Reformforderungen des Kongresses ignoriert. Warum die Tatsache der Verantwortlichkeit bzw. Kompetenz für Veränderungen des Systems außer acht gelassen worden war, kann nicht mit Sicherheit gesagt werden. Es kann auch sein, daß es für den Kongreß schlichtweg keine Rolle spielt, *wer* die Änderungen herbeiführt, wenn sie nur herbeigeführt werden. Und schließlich könnte dies auch einen Hinweis darauf geben, daß die UN nicht das eigentliche Ziel der Beitragskürzungen durch den Kongreß darstellen, sondern der Präsident. Letztere Erklärungsmöglichkeit wird in besonderem Maße untermauert durch eine Gesetzesvorlage, die während des Haushaltsverfahrens 1998 in eine Gesetzesvorlage des Senats integriert worden war, die auch den Beschluß über die Zahlungen der Hälfte der Rückstände (wenn auch nicht in voller Höhe) enthielt. Das Amendment betraf einen Beschluß zur Familienplanung, welche die Clinton-Administration bereits angekündigt hatte, durch ein Veto zu Fall zu bringen. Obwohl die Vorlage keine direkte Bedingung der UN-Zahlungen darstellte, stellte sie faktisch eine solche dar[283]; Beobachter haben dieses Junktim als unzulässig angeprangert[284].

Hier wird besonders deutlich, daß die Sorge um ein effizientes Funktionieren des UN-Systems und die daraus entstehende Entlastung der US-amerikanischen Steuerzahler zumindest nicht hauptsächlich und/oder nicht immer Beweggrund des US-Kongresses bei den unilateralen Beitragskürzungen sein kann. Die Bemühungen um Reformen bei den verantwortlichen Verwaltungskräften in der UN-Organisation und der Nachweis der Fortschritte bei der Umgestaltung konnte jedenfalls bisher keine Kursänderung beim Kongreß auslösen. Statt dessen wurden die Forderungen wiederholt, neue Forderungen formuliert und die Gelder weiter zurückgehalten.

Geht man davon aus, daß es der Kongreßmehrheit zumindest nicht allein um Reformen des UN-Organisation in Richtung von mehr Effizienz und Effektivität geht, wie der nominelle Aussagewert der Äußerungen der Kongreßmitglieder

---

282 Insbesondere die geforderte Reduktion des US-amerikanischen Beitrags für den ordentlichen Haushalt und die UN-Friedensoperationen können selbstverständlich nur in der Generalversammlung beschlossen werden.

283 Vgl. NYT, "Abortion Discord Holds Up UN Dues and US Budget", 11.11.1999.

284 So z.B. NYT, "Congress Deprives Clinton of Money for UN and IMF", 14.11.1997; ein ähnliches Junktim bedrohte wieder die Rückzahlung eines Abschnitts von ca. 600 Mio USD aus dem Helms-Biden-Plan im August 2001 (vgl. WP, "UN Funds In Crossfire Over Court", 16.08.2001; auch: "U.N. Arrears Update: Payment Threatened by Linkage to Passage Of American Servicemembers' Protection Act", Washington Report, 20.08.2001).

glauben machen möchte, folgt daraus unmittelbar die Vermutung, daß jede noch so weitgehende Reformbemühung seitens der Verwaltungsorgane der UN-Organisation unter den gegebenen Umständen nicht zum erwünschten Ergebnis einer vollständigen Zahlung von Beiträgen und Rückständen führen wird. Zum zweiten ergibt sich aus dieser Vermutung die Notwendigkeit, nach weiteren Gründen für das Verhalten der Legislativen der USA in der Frage der Beitragszahlungen zu forschen.

Ein Erklärungsansatz fußt auf der durch die Konstruktion der US-amerikanische Verfassung bedingte Macht- und Aufgabenverteilung von Exekutive und Legislative[285].

Traditionell hat die amtierende Administration auf dem Feld der Außenpolitik im Vergleich zur Innenpolitik relativ freie Hand bei ihren Entscheidungen. So beschweren keine durch die föderale Struktur der USA bedingten Kompetenzbeschneidungen die Entscheidungen, die Zwänge durch Haushaltsrestriktionen fallen hier grundsätzlich nicht ins Gewicht. Daher ist die Außenpolitik ein Bereich, in dem der Präsident sich effektiv Profil verschaffen kann. Seit der Amtszeit Nixons allerdings konstatiert man ein stärkeres Vordringen des Kongresses in die Außenpolitik[286]. Verfassungsmäßig für den Kongreß garantierte (wichtige) Rechte im Bereich der Außenpolitik sind zwar lediglich die Unterzeichnung von Kriegserklärungen, die Ratifizierung internationaler Verträge und die Bestätigung präsidialer Personalentscheidungen[287]. De facto aber versucht der Gesetzgeber darüber hinaus, auch im Bereich der Außenpolitik über die Haushaltsmechanismen, wo er über weitreichende Entscheidungsmacht verfügt, sein eigenes Profil gewissermaßen über passive Machtanwendung stärker zu zeichnen.

Da die UN im allgemeinen und deren Friedensoperationen im besonderen eine Politikoption der Exekutive im Rahmen ihrer Außenpolitik darstellen, ist es grundsätzlich folgerichtig, die Möglichkeit eines Eingreifens des Kongresses auch auf diesem Gebiet zu vermuten. Nun verfügt die amtierende Administration über verschiedene Möglichkeiten, sich gegen diese Gestaltungsansprüche des Gesetzgebers zur Wehr zu setzen. Sie kann über die Beeinflussung der öffentlichen Meinung die Wichtigkeit der multilateralen Außenpolitik über die Vereinten Nationen hervorheben. Dies kann sie mit unterschiedlichem Nachdruck tun. Sie kann androhen, auf anderen, z.B. innenpolitischen Gebieten, den

---

[285] Loewenstein zu dem Verhältnis von Exekutive und Legislative: „Wohl die hervorstechendste Erscheinung der politischen Dynamik in Amerika ist die ständige und ununterbrochene Rivalität um die Macht zwischen Präsident und Kongreß, die sich keineswegs immer mit dem Wettbewerb der politischen Parteien deckt oder aus ihm allein erklären ließe.“ (vgl. Loewenstein, Karl, "Verfassungsrecht und Verfassungspraxis der Vereinigten Staaten", Berlin, Göttingen, Heidelberg, 1959, S. 367).

[286] Vgl. Zitka, Frank, "Wandel und Kontinuität", Berlin, 1997, S. 296.

[287] Vgl. z.B. Lindsay, James M., "Congress and the Politics of U.S. Foreign Policy", London, 1994, S. 12; Loewenstein, Karl, "Verfassungsrecht und Verfassungspraxis der Vereinigten Staaten", Berlin, Göttingen, Heidelberg, 1959, S. 367.

Wünschen des Kongresses nicht zu entsprechen. Schließlich hat der Präsident selbst die Möglichkeit, ein Veto gegen die Haushaltsbeschlüsse einzulegen.

Auf der Annahme, daß es sich um ein solches Konfliktmuster handelt, wie zuletzt geschildert, beruhen die nachfolgenden Ausführungen. Der Konflikt wird in einem spieltheoretischen Modell abgebildet, um die Entscheidungsprozesse systematisch darzustellen und schließlich Wege zur Verbesserung der Liquiditätssituation für die Friedensoperationen bei den Vereinten Nationen aufweisen zu können. Zum besseren Verständnis und um eine genauere Vorstellung über die möglichen Strategien der Spieler im spieltheoretischen Modell zu gewinnen, wird im folgenden kurz das Gesetzgebungs- und Haushaltsverfahren in den USA dargestellt.

3.2 Relevante Elemente und Verfahren der US-Verfassung

3.2.1 Das Gesetzgebungsverfahren[288]

Die gesetzgebende Gewalt in den USA ist der Kongreß. Er besteht aus zwei Kammern, dem Repräsentantenhaus (House of Representatives) und dem Senat (Senate). Formal gehen sämtliche Gesetzesinitiativen von einer der Kammern des Kongresses aus. Inhaltlich können Initiativen allerdings durchaus von außen an die Abgeordneten herangetragen werden. Bürgerinitiativen, Interessengruppen oder auch die Exekutive und ihre Ministerien regen die Abgeordneten zur Einbringung neuer Gesetzen bzw. zu Veränderungen an den bestehenden an. Trotz Gewaltenteilung ist der Präsident gem. Art. II 3 der Verfassung gehalten, dem Kongreß einen Bericht über die Lage der Nation zu erstatten und solche Gesetzesvorschläge zu unterbreiten, die er für notwendig erachtet[289]. Die wichtigste Gesetzesinitiative, die von der Exekutive ausgeht, ist die Haushaltsbotschaft am Anfang eines Kalenderjahres für das ab Oktober beginnende Haushaltsjahr. Sie bildet die Grundlage für die Arbeit des Bewilligungsausschusses des Repräsentantenhauses (s. 3.2.2). Wenn die Abgeordneten selbst initiativ werden, versuchen sie damit häufig Versprechen einzulösen, die sie ihrer Wählerschaft während des Wahlkampfes gegeben haben; sie müssen damit rechnen, an dem Erfolg ihrer Gesetzesinitiativen gemessen zu werden.

Ein Vorschlag zu einem neuen Gesetz oder der Änderung eines bereits bestehenden Gesetzes beginnt mit der Einbringung einer Gesetzesvorlage in eine der beiden Kammern oder in beide gleichzeitig. Die überwiegende Zahl wird als

---

[288] Vgl. Zinn, Charles J., "Gesetzgebung in USA", Washington, 1977; Johnson, Charles W., "How Our Laws are Made", 31.01.2000; für Besonderheiten im Senat s. Dove, Robert B., "Enactment of a Law", 02/1997.

[289] Dieser Einfluß der Exekutive ist in praxi bedeutend: die Funktionäre der Exekutive formulieren Gesetzesvorhaben und begleiten sie durch die Kammern des Kongresses, wobei sie sich auf um das Zustandekommen ausreichender Mehrheiten kümmern (vgl. Crabb, Cecil V., Antizzo, Glenn J., Sarieddine, Leila E., "Congress and the Foreign Policy Process", Louisiana, 2000, S. 154).

sog. „Bill“ von einem der beiden Häuser eingebracht[290]. Dabei gilt, daß grundsätzlich alle Gesetzesvorlagen von beiden Kammern ausgehen können, allerdings mit Ausnahme von Vorlagen zu Steuergesetzen und Rahmenbewilligungen, die ausschließlich vom Repräsentantenhaus eingebracht werden dürfen. Passiert die Vorlage beide Kammern mit den erforderlichen Mehrheiten und zeichnet sie der Präsident innerhalb einer vorgeschriebenen Frist ab oder versäumt er es, das Gesetz innerhalb der Frist mit seinen Einwänden wieder an den Kongreß zurückzuüberweisen, wird die Vorlage Gesetz; selbst wenn der Präsident der Vorlage fristgerecht widerspricht, können ihn die beiden Kongreßkammern immer noch überstimmen.

Eine Gesetzesvorlage wird nach der Einbringung direkt an die zuständigen Ausschüsse verwiesen; neben Sonderausschüssen gibt es eine Reihe von ständigen Ausschüssen in beiden Häusern, unter denen die gesetzgeberischen Sachgebiete aufgeteilt sind[291]. Diese wiederum bedienen sich üblichweise mehrerer Unterausschüsse, die jeweils für Teile des Sachgebiets des betreffenden Hauptausschusses zuständig sind. Sie setzen sich aus Abgeordneten beider Parteien sowie Experten und Verwaltungskräften zusammen. Für die Beratungen der Gesetzesvorlage in den Ausschüssen werden Stellungnahmen der betroffenen Ministerien oder Bundesbehörden angefordert, und es können Anhörungen stattfinden, die grundsätzlich der Öffentlichkeit zugänglich sind (Public Hearings). Die zu diesen Anhörungen geladenen Personen, Organisationen, Ministerien oder Bundesbehörden können unter Strafandrohung zum Erscheinen vor dem Ausschuß gezwungen werden.

Diese Anhörungen und Stellungnahmen dienen – zumindest nominell – der Informationsversorgung des Unterausschusses. In der die Beratungen abschließenden Bewertungssitzung (Mark-up Session) entscheidet der Unterausschuß, welchen Weg die Vorlage nehmen soll. Sie kann entweder unverändert oder mit Änderungen versehen zum Hauptausschuß weitergeleitet werden, sie kann auf unbestimmte Zeit zurückgestellt oder ganz verworfen werden.

Das Ergebnis der Arbeit der Ausschüsse kondensiert in einem Bericht an das Plenum der betreffenden Kammer und besteht in der genauen Analyse des Vorlagentextes, der Identifikation aller durch die Vorlage berührten bestehenden Gesetze, fachlichen Feststellungen und Empfehlungen und einer Schätzung der Auswirkungen auf den Haushalt. Die Kostenschätzungen müssen sich auf über die kommenden fünf Haushaltjahre erstrecken.

---

[290] Andere, weniger gebräuchlich Formen sind: Joint Resolution (gemeinsame Entschließung mit Gesetzescharakter), Concurrent Resolution (übereinstimmende Entschließung), Simple Resolution (einfache Entschließung) (vgl. Zinn, Charles J., "Gesetzgebung in USA", Washington, 1977, S. 11).

[291] Für Haushaltsfragen zuständige Ausschüsse sind beispielsweise: Haushaltsausschuß (Budget Committee), Bewilligungsausschuß (Appropriations Committee), Ausschuß für die Zuweisung von Haushaltsmitteln (Committee on Ways and Means).

Bei der Beratung der durch die Ausschüsse beratenen und mit einem Abschlußbericht versehenen Vorlagen im Plenum fällt dem Ausschuß für Geschäftsordnung die Aufgabe zu, die Reihenfolge der zu beratenden Vorlagen festzulegen. Im Plenum kann sich jeder Abgeordnete zu der Vorlage in Erster Lesung äußern und/oder Änderungsvorschläge unterbreiten. Um das Verfahren zu beschleunigen, existiert im Repräsentantenhaus eine parlamentarische Tradition, nach der das Plenum sich formell auflöst und sich als „Ausschuß des Gesamten Hauses zur Lage der Nation" (Committee of the Whole House on the State of the Union) wieder konstituiert; dadurch werden Beschlußfähigkeit unter nur 100 Abgeordneten hergestellt und die Debatten durch Entschließung des Geschäftsordnungsausschusses zeitlich begrenzt. In der sich anschließenden Zweiten Lesung kann jeder Abgeordnete Änderungsvorschläge anbringen, ist jedoch hinsichtlich seiner Redezeit auf fünf Minuten begrenzt (sog. Fünf-Minuten-Regel), auf die ein Abgeordneter, der gegenteiliger Meinung ist, wiederum fünf Minuten antworten kann. So soll eine Verschleppung von Geseztesvorlagen durch Marathonreden (sog. Filibuster) vermieden werden. Nach der Auflösung des Ausschusses des Gesamten Hauses wird in Dritter Lesung entweder sofort oder nach einer einstündigen Debatte endgültig über die Vorlage entschieden, wobei verschiedene Abstimmungsverfahren Anwendung finden[292].

Die Ergebnisse der Beratungen in der Kammer werden in Form einer Reinschrift festgehalten, in der die ursprüngliche Vorlage und die an ihr während des Durchlaufs durch Ausschüsse und Plenum vorgenommen Änderungen ersichtlich sind. Ab diesem Zeitpunkt wird die Vorlage als „Act" bezeichnet, was darauf hinweist, daß die Vorlage eine der beiden Kammern passiert hat. In der anderen Kammer wird in der gleichen Weise vorgegangen, d.h. insbesondere die Behandlung der Vorlage in den zuständigen Ausschüssen, die Berichterstattung und die anschließende Abstimmung im Plenum. Sowohl in den Ausschüssen als auch im Plenum können weitere Änderungen an der Vorlage vorgeschlagen und angenommen werden. Die weitere Behandlung der Vorlage kann aber auch nach Erhalt der Reinschrift durch Hinterlegung beim Präsidenten der Kammer auf unbestimmte Zeit verschoben werden. Eine Verschleppung kann auch daraus resultieren, daß die Ausschüsse nicht innerhalb einer angemessenen Frist zu einem Abschlußbericht kommen. Jeder Abgeordnete kann dann die Entlastung des betreffenden Ausschusses beantragen, was im Zustimmungsfall dazu führt, daß der Ausschuß ab diesem Zeitpunkt von der Beratung entbunden wird.

Die Verfahrensregeln bei der Beratung der Vorlagen im Plenum der beiden Kammern unterscheiden sich; insbesondere gibt es im Senat vergleichsweise mehr Möglichkeiten für die Gegner einer Vorlage, die Abstimmung über diese durch „Filibustering", d.h. extrem lange Reden, zu verhindern.

Nach der Dritten Lesung in der zweiten, die Vorlage behandelnden Kammer wird für den Fall, daß die Abgeordneten dieser Kammer der Vorlage ebenfalls

---

[292] Siehe zu den Abstimmungsverfahren Zinn, Charles J., "Gesetzgebung in USA", Washington, 1977, S. 36.

zustimmen, eine weitere Reinschrift angefertigt, die wie die erste alle Änderungen enthält, die während des Laufs durch die Kammer entstanden sind. Die initiierende Kammer wird gebeten, der Vorlage in dieser Form zuzustimmen. Bestehen nach der Beratung noch Differenzen zwischen beiden Kammern, wird ein Vermittlungsausschuß eingesetzt.

Der Vermittlungsausschuß besteht aus Delegationen von Repräsentantenhaus und Senat; beide Delegationen bestehen jeweils aus Vertretern der Mehrheits- und Minderheitspartei. Obwohl der Ausschuß ein Vermittlungsausschuß zwischen den beiden Kammern ist, tagen die Delegationen von Repräsentantenhaus und Senat üblicherweise getrennt, auch die Abstimmung wird separat vorgenommen. Kommt der Ermittlungsausschuß nicht in der ihm zugestandenen Frist zu einem Ergebnis, kann ein neuer Ausschuß zusammengestellt und eingesetzt werden.

Wird über den o.g. Prozeß eine gleichlautende Fassung der Vorlage von beiden Häusern verabschiedet, wird eine Gesetzesurkunde („Enrolled bill") erstellt, die dem Präsidenten zugeleitet wird. Der Präsident hat ab diesem Zeitpunkt zehn Tage Zeit, die verabschiedete Vorlage mit seinen Einwänden versehen an das initiierende Haus zurückzusenden, womit er zunächst die Inkraftsetzung verhindert hat (Veto). Vertagt sich der Kongreß in einer Weise, die es dem Präsidenten die fristgerechte Rücksendung unmöglich macht, kann das Gesetz nicht in Kraft treten. In diesem Fall spricht man von einem „Pocket Veto". Bei einem normalen Veto des Präsidenten reicht eine 2/3-Mehrheit in beiden Häusern, um dieses Veto zu überstimmen.

Das Gesetz tritt in Kraft, wenn der Präsident zugestimmt hat oder an dem Tag, an dem sein Veto nach der Durchsetzung in der initiierenden Kammer von der zweiten Kammer überstimmt wird.

3.2.2 Der Budgetprozeß für den Bundeshaushalt[293]

Der Budgetprozeß besteht aus drei zeitlich hintereinanderliegenden Abschnitten. Im ersten Schritt schlägt der Präsident eine Mittelverteilung für das kommende Haushaltsjahr vor, im zweiten Schritt formuliert der Kongreß das Budget, und im dritten Schritt wird das Budget in Kraft gesetzt.

Der Budgetvorschlag des Präsidenten enthält die Priorisierung der Mittelallokation, wie sie die Administration wünscht; der Fokus liegt dabei auf dem folgenden Haushaltsjahr, für das der Kongreß den Haushalt verabschieden muß; er kann sich aber auch auf bereits bewilligte Mittel im laufenden Haushaltsjahr beziehen, und außerdem gibt er eine mittelfristige Vorausschau (mindestens vier Jahre), um die finanziellen Folgen der vorgeschlagenen Programme aufzuzeigen. Diese Arbeit beginnt spätestens neun Monate, bevor der Vorschlag an den Kongreß übergeben wird und spätestens 18 Monate vor Beginn des zu planenden Fiskaljahrs. Nach den Vorgaben genereller Richtlinien für Budget und Fiskalpolitik des Präsidenten arbeitet das Office of Management and Budget

[293] Vgl. NAMTAC, "Budget System and Concepts and Glossary", 15.07.1999.

(OMB) in Zusammenarbeit mit den Bundesbehörden die Vorschläge aus[294]. Während dieser Zeit werden ständig Überarbeitungen fällig, in die u.a. die Budgetentscheidungen des Kongresses für das laufende Fiskaljahr einfließen. Obwohl laut Gesetz dieser Vorschlag spätestens am ersten Montag im Februar des Jahres beim Kongreß einzugehen hat, wurde dieser Termin in der Vergangenheit des öfteren nicht eingehalten; ein Grund dafür ist die ebenfalls gesetzliche Bestimmung, daß ein scheidender Präsident keinen Budgetvorschlag mehr abzugeben braucht, und der neugewählte Präsident kann nicht innerhalb einiger Tage sinnvoll einen Budgetvorschlag unterbreiten.

Der Kongreß erwägt die Vorschläge des Präsidenten und kann sie danach billigen, abändern oder ablehnen. Außerdem kann er bzgl. der Einkommensquellen des Staates Entscheidungen treffen: er kann Steuern in ihrer Höhe abändern, neue Steuern einführen oder Steuern streichen.

Der Kongreß beschließt den Haushalt nicht als solches; vielmehr beschließt er eine Haushaltsresolution[295], welche u.a. die Höhe der Gesamtausgaben und -einnahmen enthält. Diese Resolution dient dann als Grundlage für die Arbeit der Haushaltsausschüsse des Kongresses, in denen Gesetzesvorlagen zur Mittelbewilligung („Appropriations Bills") und andere Gesetzgebungen bzgl. Einnahmen und Ausgaben vorbereitet werden. Der Kongreß stellt im Zuge mehrerer Appropriation Acts die Vollmacht für Ausgaben für spezifische Zwecke zur Verfügung; außerdem kann er im gleichen Wege Änderungen bei fortlaufenden Gesetzen herbeiführen, die Ein- und Ausgaben berühren.

Wenn der Kongreß Zuteilungen der Gelder verabschiedet, beschließt er nicht direkt die Ausgabe der Gelder; er versetzt die Administration in die Lage, rechtlich bindende Entscheidungen zu treffen, die eine Veränderung des finanziellen Status nach sich ziehen. In einem separaten Prozeß setzt der Kongreß Gesetze in Kraft, die eine Behörde zur Ausführung eines spezifischen Programms autorisieren; die Ausgaben im Zusammenhang mit diesem Programm können dabei in ihrer Höhe begrenzt sein, die Genehmigung kann sich auf nur das zu planende Fiskaljahr oder auf eine definierte Anzahl von Jahren beziehen oder unbegrenzt gültig sein. Laut Congressional Budget Act von 1974 beschließt der Kongreß zunächst die Gesamthöhe des Budget, bevor er einzelne Programme beschließt.

Die Haushaltsresolution enthält die Gesamthöhe von Einnahmen und Ausgaben pro funktionaler Kategorie[296]. Dabei legt sie auch die Höhe von Haushaltsdefizit

---

[294] Eine nach vielerlei Arten untergliederte Übersicht über den Haushaltsvorschlag der Administration kann im Internet unter http://www.whitehouse.gov/omb/budget/ eingesehen werden.

[295] Bei der Haushaltsresolution handelt es sich um eine Concurrent Resolution (s. 3.2.1, vgl. Dove, Robert B., "Enactment of a Law", 02/1997).

[296] Die Ausgaben für die Mitgliedschaft in der UN-Organisation fallen in die Kategorie „Contributions to International Organizations (CIO)", die Ausgaben im Zusammenhang mit UN-Friedensoperationen in „Contributions to International Peacekeeping Activities (CIPA)". Beide Kategorien sind Bestandteil des Budgets des US-Außenministeriums. (Vgl. für eine detaillierte und kommentierte Übersicht über ausgewählte Bestandteile der präsi-

bzw. -überschuß fest. Der Resolution ist eine Erklärung angefügt, die innerhalb der funktionalen Kategorien den jeweils zuständigen Ausschüssen die entsprechenden Gesamtbeträge zuteilt. Diese Ausschüsse des Repräsentantenhauses und des Senats sind wiederum gehalten, den zugeteilten Betrag auf ihre Unterkomitees aufzuteilen. Die Resolution muß laut Gesetz bis zum 15. April eines Jahres verabschiedet werden.

Budgetresolutionen stellen keine Gesetze dar und benötigen daher nicht die Zustimmung des Präsidenten. Trotzdem wird der Kongreß die Vorstellung des Präsidenten berücksichtigen, da die Gesetzgebung, die entwickelt wird, um die in durch Resolution beabsichtigte Verteilung von Ausgaben und Einnahmen zu erreichen, vom Präsidenten genehmigt werden muß.

Appropriations Bills werden im Repräsentantenhaus initiiert und beinhalten die Beschlüsse über die Budgets für die Mehrheit der Programme auf Bundesebene. Die Ausschüsse des Repräsentantenhauses sind aufgeteilt in Unterausschüsse, die themenbezogene Informationen auswerten, welche die unter ihre Zuständigkeit fallenden Behörden bereitstellen, und ggf. Anhörungen abhalten. Nachdem die so erzielten Beschlüsse durch den Ausschuß und das gesamte Repräsentantenhaus genehmigt worden sind, gehen diese in den Senat, wo ein ähnlicher Prozeß durchlaufen wird. Ist die Maßnahme in Repräsentantenhaus und Senat beschlossen, wird sie als registrierte Gesetzesvorlage an den Präsidenten weitergeleitet, der sie akzeptieren oder sein Veto dagegen einlegen kann.

Der quantitativ überwiegende Teil des Haushalts wird jedoch nicht über Appropriations Acts, sondern über ständige Gesetze (Permanent Laws) genehmigt; so machten z.B. 1997 Ausgaben für Zinsen auf Staatsschulden und für die Sozialversicherung etwa die Hälfte des Gesamtetats aus. Die Haushaltsresolution enthält häufig sog. „Reconciliation Directives“, die eine Modifikation der ständigen Gesetze herbeiführen. Diese Direktiven benennen den Geldbetrag, der durch die Änderung bedingt eingespart oder der zusätzlich ausgegeben werden soll.

Eine wichtige Restriktion für die Haushaltsgesetzgebung stellt der Budget Enforcement Act dar. Der Budget Enforcement Act (BEA) wurde im Jahr 1990 erstmals erlassen und in den Jahren 1993 und 1997 jeweils verlängert. Er hat zum Ziel, den Haushalt hinsichtlich Ausgaben und Einnahmen zu stabilisieren, d.h. das Wachstum des Haushaltsdefizits zu begrenzen. Im BEA werden gemäß der gesetzgebungsmäßigen Verursachung zwei Typen unterschieden.

Zum einen sind dies *diskretionäre* Ausgaben, die regelmäßig durch jährliche Appropriations Acts veranlaßt bzw. autorisiert werden bzw. Einnahmen, die durch Appropriations Acts verringert werden (s.o.). Ausgaben dieses Typs werden durch den BEA bis 2002 in bestimmter Höhe begrenzt. Im Verlauf der Gültigkeit des BEA sind jedes Jahr andere Kategorien betroffen; 2000 und 2001 wurden alle Kategorien zu einer einzigen zusammengefaßt, für die dann insgesamt eine Obergrenze („Cap“) gilt. Übersteigen die Ausgaben die Obergrenze,

---

dialen Haushaltsbotschaft 2003: Turpen, Elizabeth, Holt, Victoria K., Clary, Christopher, Shanahan, Moira K., "Following the Money", 24.04.2002

wird ein Verfahren – Sequestration genannt – eingeleitet, das die Ausgaben aller Programme der betreffenden Kategorie um einen einheitlichen Satz kürzt, wobei einige der Programme von der Sequestration ausgenommen sind. Für die Kürzung von Einnahmen gilt dasselbe analog umgekehrt; für sie wird eine Mindestmaß pro Kategorie gesetzt.

Die *obligatorischen* oder *direkten* Ausgaben basieren i.d.R. auf ständigen Gesetzen. Obligatorische Ausgaben werden nicht mit einer Kappungsgrenze versehen. Statt dessen müssen neue Gesetze bzw. Gesetzesänderungen auf einer sog. PAYGO-Basis („Pay-as-you-go")[297] erlassen werden: wird ein Gesetz erlassen oder ein bestehendes geändert, und impliziert dieses Gesetz oder diese Änderung eine Erhöhung der Ausgaben, wird durch den BEA zwingend gefordert, andere Gesetze zu erlassen, welche die Ausgaben verringern oder alternativ die Einnahmen erhöhen; bestimmte permanente Gesetze sind von dieser PAYGO-Regelung ausgenommen.

3.2.3 Interaktion als Merkmal von Gesetzgebungs- und Haushaltsverfahren

Die vorangegangenen beiden Abschnitte geben einen Eindruck, in welcher Weise die beiden „branches" der US-Regierung, also Exekutive und Legislative, interagieren müssen, um die US-amerikanische Politik zu formen. Vor allem ist deutlich geworden, in welch hohem Maße die Gestaltungsmöglichkeiten der Exekutive von der Legislative abhängt.

Auf der Verfahrensebene hat v.a. der Gesetzgeber viele Möglichkeiten, die Ziele des Präsidenten zu behindern. Ohne sich offen und direkt gegen die Vorhaben der Exekutive zu stellen, können so Abgeordnete von Kongreß und Senat auf subtile Weise gegen Gesetzesinitiativen blockieren oder verzögern.

Dabei bildet der Prozeß zur Festlegung der Mittelallokation im Rahmen der jährlichen Budgetverhandlungen die unterschiedlichen Positionen in besonders deutlicher Weise ab[298]. Die Ziele des Präsidenten, die der beiden Kammern des Kongresses, der Parteien und von Individuen müssen dort in Einklang gebracht werden. Dadurch ist jedes einzelne Vorhaben des Präsidenten und die Gesetzesinitiativen des Kongresses Verhandlungsgegenstand. Dies gilt umso mehr, als daß es sich sowohl bei den Ausgaben für den Beitrag zum ordentlichen Haushalt der UN als auch den für die Beiträge zu den UN-Peacekeeping-Aktivitäten um diskretionäre Ausgaben handelt, die über Appropriation Acts genehmigt werden

---

[297] Siehe Maltese, G.I., "The U.S. Federal Budget Process", New York, 1995, S. 113, 123ff

[298] Schick beschreibt den Budgetprozeß wie folgt: „The budget has been the political battle of our times. Republicans have one plan for dealing with the deficit, Democrats another. The president presents one set of priorities, Congress another. Debate on the budget has set one of each party against the other, the House against the Senate, the parts against the whole, the preference for smaller government against the preference for bigger programs. The budget resolution is not a law, but it may have spawned more strife than if it were. It is a symbol of what divides the parties, of what Americans think is wrong with government, of the frustrations and pains of weak economic performance, and of the failures of will and of leadership." (vgl. Schick, Allen, "The Federal Budget", Washington D.C., 1995, S. 81).

müssen. Die Verteidigung von Zielen kostet politisches Kapital, z.B. in der Weise, daß sich der Präsident nicht effektiv für alle seine Vorhaben gleichermaßen einsetzen kann; er wird Ziele priorisieren müssen und andere dafür opfern. Umgekehrt müssen Kongreß bzw. Gruppen oder einzelne Abgeordnete berücksichtigen, wie sie mit Vorstößen anderer Teilnehmer in diesem Prozeß umgehen, um ihre eigenen Ziele erreichen zu können.

Die zentrale Erkenntnis aus der vorangegangenen Skizze von Gesetzgebung- und Haushaltsverfahren ist die dem Prozeß selbst inhärente gegenseitige Abhängigkeit der beiden Teile der US-Regierung bei der Formulierung US-amerikanischer Politik. Diese Eigenschaft ist bei demokratischen Verfassungen natürlich üblich, allerdings ist sie im Falle der USA sehr stark ausgeprägt. Dies ist insbesondere Folge von der Tatsache, daß die Parteizugehörigkeit keine solch überragende Rolle spielt wie in parlamentarischen Systemen, was dazu führt, daß der Präsident sich nicht sicher auf die Loyalität seiner Partei im Kongreß verlassen kann. Darüber hinaus wird von Beobachtern eine Tendenz zur Individualisierung der Kongreßabgeordneten wahrgenommen. Dies bedeutet, daß im Gesetzgebungsverfahren allgemein und besonders im Haushaltsverfahren die einzelnen Abgeordneten zur gleichen Zeit ggf. die eigenen Interessen, die mehrerer Koalitionen, die ihres Hauses und ihrer Partei gegeneinander abwägen. Dieser Umstand muß wiederum vom Präsidenten erkannt und berücksichtigt werden, genauso wie die unterschiedlichen Interessen seiner Behörden und seiner Minister.

Insgesamt kann gefolgert werden, daß das Merkmal der Interaktion sowohl bei allgemeiner Gesetzgebung als auch beim Haushaltsverfahren in vollem Umfang gegeben ist.

3.3 Spieltheorie

Die Spieltheorie bildet einen konzeptualen Rahmen zur Abbildung und Analyse von Entscheidungssituationen, in denen Akteure bzw. Spieler interagieren[299]. Dabei kommt es – im Unterschied zur Entscheidungstheorie – insbesondere auf das Merkmal der Interaktion an: Die Akteure müssen ihre Handlungsalternativen unter Berücksichtigung derjenigen der anderen beteiligten Akteure abwägen, da ihre Handlungen in gegebenen Entscheidungssituationen von diesen beeinflußt werden. Die Entscheidungssituationen, in denen mindestens zwei Akteure beteiligt sind, werden als Spiel bezeichnet[300].

Eine wichtige Unterstellung der Spieltheorie stellt die Forderung der Rationalität der Handlungen der Spieler dar: Es wird unterstellt, daß die Spieler Ziele verfolgen und daß sie im Sinne der Erreichung dieser Ziele rational handeln. Obwohl in diesem Zusammenhang die Definition von rationalem Handeln einer genaue-

---

299 Vgl. Güth, Werner; Kliemt, Hartmut, "Langzeiteffekte der „Theory of Games and Economic Behavior“", 2001, S. 1.

300 Vgl. Weirich, Paul, "Equilibrium and rationality - game theory revised by decision rules", Cambridge, 1988, S. 6.

ren Analyse bedarf, läßt sich an dieser Stelle bereits feststellen, daß sich schon daraus als eine Konsequenz die Einbeziehung der Handlung der anderen am Spiel beteiligten Akteure ergibt.

Um Entscheidungssituationen des realen Lebens der Theorie zugänglich zu machen, ist eine Transformation notwendig. Dabei handelt es sich um ein Vorgehen, das nicht allein in der Spieltheorie angewendet wird. Man bildet dabei die reale Situation durch Idealisierungen und durch Weglassen von für das Entscheidungsproblem irrelevanten Fakten in einem Modell ab. Insofern ist es angebracht, nicht von Spielen, sondern deren Repräsentation zu sprechen[301]. Wenn ein Spiel modelliert wird, kann sich durch die vorgenommenen Idealisierungen und Abstraktionen gegenüber der realen Situation ein anderer Spielverlauf ergeben als er sich in der abgebildeten, realen Entscheidungssituation tatsächlich ergibt; in diesem Fall war die Repräsentation des realen Spiels falsch gewählt, das Spiel ist nicht adäquat modelliert worden. Allein die in manchen Fällen unangemessene Annahme des rationalen Verhaltens einzelner oder aller Spieler kann einen Fehler in der Repräsentation des Spiels bedeuten. Es kommt insofern u.a. entscheidend auf die kognitiven Fähigkeiten der Spieler an, ob die Annahme der Rationalität der Entscheidungen bezüglich der Modellbildung adäquat ist[302].

Die Modellbildung umfaßt die Situation, in der sich die Spieler befinden, die Definition der Spieler selbst, die Präferenzen aller Spieler bzgl. des Ergebnisses des Spiels, die Menge an Entscheidungsalternativen, über die jeder Spieler verfügt, die Regeln, unter denen die Spieler ihre Entscheidungen treffen.

3.3.1 Typen von Spielen

Repräsentationen von Spielen können hinsichtlich ihrer Modelleigenschaften klassifiziert werden.

Hinsichtlich der Informationen, welche die Spieler über die Regeln des Spiels haben, wobei insbesondere die möglichen Spielausgänge eine Rolle spielen, bezeichnet man Spiele als *Spiele mit vollständiger* Information, bei denen jeder Spieler umfassende Kenntnis über die Regeln des Spiels im allgemeinen und die möglichen Spielergebnisse im besonderen hat[303].

Eine andere Unterscheidung betrifft Spiele, bei denen *perfekte Information* der Akteure unterstellt wird: hier handelt es sich um Spiele, bei denen die Spieler über die Strategiewahl der jeweils anderen Spieler in vollem Umfang informiert sind[304]. Dies verhält sich so z.B. beim Schachspiel: ein Spieler kennt den Zug

---

301 Vgl. Weirich, Paul, "Equilibrium and rationality - game theory revised by decision rules", Cambridge, 1988, S. 16.

302 Vgl. Weirich, Paul, "Equilibrium and rationality - game theory revised by decision rules", Cambridge, 1988, S. 16.

303 Vgl. Gates, Scott, Humes, Brian D., "Games, Information and Politics", Michigan, 1997, S. 45.

304 Vgl. Gates, Scott, Humes, Brian D., "Games, Information and Politics", Michigan, 1997, S. 40.

seines Gegners, weil dieser vorher öffentlich ausgeführt wurde. Dies impliziert, daß Spiele, bei denen die Spieler Entscheidungen gleichzeitig fällen, niemals Spiele von perfekter Information sein können[305].

Nach der Höhe der Nutzengesamtsumme, die den verschiedenen möglichen Ausgängen des Spiels zugeordnet werden, unterscheidet man Spiele mit *konstanter Nutzensumme*[306] und Spiele mit *variabler Nutzensumme*, die vom Ausgang des Spiels abhängt. Bei Spielen mit konstanter Nutzensumme geht es allein um die Verteilung der Nutzen auf die Spieler; der Zugewinn von Nutzen eines Spielers geht dadurch immer in der Höhe dieses Zugewinns zulasten der Nutzen der übrigen Spieler. Dagegen kann bei Spielen mit variabler Nutzensumme eine Nutzenveränderung gewissermaßen „kostenlos" erreicht werden, d.h. ein Spieler kann einen Nutzenzugewinn in einem möglichen Spielausgang erzielen, ohne daß andere Spieler dafür mit Verringerung ihres Nutzens zu bezahlen haben.

Eine weitere Klassifikation von Spielen kann vorgenommen werden hinsichtlich der Anzahl der Entscheidungsstufen, auf denen durch die Spieler Entscheidungen vorgenommen werden müssen. Während bei *einstufigen* Spielen alle Spieler simultan eine Entscheidung für eine Strategie unter Berücksichtigung exogener Sachverhalte und der erwarteten Strategiewahl der anderen Spieler treffen müssen, bedarf es bei *mehrstufigen* Spielen mehrerer Entscheidungen, wobei der Ausgang auf den vorangegangenen Stufen die Entscheidungen auf der jeweils aktuellen Stufe beeinflussen.

Schließlich seien noch *kooperative* Spiele erwähnt. Bei solcherart Spielen wird berücksichtigt, daß Spieler untereinander Gruppierungen bilden können, die durch bindende und erzwingbare Vereinbarungen konstituiert werden[307]. Hier wird davon ausgegangen, daß Koalitionen durch Reduktion in der Repräsentation des Spiels – also in dem Modell – auf eine einzige handelnde Person abgebildet werden können, ohne daß der Aussagegehalt des Modells hinsichtlich des Untersuchungsgegenstands verfälscht wird, wodurch in der Repräsentation ein *nicht-kooperatives* Spiel entsteht[308].

3.3.2 Formen der Darstellung

Von Spieltypen zu unterscheiden ist die Art der formalen Darstellung des Spielmodells für die Zwecke der Analyse: Spiele werden üblicherweise entweder in der *extensiven Form* oder der *Normalform* dargestellt.

---

[305] Vgl. Brams, Steven J., Kilgour, D. Marc, "Game theory and national security", Oxford, New York, 1988, S. 5.

[306] Ein Sonderfall hiervon sind Nullsummenspiele; im übrigen kann durch die Formulierung der payoffs eine konstante Summe immer auf Null normiert werden, ohne die Modellierung zu verändern.

[307] Vgl. Brams, Steven J., Kilgour, D. Marc, "Game theory and national security", Oxford, New York, 1988, S. 6.

[308] So auch Weirich (vgl. Weirich, Paul, "Equilibrium and rationality - game theory revised by decision rules", Cambridge, 1988, S. 9).

Die Grundform der Darstellung ist die extensive Form[309]. Sie besteht in einer Baumdarstellung, in der für jede Stufe der Entscheidung abhängig von allen bis zu dieser Stufe erreichbaren Status alle möglichen, folgenden Entscheidungen notiert werden, die wiederum zu den Status der nächsten Stufe führen. Der Status der Information, der zwischen den Spielern besteht – insbesondere die Tatsache, ob die Gegenspieler die Entscheidung des Spielers zum Zeitpunkt ihrer eigenen Entscheidung kennen oder nicht –, kann bei Bedarf durch verschiedene grafische Symbole ausgedrückt werden, auf die hier nicht eingegangen wird[310].

In der Normalform werden üblicherweise Spiele mit simultaner Entscheidung der Beteiligten dargestellt. Im Falle von zwei Spielern repräsentiert eine Matrix die Spielsituation. Die Strategien des einen Spielers werden zeilenweise, die des anderen spaltenweise notiert. Eine Strategie kann dabei einfach aus einer einzigen Handlungsoption bestehten, falls jedoch das Spiel mehrstufig ist, bilden alle möglichen Kombinationen der Handlungsoptionen auf allen Stufen die Strategien. Eine Strategie ist also in letzterem Fall ein Set an aufeinanderfolgenden Entscheidungen, die jeweils einem Zweig einer Baumdiagrammdarstellung in der extensiven Form entspricht.

Innerhalb der Zellen der so aufgezogenen Matrix werden die Nutzenziffern beider Spieler notiert, die sich bei der gleichzeitigen Wahl der Strategien von Zeile bzw. Spalte ergäben, würden sie realisiert.

3.3.3 Theorien

Im folgenden werden relevante Theorien der klassischen Spieltheorie dargestellt. Dazu zählen v.a. das Nutzenkonzept nach von Neumann und Morgenstern und das Konzept des Gleichgewichts nach Nash.

3.3.3.1 Nutzenkonzept

Eine zentrale Rolle bei der Formulierung eines Modells für eine Entscheidungssituation spielt die Abbildung des Ziels der Spieler. Bei einigen Entscheidungsproblemen – wie z.B. den meisten Gesellschaftsspielen – ist die Abbildung der Ziele der Spieler trivial. Immer dann, wenn einerseits die Spielausgänge in quantifizierbaren Mengen, wie Geldeinheiten, Punkte usw., ausgedrückt werden können und anderseits die Untersuchung einzig auf das Auffinden des besten Wegs zur Maximierung dieser meßbaren Resultate zielt, kann die Präferenz der Spieler auf einfache Weise dargestellt werden. Schwierigkeiten bereitet diese Modellierungsaufgabe immer dann, wenn das Merkmal der Quantifizierbarkeit nicht gegeben ist oder die quantifizierbaren Ergebnisse allein im Rahmen der Untersuchung keine angemessene Zielgröße darstellen. So wird man durch eine spieltheoretische Untersuchung für ein bestimmtes Kartenspiel herausfinden

---

309 Vgl. Morrow, James D., "Game Theory for Political Scientists", Princeton, 1994, S. 58.

310 Siehe dazu z.B. Morrow, James D., "Game Theory for Political Scientists", Princeton, 1994, S. 58ff.

können, welche die besten Strategien sind, um dort zu gewinnen; die erzielten Ergebnisse der Untersuchung sind für eine Situation, in der Eltern mit ihrem sechsjährigen Kind dasselbe Kartenspiel spielen, (höchstwahrscheinlich) nicht brauchbar. Auch die persönliche Situation des Spielers muß berücksichtigt werden: das Verhalten beim Setzen eines bestimmten Geldbetrags in einer Lotterie hängt üblicherweise in erheblichem Maße vom Vermögen des Spielers ab, denn Risikoerwägungen determinieren die Präferenzen der Akteure. Während ein Spieler, vor die Wahl gestellt, jedenfalls 100.000 DM oder eine 50%ige Chance auf 300.000 DM zu erhalten, sich rein rechnerisch für die 50%ige Chance auf 300.000 DM entscheiden müßte, wird er in manchen Fällen die sicheren 100.000 DM bevorzugen. Dabei ist diese Präferenz nicht notwendig Ausdruck der Unkenntnis auf dem Gebiet der Wahrscheinlichkeitsrechnung, sondern es geben hier in Verbindung mit den monetären Chancen der Alternativen Sicherheitserwägungen den Ausschlag[311].

Ein als Nutzen-Theorie bekannter Ansatz von v. Neumann and Morgenstern stellt eine Lösung dieses Problems bereit[312]. In diesem Ansatz ordnen die Spieler den identifizierten Zielen (im Folgenden als Objekte bezeichnet) Nutzenziffern zu. Diese Menge an Zuordnungen führen zu einer (individuellen) Nutzenfunktion, mit der die Grundlage zu einer spieltheoretischen Analyse gelegt ist.

Um eine Nutzenfunktion aufstellen zu können, müssen bei der Zuordnung von Nutzen und Objekt verschiedene Anforderungen erfüllt werden. Eine Liste solcher Forderungen haben beispielsweise Duncan R. Luce and Howard Raiffa (1957) aufgestellt[313]; es seien hier zwei genannt:

(1) Alle Objekte müssen grundsätzlich *vergleichbar* sein; dabei kann der Spieler bezüglich zweier Objekte indifferent sein, aber es muß grundsätzlich eine Vergleichbarkeit gegeben sein

(2) Die Präferenzbildung muß *transitiv* sein, d.h. wenn der Spieler Objekt A dem Objekt B vorzieht und außerdem Objekt B dem Objekt C vorzieht, ist die Forderung der Transitivität nur erfüllt, wenn er auch Objekt A dem Objekt C vorzieht. Ansonsten ist die Präferenzbildung nicht in sich konsistent, und es kann keine sinnvolle Nutzenfunktion aufgestellt werden.

Mit dem Konzept der Nutzenfunktion verbinden sich verschiedene Probleme. So ist die Erfüllung der o.g. Kriterien nicht immer gegeben, was impliziert, daß das Verhalten der Spieler nicht immer als rational zu beurteilen ist. Außerdem ändern sich die Präferenzen im Zeitablauf häufig. So wird ein Angestellter am Anfang eines Streiks wahrscheinlich andere Präferenzen haben als in einer Situation, in welcher der Streik eine längere Zeit andauert[314]. Dieses Problem könnte durch eine entsprechend differenzierte Modellierung der Präferenzstruktur, die in diesem Fall eben auch den Zeitablauf mit einbezieht, behebbar

---

[311] Vgl. Davis, Morton David, "Game theory", New York, 1983, S. 60.
[312] Vgl. Morrow, James D., "Game Theory for Political Scientists", Princeton, 1994, S. 16ff.
[313] Vgl. Davis, Morton David, "Game theory", New York, 1983, S. 64f
[314] Vgl. Davis, Morton David, "Game theory", New York, 1983, S. 70.

sein, aus rein praktischer Sicht allerdings wird der damit verbundene Aufwand erheblich sein.

3.3.3.2 Nash-Gleichgewicht

In der strategischen bzw. Normalform einer Repräsentation eines Spiels lassen sich Kombinationen von Handlungen aller beteiligten Spieler identifizieren, bei denen keiner der Spieler durch die Änderung seiner Handlung einen höheren Nutzen für sich erzielen kann. Solche Kombination von Strategien aller Spieler werden als Nash-Gleichgewicht bezeichnet. Ein bestimmtes Spiel kann keines, eines oder mehrere Nash-Gleichgewichte aufweisen.
Am Gefangenendilemma[315] läßt sich dieser Sachverhalt gut demonstrieren[316]:

Abbildung 7: Gefangenendilemma

		Spieler *c*	
		nicht gestehen	gestehen
Spieler *r*	Nicht gestehen	(5,5)	(-10, 10)
	gestehen	(10,-10)	**(-5, -5)**

Beide Spieler werden unter den definierten Umständen der Spielsituation gestehen. Die Strategiewahl „Gestehen“ für Spieler *r* und *c* bezeichnet das Nash-Gleichgewicht des Spiels, da keiner der Spieler einen Anreiz hat, von dieser Strategie selbständig abzuweichen. Vergleicht Spieler *r* die Ergebnisse seiner Nutzen für jede mögliche Handlungswahl von Spieler *c*, so erzielt er in jedem Fall ein besseres Ergebnis, wenn er gesteht (Ergebnis für Spieler *r*, falls (1) Spieler *c* auch gesteht = -5, falls (2) Spieler *c* nicht gesteht = +10). Aufgrund der Symmetrie gelten die analogen Überlegungen für Spieler *c*.
In diesem Fall handelt es sich um ein sehr robustes Gleichgewicht, denn beide Spieler verfügen über eine sog. *dominante Strategie*. Von einer dominanten Strategie spricht man, wenn bei Wahl dieser Handlungsoption für jede Handlungsmöglichkeit des Gegenspielers ein besseres Ergebnis erzielt wird als bei allen anderen eigenen Handlungsoptionen. Alle anderen Handlungsoptionen werden *dominierte Strategien* genannt.

[315] Die zugrundeliegende Situation: zwei Gefangene werden separiert (also keine Kommunikation möglich) und vor die Wahl gestellt, eine Tat entweder zu gestehen oder nicht: Gesteht nur einer der beiden, wird dieser ohne weitere Bestrafung entlassen (+10), während der andere eine hohe Haftstrafe erhält (-10). Gestehen beide, erhalten beide eine moderate Haftstafe (-5), gesteht keiner der beiden, müssen beide eine noch kürzere Haft verbüßen (+5). Beide Spieler kennen diese Regelung und wissen auch, daß der jeweils andere diese Kenntnis besitzt.

[316] Die Nutzenziffern für Spieler r werden durch den jeweils ersten Wert in der Klammer repräsentiert, die für Spieler c durch den jeweils zweiten.

Eine weitere Unterscheidung kann hinsichtlich der Stärke der Dominanz einer dominanten Strategie gemacht werden: Ist das Ergebnis in jedem Fall, also für jede Strategiewahl des Gegners besser als jede andere Strategiewahl, dann spricht man von einer *stark dominanten* Strategie, wird dagegen für einige Fälle ein besseres Ergebnis und für andere das gleiche Ergebnis erzielt, spricht man von einer *schwach dominanten* Strategie.

Im Beispiel haben beide Spieler eine stark dominante Strategie („Gestehen"), die das Spiel in ein sog. „dominante-Strategie-Gleichgewicht" im grau schraffierten Bereich in Abbildung 7 führt.

Bei einer andereren Nutzenverteilung stellt sich die Wahl nicht so einfach dar. Sind beispielsweise die Nutzen für die Spieler irgendeines Spiels wie folgt verteilt, dann existieren zwei Nash-Gleichgewichte (grau schraffierter Bereich in Abbildung 8), wobei ex ante nicht bestimmt werden kann, welches der beiden Gleichgewichte sich einstellen wird:

Abbildung 8: Spiel ohne dominante Strategien

		Spieler *c*	
		Strategie A	Strategie B
Spieler *r*	Strategie 1	**(1,4)**	(0,2)
	Strategie 2	(-1,0)	**(5,1)**

Wählt Spieler *c* nun Strategie A, kann er seinen höchsten Nutzen von 4 erzielen, riskiert aber gleichzeitig, seinen schwächsten Nutzen von 0 zu erhalten. Bei Wahl von Strategie B kann Spieler *c* zwar nur 2 gewinnen, hat aber auch den Nutzen von 1 sicher, wenn Spieler *r* mit Strategie 2 antwortet. Bei Spieler *r* verhält es sich analog: Je nach Strategiewahl von Spieler *c* erzielt er 1 oder 0, sollte er sich selbst für die Strategie 1 entscheiden, oder er erzielt –1 oder 5, wenn er Strategie 2 wählt.

Die Nash-Gleichgewichte lassen sich dadurch finden, daß die jeweils besten Antworten des Gegenspielers auf die Wahl des Spielers identifiziert werden[317]: Im Beispiel sind dies die Zelle links oben (1,4) und rechts unten (5,1). Wählt Spieler *r* die Strategie 1, ist die beste Antwort von Spieler *c* seine Strategie A, wo er 4 erhält gegenüber 2 bei Wahl von Strategie B. Wählt Spieler *r* Strategie 2, dann ist die beste Reaktion des Spielers 2 Strategie B, denn hier erzielt er 1 gegenüber 0 bei Strategie A.

Bei gegebener Strategiewahl von Spieler *c* gilt analog: Die beste Antwort von Spieler *r* auf Strategie A von Spieler *c* ist Strategie 1, wo er 1 erzielt gegenüber -1 bei Wahl von Strategie 2. Bei gegebener Strategie B zieht Spieler *r* dagegen

[317] Vgl. Morrow, James D., "Game Theory for Political Scientists", Princeton, 1994, S. 80.

die Strategie 2 vor, in der er 5 erhält, während er bei Wahl von Strategie 1 nur 0 erzielt.

Formalisiert lautet die Bedingung für ein Nash-Gleichgewicht:

$u_r(s_{E_r}, s_{E_c}) \geq u_r(s_{r,i}, s_{c,j})$ *für alle* $s_{r,i} \neq s_{E_r}$ und $u_c(s_{r,E_r}, s_{c,E_c}) \geq u_c(s_{r,i}, s_{c,j})$ *für alle* $s_{c,i} \neq s_{c,E_c}$,

wobei:

u_r = Nutzen für Spieler *r*

u_c = Nutzen für Spieler *c*

$s_{r,i}$ = Strategiewahl i Spieler *r*

$s_{c,j}$ = Strategiewahl j Spieler *c*

s_{E_c} = Gleichgewichts-Strategiewahl Spieler *c*

s_{E_r} = Gleichgewichts-Strategiewahl Spieler *r*

Geht man ein komplexeres, in Normalform dargestelltes Spiel an, empfiehlt es sich, das Spiel sukzessiv auf eine Form zu reduzieren, die keine dominierten Strategien mehr enthält, denn dominierte Strategien sind ja eben dadurch definiert, daß sie – unabhängig von der gegnerischen Strategiewahl – bezogen auf die anderen verfügbaren Strategien immer ein höchstens gleichwertiges oder schlechteres Ergebnis zeitigen. Übrig bleibt eine kleinere Matrix, in der die Gleichgewichte dann leichter identifiziert werden können.

Bsp.:

Abbildung 9: Beispiel für reduzierbare Matrix

		Spieler *c*		
		Strategie A	Strategie B	Strategie C
Spieler *r*	Strategie 1	(4,4)	(7,2)	(5, 5)
	Strategie 2	(3,0)	(8,8)	(1, 12)

Spieler *r* hat in diesem Spiel keine dominante und keine dominierte Strategie. Im Vergleich beider für ihn verfügbarer Strategien kann man erkennen, daß nicht alle Nutzen durchweg höher oder durchweg niedriger sind, wenn er Strategie 1 gegenüber Strategie 2 wählt.

Anders verhält es sich bei Spieler *c*: Zwar ist auch bei ihm keine dominante Strategie identifizierbar (keine Strategie erzeugt durchweg einen höheren Nutzen als die beiden anderen Strategien); allerdings unterliegt Strategie B unabhängig von der Strategiewahl des Gegenspielers immer dem Ergebnis von Strategie C (2 < 5 und 8 < 12). Daher kann Strategie B aus der Matrix gestrichen werden, denn auch *r* weiß, daß *c* nie Strategie B wählen würde. Übrig bleibt:

Abbildung 10: Reduktion erster Schritt

		Spieler *c*	
		Strategie A	Strategie C
Spieler ***r***	Strategie 1	(4,4)	(5,5)
	Strategie 2	(3,0)	(1,12)

In der so reduzierten Matrix hat Spieler *r* nun eine dominante Strategie: Entlang der Strategie 1 sind die Ergebnisse für ihn durchweg besser als bei Strategie 2 (4 > 3 und 5 > 1). Dadurch entfällt für das Spiel Strategie 2, so daß nur noch folgende Matrix übrigbleibt:

Abbildung 11: Reduktion zweiter Schritt

		Spieler *c*	
		Strategie A	Strategie C
Spieler ***r***	Strategie 1	(4,4)	**(5,5)**

Da Spieler *r* nur noch Strategie 1 verbleibt, wird Spieler *c* seine Strategie so auswählen, daß für ihn das beste Ergebnis verbleibt; dies ist im Beispiel Strategie C. Das Strategiepaar (Strategie 1; Strategie C) bildet das einzige Nash-Gleichgewicht in diesem Beispiel.

3.3.3.3 Mixed Strategies

Handlungsoptionen bzw. Strategien von Spielern, bei denen diese nur zwischen der Anwendung dieser Strategie oder ihrer Nichtanwendung unterscheiden können, werden *reine Strategien* genannt. Häufig gebietet es die zu modellierende Situation, von einer streng dichotomen Wahl zwischen Handlungsoptionen abzusehen. Stattdessen wird mit Wahrscheinlichkeitsverteilungen über die verfügbaren reinen Strategieoptionen gearbeitet. Diese Modellierung ermöglicht es, der Tatsache mathematischen Ausdruck zu verleihen, daß der Gegenspieler (und möglicherweise der betreffende Spieler selbst) mit einer Wahrscheinlichkeit, die sich kontinuierlich zwischen 0 und 1 bewegen kann, mit der Wahl einer Handlungsoption rechnen muß. Diese Wahrscheinlichkeit kann dem Umstand entstammen, daß die Wahl des Spielers ex ante nicht feststehen kann, auch für ihn selbst nicht, es kann aber auch dadurch entstehen, daß bei der Modellierung des Spiels die Komplexität insoweit reduziert wurde, daß eine Handlungsoption als eine einzige beschrieben wird, obwohl eine feinere Abstufung innerhalb dieser Handlungsoption möglich wären.

Wenn eine Entscheidung über die Wahl einer Handlung bis zur Ausübung der Handlungsoption nicht feststeht, kann dies daraus resultieren, daß der Spieler nicht in der Lage ist, die Ausführung der Handlung vollständig zu kontrollieren (z.B. die Entscheidung zwischen longline und cross beim Tennis). Es kann aber auch sein, daß es aufgrund der Spielsituation Sinn macht, probabilistisch zu handeln. Ein Beispiel dafür bietet das sehr einfache Spiel „Matching Pennies“. Bei diesem Spiel haben zwei Spieler jeweils eine Münze. Für jeden Spieldurchgang entscheiden sich die Spieler, ob sie Kopf oder Zahl vorlegen wollen. Gemäß vorher getroffener Vereinbarung erhält der eine Spieler den Wert der Münze des Gegners, wenn beide Münzen dieselbe Seite aufweisen, der andere Spieler erhält den Wert der Münze, wenn beide Münzen unterschiedliche Seiten zeigen. Dieses Spiel enthält kein Nash-Gleichgewicht und keine dominanten oder dominierten Strategien unter der Annahme reiner Strategien:

Abbildung 12: “Matching Pennies”

		Spieler *c*	
		Kopf	Zahl
Spieler *r*	Kopf	(1,-1)	(-1,1)
	Zahl	(-1,1)	(1,-1)

Um ein Nash-Gleichgewicht im Bereich der kontinuierlichen Strategiewahl, also der gemischten Strategien zu finden, sucht jeder Spieler diejenige Wahrscheinlichkeitsverteilung über die reinen Strategien, bei dem der jeweils andere Spieler keinen größeren Gewinn erzielt, unabhängig davon, welche Strategie dieser verfolgt.

Zur Formalisierung werden den Strategien zunächst Wahrscheinlichkeiten ihrer Auswahl zugeordnet:

Für Spieler r: $0 \le p_{r,K}, p_{r,Z} \le 1$ und für Spieler c: $0 \le p_{c,K}, p_{c,Z} \le 1$

Aus Sicht von Spieler r hat Spieler c folgende Erwartungswerte für die Wahl seiner Strategien:

Strategie „Kopf“: $E_{c,K} = p_{r,K} * (-1) + p_{r,Z} * (+1)$ und Strategie „Zahl“:

$E_{c,Z} = p_{r,K} * (+1) + p_{r,Z} * (-1)$

Spieler r kann die Wahrscheinlichkeiten $p_{r,K}$ und $p_{r,Z}$ selbst bestimmen. Er wird sie so bestimmen, daß c einen so geringen Nutzen wie möglich aus dieser Wahl ziehen kann. Dies ist dann der Fall, wenn c indifferent gegenüber seiner eigenen Strategiewahl ist:

$$E_{c,K} \overset{!}{=} E_{c,Z} \Leftrightarrow p_{r,K} * (-1) + p_{r,Z} * (+1) \overset{!}{=} p_{r,K} * (+1) + p_{r,Z} * (-1)$$

$$\Leftrightarrow p_{r,Z} * 2 = p_{r,K} * 2 \Leftrightarrow p_{r,Z} = p_{r,K}$$

außerdem gilt: $p_{r,Z} = 1 - p_{r,K}$, so daß es nicht überrascht, daß

$$p_{r,Z} = p_{r,K} = \frac{1}{2}.$$

Dasselbe Ergebnis erhält man für Spieler c. Wählt also jeder Spieler mit der Wahrscheinlichkeit von 50% einer seiner beiden Strategien aus, herrscht ein Nash-Gleichgewicht bei gemischten Strategien.

Als Regel gilt, daß in jedem endlichen[318] Spiel mit variabler Summe mindestens ein Nash-Gleichgewicht bei gemischten Strategien existiert[319].

3.3.4 Strategische Züge

Unter strategischen Zügen während eines Spiels versteht man Handlungen der Spieler, die geeignet und darauf gerichtet sind, Einfluß auf Annahmen und damit Handlungen der Mitspieler bzw. Gegner mit dem Ziel zu nehmen, die eigene Position zu verbessern. Ein wesentliches Charakteristikum eines strategischen Zugs besteht darin, die eigenen Handlungsoptionen bewußt zu einzuschränken. Ziel dabei ist es, eben jene Handlungsmöglichkeit auszuschließen, die sich nach Analyse des Spiels ohne strategischen Zug als die sinnvollste ergeben würde, d.h. die zu einer Gleichgewichtssituation führen bzw. eine dominante Strategie bedeuten würde.

Ein klassisches Beispiel dafür bietet die Handlung des spanischen Eroberers Cortés, der nach der Ankunft in Mexiko die Schiffe seiner Flotte unbrauchbar machen ließ. Sichtbar sowohl für seine eigenen Truppen als auch für den Feind beraubte sich Cortés auf diese Weise absichtlich seiner Rückzugsmöglichkeit; als Folge konnte Cortés damit rechnen, daß erstens bei der Mannschaft während des Feldzugs kein Gedanke an einen Rückzug mehr aufkommen konnte, der die Moral gefährdet hätte, und daß zweitens seine Gegner einen entschlossenen, weil der Möglichkeit des Rückzugs beraubten Feind vor sich sahen und gleichzeitig selbst – im Gegensatz zu Cortés‘ Truppen – die Möglichkeit hatten, einen Rückzug ins Hinterland vorzunehmen[320].

3.3.4.1 Arten Strategischer Züge

Strategische Schritte können wie folgt systematisiert werden[321]:

[318] Dabei handelt es sich um ein Spiel, das keine oder eine endliche Anzahl an Wiederholungen erfährt.

[319] Vgl. Morrow, James D., "Game Theory for Political Scientists", Princeton, 1994, S. 92, s. auch dort für den mathematischen Nachweis.

[320] Vgl. Dixit, Avinash K., Nalebuff, Barry J., "Thinking Strategically", London, New York, 1991, S. 153.

[321] Vgl. Dixit, Avinash K., Nalebuff, Barry J., "Thinking Strategically", London, New York, 1991, S. 127.

Abbildung 13: Systematisierung strategischer Züge[322]

Strategische Züge sind bei Spielen einsetzbar, bei denen Entscheidungen der Spieler für eine Handlungsoption simultan getroffen werden müssen. Ein strategischer Zug, ob bedingt oder unbedingt, muß erfolgen, bevor der Gegner seine Strategiewahl getroffen hat.

Ein unbedingter strategischer Zug besteht darin, die eigene Strategie für alle anderen Spieler beobachtbar und unwiderruflich festzulegen, bevor die anderen Spieler die ihren festgelegt haben.

Spieler, die einen bedingten strategischen Zug ausführen, implementieren unilateral eine Regel nach dem Muster „wenn – dann“ im Spiel ebenfalls, bevor die Strategiewahl der anderen Spieler öffentlich geworden ist. Diese Regel beschreibt als Versprechen oder Drohung die Antwort des Spielers auf die Strategiewahl der anderen Spieler. Durch die Einsetzung dieser Regel kann ein ähnliches Ergebnis erzeugt werden, wie es beim unbedingten strategischen Zug erreicht wird.

Ein prominentes Beispiel dafür war die atomare Bedrohung während des Kalten Kriegs, in der die damaligen Supermächte die nukleare Antwort auf eine offensive kriegerische Handlung des Gegners als Regel implementiert hatten[323].

Die Unterscheidung der bedingten strategischen Züge in Drohung und Versprechen sind selbsterklärend; die weitergehende Unterscheidung bei beiden Arten in erzwingend und abschreckend beschreibt die beabsichtigte Wirkung: erzwingend ist der Inhalt von Drohungen bzw. Versprechen, wenn er darauf zielt, die anderen Spielern zu aktiven Handlungen zu bewegen, abschreckend, wenn die anderen Spieler von bestimmten Handlungen abgehalten werden sollen. Kombinationen aus Drohung und Versprechen sind ebenfalls möglich.

3.3.4.2 Glaubwürdigkeit

Die entscheidende Voraussetzung für die Wirksamkeit eines strategischen Zugs bildet die Glaubwürdigkeit, die der den Zug ausführende Spieler bei den anderen Spielern vermitteln kann. Die anderen Spieler müssen davon überzeugt werden, daß die Folgen, die durch die Wenn-dann-Regel angekündigt worden sind, auch

[322] Quelle: Dixit, Avinash K., Nalebuff, Barry J., "Thinking Strategically", London, New York, 1991, S. 127.

[323] Vgl. Dixit, Avinash K., Nalebuff, Barry J., "Thinking Strategically", London, New York, 1991, S. 128ff.

wirklich eintreten, und zwar in dem Moment, in dem die Handlungen der Spieler ausgeführt werden und für den die Folgen angekündigt worden sind.

Durch den strategischen Zug soll die Gleichgewichtslösung gerade verhindert werden. Glaubwürdigkeit ist sowohl für bedingte als auch für unbedingte strategische Züge notwendig: Für bedingte Züge gilt die Forderung nach Glaubwürdigkeit qua Konstruktion des Zugs sowieso, weil hier eine Wenn-dann-Regel eingesetzt wird, deren formulierte Folgen eben nur bei Eintreten bestimmter Strategiewahlen der Gegner aktiviert werden soll. Bei unbedingten strategischen Zügen kann Glaubwürdigkeit ggf. durch Faktizität ersetzt werden: Hat der den strategischen Zug ausführende Spieler seine Strategiewahl getroffen *und in beobachtbar irreversibler Weise umgesetzt*, bedarf es keiner Bemühungen um Glaubwürdigkeit mehr. Hat er dagegen seine Strategiewahl bloß öffentlich verkündet und noch nicht umgesetzt, gibt es für ihn theoretisch immer noch ein Zurück, was Skepsis bei den gegnerischen Spielern erzeugt. In diesem Fall ist er gezwungen, seiner Entscheidung bis zum Zeitpunkt der Umsetzung Glaubwürdigkeit zu verleihen[324].

Eine Gleichgewichtslösung ergibt sich ex definitione aus der Kombination der rationalen Handlungen aller Spieler (s. 3.3.3.2). Daraus folgt, daß zwar die Implementierung der Regel selbst rational war und auch durch die anderen Spieler als rational erkannt werden kann, aber in dem Moment, in dem sie zur Wirkung kommen soll, ist die in durch die Regel angekündigte Antworthandlung irrational[325]. Das wissen auch die anderen Spieler. Dieser Umstand verlangt, die Regel durch soviel Glaubwürdigkeit zu stützen, daß die Irrationalität der Antworthandlung nicht in die Kalkulation der Mitspieler einfließen kann. Um das Problem zu beleuchten, mag wieder das Gleichgewicht der Abschreckung während des Kalten Kriegs dienen: Zwar war die *Drohung* seitens der USA, jedenfalls mit einer nuklearen Attacke auf Angriffe auf die NATO-Staaten zu reagieren, Ergebnis einer rationalen Überlegung und so auch für die UdSSR nachvollziehbar und überzeugend; eine andere Frage ist es, ob die USA die angedrohte Handlung im Zweifel auch wirklich ausgeführt hätten: In diesem Moment nämlich hätten sie durch die angekündigte nukleare Gegenattacke das – zwar beiderseitig, aber eben auch für die NATO – schlechteste Ergebnis des „Spiels“ erzeugt.

Dixit und Nalebuff listen in „Thinking Strategically“ einige Vorschläge zur Erlangung von Glaubwürdigkeit für strategische Züge auf[326]. Sie folgen dabei drei Grundprinzipien, von denen hier zwei wiedergegeben werden:

---

324 Siehe das Beispiel in Dixit, Avinash K., Nalebuff, Barry J., "Thinking Strategically", London, New York, 1991, S. 120ff, insbesondere 123, 124.

325 Vgl. Brams, Steven J., Kilgour, D. Marc, "Game theory and national security", Oxford, New York, 1988, S. 50.

326 Vgl. Dixit, Avinash K., Nalebuff, Barry J., "Thinking Strategically", London, New York, 1991, S. 144ff.

(1) Die Ergebnisse des Spiels können so verändert werden, daß im Zeitpunkt der Handlung aller Spieler die angekündigte Handlung immer noch rational erscheint. Ein Beispiel dafür ist das Abschließen von geeigneten Verträgen, deren Bruch die Kosten einer Abkehr von dem strategischen Zug derart erhöht, daß für die Mitspieler die Handlung als rational erkannt wird. In diese Kategorie fallen auch der Aufbau einer Reputation des betreffenden Spielers, deren Schädigung ebenfalls Kosten für diesen bedeuten würde.

(2) Die Verringerung der Anzahl an Optionen, die durch den strategischen Zug erreicht werden soll, kann selbst glaubhaft gemacht werden. Unter diese Rubrik fällt z.B. die o.g. Handlung von Cortés, der durch das Verbrennen seiner Schiffe glaubhaft seinen Willen zur unbedingten Offensive dargelegt hat. Eine andere derartige Möglichkeit stellt die (technische) Kappung der Kommunikationskanäle dar: nach der Ankündigung der eigenen Strategiewahl bzw. der Wenn-dann-Regel wird die Kommunikation abgebrochen, wodurch z.B. Nachverhandlungen unmöglich werden.

Beim Beispiel oben wird bei Spieltheoretikern, die sich mit dem Thema der nuklearen Abschreckung befaßt haben, konstatiert, daß sich die Glaubwürdigkeit der Drohung der atomaren Antwort auf Basis des zweiten Prinzips ergibt. So wurden von beiden Supermächten Verfahrenswege für diesen Fall aufgebaut, deren Existenz (zumindest) dem Gegner bekannt waren. Da über den Gesamtapparat, in dem diese Prozesse implementiert worden waren,[327] keine exakte Kontrolle wegen der hohen Komplexität und der Schäden, die er im Angriffsfall erlitten haben könnte, möglich ist, besteht keine Sicherheit, daß der Entscheider auf der politischen Ebene seine formulierte Drohung zurücknehmen kann[328]. Das bedeutet, daß damit zu rechnen ist, daß die Maschinerie sich in unbekanntem Ausmaß verselbständigen würde. Diese Unsicherheit beschneidet faktisch die Handlungsoptionen des die Drohung aussprechenden Spielers und macht seine Drohung dadurch glaubwürdig.

3.4 Modell

Um Hinweise auf die Frage zu erhalten, warum die US-amerikanische Politik seit Jahren eine Unterversorgung der Vereinten Nationen mit Liquidität zuläßt, müssen die politischen Interessen der Entscheidungsträger betrachtet werden. Ein zentrales Oberziel für die oben identifizierten auf der politischen Ebene maßgeblich Handelnden dürfte die Wiederwahl der eigenen Person sein. Dies gilt für die Exekutive und Legislative im gleichen Maße[329]. Aus dieser Erkenntnis läßt sich ableiten, daß der Handelnde Erfolge denen gegenüber präsentieren muß, die das Ziel seiner Wiederwahl befördern. Dies ist entweder direkt die

---

[327] Dieser Apparat wird oft mit dem Kürzel „C^3I" = Command, Control, Communication and Intelligence bezeichnet.

[328] Vgl. Brams, Steven J., Kilgour, D. Marc, "Game theory and national security", Oxford, New York, 1988, S. 50f.

[329] Vgl. Mayhew, David R., "Divided We Govern", New Haven, 1991, S. 103f, 110.

Mehrheit der Bevölkerung der USA oder indirekt Medien und Interessengruppen.

Das Modell beschreibt den Konflikt zwischen US-Kongreß und -Exekutive, der sich um die Frage der Bezahlung der Pflichtbeiträge für die UN im allgemeinen und der Friedensoperationen im besonderen dreht. Die Auseinandersetzungen darüber sind formal in den Prozeß der Haushaltsvorbereitungen und -beschlußfassungen eingebettet. Aber auch zu jeder anderen Zeit können durch Gesetzgebung Änderungen des Status Quo erreicht werden. Den Status Quo bildet dabei die Existenz nennenswerter Zahlungsrückstände und eine Gesetzeslage, welche die Exekutive an der vollständigen Zahlung der laufenden Beiträge hindert. Diese Auseinandersetzungen werden vor dem Hintergrund der Rivalität zwischen Administration und Kongreß analysiert.

3.4.1 Interaktion

Im Unterschied zur Entscheidungstheorie bildet die Interaktion der Spieler das wesentliche Element bei der Spieltheorie. Ein entscheidungstheoretischer Ansatz wäre, die Nutzen für Kongreß und Administration isoliert abzuschätzen, ohne die Reaktion des jeweiligen Gegenparts in die Kalkulation einzubeziehen. Diese Betrachtung beschreibt im Falle der Exekutive und Legislative der USA (s. 3.4.2) nur unzureichend die Situation. Aufgrund der Gewaltenteilung, wie sie durch das Checks-and-Balances-System der US-Verfassung konstituiert wird, ergeben sich starke Abhängigkeiten beider Organe voneinander. Dies bedeutet, daß jedes Organ gut beraten ist, die Antwort des jeweils anderen Organs auf eine Initiative hin abzuschätzen. Für die Abbildung dieser wechselseitigen Abhängigkeiten bietet sich die Spieltheorie daher an.

3.4.2 Die Spieler

3.4.2.1 Die Rolle der UN im Spiel

Hinsichtlich der Frage, welche Einflußmöglichkeiten die UN bzw. UN-Organisation selbst hat, um ihre eigene Liquiditätssituation zu verbessern, muß geklärt werden, auf welche Weise diese als handelndes Subjekt definiert werden kann. Dabei kann festgestellt werden, daß die UN zunächst aus der Summe ihrer Mitglieder besteht, deren dort handelnde Personen einem Regelwerk unterliegen. Dieses Regelwerk wird grundlegend durch die Charta der UN gebildet. Darüber hinaus existieren Organisationsstruktur und Infrastruktur, die ihrerseits eine determinierende Wirkung haben können[330]. Innerhalb dieses Regelwerks können sich entscheidungsfähige Mehrheitsverhältnisse der Vertreter der Mitglieder bilden, die zu Entschlüssen führen können und durch die Handlungen ausgelöst werden können.

---

[330] Vgl. Zitka, Frank, "Wandel und Kontinuität", Berlin, 1997, 1997, S. 409.

Außer der Strukturdimension, die den theoretischen Handlungsspielraum determiniert, werden durch die jeweils handelnden Personen, welche die Elemente der Struktur besetzen, die Ausnutzung der Handlungsspielräume bestimmt.

Wenn die UN aber im wesentlichen aus der Summe ihrer Mitglieder besteht, folgt daraus, daß sie über kein eigenes Bewußtsein verfügt und dementsprechend keinen eigenen Willen besitzt[331]. Die Entscheidungen und Handlungen, die innerhalb der Organisation gefällt bzw. ausgeführt werden, sind der Ausfluß der Willensbildung ihrer Mitglieder; die UN bildet auf der Handlungs- und Entscheidungsebene die Schnittmenge und damit den kleinsten gemeinsamen Nenner ihrer Mitglieder im Rahmen der durch das Regelwerk festgelegten Kompetenzen.

Ein Strukturelement der UN-Organisation, das Sekretariat, stellt in gewissem Sinne eine Ausnahme dar. Es dient hinsichtlich der durch die Charta festgelegten Funktion zwar in erster Linie dem Management der Organisation. Allerdings beläßt die Charta der Person des Generalsekretärs einen durchaus signifikanten eigenen Handlungsspielraum, wodurch dieser am ehesten für die Bildung eines eigenen Willens der Organisation prädestiniert ist. Allerdings hängt seine Position personell in hohem Maße vom Wohlwollen der Sicherheitsrat-Mächte ab, wodurch ein direkter Einfluß auf die Mitgliedstaaten – jedenfalls die der Sicherheitsrat-Mächte – stark beschränkt wird[332].

Die UN-Organisation – und damit die Gesamtheit der Mitgliedstaaten der UN – verfügt als internationale Organisation über keine wirksamen Sanktionsmechanismen, die Mitgliedstaaten zur Einhaltung ihrer Verpflichtungen ihr gegenüber zwingen könnten. Die einzigen Mechanismen dieser Art beziehen sich auf Einschränkung der Handlungsfähigkeit eines sich nicht regelkonform verhaltenden Mitglieds innerhalb der Organisation[333]. Die Grundlage hierfür bietet die Charta als Regelwerk der Organisation. Wenn aber die UN die Summe ihrer Mitglieder ist, müssen diese Strafmechanismen bei weltpolitisch bedeutenden Staaten unwirksam sein, denn würde ein solcher Staat aufgrund von Fehlverhalten von der Mitarbeit bzw. sogar als Mitglied aus der Organisation ausgeschlossen, verlöre die Organisation ihren Charakter als Forum der Weltmeinung. Dies gilt z.Zt. ganz besonders für die letzte nach dem Kalten Krieg verbliebene Supermacht, die USA[334].

Insgesamt kann festgestellt werden, daß die UN-Organisation als solche keinen maßgeblichen Einfluß auf ihr eigenes Finanzierungsproblem haben. Dies gilt insbesondere auch aufgrund der Annahme, daß die Erfüllung der Bedingungen, die der Kongreß der USA regelmäßig an die Freigabe der UN-Beitrags-

331 Vgl. Zitka, Frank, "Wandel und Kontinuität", Berlin, 1997, 1997, S. 409.

332 Vgl. Zitka, Frank, "Wandel und Kontinuität", Berlin, 1997, S. 357, 407f.

333 Siehe die Ausführungen zu Art. 19 Charta (2.2.1.1.2).

334 Vgl. Williams, Abiodun; Alvarez, José; Gordon, Ruth; Knight, W. Andy, "Article 2(7) Revisited", Providence, RI, 1994, Chapter II.

zahlungen stellt, kein wirksames Mittel darstellt, die Zahlungen auch tatsächlich auszulösen.

Es kann daher für die Modellbildung gefolgert werden, daß die UN-Organisation zwar ein vitales Interesse an dem Ausgang des Spiels hat, aber praktisch keinen Einfluß auf sein Zustandekommen. Daher bleiben die UN – sowohl in ihrer Eigenschaft als Organisation als auch als die Gesamtheit ihrer Mitglieder – als Spieler im Modell unberücksichtigt[335].

3.4.2.2 Spieler in den USA

Der Präsident und seine Regierungsmannschaft einerseits und die beiden Häuser des Kongresses – also Repräsentantenhaus und Senat – andererseits stellen zwei Machtpotentiale als Organe der US-Regierung dar. Auf der Seite der Exekutive sind es insbesondere der Sicherheitsberater, der Außenminister und der UN-Botschafter, die in verstärktem Maße mit dem Thema konfrontiert sind; sie beraten den Präsidenten in außenpolitischen Fragen[336]. Eingeschränkt gilt dies auch für Verteidigungsminister und den CIA-Chef. Innerhalb des Kongresses befassen sich eine Vielzahl von Ausschüssen mit außenpolitischen Fragen[337]; insbesondere spielen bei außenpolitischen Themen der Senat und seine Ausschüsse die entscheidende Rolle innerhalb des Kongresses[338]. Ein Grund dafür mag die längere Amtszeit der Senatoren sein, die ihnen eine Beschäftigung mit außenpolitischen Themen erleichtert[339].

In den vergangenen Jahren war dies der Außenpolitische Ausschuß (Foreign Relations Committee) des Senats unter dem Vorsitz von Senator Jesse Helms[340]. Helms kann als Kritiker der UN gelten; schon 1978 sorgte ein auf seine Anregung hin angenommenes Amendment dafür, daß die Beiträge für den ordentlichen Haushalt der UN um die Summe gekürzt wurde, welche die UN für technische Hilfeleistungen an Entwicklungsländer ausgegeben hatten. Dieses Amendment, das Helms mit seiner Überzeugung begründete, daß man Entwicklungshilfe nicht den UN überlassen sollte, blieb nur ein Jahr in Kraft, schuf aber einen Präzendenzfall für unilaterale Kürzungen der US-Beitragszahlungen[341]. Schon seinerseits stellte diese Kürzung einen Angriff auf die Politik der Administration

[335] Vgl. Brams, Steven J., Kilgour, D. Marc, "Game theory and national security", Oxford, New York, 1988, S. 3f.

[336] Vgl. Zitka, Frank, "Wandel und Kontinuität", Berlin, 1997, S. 338f.

[337] Vgl. Crabb, Cecil V., Antizzo, Glenn J., Sarieddine, Leila E., "Congress and the Foreign Policy Process", Louisiana, 2000, S. 140.

[338] Vgl. Crabb, Cecil V., Antizzo, Glenn J., Sarieddine, Leila E., "Congress and the Foreign Policy Process", Louisiana, 2000, S. 87.

[339] Senatoren werden für sechs Jahre gewählt; vgl. Zitka, Frank, "Wandel und Kontinuität", Berlin, 1997, S. 338.

[340] Helms saß dem Ausschuß 1973 erstmals vor. Er stellte sich 2002 nicht mehr zur Wiederwahl; seine Amtzeit läuft im Jahr 2003 aus.

[341] Vgl. Zitka, Frank, "Wandel und Kontinuität", Berlin, 1997, S. 345f.

unter Carter dar, der in seiner Außenpolitik explizit einen multilateralen Ansatz verfolgte[342].

Beide Lager – also Exekutive und Gesetzgeber – bestehen aus vielen Einzelelementen, die untereinander in Beziehung stehen, auch über die Grenzen der Lager hinweg. Innerhalb der Exekutive können Rivalitäten beispielsweise zwischen Außenministerium und UN-Botschafter existieren. Mitglieder der Administration unterhalten Beziehungen zu Mitgliedern des Repräsentantenhauses und dem Senat. Innerhalb des Kongresses kann es Rivalitäten zwischen Repräsentantenhaus und Senat geben. Auch innerhalb von Repräsentantenhaus und Senat wird das Verhältnis durch Abhängigkeiten und Rivalitäten geprägt, die daraus resultieren, daß Kongreßmitglieder verschiedenen Parteien angehören und daß sie unabhängig voneinander Wiederwahl anstreben und daher auf sich aufmerksam machen müssen. Sie müssen sich in diesem Zuge nicht nur gegen die Administration, sondern auch gegenüber anderen Mitgliedern des Kongresses durchsetzen. Ein für Fragen bzgl. der UN wichtiger Kommunikationskanal zwischen Administration und Kongreß stellt die Abordnung zweier Senatoren – immer ein Republikaner und ein Demokrat – zu den jährlichen Generalversammlung-Sitzungen dar. Diese Senatoren kommen während ihrer Abordnung in engen Kontakt mit dem USUN-Büro (United States Missions to the United Nations) des Außenministeriums[343].

Trotzdem genügt an dieser Stelle zum Zwecke der Modellierung die Darstellung der Legislative und Exekutive als jeweils ein Spieler, weil sowohl bei der Exekutive als auch bei der Legislative angenommen wird, daß die jeweiligen Einzelelemente sich in ausreichendem Maße als Teil des jeweiligen Organs begreifen und sich dadurch die sicherlich bestehenden Einzelinteressen oder individuellen Überzeugungen im Sinne des Organs disziplinieren lassen.

Öffentliche Meinung, Interessengruppen und Medien nehmen Einfluß auf beide Spieler. Dies gilt allgemein und auch im besonderen Falle der Beitragszahlungen für UN-Haushalt und Friedensoperationen. Allerdings wirkt diese Einflußnahme nicht nur unidirektional; Kongreß und Administration unternehmen vielerorten Anstrengungen, um insbesondere bei Presse und Öffentlichkeit das Interesse für bestimmte Themen zu wecken. Die Administration hat häufig Gelegenheit über Presseerklärungen und Ankündigungen von Regierungsinitiativen[344], der Kongreß benutzt sehr häufig das Vehikel der Öffentlichen Anhörungen, die Ausschüsse aus beiden Häusern abhalten können, um den Fokus von Öffentlichkeit und Medien auf einen bestimmten Sachverhalt zu richten[345].

[342] Vgl. Zitka, Frank, "Wandel und Kontinuität", Berlin, 1997, S. 65.

[343] Vgl. Zitka, Frank, "Wandel und Kontinuität", Berlin, 1997, S. 337.

[344] Vgl. Briggs, Philip J., "Making American Foreign Policy", London, 1994, S. 6; Lindsay, James M., "Congress and the Politics of U.S. Foreign Policy", London, 1994, S. 132, 156.

[345] Vgl. Lindsay, James M., "Congress and the Politics of U.S. Foreign Policy", London, 1994, S. 58.

Dadurch bauen Administration wie Kongreß gezielt öffentlichen Druck auf den politischen Gegner in der jeweiligen Frage auf.
Es ist prinzipiell möglich, die einflußnehmenden Faktoren – also Öffentlichkeit, Medien und Interessengruppen – als Spieler in das Modell einzuarbeiten. Andererseits besteht allerdings auch die Möglichkeit, die Wirkung, welche diese Faktoren entfalten, in den Nutzen der beiden o.g. Spieler abzubilden. Letzteres Vorgehen scheint hier ausreichend. Wendet man einen spieltheoretischen Ansatz beim Modellieren einer Entscheidungssituation an, so geschieht dies wegen der wechselseitigen Beeinflussung der Spieler untereinander, d.h. die Strategiewahl der anderen Spieler wirkt sich auf die eigene Strategiewahl aus. Oben wurde gesagt, daß Presse und Öffentlichkeit auf Administration und Kongreß wirken und umgekehrt. Tatsächlich handelt es sich dabei aber nicht um eine Strategiewahl, die in einer Abhängigkeit zueinander steht. Wenn Exekutive bzw. Kongreß Einfluß auf Presse und Öffentlichkeit nehmen, dann geschieht dies meist aus taktischen Gründen, um Druck auf den jeweils anderen Spieler auszuüben. Man wird hier also sinnvollerweise eine Instrumentalisierung der Einflußfaktoren durch die Spieler im Rahmen von Auseinandersetzungen annehmen.
Falls eine Beeinflussung nicht der Grund für die Aktivität von Medien und Öffentlichkeit ist, dann bestehen die Beweggründe für die Aktivität aus exogenen Faktoren, die sich dem Einfluß von Administration und Kongreß entziehen, so daß überhaupt keine Interaktion zu konstatieren ist.
Hier wird im Zusammenhang mit Öffentlichkeit, Medien und Interessengruppen für die Modellierung angenommen, daß diese als Faktoren in die Nutzenabwägungen von Präsident und Kongreß eingehen. Die beiden Spieler stehen formal betrachtet in diesem Fall vor einem Problem, das eher entscheidungstheoretischer Natur ist.

3.4.3 Strategien

Um die Handlungsoptionen bzw. Strategien der beiden Spieler – Administration und Kongreß – zu untersuchen, bedarf es einer Aussage zu Umfeld und Zeitpunkt der möglichen Handlungen. Einen wichtigen Schauplatz der Auseinandersetzungen bietet die Aufstellung des Haushalts der USA. Allerdings bleiben die Streitigkeiten nicht auf diesen Prozeß allein beschränkt. Insbesondere bei den Beiträgen zu den i.d.R. ad hoc beschlossenen und zu finanzierenden Friedensoperationen handelt es sich gerade nicht um regelmäßig, ex ante zu berücksichtigende Zahlungen; sie sind wie bei allen anderen UN-Mitgliedern nicht oder nur unzureichend bei der Haushaltsaufstellung abschätzbar[346]. Aus aktuellem politischen Anlaß ergeben sich auch außerhalb des Haushaltsprozederes Gesetzesinitiativen, z.B. wenn die USA einen Sitz in einem Organ der UN-Organisation verliert, eine Friedensoperation öffentliches Interesse erweckt o.ä.. Und schließ-

346 Vgl. Hüfner, Klaus, "Die Vereinten Nationen und ihre Sonderorganisationen (3A)", Bonn, 1997, S. 126, FN 20 für die Schwierigkeit, Friedensoperationen im nationalen Haushalt zu berücksichtigen..

lich werden regelmäßig dann die Diskussionen über das Thema entfacht, wenn die Liquiditätslage der UN-Organisation wieder einmal besonders bedrohlich ist; auch diese Zeitpunkte decken sich nicht mit denen des US-amerikanischen Haushaltsbeschlusses. Insgesamt kann festgehalten werden, daß das Thema dauerhaft schwelt und eine mögliche Initiative in Richtung einer Änderung des Status Quo bzgl. der Frage der Beitragszahlungen prinzipiell jederzeit möglich ist.

Der Präsident kann dabei die Initiative ergreifen und versuchen, durch seine Beamten im Kongreß eine günstige Stimmung für die Bezahlung der Beiträge zu schaffen. Er kann dem Kongreß im Wege von Verhandlungen bestimmte Zugeständnisse anbieten, wenn dafür die Zahlungen der Beitragsrückstände verabschiedet oder Gesetzgebung zugunsten der Freigabe der Mittel für aufgestaute Zahlungsrückstände initiiert und durch beide Häuser gebracht wird.

Die gerade erwähnten Maßnahmen tragen einen kooperativen Charakter. Ebenso vorstellbar ist ein aggressiveres Vorgehen, bei dem der Präsident mit Veto für Haushalt oder anderen gesetzgebenden Maßnahmen des Kongresses drohen kann, falls Rückstände oder aktuelle Rechnungen nicht bezahlt werden; er kann den Kongreßmitgliedern drohen, für ihre Gesetzesinitiativen auf anderen, möglicherweise innenpolitischen Gebieten Schwierigkeiten zu bereiten.

Die Administration kann auch in passiver Stellung verharren und keine – zumindest nachhaltige – Initiative zur Änderung des Zustands ergreifen.

Prinzipiell kann sie schließlich für eine weitere Verringerung der Zahlung plädieren.

Damit wären einzelne diskrete Punkte auf dem Spektrum der Handlungsoptionen der Administration aufgezeigt. Selbstverständlich ergeben sich auch zwischen diesen Punkten Möglichkeiten zur Handlung.

Der Kongreß hat eine analoge Strategieauswahl.

Auch für ihn besteht aufgrund seiner gesetzgeberischen Macht die Möglichkeit, in der Frage der Beitragszahlungen zum UN-System initiativ zu werden. Er kann in seinen Ausschüssen öffentliche Untersuchungen vornehmen, welche das Vorgehen der Exekutive auf außenpolitischem Gebiet zum Inhalt hat. Er kann das GAO mit Analysen beauftragen oder sich öffentlich zu relevanten Fragestellungen äußern. Die Initiative kann dabei in Richtung sowohl einer vollständigen als auch einer weiter verkürzten Zahlung gehen. Er kann aber auch passiv verharren und den Status Quo einfach halten; ist allerdings ein Gesetz wirksam, das die Beitragsrückstände automatisch aggregieren läßt (wie beispielsweise das Kassebaum-Amendment), dann muß auch diese Handlung als Versuch der Änderung des Status Quo angenommen werden.

3.4.4 Ziele

Nachdem die Spieler als Exekutive einerseits und Kongreß andererseits und deren Handlungsoptionen identifiziert worden sind, gilt es, die Ziele des Spiels für die Spieler zu untersuchen. Das Ergebnis dieser Untersuchung besteht in den

Nutzenfunktionen der Spieler und stellt die sog. payoffs, d.h. die sich ergebenden Nutzen in der modellierten Entscheidungssituation dar.

3.4.4.1 Einordnung ins Zielsystem

Man kann sicher annehmen, daß die Ziele für Kongreß und Exekutive im Zusammenhang mit der Auseinandersetzung um die Überweisung der UN-Beitragszahlungen im Zielsystem für die Erreichung des Hauptziels der Spieler, nämlich deren Wiederwahl, eingebettet sind. Dieses Oberziel prägt alle Auseinandersetzungen der beiden Organe und determiniert auch die Nutzenkalkulationen in der zu modellierenden Konfliktsituation um die Begleichung der Rechnungen der UN.

Die Arbeit der Exekutive wird an ihren Aktivitäten auf innen- und außenpolitischem Gebiet gemessen. Auf innenpolitischem Gebiet müssen i.d.R. Gesetze erlassen werden, um der präsidialen Politik Gestalt zu geben, wogegen im außenpolitischen Bereich die Gestaltung der Exekutive solange besteht, bis Gesetzgebung diese einschränkt[347]. Insoweit verfügt die Exekutive im außenpolitischen Bereich über die besseren Voraussetzungen. Dazu kommt, daß der Präsident den Vorteil hat, vom gesamten amerikanischen Volk gewählt zu sein, während die Abgeordneten des Kongresses nur regional begrenzte Wählerschaften hinter sich haben. Allgemein ist es für den Kongreß riskanter, außenpolitische Vorhaben der Exekutive zu erschweren, denn die Außenpolitik wird allgemein als Domäne des Präsidenten anerkannt[348].

Überdies ist es für einzelne Kongreßmitglieder gleichzeitig riskant und mit wenig Aussicht auf viel Aufmerksamkeit verbunden, sich substantiell für außenpolitische Themen zu engagieren. Im allgemeinen wird das Interesse der US-amerikanischen Bevölkerung an außenpolitischen Themen als weit geringer als das für die Innenpolitik eingeschätzt. Dagegen wird dem Präsidenten aufgrund der Tatsache, daß er über die Verfassung mit entsprechenden Mitteln ausgestattet ist (z.B. als Commander in Chief) und durch eine nationale Wählerschaft gestützt ist, die vorherrschende Rolle in der Außenpolitik zuerkannt[349]. Die Wähler erscheinen deswegen auch ein politisch-substantielles Eingreifen von ihren Kongreßabgeordneten weniger zu verlangen als eine fiskalische Aufsicht der Tätigkeit der Exekutive[350]. Dagegen entsteht ein vergleichbar großes Risiko dadurch, daß gerade in außenpolitischen Themen und Vorgängen die Informationen des Kongresses regelmäßig signifikant geringer sind als die der Exekutive, wodurch ihr Handlungsspielraum größer ist und die Gefahr besteht, daß der Sinn einer substantiellen Gesetzgebung verfälscht wird. Das Ergebnis

---

347 Vgl. Lindsay, James M., "Congress and the Politics of U.S. Foreign Policy", London, 1994, S. 142f.

348 Vgl. Lindsay, James M., "Congress and the Politics of U.S. Foreign Policy", London, 1994, S. 35.

349 Vgl. Briggs, Philip J., "Making American Foreign Policy", London, 1994, S. 3.

350 Vgl. Lindsay, James M., "Congress and the Politics of U.S. Foreign Policy", London, 1994, S. 36.

eines solchen legislativen Eingreifens kann von der Exekutive gegen den Kongreß verwendet werden[351], was es einzelnen Abgeordneten auch bereits am Anfang einer Initiative schwierig macht, überhaupt ausreichende Mehrheiten innerhalb des Gesetzgebers zu erreichen.

Während die Exekutive qua Amt in der Lage ist, im Rahmen ihres Umsetzungsauftrags auf aktive, gestaltende Weise zu verhandeln und Entscheidungen zu treffen, bleibt dem Kongreß oft nur, die Exekutive auf passive Weise durch Gesetzgebung in ihren Handlungen zu beschränken. Da der Präsident die vom Kongreß initiierten Gesetze gegenzeichnen muß, damit sie wirksam werden, und umgekehrt der Kongreß die Handlungen und Gesetzesinitiativen genehmigen muß, sind die Spieler gegenseitig voneinander abhängig. Insbesondere ist der Kongreß für den Haushalt auf Bundesebene verantwortlich und kann so die Aktivitäten der Administration kontrollieren („power of the purse"). Diese gegenseitige Abhängigkeit entspricht der Absicht der US-amerikanischen Verfassung, als daß diese ein System von sog. „Checks and Balances" vorsieht, in dem weder Legislative noch Exekutive unkontrolliert agieren können, sondern vielmehr bei ihrer Arbeit vom jeweils anderen Organ abhängig sind. Das System zwingt die Gewaltenträger zur Kompromißsuche, insbesondere bei Fragen von großem nationalen Interesse[352].

Von besonderer Bedeutung ist, daß die Parteizugehörigkeit des Präsidenten im Verhältnis zu den Mehrheiten im Kongreß keine besonders bedeutende Rolle spielt. D.h., daß der Kongreß und seine Mitglieder häufig unabhängig von der Parteizugehörigkeit der Regierungsmannschaft agieren. Es besteht eher ein Wettbewerb zwischen den Zweigen der Administration Exekutive und Legislative als zwischen den beiden Parteien Demokraten und Republikanern[353].

In seinem Buch „Divided We Govern" stellt David R. Mayhew fest, daß die üblicherweise geäußerte Vermutung, der Kongreß werde einer Administration mehr Schwierigkeiten bereiten, wenn sie von einer anderen Partei stammt als die Kongreßmehrheit, nicht nachweisbar ist. Zu diesem Zwecke hat er im Zeitraum 1946 bis 1990 wichtige Gesetzesinitiativen und Untersuchungen durch den Kongreß („exposure probes") methodisch identifiziert und sie verursachungsgerecht einerseits Perioden von Übereinstimmung der Parteizugehörigkeit von Kongreßmehrheit und Administration und andererseits Perioden, in denen keine solche Übereinstimmung gegeben war, zugeordnet. Im Ergebnis ließ sich feststellen, daß im Untersuchungszeitraum beim Erlaß wichtiger Gesetze keine signifikante Abhängigkeit von der parteimäßigen Konstellation zwischen Administration und Kongreßmehrheit gegeben war[354]. Als Erklärung für dieses

---

351 Vgl. Lindsay, James M., "Congress and the Politics of U.S. Foreign Policy", London, 1994, S. 93.

352 Vgl. Loewenstein, Karl, "Verfassungsrecht und Verfassungspraxis der Vereinigten Staaten", Berlin, Göttingen, Heidelberg, 1959, S. 365.

353 Vgl. Loewenstein, Karl, "Verfassungsrecht und Verfassungspraxis der Vereinigten Staaten", Berlin, Göttingen, Heidelberg, 1959, S. 366.

354 Vgl. Mayhew, David R., "Divided We Govern", New Haven, 1991, S. 31.

Phänomen identifiziert der Autor einige Muster, welche die der Parteizugehörigkeit überlagern und überkompensieren können[355].

Als ein wichtiges Muster stellt Mayhew die Notwendigkeit sowohl der Kongreßabgeordneten als auch der Mitglieder der Exekutive dar, ständig um Werbung für die eigene Person bemüht sein zu müssen, um sich eine Wiederwahl oder eine Wahl in ein höheres Amt (z.B. von einem Sitz im Repräsentantenhaus in den Senat) zu sichern. Zu solchen Werbemaßnahmen zählt u.a. das Einnehmen von entschiedenen Positionen zu einzelnen Sachverhalten und der Aufbau und das Erhalten von Glaubwürdigkeit und Vertrauen bei den Wählern[356]. Bei diesen Erwägungen von Mitgliedern des Kongresses scheint die Frage, ob die Administration aus der eigenen Partei kommt oder nicht, zweitrangig zu sein[357]. Dies läßt sich mindestens für Gesetzesinitiativen sagen. Bei Untersuchungen von Mitgliedern der Exekutive spielt die Parteizugehörigkeit doch eher eine Rolle; von solchen Maßnahmen sieht man eher ab, wenn die Administration von der eigenen Partei gestellt wird[358].

Eine weitere die Parteizugehörigkeit überlagernde Komponente besteht in den Art und Weise der präsidialen Führung. Mayhew stellt als Eigenschaften der präsidialen Führung die Agenda, d.h. die ideologische Kraft des Regierungsprogramms, den Durchsetzungswillen und schließlich die Fähigkeiten von Präsident und Regierungsmannschaft fest. Zu den Fähigkeiten zählen Verhandlungsgeschick in der Zusammenarbeit mit dem Kongreß, Überzeugungskraft und die Fähigkeit zur Mobilisierung der Öffentlichkeit[359]. Die Qualität der präsidialen Führung beeinflußt unabhängig von der Parteizugehörigkeit der Administration im Verhältnis zu derjenigen der Kongreßmehrheit die Fähigkeit der Administration, Gesetzesinitiativen zum Erfolg zu führen. Sie ist dabei nicht einmal innerhalb der Amtszeit eines Präsidenten zeitlich und inhaltlich gleichmäßig verteilt[360].

3.4.4.2 Kongreß

Welche Auswirkungen haben nun die oben geschilderten Sachverhalte auf die Frage der Überweisung der Rechnungen der UN-Organisation und den im Zusammenhang stehenden Nutzenerwägungen? Man muß bei der Modellierung davon ausgehen, daß die Mitglieder von Repräsentantenhaus und Senat auch diese Frage nutzen, um eine Profilierung der eigenen Person zu erreichen. Dabei wird es ihnen nur marginal darauf ankommen, von welcher Partei die Exekutive gestellt wird. Den Ausschlag gibt eher der Aspekt, daß man über die Frage der Beiträge für UN-Aktivitäten über eine Einflußmöglichkeit auf die Außenpolitik der Administration verfügt, die auf diesem Gebiet traditionell losgelöst von innenpolitischen Zwängen leichter agieren kann, um sich ihrerseits zu profilie-

---

355 Vgl. Mayhew, David R., "Divided We Govern", New Haven, 1991, S. 100ff.
356 Vgl. Mayhew, David R., "Divided We Govern", New Haven, 1991, S. 103.
357 Vgl. Mayhew, David R., "Divided We Govern", New Haven, 1991, S. 104.
358 Vgl. Mayhew, David R., "Divided We Govern", New Haven, 1991, S. 111.
359 Vgl. Mayhew, David R., "Divided We Govern", New Haven, 1991, S. 113.
360 Vgl. Mayhew, David R., "Divided We Govern", New Haven, 1991, S. 113.

ren[361]. Eine bedeutende Rolle dürfte auch die Skepsis gegenüber multilateralen Ansätzen in der Außenpolitik spielen, die bei vielen Abgeordneten festzustellen ist. Ein Kongreßmitglied, das eine entschieden kritische Haltung den UN gegenüber einnimmt, kann so denjenigen Wählern, die eine ähnlich kritische Ansicht haben, wirksam Vertrauens- und Glaubwürdigkeit demonstrieren, indem er gegen die UN als Verkörperung der Multilateralität agiert[362]. Werden Beiträge zurückgehalten, und geraten die UN dadurch in ernsthafte Schwierigkeiten, werden sowohl Präsident als auch die UN selbst in Person ihres Generalsekretärs in Verbindung mit dem Kongreß treten, um ihn zu einer Umkehr zu bewegen; dies verspricht eine solide Öffentlichkeitswirkung, die durch Anhörungen zu dem Thema vertieft werden kann. Gibt man die Mittel einfach frei, bleibt der Kongreß bei Entscheidungen bzgl. der US-amerikanischen UN-Aktivitäten weitgehend außen vor[363].

Der Einfluß auf die UN-Politik der USA durch den Kongreß erschöpft sich aber nicht bloß in der Prestigefrage. Er stellt auch eine Verhandlungsmasse im Bezug auf andere, insbesondere auch innenpolitische Themen dar. Dieser Umstand wird bei einigen Bedingungen sichtbar, die der Kongreß gelegentlich an die Begleichung der UN-Beitragsforderungen gekoppelt hat. Während man üblicherweise von seiten des Kongresses die Freigabe der Gelder – gleichsam als Begründung für die Zurückhaltung der Beiträge – an bestimmte Reformen des UN-Systems geknüpft hatte, wurden faktisch auch Bedingungen formuliert, die rein innenpolitischen Charakter hatten und thematisch von der Frage der UN-Beiträge losgelöst waren. Diese Junktims sind zwar als unzulässig kritisiert worden, tatsächlich aber dürften sie die Administration auf innenpolitischem Gebiet unter Druck gesetzt haben.

Hier wird davon ausgegangen, daß diese Einflußmöglichkeit für den Kongreß ein relativ wichtiges Instrument darstellt. Er wird es daher vorziehen, diesen Einfluß zu behalten statt ihn preiszugeben[364].

3.4.4.3 Exekutive

Im Falle der Exekutive kommt es zunächst einmal entscheidend auf ihre ideologische Ausrichtung an, wie wichtig ihr das Instrument UN mit seiner entschieden multilateralen Ausrichtung überhaupt ist. Man kann allerdings allgemein sagen, daß der Weg über die UN – egal ob über deren Programmarbeit, Sonderorganisationen oder Friedensoperationen – eine Option der Politik auf außenpolitischem Gebiet darstellt. Da die tatsächlichen Kosten dieser Option sehr

---

361 Vgl. Zitka, Frank, "Wandel und Kontinuität", Berlin, 1997, S. 296

362 Vgl. Briggs, Philip J., "Making American Foreign Policy", London, 1994, S. 7.

363 Ausgenommen sind dabei allerdings Personalentscheidungen und natürlich die Ratifizierung internationaler Abkommen (s. 3.1.2).

364 Righter beschreibt die Haltung des Kongresses nach der erfolgreichen Durchsetzung des Kassebaum-Amendments Mitte der 80er Jahre: „Having discovered the leverage it could exert, Congress was reluctant to relinquish its hold." (vgl. Righter, Rosemary, "Utopia lost", New York, 1995, S. 233).

gering sind und damit keine schwerwiegenden Alternativkosten verursachen, ist es für die Exekutive immer besser, sie zu haben, als sie nicht zu haben. Außerdem holt regelmäßig die Realität gerade entschiedene isolationistische Ideologien in der Form ein, daß im Verlauf der Regierungsarbeit die Notwendigkeit auftritt, die multilaterale Option auszuüben[365]. Das heißt zwar nicht, daß nur die UN als Plattform für die politischen Handlungen in Frage kommt, aber sie ist die einzige, die über eine derart breite Legitimationsbasis für diese Handlungen verfügt[366].

Besonders deutlich wird der Vorteil der Organisation im Bereich der Sicherheitspolitik dann, wenn ein regional begrenzter Konflikt auftritt und die USA selbst kein vitales Interesse an der Lösung hat. In diesem Fall drängt die Öffentlichkeit häufig aus humanitären Beweggründen auf ein Eingreifen der eigenen Regierung. Durch diesen Druck gerät die Administration in eine riskante Position: Engagiert sie sich mit eigenen Mitteln militärisch, besteht neben der Gefahr der unübersichtlichen Lage solcher Situationen mit all ihren gefährlichen Implikationen außerdem die Gefahr des Verlusts an eigenen Truppen, während die Entsendung US-amerikanischer Truppen gleichzeitig stark im Interesse der Öffentlichkeit steht[367]. Diesen schwer kalkulierbaren Risiken (militärische, politische und finanzielle) steht in solchen Fällen ein relativ geringer Nutzen gegenüber. Trotzdem ist der Druck, der von der Öffentlichkeit ausgeht, stark genug, um die Administration zur Reaktion auf solche krisenhafte Situationen zu zwingen[368]. Hier bietet die UN eine günstige Alternative zur bilateralen Auseinandersetzung: Ohne auf den eigenen Einfluß zu verzichten, kann man relativ risikolos eine Bearbeitung des Konflikts auf multilateraler Ebene vornehmen. Dabei werden die Risiken auf die Mitglieder der UN verteilt; im Falle des Mißlingens lastet die Verantwortung also auf vielen Schultern, und man hat darüber hinaus die Möglichkeit, die Organisation selbst für den Mißerfolg verantwortlich zu machen[369], im Erfolgsfall kann man überzeugend die eigene Mitarbeit und Verantwortung hervorheben, zumal als ständiges Mitglied des Sicherheitsrats.

Der o.g. Nutzen für die Exekutive bleibt aber im Zeitverlauf nicht konstant. Zum einen bestimmt die Haltung der anderen UN-Mitglieder der USA gegenüber und deren daraus resultierenden Handlungen in Generalversammlung und anderen Organen die Möglichkeit der USA, die UN als Mittel für ihre Politik zu nutzen. Bestimmte Initiativen oder Stellungnahmen der USA können bei einzelnen Mitgliedstaaten oder Gruppierungen, wie z.B. der EU-Länder oder der G-77, zu einer ablehnenden Haltung gegenüber den USA führen. Für die Carter-Administration beispielsweise war dies ein wesentlicher Grund für die

---

365 Vgl. Zitka, Frank, "Wandel und Kontinuität", Berlin, 1997, S. 106 u. 289.
366 Vgl. Zitka, Frank, "Wandel und Kontinuität", Berlin, 1997, S. 83, FN18.
367 Vgl. Zitka, Frank, "Wandel und Kontinuität", Berlin, 1997, S. 296.
368 Vgl. Zitka, Frank, "Wandel und Kontinuität", Berlin, 1997, S. 330.
369 Vgl. Zitka, Frank, "Wandel und Kontinuität", Berlin, 1997, S. 399.

ernüchterte Neubewertung der multilateralen Arbeit über die UN[370]. Zum anderen kann der Nutzen der UN gewissermaßen „verbraucht" werden: insbesondere dann, wenn eine Aktivität der UN in einem Mißerfolg endet – hierfür kommen insbesondere hinsichtlich ihrer Öffentlichkeitswirksamkeit die UN-Friedensoperationen als Beispiel in Betracht – und die USA oder auch andere Mitglieder weisen ihr die Schuld an diesem Mißerfolg zu, so wird das Ansehen der Organisation beschädigt. Als Folge davon läßt sich der Nutzen der UN gegenüber der Öffentlichkeit natürlich schlechter darstellen, und die Exekutive wird Schwierigkeiten haben, Attacken aus dem Kongreß gegen die UN abzuwehren. So schob die Clinton-Administration 1993 nach dem Desaster während der Mission in Somalia der UN die Verantwortung zu, obwohl die UN daran offensichtlich keine Schuld trug, denn die mißglückte Operation war ausschließlich unter US-amerikanischem Kommando durchgeführt worden[371]. Als Folge davon nahm die Neigung in den USA ab, sich an Friedensoperationen der UN zu beteiligen, und der Kongreß unternahm sofort öffentlichkeitswirksame Schritte, um künftig den Schaden, den die USA durch UN-Operationen angeblich zu erleiden drohte, abzuwenden[372].

Alles in allem kann man von einer positiven Einschätzung der Möglichkeiten der UN, besonders auch der Friedensoperationen, durch die Administration ausgehen. Selbst wenn in Zeiten des ideologischen Isolationismus die UN teilweise und v.a. anfänglich als „dangerous place"[373] angesehen wird, ist die Wahrscheinlichkeit groß, daß die negative Einschätzung während der Regierungsperiode relativiert wird. Insbesondere in der nach dem Kalten Krieg entstandenen Situation hat sich die Wahrscheinlichkeit des Auftretens unübersichtlicher, komplex verknüpfter Konfliktsituationen erhöht[374], so daß damit zu rechnen ist, daß unilaterales Vorgehen in seinen Konsequenzen immer schwerer abschätzbar wird.

Sicherlich hat die Exekutive aber auch ein vitales Interesse daran, die Vorgänge innerhalb der Organisation maßgeblich beeinflussen zu können. In dieser Frage wirkt die Einbehaltung der geschuldeten Beiträge sowohl in Richtung eines Einflußgewinns als auch eines Einflußverlusts. Als für die USA positive Folge der Einbehaltung des Geldes lassen sich einige verwaltungstechnische Änderungen erkennen. So wurde das Konsensverfahren in den Haushaltsprozeß implementiert, der den Hauptbeitragszahlern ein faktisches Veto in Haushaltsfragen einräumt[375]. Die Einrichtung der OIOS geht auf das Konto des von der Nichtzahlung erzeugten Drucks[376]. Allerdings wird die Arbeit der Mitarbeiter der

370 Vgl. Zitka, Frank, "Wandel und Kontinuität", Berlin, 1997, S. 287.

371 Vgl. UNDPI, "Peacekeeping Missions", 1996.

372 Vgl. Briggs, Philip J., "Making American Foreign Policy", London, 1994, S. 189f.

373 Vgl. Righter, Rosemary, "Utopia lost", New York, 1995, S. 222.

374 Vgl. z.B. Meiers, Franz-Josef, "NATO"s peacekeeping dilemma", Bonn, 1996, S. 5.

375 Vgl. Hüfner, Klaus, "Die Finanzierung der Vereinten Nationen", in: Hüfner, Klaus, "Die Reform der Vereinten Nationen", Opladen, 1994, S. 214f.

376 Vgl. U.S. Department of State, "Senator Jesse Helms, Chairman, Senate Foreign Relations Committee: Remarks to UN Security Council", 20.01.2000.

Exekutive durch das unilaterale und ungesetzliche Vorgehen bzgl. der Beiträge erschwert. Es kommt zu Verärgerung bei den Verbündeten[377], dadurch zu als peinlich empfundenem Verlust von Sitzen in einigen, auch wichtigen Gremien, der oft unverhohlen mit dem Verhalten der USA bzgl. der Beitragszahlungen in Zusammenhang gebracht wird, feindseligem Verhalten in der Generalversammlung[378] usw. Dabei nutzt es der Exekutive wenig, sich auf die eigenen, nationalen Zwänge, die der heimische Gesetzgeber auslöst, zu berufen; dies lassen die Delegierten nicht gelten[379]. Aus Sicht der Exekutive ist es zudem wichtig, daß der US-Kongreß darauf achtet, die o.g. Einflußerfolge auf seine Fahne zu schreiben, so daß der Administration keine großen Meriten daraus erwachsen, sondern ihnen per Saldo eher die Schwierigkeiten bei der Arbeit innerhalb der Organisation verbleiben.

Allerdings müssen die Probleme, die der Exekutiven aus den Beitragsrückständen erwachsen, relativiert werden. Zunächst einmal können die Verantwortlichen gegenüber den UN und den anderen UN-Mitgliedern darauf hinweisen, daß sie vor dem Kongreß für die Ausgleich der Schuldenlast geworben haben. Damit können UN-Organisation und die anderen Mitglieder immerhin der Exekutive keine persönliche, aktive Schuld an der Finanzmisere unterstellen, so daß die Schwierigkeiten abgemildert werden. Außerdem stellen die UN, wie oben gesagt, durchaus nicht die einzige Möglichkeit für multilaterales Vorgehen dar. Für viele Themen kann die USA auch auf andere Gremien ausweichen, wie z.B. G-8, KSZE, NATO und andere Organisationen wie die OAS. In besonderem Maße relativierend wirkt die Tatsache, daß zur Erreichung des Oberziels, der eigenen Wiederwahl, regelmäßig innenpolitische Themen weitaus wichtiger sind als außenpolitische, insbesondere dann, wenn keine US-Truppen für einen Konflikt zur Verfügung gestellt werden müssen[380]. So gesehen dürften die Vereinten Nationen für die Exekutive insbesondere interessant zur Begrenzung von akuten Risiken politischer und finanzieller Art sein, weniger für die kreative Arbeit im internationalen und damit mühsamen Umfeld, wo Ergebnisse – zumal gut der heimischen Öffentlichkeit verkaufbare – rar sind, denn sie sind typischerweise Lösungen, die einen hohen Anteil an Kompromissen tragen[381].

Schließlich kann der Präsident damit rechnen, daß für den Fall, daß die UN dringend als Werkzeug für eigene vitale Interessen gebraucht wird, der Kongreß sehr kurzfristig zu Zugeständnissen bereit sein wird.

---

377 Vgl. z.B.: NYT, "US Begins Lonely Fight to Cut Back its UN Costs", 12.03.2000.

378 Vgl. z.B.: Inter Press Service, "US Blamed Again for New Cash Crisis in UN", 01.04.2001; NYT, "Europeans Reject US Bid to Lower UN Dues", 02.10.2000; FAZ, "Unmut in der EU über die Vereinigten Staaten", 05.05.2001; Statement on behalf of the European Union to the High-Level open-endend Working Group on the Financial Situtation of the United Nations, 24.01.1996.

379 Vgl. Pierre-Henri Guignard, Sprecher der französischen Mission, 1996, zitiert aus: GPF, "Chronology", 06-12/1996 (s. auch FN 232).

380 Vgl. Zitka, Frank, "Wandel und Kontinuität", Berlin, 1997, S. 296.

381 Vgl. Zitka, Frank, "Wandel und Kontinuität", Berlin, 1997, S. 230.

3.4.5 Das Spiel

Im diesem Abschnitt wird die Repräsentation eines Spiels beschrieben, das eine strukturelle Beschreibung der oben gezeichneten Konfliktsituation darstellt. Nachdem das mathematische Modell skizziert worden ist, werden im weiteren Verlauf Handlungen von Exekutive und Legislative auf das Modell angewendet. Schließlich werden Schlußfolgerungen aus den Beobachtungen gezogen.

3.4.5.1 Das Deterrence-Modell von Brams und Kilgour

3.4.5.1.1 Das grundlegende Konfliktmodell[382]

Grundlage für das Deterrence-Spiel stellt das allgemeine Konfliktmodell („Conflict game") dar, auf dessen Basis Brams und Kilgour einige spezifischere Konfliktsituationen abbilden. Bei dem Konfliktmodell handelt es sich um ein zweistufiges Spiel mit zwei Spielern und variabler Nutzensumme, bei dem sich die Spieler auf den beiden Stufen jeweils simultan für ihre Strategie entscheiden.

Die Strategiewahl auf beiden Stufen kann zunächst lediglich dichotom zwischen zwei Strategien getroffen werden. Auf der ersten Stufe entscheiden sich die Spieler dafür, sich entweder kooperativ (C) oder nicht kooperativ ($\bar{C}$) zu verhalten. Abhängig von der Wahl auf der ersten Stufe, die dem jeweiligen Gegenspieler auf der zweiten Stufe jeweils bekannt geworden ist, entscheiden die Spieler, ob sie auf eine nicht-kooperative Handlung auf der ersten Stufe mit Vergeltung antworten wollen (R) oder nicht ($\bar{R}$).

Entscheiden sich beide Spieler bereits auf der ersten Stufe für die nicht kooperative Strategie, wird im Modell davon ausgegangen, daß im Spiel die zweite Stufe nicht mehr erreicht wird, da der Konflikt von dort aus nicht mehr weiter eskalieren kann.

Auf der zweiten Stufe kann ein Spieler grundsätzlich zwei Pläne verfolgen: Entweder reagiert er auf die Handlung seines Opponenten in direkter Abhängigkeit, d.h. er antwortet auf eine nicht-kooperative Handlung mit Vergeltung und verzichtet im Falle einer kooperativen Handlung auf eine Gegenmaßnahme. Oder er verhält sich bedingungslos kooperativ, d.h. verzichtet unabhängig von der Strategiewahl seines Gegners auf der ersten Stufe auf eine Gegenmaßnahme.

Entscheiden sich beide Spieler für die kooperative Strategie auf der ersten Stufe, kommt die Strategie für die zweite Stufe nicht mehr zur Ausführung, da ja für die zweite Stufe entweder sowieso keine Gegenmaßnahme geplant ist ($\bar{R}$) oder nur dann mit Vergeltung begegnet wird, wenn der Kontrahent eine nicht kooperative Haltung auf der ersten Stufe eingenommen hat (R). Als Folge bleibt es bei allen vier möglichen Ausgängen, die mit der Wahl beider Spieler von Strategie C assoziiert werden, beim Status Quo.

---

382 Für die folgenden Ausführungen vgl. Brams, Steven J., Kilgour, D. Marc, "Game theory and national security", Oxford, New York, 1988, S. 6-15.

Verhält sich von Anfang an keiner der beiden Kontrahenten kooperativ, wird der Konflikt sofort auf die höchste Eskalationsebene gehoben; dieser Ausgang wird als „Falle" bezeichnet.

Verhält sich ein Spieler zunächst (erste Stufe) kooperativ, ergreift allerdings Vergeltungsmaßnahmen (zweite Stufe), da sich der Gegenspieler auf der ersten Stufe nicht kooperativ gezeigt hat, kommt es zu einer Eskalation auf der zweiten Stufe. Diese Spielausgänge werden als „A schlägt zurück (AR)" respektive „B schlägt zurück (BR)" bezeichnet.

Trifft schließlich ein unbedingt kooperativer Spieler auf einen Spieler, der sich bereits auf der ersten Stufe für einen konfrontativen Kurs entschieden hat, gewinnt Letzterer: Dieser Ausgang wird als „A gewinnt (AW)" bzw. „B gewinnt (BW)" bezeichnet.

Die Darstellung in der Normalform besteht somit in einer Matrix mit neun Zellen. Zeilen (Spieler 1) und Spalten (Spieler 2) werden durch die Kombination der Strategiewahl auf erster und zweiter Stufe gebildet:

(1) Nicht-Kooperative Strategie auf der ersten Stufe, der keine Handlung auf der zweiten Stufe nachfolgt

(2) Kooperative Strategie auf Stufe Eins und Strategie der Gegenmaßnahme auf Stufe Zwei für den Fall der nicht-kooperativen Strategiewahl des Gegenübers

(3) Kooperative Strategie auf Stufe Eins und bedingungslose Kooperation auch für Stufe Zwei.

Abbildung 14: Matrix Conflict-Game

		Strategiewahl B		
		$\bar{C}$	CR	$C\bar{R}$
Strategiewahl A	$\bar{C}$	TR	BR	AW
	CR	AR	SQ	SQ
	$C\bar{R}$	BW	SQ	SQ

Die Mehrstufigkeit des Spiels kann auch sinnvoll in extensiver Form dargestellt werden (s. 3.3.2):

Abbildung 15: Extensive Form Conflict Game

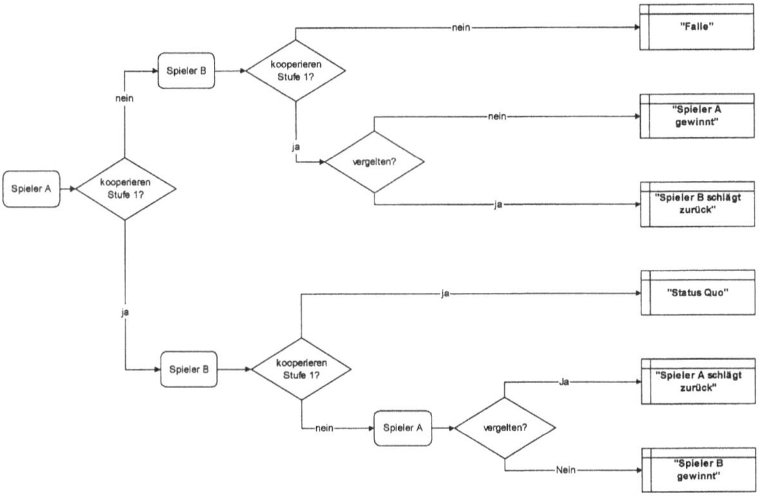

Als nächstes werden den sechs möglichen Spielausgängen Nutzen für die beiden Kontrahenten zugeordnet:

Tabelle 3: Ausgänge und Nutzen im Conflict-Game

Ausgang	Nutzen Spieler 1	Nutzen Spieler 2
Status Quo	r_3	c_3
Spieler 1 gewinnt	r_4	c_2
Spieler 2 gewinnt	r_2	c_4
Spieler 1 übt Vergeltung	r_A	c_A
Spieler 2 übt Vergeltung	r_B	c_B
Falle	r_T	c_T

Auf dieser Definitionsebene des Konfliktspiels lassen sich trotz der geringen Spezifizierung bereits einige grundsätzlich plausible Annahmen zum Verhältnis der Nutzen treffen:

(1) Jeder Spieler bevorzugt den eigenen Gewinn im Verhältnis zur Beibehaltung des Status Quo, so daß gilt:

$r_4 > r_3$ und $c_4 > c_3$

(2) Jeder Spieler zieht die Beibehaltung des Status Quo dem Gewinn des jeweils anderen vor:

$r_3 > r_2$ und $c_3 > c_2$

(3) Beide Spieler ziehen den Status Quo allen nicht-kooperativen Spielausgängen vor:

$r_3 > \max\{r_A, r_B, r_T\}$ und analog $c_3 > \max\{c_A, c_B, c_T\}$

Aufgrund dieser ordinalen Einordnung der Nutzen kann bereits jetzt gesagt werden, daß der Ausgang „Status Quo" im Schnittpunkt der Strategie „CR"

beider Spieler immer ein Nash-Gleichgewicht sein muß, da im Falle seines Zustandekommens keiner der Spieler einen Anreiz hat, aus eigener Initiative von der Strategie abzuweichen, da er entweder ein gleich gutes Ergebnis erzielen würde (z.B. für Spieler A: $r_3 = r_3$ bei Wahl der Strategie $C\overline{R}$) oder sich verschlechtern würde (z.B. für Spieler A: $r_B < r_3$ bei Wahl der Strategie $\overline{C}$) (s. 3.3.3.2). Die anderen Status-Quo-Ergebnisse können dagegen keinesfalls Nash-Gleichgewichte sein, da mindestens ein Spieler durch die einseitige Wahl einer anderen Strategie seine Position verbessern könnte.

In der generischen Definition des Konfliktspiels wird keine Aussage zum Verhältnis der Nutzen r_2 zu r_A bzw. c_2 zu c_B gemacht. Daher ist es prinzipiell möglich, daß die Strategie $C\overline{R}$ die Strategie CR dominiert, was dazu führt, daß diese Strategie aus der Matrix gestrichen werden kann. Beispielhaft sei angenommen, daß $r_2 > r_A$ gilt. Dies führt zu folgender Matrix:

Abbildung 16: reduzierte Matrix Conflict Game

		Strategiewahl B		
		$\overline{C}$	CR	$C\overline{R}$
Strategiewahl A	$\overline{C}$	TR (r_T, c_T)	BR (r_B, c_B)	AW (r_4, c_2)
	$C\overline{R}$	BW (r_2, c_4)	SQ (r_3, c_3)	SQ (r_3, c_3)

Annahme: $r_2 > r_A$

Antizipiert Spieler B die Präferenz von Spieler A zur Strategie $C\overline{R}$ korrekt, wird er unilateral seine Strategiewahl auf $\overline{C}$ wechseln, um sein bestes Ergebnis c_4 zu erzielen. Sieht A diesen Schritt seines Gegenspielers voraus, wird er seinerseits ggf. zur Strategie $\overline{C}$ wechseln, falls er das Ergebnis r_2 verhindern möchte; dies führt zum Ergebnis „Falle", das für beide Spieler schlechter als der Status Quo eingeschätzt wird, aber ein stabiles Nash-Gleichgewicht darstellen kann. Jedenfalls aber besteht im Status-Quo-Ergebnis bei A = $C\overline{R}$ und B = CR oder $C\overline{R}$ nie ein stabiles Gleichgewicht, was für die analog umgekehrt Konstellation (B = $C\overline{R}$ und A = CR oder $C\overline{R}$) ebenfalls gilt.

Um diesen für beide Spieler ungünstigen Ausgang zu vermeiden, werden die Spieler es vorziehen, das Nash-Gleichgewicht SQ mit r_3, c_3 zu erzielen. Dazu müssen sie sich selbst der Möglichkeit berauben, die Strategie $C\overline{R}$ wählen zu können, und zwar in einer Weise, daß es für den Gegenspieler glaubhaft wird. Dies gelingt durch die Anwendung von strategischen Zügen.

Unter der Annahme, daß es beiden Spielern durch strategische Züge gelingt, den jeweils anderen davon zu überzeugen, daß sie im Falle einer nicht-kooperativen

Haltung des Gegenspielers auf der ersten Stufe jedenfalls zu Vergeltungsmaßnahmen auf der zweiten Stufe greifen, kann die Strategie $C\bar{R}$ für beide Spieler gestrichen werden, so daß das Spiel auf eine 2x2-Matrix reduziert wird:

Abbildung 17: 2x2-Matrix Conflict Game

		Strategiewahl B	
		$\bar{C}$	CR
Strategiewahl A	$\bar{C}$	TR (r_T, c_T)	BR (r_B, c_B)
	CR	AR (r_A, c_A)	SQ (r_3, c_3)

Anstelle der *sicheren* Vergeltung genügt es, daß der Opponent mit einer *hinreichenden Wahrscheinlichkeit* für eine Gegenreaktion rechnen muß. Dazu werden die bisher angenommenen reinen Strategieoptionen in gemischte Strategien (s. 3.3.3.3) geändert. Statt mit einer dichotomen Verteilung für die reinen Strategien wird daher mit Wahrscheinlichkeitsverteilungen über beide reinen Strategien gerechnet. Zur Verhinderung der $C\bar{R}$-Strategie wird ein Schwellenwert der Wahrscheinlichkeit zur Ergreifung einer Vergeltungsmaßnahme auf Stufe zwei des Spiels modelliert.

Die Strategiewahl wird dazu wie folgt formalisiert:

Die Wahrscheinlichkeit der anfänglich kooperativen Strategie für Spieler A s wird ausgedrückt durch:

(1) $s = P_A\{CR\} + P_A\{C\bar{R}\} = 1 - P_A\{\bar{C}\}$.

Für den Fall, daß $s > 0$, d.h. die Wahrscheinlichkeit für eine initial aggressive Handlung nicht 100% ist, gilt für die bedingte Wahrscheinlichkeit für die Kooperation von A trotz anfänglich nicht kooperativen Verhaltens von B auf Stufe zwei:

(2) $q = P_A\{\bar{R}|C\} = \dfrac{P_A\{C\bar{R}\}}{P_A\{CR\} + P_A\{C\bar{R}\}}$

Analoge Gleichungen werden für Spieler B aufgestellt:

(3) $t = P_B\{CR\} + P_B\{C\bar{R}\} = 1 - P_B\{\bar{C}\}$

und

(4) $p = P_B\{\bar{R}|C\} = \dfrac{P_B\{C\bar{R}\}}{P_B\{CR\} + P_B\{C\bar{R}\}}$

Die Strategien q und p sind natürlich nur dann definiert, wenn die Wahrscheinlichkeit der nicht-kooperativen Handlung auf der ersten Spielstufe kleiner als 1 ist (s.o.).

Durch Multiplikation der Wahrscheinlichkeiten der Strategien mit den ihnen entsprechenden Ergebnissen in den Matrixzellen ergibt sich der Erwartungswert für die Spieler:

Für Spieler A:

(5) $E_A(s,q;t,p) = str_3 + s(1-t)*[qr_2 + (1-q)r_A] + (1-s)t*[pr_4 + (1-p)r_B] + (1-s)(1-t)r_T$

und analog für B:

(6) $E_B(t,p;s,q) = stc_3 + t(1-s)*[pc_2 + (1-p)c_B] + (1-t)s*[qc_4 + (1-q)c_A] + (1-s)(1-t)c_T$

Aus diesen Definitionen für den Erwartungswert der Spieler läßt sich die Bedingung für ein Nash-Gleichgewicht definieren, das mit Sicherheit nur dann eintritt, wenn die Wahrscheinlichkeit für s und t jeweils 1 ist; durch Einsetzen von $t=1$ in (5) ergibt sich:

(7) $E_A(s,q;1,p) = [pr_4 + (1-p)r_B] + [(r_3 - r_B) - p(r_4 - r_B)]s$

Spieler A maximiert dann seinen Erwartungswert mit $s=1$, wenn der Koeffizient von s im zweiten Summanden der Gleichung positiv ist, was dann der Fall ist, wenn:

(8) $p \leq \frac{r_3 - r_B}{r_4 - r_B}$

Da die Annahme formuliert wurde, daß die Spieler die Beibehaltung des Status Quo den nicht-kooperativen Spielausgängen vorziehen (s. oben Bedingung (3)), gilt, daß $r_3 > r_B$ und $r_4 > r_B$; daher bleibt der Quotient aus Ungleichung (8) immer positiv.

Analog gilt für Spieler B, daß dieser seinen Spielausgang mit $t=1$ dann maximiert, wenn gilt:

(9) $q \leq \frac{c_3 - c_A}{c_4 - c_A}$

Auch hier bleibt aus analogem Grund der Quotient aus (9) im positiven Bereich.

Da p und q die Wahrscheinlichkeiten für eine kooperative Haltung auf Stufe zwei darstellen, kann (8) und (9) so interpretiert werden, daß die Spieler für das Erreichen des Nash-Gleichgewichts auf dem Status Quo mit einer Wahrscheinlichkeit auf eine nicht-kooperative gegnerische Strategie auf Stufe eins Vergeltung üben, die jeweils mindestens dem Schwellenwert der in Ungleichungen (8) und (9) entspricht.

3.4.5.1.2 Das Deterrence-Spiel[383]

Brams und Kilgour bauen auf dem oben geschilderten Konfliktmodell verschiedene Spiele auf, die entweder dem Grundmuster des Prisoner's Dilemma oder dem Game of Chicken folgen.

Die Nutzen im Deterrence-Spiel sind grundsätzlich nach dem ordinalen Muster des Game of Chicken verteilt. Im Deterrence-Game wird über das zugrundeliegende Chicken-Game eine aus dem allgemeinen Conflict-Game übernommene Bedrohungsstruktur gelegt.

Abbildung 18: Chicken-Matrix

		Strategiewahl B	
		C	$\bar{C}$
Strategiewahl A	C	Kompromiß (3, 3)	B gewinnt, A verliert (2, 4)
	$\bar{C}$	A gewinnt, B verliert (4, 2)	Desaster (1, 1)

Kennzeichnend für das Chicken-Spiel ist insbesondere die Nutzenzuordnung für den Fall, daß beide Spieler gleichzeitig auf Konfrontation gehen: es wird das schlechteste Ergebnis für beide Spieler erzielt. Diese Tatsache bedeutet ein Problem für die Formulierung von Drohungen, die darauf zielen, eine nicht-kooperative Handlung des Gegenspielers mit Konfrontation zu begegnen. Ihre Glaubwürdigkeit wird insbesondere dadurch gefährdet, daß eine solche Strategiewahl das schlechteste Ergebnis auch für den drohenden Spieler nach sich zöge (s. 3.3.4.2)[384].

Im Chicken-Spiel liegen im Falle der reinen Strategiewahl, also der dichotomen Wahl zwischen Kooperation und nicht-Kooperation, zwei Nash-Gleichgewichte in den Schnittpunkten, in denen ein Spieler kooperiert, der andere nicht (A = $\bar{C}$ und B = C bzw. A = C und B = $\bar{C}$).

Das Chicken- Spiel wird allerdings für das Deterrence-Game im Sinne des Konfliktspiels erweitert. Dazu wird den Spielern zum einen die Möglichkeit eingeräumt, für die zweite Stufe des Spiels Vergeltung anzudrohen, mit der sie einer nicht-kooperativen Handlung des Gegenspielers beantworten. Diese Vergeltung wird in Form einer Wahl für ein Niveau einer Drohung ausgedrückt, die

---

383 Für die folgenden Ausführungen vgl. Brams, Steven J., Kilgour, D. Marc, "Game theory and national security", Oxford, New York, 1988, S. 38-59.

384 Siehe dazu ausführlich Schelling, Thomas C., "The Strategy of Conflict", Cambridge, London, 1980, S. 187ff (Kapitel 8: "The Threat that Leaves Something to Chance")

vor Beginn des Spiels ausgesprochen wird (s. 3.3.4). Die Wahl des Bedrohungsniveaus wird durch die eine Zahl zwischen 0 (keine Vergeltung) und 1 (sichere Vergeltung) formuliert, d.h. die Spieler wählen nicht zwischen Bedrohen und Nicht-Bedrohen, sondern es wird eine Wahl auf einem kontinuierlichen Spektrum zugelassen. Dasselbe gilt für die anfängliche Haltung auf der ersten Stufe des Spiels: im Deterrence-Game wählen die Spieler nicht wie im Grundmodell des Chicken-Game dichotom zwischen Angriff und Kooperation, sondern ihre Strategiewahl drückt sich in einer oder mehreren Handlungen aus, die der Gegner als mehr oder weniger aggressiv interpretiert, so daß ebenfalls die Wahl auf einen Punkt auf dem Spektrum von 0 (vollständig kooperativ) und 1 (Angriff) fällt.

Überdies wird die ordinale Nutzenverteilung im klassischen Chicken-Game gemäß des Konzepts aus dem Konfliktspiel zugunsten einer kardinalen Nutzenformalisierung geändert. Diese kardinal formulierten Nutzen werden zur Vereinfachung der Berechnung normalisiert, so daß sie zwischen 0 (geringster Nutzen) und 1 (maximaler Nutzen) liegen.

Abbildung 19: Deterrence-Matrix[385]

		Strategiewahl B	
		t	*1-t*
Strategiewahl A	*s*	(r_3, c_3)	$q(r_2, c_4)+(1\text{-}q)(r_1, c_1) = (qr_2, q)$
	1-s	$p(r_4, c_2)+(1\text{-}p)(r_1, c_1) = (p, pc_2)$	$(r_1, c_1) = (0, 0)$

Nutzen:

A: $0 = r_1 < r_2 < r_3 < r_4 = 1$

B: $0 = c_1 < c_2 < c_3 < c_4 = 1$

Die erwarteten Nutzen ergeben sich mit:

(1) Spieler A: $E_A(s,q;t,p) = str_3 + (1-s)tp + s(1-t)qr_2$

(2) Spieler B: $E_B(t,p;s,q) = stc_3 + s(1-t)q + (1-s)tpc_2$

Über diese Gleichungen werden auf mögliche Gleichgewichte im Spiel und die ggf. korrespondierenden Anforderungen an das Niveau der Drohung auf der zweiten Spielstufe (q, p) in folgenden Konstellationen untersucht:

(a) Sichere Kooperation beider Spieler auf der ersten Stufe: $s = t = 1$

(b) Sicherer Angriff Spieler B auf der ersten Stufe: $t = 0$

(c) Sicherer Angriff Spieler A auf der ersten Stufe: $s = 0$

---

[385] Die Matrixeinträge erklären sich wie folgt:

- Zelle (*s*, *t*): Für den Fall, daß beide Spieler bereits auf der ersten Stufe kooperieren, ist die Wahrscheinlichkeit der Vergeltung (1-*p*, 1-*q*) für die payoffs nicht relevant. Daher ist das Ergebnis für die Spieler: r_3 für Spieler A und c_3 für Spieler B; dies entspricht (r_3, c_3).
- Zelle (1-s, t): Spieler A greift mit einer gewissen Wahrscheinlichkeit initial an, während B sich kooperativ verhält. Allerdings kommt nun die Wahrscheinlichkeit (1 - p) zum Tragen, mit der er sich verpflichtet hat, eine Angriffshandlung von A vergelten. Dies bedeutet, daß es mit der Wahrscheinlichkeit von p zum Ergebnis (r4, c2) kommt und mit der restlichen Wahrscheinlichkeit (1 – p) zum konfrontativen Ausgang (r1, c1), so daß: p(r4, c2) + (1 – p) (r1, c1) = (pr4, pc2) + (r1, c1, -pr1, -pc1). Faßt man nun die jeweils zu den Spielern gehörenden Summanden zusammen, gilt für den Erwartungswert von Spieler A: EA = pr4 + r1 – pr1 und Spieler B: EB = pc2 + c1 – pc1. Aufgrund der Normalisierung der Nutzen gilt ex definitione c1 = 0, r1 = 0 sowie r4 = 1. Daher ergibt sich schließlich: EA = p und EB = pc2.

Für die übrigen beiden Zellen gilt das oben Gesagte sinngemäß.

(d) Angriff Spieler A auf der ersten Stufe mit einer gewissen Wahrscheinlichkeit bei sicherer Kooperation von Spieler B: $0 < s < 1$, $t = 1$

(e) Angriff Spieler B auf der ersten Stufe mit einer gewissen Wahrscheinlichkeit bei sicherer Kooperation von Spieler A: $s = 1$, $0 < t < 1$

(f) Angriff beider Spieler auf der ersten Stufe mit einer gewissen Wahrscheinlichkeit: $0 < s < 1$, $0 < t < 1$

Die erste Konstellation beschreibt das Deterrence-Gleichgewicht: Aus Gleichung (1) ergibt sich durch Einsetzen der Werte $t = 1$ aus Szenario (a) für Spieler A:

$$\frac{\partial E_A(s,q;1,p)}{\partial s} = r_3 - p$$

Da $\frac{\partial E_A}{\partial s} >= 0$, muß als Bedingung für das Gleichgewicht gelten: $p \leq r_3$, was bedeutet, daß dieses Gleichgewicht nur erreicht werden kann, wenn B ein Bedrohungsniveau $(1 - p)$ errichten kann, das mindestens so groß ist wie r_3. Diese Berechnung gilt analog für Spieler B mit $s = 1$ und $q \leq c_3$.

Um seinen payoff unter dieser Voraussetzung zu maximieren, ist es sinnvoll, keinen kleineren Wert als $s = 1$ zu wählen: $E_A(s,q;1,p) = p + s(r_3 - p)$.

Insgesamt entsteht das Deterrence-Gleichgewicht, wenn mit Sicherheit von keiner der beiden Spieler initial ein Angriff erfolgt ($s = t = 1$) und ein Mindestmaß an Wahrscheinlichkeit für eine Vergeltung im Falle eines initialen Angriffs der Gegenseite besteht ($1 - p \geq r_3$ bzw. $1 - q \geq c_3$).

Ansonsten bestehen weitere zwei Gleichgewichte in den Fällen (b) und (c), die mit den Gleichgewichten im zugrundeliegenden Chicken-Game bei reinen Strategien korrespondieren. Die Bedrohungsniveaus p und q spielen bei diesen Gleichgewicht jeweils keine Rolle. Beim letzten identifizierbaren Gleichgewicht (e) entsteht ein Gleichgewicht unter der Voraussetzung, daß von keiner Seite eine Gegenmaßnahme für Stufe Zwei geplant wird. Dieses Gleichgewicht entspricht dem Gleichgewicht, das mit Hilfe von gemischten Strategien im Chicken-Game hergestellt werden kann.

Ist einmal ein ausreichend hohes Niveau an Bedrohung $(1-q,\ 1-p)$ durch die Spieler fixiert, liegt das Deterrence-Gleichgewicht im Schnittpunkt der jeweils dominanten Strategien der Spieler: Vergleicht beispielsweise Spieler A seinen Erwartungswert für seine Strategien s und (1 – s), wird dieser in jedem Fall gleich hoch oder höher sein, wenn er von vornherein s wählt, unabhängig davon, was Spieler B tun wird.

- In Spalte 1 (Strategie von B ist *t*) gilt das Verhältnis der Erwartungswerte für A: $r_3 \geq p$.
- In Spalte 2 (Strategie von B ist (1 – *t*)) gilt: $qr_2 > 0$.

Dies setzt allerdings voraus, daß Spieler B die Wahrscheinlichkeit der Vergeltung für eine Angriffshandlung von A auf ein Niveau mindestens von $(1-p) \geq r_3$ gesetzt hat.

Für Spieler B gelten vollständig analoge Kalkulationen.

Überdies verfügt das Deterrence-Gleichgewicht über eine dynamische Stabilität, was bedeutet, daß bei wiederholtem Spiel – hat sich dort einmal das Gleichgewicht gebildet – Kräfte existieren, die Spielausgang im Deterrence-Gleichgewicht halten bzw. diesen im Falle temporärer Abweichungen wieder dorthin zurückbewegen.

Es ist nie rational für einen Spieler, bei gegebener Bedrohung auf ausreichend hohem Niveau vom Deterrence-Gleichgewicht abzuweichen, um sich etwa auf das Gleichgewicht hinzubewegen, wo der betreffende Spieler seinen maximalen Nutzen erzielen könnte. Allerdings kann es bei wiederholtem Spiel vorkommen, daß das Bedrohungsniveau des Gegenspielers durch einen Spieler als geringer als r_3 bzw. c_3 eingeschätzt wird. Dann kann es für diesen Spieler sinnvoll sein, einen Angriff zu riskieren, um einen Sieg zu erringen, während der Gegenspieler seine kooperative Haltung beibehält (s.o. Fälle (b) und (c), sog. „Preemption"-Gleichgewichte). Befindet sich ein Spiel temporär im Preemption-Gleichgewicht, kann ein Pfad zurück zum Deterrence-Gleichgewicht gefunden werden.

Dieser Weg wird naturgemäß vom unterlegenen Spieler initiiert werden. Da ein Gleichgewicht die Eigenschaft hat, daß eben kein Spieler durch unilaterales Abweichen seiner gewählten Strategie ein besseres Ergebnis erzielen kann, wird der initiierende Spieler vorübergehend Verluste hinnehmen müssen.

Angenommen, Spieler A wurde von Spieler B angegriffen, und Spieler A hat sich auf der zweiten Spielstufe nicht gewehrt (s. Fall (a)):

Strategie A: $s=1$ und $q=1$, Strategie B: $t=0$ und $p=p_0$ (p ist irrelevant), wobei Spieler A den payoff r_2, Spieler B $c_4=1$ erzielt.

Spieler A kann nun den Weg hin zum Deterrence-Gleichgewicht dadurch einleiten, daß er sein Bedrohungsniveau für die zweite Spielstufe anhebt: $q=q_0<1$ bzw. $1-q_0>0$.

Die „Kosten" für A sind dabei: $r_2-q_0*r_2$. Der Grund für diese Kosten ist die erhöhte Wahrscheinlichkeit des für beide Spieler schlechtesten Ergebnisses, der nun mit dem Ergebnis der reinen Strategiewahl gemischt wird.

Für Spieler B macht es nun Sinn, nun von $t=0$ auf $t=1$ zu wechseln, um sein unter den veränderten Umständen bestes Ergebnis zu erzielen, vorausgesetzt, das Bedrohungsniveau von A war ausreichend hoch ($1-q>c_3$).

Um die Kosten für A möglichst gering zu halten, muß A einen Wert q_0 wählen, der möglichst hoch ist, d.h. ein möglichst niedriges, aber noch ausreichendes Bedrohungsniveau wählen. Dies liegt etwa bei c_3, liegt aber leicht darunter, um die Ungleichung gerade noch zu erfüllen. In praxi ist dieser Weg riskant, denn gelingt es A nicht, seinen Gegenspieler von der Vergeltungswahrscheinlichkeit zu überzeugen, kann dies leicht zum schlechtesten Ergebnis für beide Spieler führen. Die Tatsache, daß der Weg genauso riskant für B ist, kann allerdings wiederum zur notwendigen Glaubwürdigkeit beitragen.

3.4.5.2 Annahmen und Voraussetzungen

Wie oben bereits geschildert (s. 3.4.2), werden zwei Spieler identifiziert. Dabei handelt es sich um Exekutive bzw. Präsident und Kongreß bzw. dessen Mehrheitsmeinung. Die zugeordneten Nutzen (s. 3.4.4.1) und Strategien (s. 3.4.3) lassen sich auf das formalisierte Spiels übertragen.

Die Nutzen der möglichen Spielerergebnisse für jeden der beiden Spieler werden zunächst in ordinaler Folge angegeben. Die Autoren gehen von folgender Präferenzreihenfolge für beide Spieler aus (s. 3.4.5.1.1): (1) Jeder Spieler zieht den eigenen Gewinn dem Status Quo vor. (2) Jeder Spieler präferiert den aktuellen Zustand verglichen mit dem Sieg des anderen Spielers. (3) Beide Spieler bevorzugen die Beibehaltung des aktuellen Situation gegenüber einer beiderseitigen Konfrontation.

Die erste Annahme heißt auf die zu modellierende Situation bezogen, daß zum einen der Kongreß seinen Einfluß lieber weiter ausdehnt, als ihn auf dem bestehenden Niveau zu halten, zum anderen die Administration es vorzieht, den Kongreßeinfluß auf ihre UN-Politik zurückzudrängen, um freier agieren zu können. Diese Annahme scheint vertretbar.

Durch die zweite Annahme wird eine Indifferenz von Administration bzw. Kongreß bzgl. einer Verbesserung der Position des jeweils anderen ausgeschlossen. Auch diese Annahme hält.

Ebenso kann von der Anwendbarkeit der dritten Annahme auf den Konflikt zwischen Exekutive und Kongreß bzgl. der Freigabe der Gelder für die UN ausgegangen werden: Da die UN-Frage – sowohl für die Exekutive als auch für den Kongreß – üblicherweise nicht entscheidend genug ist, um es sinnvoll erscheinen zu lassen, eine Eskalation in der Form des Übergreifens des Streits auf andere, insbesondere wichtige innenpolitische Fragen zu riskieren[386], werden beide Seiten es bevorzugen, auf einen eventuell erzielbaren Erfolg in dieser Angelegenheit zu verzichten, als daß sie eine Eskalation in Richtung auf eine gegenseitige Blockade zulassen.

3.4.5.3 Beweggründe und Mittel für Angriff und Drohung

Die Situation von Kongreß und Weißem Haus wird auf diese Weise als eine solche modelliert, in der im Zeitablauf beständig die Neigung für eine der

---

[386] S. z.B. McDermott, Anthony, "The New Politics of Financing the UN", Oslo, 1998, S. 15; 71; die Chicago Tribune kommentiert die Gewichtung der Exekutive kritisch: „Clinton bears a large share of the blame because, apart from paying lip service, he hasn't made this issue [die Rückführung der Beitragsschulden] a priority for intense White House engagement.“ (vgl. Chicago Tribune, "The Deadbeat of the United Nations", 22.11.1999).

beiden Seiten besteht, das erreichte Gleichgewicht in der Frage der UN-Beiträge zugunsten der eigenen Position zu verändern. Dem steht die potentielle Gefahr der Reaktion der anderen Seite gegenüber. Die potentielle Verbesserung der eigenen Situation ist oben bereits beschrieben worden (s. 3.4.2):

Abgeordneten des Kongresses mag es darum gehen, Aufmerksamkeit für die eigene Position zu erringen oder ihr Mißtrauen im Zusammenhang mit multilateraler Zusammenarbeit auf UN-Ebene zum Ausdruck zu bringen. Überdies kann dem Kongreß daran gelegen sein, seinen Einfluß auf die Außenpolitik, die ein angestammtes Feld der Exekutiven ist, auszudehnen und dem gesetzgebenden Organ zu mehr Macht zu verhelfen (3.1.2).

Umgekehrt wird die Exekutive die Möglichkeit ausloten, die für ihre Arbeit lästige Frage der Bezahlung der UN-Rechnung endlich loszuwerden, um nicht in ihrer Arbeit in der UN sowie z.B. auf Gipfeln der G-8 oder in bilateralen Beziehungen zu Verbündeten mit dem Thema konfrontiert zu werden. Clinton z.B. wurde des öfteren von der heimischen Presse kritisiert, weil er nicht wie versprochen das Problem der Zahlungsverweigerung durch den Kongreß während seiner Amtszeit beseitigen konnte[387]. Auch wird jedesmal, wenn z.B. die USA einen Sitz in einem Gremium der UN verliert, die US-amerikanische und ausländische Presse aktiv, um auf dieses Problem hinzuweisen[388].

Jeder nachhaltige Vorstoß in Richtung einer Verbesserung der eigenen Situation wird als Verfolgung einer nicht-kooperativen Strategie betrachtet. Dabei ist von Vorteil, daß der Kongreß als einzelner Spieler gesehen wird; die Prozesse innerhalb des gesetzgebenden Organs zu modellieren, wäre unangemessen komplex, während durch die Modellierung des Kongresses als ein Spieler tatsächlich nur die positiv entschiedenen Gesetzesinitiativen als nicht-kooperativ betrachtet werden müssen. Trotzdem kann man über die Zeit immer wieder fehlgeschlagene Versuche einzelner Abgeordneter oder Senatoren entdecken, die z.B. gleich einen Austritt aus den UN vorschlagen[389]. Diese Vorschläge scheinen der Mehrheit in Repräsentantenhaus und/oder Senat dann doch zu weit gehen. Solchen fehlgeschlagenen Gesetzesinitiativen kann man immerhin die Unbehaglichkeit einiger Abgeordneten entnehmen, die diesen einer Aufgabe von nationalen Befugnisse zugunsten der UN bereitet; dennoch verhält sich der

[387] So z.B. die NYT: "If Washington fails to come up with money solemnly promised by three successive Presidents, not only downsizing but capsizing the U.N., it would be a moral and financial default by the organization's pincipal founder. " (NYT, "Don't Capsize the U.N.", 01.04.1996).

[388] Vgl. z.B.: NYT, "The No-Win Gamble", 12.11.1996 zum Verlust Sitzes im ACABQ; FAZ, 05.05.2001, zum Verlust des Sitzes in der Menschenrechtskommission (FAZ, "Unmut in der EU über die Vereinigten Staaten", 05.05.2001).

[389] Vgl. z.B. die Gesetzesvorlage "The United Nations Withdrawal Act of 1995" (s. UNA-USA, in: Washington Weekly Report, XXI-34, 30.10.1995); UNA-USA, "Amendment to withdraw from the un is overwhelmingly defeated during house floor debate", in: Washington Weekly Report, XXIII-18, 19, 19.06.1997; Laurenti, Jeffrey, "Losing America's Vote at the United Nations", 29.06.1998.

Kongreß als ganzes doch recht moderat[390]. Gescheiterte Vorstöße dieser Art, zumal mit einem knappen Votum gescheitert, können aber ganz im Sinne der Wahrscheinlichkeit von Nicht-Kooperation verwendet werden. Werden sie Gesetz – wie beispielsweise im Falle des Kassebaum-Amendments – kann von einer Strategiewahl der Nicht-Kooperation ausgegangen werden.

Die Exekutive hat Mittel, um sich solcher Vorstöße zu erwehren. Insbesondere kann sie mit einem präsidialen Veto für Gesetzesvorhaben drohen, oder aber im Rahmen des Haushaltsverfahrens ein Veto einlegen bzw. damit drohen. Dabei handelt es sich um Mittel zur Bestimmung der Strategie auf der zweiten Stufe, d.h. einer Vergeltungsmaßnahme. Wichtig ist nicht die tatsächliche Ausübung dieser Maßnahme, sondern die Festlegung auf eine Wahrscheinlichkeit, mit der die Maßnahme ausgeführt wird. Dies kann seitens der Administration durch Konsultationen mit Kongreßabgeordneten, entsprechenden Formulierungen vor Ausschüssen des Kongresses oder durch Aussagen vor Presse und Öffentlichkeit erreicht werden. Ohne konkret Wenn-dann-Beziehungen zu bestimmten Maßnahmen der Legislativen offenzulegen, kann sie ihrer Drohung Ausdruck und Glaubwürdigkeit verleihen. Aber die Exekutive kann auch auf der ersten Stufe aktiv werden. Sie kann, ohne durch den Kongreß herausgefordert zu sein, aus eigenem Antrieb Aktivitäten in Gang setzen, um den Status Quo insoweit zu ändern, daß sie den Kongreß aus der US-amerikanischen UN-Politik zurückdrängt und ihn zu diesem Zwecke zu der Begleichung der Rechnung der UN zu zwingen versucht. Sie kann Botschaften bzw. Vorschläge an den Kongreß adressieren[391], diese und ihre erwünschten Folgen für die US-amerikanische Außenpolitik mehr oder weniger öffentlich diskutieren oder ihrerseits ein eigentlich unzulässiges Junktim zwischen der Frage der Beitragszahlung und anderen, vom Kongreß verfolgten Zielen errichten.

Natürlich verfügt der Kongreß seinerseits über Mittel, Vorstößen der Administration zu begegnen. Er kann ein Veto mit qualifizierten Mehrheiten überstimmen, kann seinerseits dem Wunsch der Exekutive gemäße Gesetzesvorhaben blockieren oder sie ganz zu Fall bringen oder auch die Mittel einsetzen, die er für ein eigenes nicht-kooperatives Verhalten auf der ersten Stufe einsetzen kann[392].

---

[390] Einige Autoren weisen darauf hin, daß Abgeordnete teilweise bereits im vorhinein mit der Ablehnung ihrer Gesetzesinitiativen entweder im Kongreß selbst oder aber durch die Exekutive rechnen; Ziel solcher Aktionen ist es, Aufmerksamkeit auf sich zu ziehen, ohne die Konsequenzen tragen zu müssen; inhaltlich sind solche Vorstöße eher zu vernachlässigen (vgl. z.B. Crabb, Cecil V., Antizzo, Glenn J., Sarieddine, Leila E., "Congress and the Foreign Policy Process", Louisiana, 2000, S. 154).

[391] Vgl. Loewenstein, Karl, "Verfassungsrecht und Verfassungspraxis der Vereinigten Staaten", Berlin, Göttingen, Heidelberg, 1959, S. 368.

[392] Die Vorgehensweise, mit Gesetzgebung zu drohen, ist verbreitet. Lindsay weist darauf hin, daß selbst andere Staaten in der Vergangenheit durch die „threat of legislation“ zum Einlenken gezwungen wurden; die Kalkulationen der Kongreßabgeordneten im Verhältnis zum Weißen Haus im Zusammenhang mit solchen Drohungen beschreibt er wie folgt: „Equally important in determining whether the threat of legislation provides leverage is the

Daß Exekutive und Legislative diese Mittel haben, ist letztendlich dem durch die US-amerikanische Verfassung kodifizierten System der Checks and Balances zu verdanken (s. 3.4.4.1). Die Staatsorgane sollen im Konsensverfahren zu einer einheitlichen Willensbildung kommen. Dies tun sie, indem jeder von ihnen gewisse Ziele verfolgt und dabei die Aktionen seines Gegengewichts zu beachten hat. Dieses System führt in den USA zu einem viel weitgehenderen Selbstverständnis des gesetzgebenden Organs, als dies in parlamentarischen Systemen europäischen Zuschnitts der Fall ist, was häufig zu parteiübergreifenden Koalitionsbildungen und Beschlüssen innerhalb des Kongresses führt, auch gegen die Interessen der Administration, unabhängig von deren Parteizugehörigkeit[393].

3.4.5.4 Glaubwürdigkeit der Drohungen

Die entscheidende Voraussetzung beim Zustandekommen des dynamisch stabilen Gleichgewichts des Deterrence-Games besteht in der Möglichkeit beider Spieler, in glaubwürdiger Weise Drohungen für die zweite Spielstufe aussprechen zu können. Die Glaubwürdigkeit wird dabei an den Gegner im Spiel adressiert; nur wenn dieser von der Echtheit der Wahrscheinlichkeit der angedrohten Maßnahme überzeugt ist, ist die Drohung mit ausreichender Glaubwürdigkeit ausgestattet, damit sie bereits indirekt auf der ersten Spielstufe wirksam wird. Die Frage der Glaubwürdigkeit hat gerade im Zusammenhang mit dem zugrundeliegenden Chicken-Game einen besonders kritischen Stellenwert: Da der Spielausgang, der bei beidseitiger Nicht-Kooperation zustandekommt, den schlechtestmöglichen für *beide* Spieler darstellt und gleichzeitig die Drohung gerade darin besteht, im Falle der Nichtkooperation des Gegners ebenfalls eine nicht-kooperative Antwort zu geben, wird eigentlich mit einer irrationalen Handlung gedroht. Durch diese Tatsache bedingt mag der Gegner an der Glaubwürdigkeit der Drohung zweifeln, m.a.W.: ein Spieler wird geneigt sein, die Tatsache in Zweifel zu ziehen, daß der Gegner wirklich den schlechtestmöglichen Ausgang (eben auch für ihn selbst) riskieren wird, wenn er gleichzeitig dadurch, daß er die Drohung nicht ausführt, für sich selbst immer einen besseren Ausgang erzielen kann[394]. In diesem Zusammenhang sei verwiesen auf den Abschnitt „3.3.4.2 Glaubwürdigkeit“.

Gesetzt den Fall, einer der beiden Spieler führt eine Angriffshandlung aus, d.h. einen nicht-kooperativen Spielzug, obwohl eine Drohung der Gegenseite zu einer Vergeltungshandlung besteht. Natürlich bestünde eine rationale Handlung

---

intensity of administration preferences. On some issues presidents may see defeat as no better, or even worse, than compromise.“ (s. Lindsay, James M., "Congress and the Politics of U.S. Foreign Policy", London, 1994, S. 95f).

[393] Vgl. z.B. Mayhew, David R., "Divided We Govern", New Haven, 1991, S. 139; 158; Loewenstein, Karl, "Verfassungsrecht und Verfassungspraxis der Vereinigten Staaten", Berlin, Göttingen, Heidelberg, 1959, S. 366f.

[394] Vgl. Brams, Steven J., Kilgour, D. Marc, "Game theory and national security", Oxford, New York, 1988, S. 46.

in diesem Moment darin, die angedrohte Handlung nicht auszuführen, weil jedes Ergebnis besser ist – und zwar für beide Parteien – als das durch die Vergeltungsmaßnahme erzielte. Die Frage an dieser Stelle ist, inwieweit der angegriffene Spieler noch die Möglichkeit hat, von der Vergeltungsmaßnahme abzusehen.

Im o.g. Kapitel sind einige Möglichkeiten aufgeführt, um im Vorfeld die Glaubwürdigkeit eines strategischen Zugs zu erhöhen. Dazu zählt die Möglichkeit, das Rückgängigmachen dieses Zugs zu verteuern, so daß dem Gegner überzeugend klar wird, daß er mit der Durchführung rechnen muß. Im Falle eines Vorstoßes beispielsweise des Kongresses könnte die Drohung des Weißen Hauses mit einer Vergeltungsmaßnahme z.B. dadurch glaubhaft werden, daß der Präsident vor dem Vorstoß ihre Drohung öffentlich ausgesprochen hat. Steckt sie dann trotzdem zurück, muß sie mit einem Imageverlust rechnen, im übrigen büßt sie für andere und/oder spätere Auseinandersetzungen Glaubwürdigkeit ein. Das weiß auch der Kongreß, weswegen er mit der Ausführung der Maßnahme rechnen muß, obwohl sie im isolierten Zusammenhang des Spiels keinen sinnvollen, d.h. rationalen Zug darstellt. Analoges gilt für den Gesetzgeber.

Hier wird davon ausgegangen, daß grundsätzlich von beiden Seiten eine Drohung wirksam ausgesprochen werden kann.

3.4.5.5 Ergebnisse und Implikationen

Grundsätzlich weist das Deterrence-Game ein stabiles Nash-Gleichgewicht im Deterrence-Equilibrium auf. Voraussetzung dafür ist allerdings die Errichtung von Drohungen in ausreichendem Ausmaß. Mathematisch herrscht ein ausreichend hohes Bedrohungsniveau bzw. eine ausreichende Bedrohungswahrscheinlichkeit für das Erreichen des Deterrence-Gleichgewichts, wenn die Ungleichungen

(4a) $0 < q < r_3$ für die Exekutive und

(4b) $0 < p < c_3$ für den Kongreß

erfüllt sind[395]. Sollte aber einer der beiden Spieler eine zu niedrige Wahrscheinlichkeit für eine Vergeltungshandlung (also z.B. $q > r_3$) wählen, kann es für den Gegner durchaus rational sein, für die erste Stufe ein hohes Angriffsniveau zu wählen[396]. Dadurch kann es – im Falle der Wiederholung dieses Spiels – dazu kommen, daß sich die Spieler im „Preemption Equilibrium" wiederfinden. Dies bedeutet, daß einer der beiden Spieler Oberhand gewonnen hat, während sich der andere trotzdem kooperativ verhält. Dadurch erzielt der Angreifer das für ihn bestmögliche Ergebnis, während der Angegriffene sein zweitschlechtestes Ergebnis erhält.

---

395 Vgl. Brams, Steven J., Kilgour, D. Marc, "Game theory and national security", Oxford, New York, 1988, S. 46.

396 Vgl. Brams, Steven J., Kilgour, D. Marc, "Game theory and national security", Oxford, New York, 1988, S. 47.

Durch die Eigenschaft der dynamischen Stabilität läßt sich aber ein Pfad zurück zum Deterrence-Gleichgewicht aufzeigen – vorausgesetzt, das Spiel wird ständig wiederholt (s. 3.4.5.1.2).

Was bedeutet dies für den Konflikt zwischen Administration und Kongreß über die UN-Beitragszahlungen?

Zunächst einmal muß festgestellt werden, daß das Modell durch die in „3.4.5.2 Annahmen und Voraussetzungen" geschilderten Grundannahmen nicht für alle Konstellationen von Kongreß und Weißem Haus gilt. Insbesondere dann, wenn die Exekutive in den UN keine Politikoption sieht oder ihr gegenüber sogar feindselig eingestellt ist und gleichzeitig der Kongreß seine Vorbehalte gegenüber der Organisation aufrechterhält, kann das Modell nicht geeignet sein, da es als Basismodell für eine Konfliktsituation dient, und in diesem Fall überhaupt kein Konflikt vorliegt. Beispielsweise erklärt das Modell nicht die Verabschiedung des Kassebaum-Amendments, da UN-Botschafter Kirkpatrick und die Kongreßabgeordnete Nancy Kassebaum bei dieser Gesetzgebung zusammengearbeitet haben[397]. Allerdings ist für eine solche Konstellation auch kein Modell nötig, die Zahlungsverweigerung bzw. –verzögerung in dieser Zeit zu erklären.

Aber in Zeiten, in denen ein Antagonismus von Exekutive und Legislative in der UN-Frage zu konstatieren ist, ist das Modell imstande, den Verlauf plausibel zu erklären. Insbesondere durch die Stabilität des Deterrence-Gleichgewichts läßt sich strukturiert nachvollziehen, warum die Zahlungen an die UN über einen so langen Zeitraum zurückgehalten worden sind.

Mit Beendigung der Ära, in der die UN einmütig von Kongreß und Administration als Ziel für Angriffe ausgewählt worden war, war ein Status Quo geschaffen, der durch verschiedene Einschränkungen der UN-Beitragszahlungen und seitens der USA induzierten Verwaltungsreformen charakterisiert war; im Ergebnis hatte der US-Gesetzgeber einen verstärkten Einfluß auf die UN-Politik der Exekutive gewonnen. Der Einfluß des Kongresses, dort insbesondere in dem wichtigen außenpolitischen Ausschuß des Senats, war durch die Reagan-Administration zumindest billigend in Kauf genommen worden[398]. Es häuften sich Fälle von unilateralen Zahlungskürzungen in solchen Fällen, in denen die USA mit der durch UN-Gremien beschlossene Maßnahmen nicht einverstanden waren. Die entsprechenden Gesetze griffen aber nicht nur im aktuellen Haushaltsjahr, sondern beschlossen die Kürzungen oft auf unbestimmte Zeit und wurden regelmäßig mit Bedingungen versehen, deren Erfüllung Gegenstand eines Berichts des Präsidenten an den Kongreß war und ist. Die anderen UN-Mitgliedstaaten gaben allerdings diesen einseitigen Beschlüssen des US-Gesetzgebers nicht statt. Die durch das Kassebaum-Amdendment beschlos-

---

[397] Vgl. Zitka, Frank, "Wandel und Kontinuität", Berlin, 1997, S. 316.

[398] Über UN-Botschafterin Kirkpatrick wurden auch ziemlich direkte Kontakte mit dem Kongreß gepflegt, um die USUN-Position über den Gesetzgeber zu stärken; vgl. Zitka, Frank, "Wandel und Kontinuität", Berlin, 1997, S. 363.

senen Kappungen der UN-Beiträge der USA um 20% blieb ohne Folgen für den für die USA durch die UN festgestellten Beitragssatz, so daß die Programme auf der Basis der legalen Höhe der Forderungen aller Mitglieder, also einschließlich der USA, geplant wurden. Dieses Vorgehen war insoweit nachvollziehbar, als daß man zum einen ein unilaterales und völkerrechtlich ungesetzmäßiges Vorgehen aus prinzipiellen Erwägungen nicht durchgehen lassen konnte und zum anderen keinen (weiteren) prominenten Fall schaffen wollte, an dessen Beispiel sich andere Mitgliedstaaten orientieren könnten.

Allerdings entstand dadurch eine eskalatorische Situation, die den o.g. Einfluß des Kongresses beständig vergrößerte, ohne daß dieser selbst durch weitere Gesetzesinitiativen aktiv werden mußte. Durch die Kappung bedingt, wuchs in den Folgejahren mit jedem Budget die durch die UN-Organisation festgestellte Schuld der USA sowohl im ordentlichen Haushalt als auch bei den Friedensoperationen. Während anfangs die fehlenden Gelder allenfalls ein Ärgernis für die Arbeit der Exekutive innerhalb der UN und mit ihren Verbündeten darstellte[399], wurde die Situation während der Jahre der Clinton-Administration kritisch, spätestens, als 1998 die kritische Schwelle des Art. 19 Charta erreicht zu werden drohte[400]. Um diese Vorgänge dem formalen Modell zugänglich zu machen, wird hier davon ausgegangen, daß im Unterlassen der Mittelfreigabe ein Angriff des Kongresses auf die Administration festzustellen ist, obwohl eigentlich die in dieser Zeit von der Clinton-Administration angestrengten Bemühungen das aktive Element darstellten. Das im letzten Moment erfolgte Einlenken des Gesetzgebers wird interpretiert als Abbruch des Angriffs des Gesetzgebers, weniger als Sieg der Clinton-Adminstration aufgrund eines erfolgreichen Angriffs von deren Seite. Dies zeigt auch der mit sehr weitgehenden Zugeständnissen an den Kongreß versehene Kompromiß, den das Helms-Biden-Agreement verkörperte. Die erste Tranche, die als Ergebnis des Kompromisses an die UN überwiesen wurde, war die kleinste der drei und wurde auch sofort überwiesen, um die Verschuldung über die im Art. 19 Charta festgelegte Grenze zu vermeiden[401].

Während das Helms-Biden-Agreement nicht als „Verlust" des Kongresses, sondern als Beibehaltung des Status Quo interpretiert wird, kann die Ankündigung von Präsident Clinton bei Amtsantritt in seiner „Presidential Decision

---

[399] Vgl. Zitka, Frank, "Wandel und Kontinuität", Berlin, 1997, S. 366f: „In den folgenden Jahren versuchten...USUN und...State Department, den Kongreß davon zu überzeugen, daß...die Zeit für eine Wiederaufnahme der regulären Zahlungen gekommen sei." Als Teil der Ursache dieses Konflikts wird das Verhältnis zwischen Exekutive und Gesetzgeber identifiziert: ...spielte auch hier die grundsätzliche Rivalität zwischen Exekutive und Legislative eine Rolle." Als Folge wurde der Bewegungsspielraum der USA in der UN stark eingeengt: „Durch die Beitragsverweigerungen des Kongresses waren der UNO-Politik der Reagan-Regierung die Hände gebunden.".

[400] Vgl. GPF, "Chronology", 07-12/1998".

[401] Vgl. Emergency Coalition for U.S. Financial Support of the United Nations, "The Final Outcome", Washington D.C., 1999.

Directive", sich besonders in Fragen internationaler Sicherheit außenpolitisch auf den multilateralen Kurs begeben zu wollen[402], durchaus als Kampfansage an die konservativen Strömungen innerhalb des US-Kongresses und damit in der Sprache des Spiels als ein verringertes Niveau der Kooperation verstanden werden. Clinton ließ deutlich werden, daß er in diesem Zusammenhang die Frage der Beitragsrückstände aus der Welt schaffen wollte. Im Sommer 1994 setzte Clinton beim Kongreß durch, daß 1,2 Mrd. USD an Außenständen wegen Friedensoperationen bezahlt werden; diese Zahlungen waren allerdings immer noch mit Bedingungen versehen, die darauf zielten, die UN-Organisation zu administrativen Reformen zu zwingen[403]. In der Folgezeit wurde aber immer deutlicher, daß der Kongreß immer noch sehr gut formiert war, was die Opposition gegen die UN betraf: Der Kongreß beschloß Anfang 1995, die UNIDO, eine Sonderorganisation der UN, nicht mehr zu bezahlen. Frühere Pläne Clintons, daß die USA wieder die Mitgliedschaft in der UNESCO anstreben würde, wurden dagegen in aller Stille fallengelassen[404].

Besonders durch das Scheitern der UNOSOM-Mission mit dramatischen, öffentlichkeitswirksamen Folgen für die eingesetzten US-Truppen wurde die Wahrscheinlichkeit immer geringer, daß die Clinton-Administration den Gegenattacken aus dem Kongreß standhalten konnte. Im Modell schlägt sich dieser Umstand im Ansteigen von s nieder, was bedeutet, daß die Administration sich wieder in Richtung einer stärkeren Kooperation mit ihrem Widersacher hinbewegt. In dieser Zeit kann man auch von einem Ansteigen des Wertes q ausgehen, was die sinkende Wahrscheinlichkeit einer Vergeltungshandlung der Exekutive widerspiegelt. Tatsächlich dürfte eine glaubwürdige Drohgebärde in dieser Zeit äußerst schwierig zu formulieren gewesen sein, denn in der Bevölkerung sank die Zustimmung zu seiner UN-freundlichen Politik[405]. Dadurch wurde eine Gegenoffensive des US-Kongresses wahrscheinlicher. Insbesondere dann, wenn q den Schwellenwert von $q < e_3$ überschritten hat, wird durch die Spielregeln bedingt eine Neuformulierung der Strategie durch den Kongreß in Richtung des Preemption-Gleichgewichts sinnvoll. Daß im Herbst 1994 die Kongreßwahlen stattfanden, dürfte zusätzlich zu einer Verhärtung der Position des Gesetzgebers beigetragen haben.

In der Folgezeit kam es folgerichtigerweise auch immer wieder zu erfolgreichen Gegenattacken des Kongresses, gegen welche die Clinton-Administration weitgehend passiv reagierte[406], man könnte sogar von einem vorauseilendem Gehorsam sprechen. Clinton modifizierte schon am Jahresende 1993 seine Haltung zur

---

402 Zentraler Bestandteil dieser Politik des "assertive multilateralism" war z.B. auch die systematische Einbindung der US-Streitkräfte in den UN-Rahmen (vgl. Rivlin, Benjamin, "UN Reform from the Standpoint of the United States", 1995).

403 Vgl. GPF, "Chronology", 01-12/1994.

404 Vgl. GPF, "Chronology", 01-12/1995.

405 Vgl. GPF, "Chronology - Background & History of the UN Financial Crisis".

406 Vgl. GPF, "Chronology - Background & History of the UN Financial Crisis".

UN. Insbesondere sprach sich die neue Clinton-Direktive (PDD-25[407]) vom Mai 1994 für einen restriktiven Einsatz von Friedensoperationen im Rahmen des internationalen Krisenmanagement aus. In dieser Direktive wurde u.a. das Ziel formuliert, die Beiträge zum Peacekeeping der UN von ca. 31 auf 25% zu senken[408].

Während u.a. die mißglückten Operationen in Somalia während der Clinton-Ära den Spielraum des Präsidenten einengten, konnte Präsident George Bush einige Jahre zuvor dem Kongreß erfolgreich Zahlungen für das UN-Budget abringen. Dies war die Folge der Nutzung der UN als Forum, um Bushs Golfkriegsallianz zusammenzuhalten. Darüber hinaus förderte Bush die UN bei ihrer Inspektionsaufgabe im Irak. Die öffentliche Meinung war in dieser Zeit offensichtlich, also für den Kongreß erkennbar, zugunsten der UN geneigt; Drohungen des Kongresses zu dieser Zeit, sich gegen ein Ausstatten der UN mit finanziellen Mitteln zu stellen, waren nicht glaubwürdig. Der Kongreß mußte mit einem erheblichen Widerstand der Bush-Administration rechnen, da es sich bei der Irak-Frage um ein entscheidendes politisches Vorhaben der Administration handelte. Daher konnte die präsidiale Initiative gegen den Status Quo zum Erfolg führen, obwohl der Kongreß die Mittel nur ungern freigab[409].

In Summe wirkt sich das System der Checks and Balances zwischen Gesetzgeber und Exekutive hinsichtlich der Frage der Finanzierung der UN-Aktivitäten in Richtung eines insgesamt ziemlich stabilen Gleichgewichts aus, das seit geraumer Zeit charakterisiert ist durch restriktive Mittelzuweisung für die UN. Obwohl beide Seiten immer wieder einen Vorstoß wagen, das für sie jeweils vorteilhafte Preemption-Gleichgewicht zu erreichen, stabilisiert sich die Situation wieder im Gleichgewicht der gegenseitigen Kooperation. Der seit der Reagan-Administration hergestellte Zustand stellt qualitativ heute immer noch den Status Quo dar; dabei wird der Zustand durch den Einfluß des US--amerikanischen Gesetzgebers auf die UN-Politik und der Instrumentalisierung der UN durch die Exekutive charakterisiert. Während der Gesetzgeber augenscheinlich auch in Zukunft diesen Einfluß nicht verlieren möchte, wird die Exekutive nicht auf das Instrument UN verzichten wollen. Beide Kontrahenten sind – im Zeitablauf mal stärker, mal weniger stark – in der Lage, durch gegenseitige, implizite oder auch explizite Drohung von Vergeltungsaktionen gegen einen Vorstoß der jeweils anderen Seite, diese von einem Vorstoß abzuhalten.

Dabei befindet sich die Exekutive leicht im Nachteil, denn sie muß sich die Ergebnisse der multilateralen Zusammenarbeit als Erfolg oder Mißerfolg zuschreiben lassen. Ergebnisse dieser Art bergen aufgrund der Natur der multilateralen

---

407 Vgl. Bureau of International Organization Affairs, "Presidential Decision Directive 25, the Clinton Administration Policy on Reforming Multilateral Peace Operations, unclassified summary, 5/1994", May 1994.

408 Vgl. GPF, "Chronology - Background & History of the UN Financial Crisis".

409 Vgl. GPF, "Chronology - Background & History of the UN Financial Crisis"; außerdem: Zitka, Frank, "Wandel und Kontinuität", Berlin, 1997, S. 380f.

Arbeit Risiken, denn das Ergebnis der Arbeit wird sich nicht immer auf der nationalen Ebene gut verkaufen lassen. Dies gilt für die Arbeit in der Organisation allgemein und ganz besonders in der Frage der internationalen Sicherheit. Werden in der Organisation Ergebnisse erzielt, die für die USA offensichtlich nachteilig sind (dazu zählen Verluste bei US-amerikanischen Truppen genauso wie feindseliges Abstimmungsverhalten gegenüber der USA in der Generalversammlung), gerät die US-Exekutive in Erklärungsschwierigkeiten. Umgekehrt sind die Erfolge der Arbeit der Organisation für die USA selten so gut sichtbar und der Öffentlichkeit gut darstellbar, wie dies im Rahmen der Bemühungen um die Golfkriegskoalition der Fall war.

Durch diese Konstellation bedingt, ist die Wahrscheinlichkeit hoch, daß die Begleichung der UN-Rechnungen immer wieder gefährdet sein wird. Der Kongreß hält mit der alleinigen Zuständigkeit für den US-Haushalt eine starke Waffe in der Hand, derer er sich mit hoher Wahrscheinlichkeit immer wieder bedienen wird, um seinen Einfluß geltend zu machen bzw. den erreichten Einfluß zu behaupten. Dabei muß er sicherlich Gegenmaßnahmen der Administration fürchten. Durch die asymmetrische Verteilung der vorzeigbaren Erfolge und Mißerfolge der UN-Politik jedoch werden sich dem Gesetzgeber immer wieder Möglichkeiten eröffnen, in Zeiten unwahrscheinlich gewordener Gegenwehr der Exekutive einen Vorstoß zu wagen, der dann in der Folgezeit nur schwer wieder zurückzudrängen ist.

4 Ansätze zur Beseitigung der finanziellen Engpässe

Die Erörterung sowohl der Möglichkeiten als auch der Determinanten der Finanzierung von Friedensoperationen erstrecken sich über eine Vielzahl von Themen. Wie im Teil „Ursachen der Finanzierungsschwierigkeiten" gezeigt, liegen die Probleme weder in der absoluten Höhe der durch die Missionen verursachten Kosten noch in der Technik der Mittelbeschaffung.

Bei der Frage der Höhe der Kosten, selbst wenn man die Fälle von Verschwendung und Betrug mit in die Rechnung einbezieht, werden Beobachter nicht müde festzustellen, daß es sich bei Friedensoperationen um eine im Vergleich äußerst günstige Eingriffsmöglichkeit zugunsten des Weltfriedens und der internationalen Sicherheit handelt[410]. Insbesondere die beobachtbare Tatsache, daß die kumulierten Ausgaben für Friedensoperationen einen vernachlässigbaren Bruchteil der Ausgaben der Nationalstaaten für ihre nationale Verteidigung ausmachen, zeigt dies deutlich.

Was die gültigen Finanzierungsprozeduren angeht, so läßt sich feststellen, daß die Vorkehrungen, die Charta und Finanzregeln geschaffen haben, prinzipiell robust und vollkommen ausreichend sind, um die Ausgaben für die Friedensoperationen abzudecken, selbst unter Berücksichtigung von zeitweise auftretenden Liquiditätsengpässen. Die Kosten werden einfach unter den Mitgliedern aufgeteilt in einer Weise, wie sie die Mitglieder in der Generalversammlung durch Mehrheitsentscheidung selbst gewählt haben. Für den Fall, daß einzelne Mitgliedstaaten der Aufforderung durch den Generalsekretär aus nationalen haushaltstechnischen oder anderen Gründen nicht sofort nachkommen können, existiert ein finanzieller Puffer in Form von Notfallfonds, die in Anspruch genommen werden können, bis er durch die verspätet eintreffenden Beiträge wieder aufgefüllt wird.

Die Probleme, die bei der Finanzierung der Friedensoperationen auftreten, müssen ausschließlich politisch betrachtet werden. Es ist der Grad an Vertrauen, welches der Institution UN als internationale Organisation in der Frage der Konfliktlösungsfähigkeit internationaler Sicherheitskrisen durch ihre Mitglieder entgegengebracht wird, der die multilateralen Maßnahmen der Gemeinschaft der Staaten im Forum der UN-Organisation im allgemeinen und deren Finanzierung im besonderen determiniert. In diesem Zusammenhang von entscheidender Bedeutung ist der Wille der einzelnen Mitglieder, ihre ggf. vielschichtigen nationalen Interessen zugunsten einer Lösung auf internationaler Ebene zurückzustellen.

---

[410] Siehe 3.1.2 und vgl. beispielsweise Paul, James A., "Deadbeat Nation", in: The Nation Magazine, 1996, S. 4f; Schoettle, Enid C.B., "Kein Geld für den Frieden? Die Finanzierung der UN-Friedenserhaltung", in: Europa-Archiv, 48/16, 1993, S. 454; GPF, "The UN Finance in Comparative Perspective", 10/2000 mit 25 informativen Vergleichsgrößen.

Dies gilt durchaus nicht nur für die sicherheitspolitischen Bemühungen der UN, sondern auch auf allen anderen Arbeitsfeldern. Der ordentliche Haushalt und derjenige der Friedensoperationen stellen nur einen relativ kleinen Teil der Mittel für das gesamte System der UN der; ein bedeutender Teil der Mittel wird in Form freiwilliger Beitragsleistungen aufgebracht. Der ordentliche Haushalt und der Haushalt für Friedensoperationen sind aber dennoch von zentraler Bedeutung und stehen regelmäßig im Zentrum der Diskussionen, wenn es um die Finanzen der UN geht[411].

Die Tatsache der Mitgliedschaft in den UN konkretisiert sich auf der finanziellen Ebene durch Zahlungen zum ordentlichen Haushalt und zu den Friedensoperationen. Sie stellen eine unverbrüchliche Verpflichtung der Mitgliedschaft dar. Die Asynchronität zwischen politischem Gewicht und Stimmrecht in der Generalversammlung, die durch das One-state-one-vote-Prinzip erzeugt wird, mag das größte Problem der einflußreichen Staaten mit den UN als politischem Forum darstellen, weil es dort ihre relative politische Stärke ignoriert; jedenfalls erfährt es eine Akzentuierung dadurch, daß die Verteilung der finanziellen Lasten durch das Prinzip der Zahlungsfähigkeit zuungunsten der ohnehin ihrer relativen Stärken beraubten Staaten vorgenommen wird. Bemühungen um eine Korrektur zugunsten der politisch starken Hauptbeitragszahler sind mühsam und von geringen Erfolgschancen begleitet, weil die Generalversammlung die Haushaltshoheit innehat und gleichzeitig durch das One-state-one-vote-Prinzip eine potentielle Abstimmungsmehrheit der Entwicklungsländer entsteht.

Dem Ertrag in Form von konsensual getroffenen Entscheidungen in einer Organisation, die praktische Universalität erreicht hat, stehen aus Sicht der einzelnen Mitgliedstaaten politische Kosten gegenüber, die in langwierigen Verhandlungen, den Ertrag verwässernden Kompromißentscheidungen und v.a. in Zugeständnissen an die eigene Position bestehen. Wie im Abschnitt „Ursachen der Finanzierungsschwierigkeiten“ dargelegt wurde, kann durch Betonung dieser politischen Kosten der Nutzen der Arbeit auf der internationalen Ebene der UN in Frage gestellt werden. Die Frage der finanziellen Belastungen durch die UN-Mitgliedschaft bietet sich als Angriffspunkt gegen die Politikoption über die UN für Skeptiker geradezu an. Im Falle der USA verantwortet der Gesetzgeber weitgehend die Kontrolle über die Staatsausgaben, während er auf die Außenpolitik direkt keinen Einfluß hat. So bietet sich ihm über die Finanzierungsfrage die Möglichkeit, seinem Unwillen über eine von ihm wahrgenomme Aufgabe nationaler Interessen innerhalb der UN Ausdruck zu verleihen.

Argumentativ unterstützt werden Skeptiker dabei durch Fehler, die bei der Arbeit der Organisation bei Beschlußfassung und während der Umsetzung der Beschlüsse entstehen. Besonders schwer wiegen solche Fehler bei den Friedensoperationen, die durch die UN beschlossen und ausgeführt werden, da die Öffentlichkeitswirksamkeit von Friedensoperationen unter allen durch die UN

---

[411] Vgl. McDermott, Anthony, "The New Politics of Financing the UN", Oslo, 1998, S. 55.

unternommen Aktivitäten bei weitem am größten ist[412]. Besonders deutlich wurden die negativen Auswirkungen mißglückter Friedensoperationen bei den zu Kapitel-VII-Maßnahmen neigenden Missionen der 90er Jahre. Missionen wie die in Ruanda, Somalia oder Bosnien gerieten zu prominenten Gegenständen der Kritik[413]. Als Folge davon muß der verstärkte Angriff der Skeptiker auf die Finanzierung der UN gesehen werden. Unabhängig davon, wer die Schuld am Mißlingen der Friedensoperationen zu tragen hat, läßt sich natürlich auf nationaler Ebene angesichts der Mißerfolge nur noch schwer für den politischen Weg über die UN werben; bei der Erörterung der Nutzenfunktion der US-amerikanischen Exekutive (s. 3.4.4.3) ist sogar ein positiver Nutzen der UN für die nationalen Regierungen darin identifiziert worden, daß man den UN im Mißerfolgsfall die Schuld zuweisen kann, somit die Schuld von sich weist und gleichzeitig gewissermaßen entpersonalisiert.

In diesem Zusammenhang sei nochmals auf das Wesen der UN verwiesen: Durch die Abwesenheit supranationaler Kompetenzen muß die UN als die Summe ihrer Mitglieder, in einigen Fällen – und dies trifft ganz besonders auf den Bereich der sicherheitspolitischen Vorgänge und Entscheidungen zu – als die Summe ihrer Mitglieder unter besonderer Berücksichtigung der Verantwortung der ständigen Sicherheitsratsmitglieder definiert werden. Man kann davon ausgehen, daß die handelnden Personen als Abgesandte ihrer Staaten sehr weitgehend an die Weisungen ihrer nationalen Regierungen gebunden sind, besonders dann, wenn es um schwerwiegende Fragen wie z.B. die Sicherheitsfragen geht, die sich beim Zerfall von Jugoslawien gestellt haben.

Wen sollte es dann also treffen, wenn die Schuld auf „die UN" geschoben wird? Kaum jemand würde ernsthaft behaupten, das UN-Sekretariat als Verwaltungsorgan trage wesentliche Verantwortung für die Fehlschläge der Missionen in Somalia oder Bosnien. Als ursächlich für die Mißerfolge erkennen die meisten Beobachter u.a. politisch unklare Mandate der Missionen, ungenügende Anpassung der Mandate und Ausstattung der Friedensoperationen an die politischen und militärischen Entwicklungen in der Krisenregion, zu späte Entsendung der Truppen und unzureichende Exitstrategien[414]. Die Verantwortung für solche Fehler tragen aber die Mitgliedstaaten in ihrer Fähigkeit zum Kompromiß bzw. zur Entscheidung von Maßnahmen. Selbst wenn kein Kompromiß erreichbar

---

412 Vgl. z.B. McDermott, Anthony, "The New Politics of Financing the UN", Oslo, 1998, S. 76; Kaufmann, Johan, "The Evolving United Nations: Principles and Realities", 4/1994; Ansprenger, Franz, "Blauhelme - Markenzeichen und Albdruck der Vereinten Nationen", in: Hüfner, Klaus, "Die Reform der Vereinten Nationen", Opladen, 1994, S. 55.

413 Vgl. IPEP, "Projektdokument der IPEP", 01/2000, Rdnr. 2; Chopra, Jarat, "Facing the Truth at the United Nations", 10/1995; McDermott, Anthony, "The New Politics of Financing the UN", Oslo, 1998, S. 10; Meiers, Franz-Josef, "NATO"s peacekeeping dilemma", Bonn, 1996; Malone, David M., Cockell, John G., "The Security Council in the 1990s", 11/1996; Maynes, Charles William, "What's Wrong at the United Nations?", 1997.

414 Vgl. z.B. Fréchette, Louise, "United Nations Peacekeeping at Fifty - Looking Back, Looking Forward", 1998.

scheint, liegt es in der allgemeinen Verantwortung der Mitgliedstaaten und insbesondere der ständigen Mitglieder des Sicherheitsrats, in der Umsetzung der Maßnahmen andere Wege zu gehen, auch wenn diese außerhalb der UN liegen, anstatt ein der Situation unangemessenes Mandat zu formulieren und der Organisation im Anschluß die finanziellen Mittel zu verweigern. Woran das Versagen der Mitgliedstaaten im Einzelnen liegt, mag vielerlei Gründe haben; sicher werden nationale Zwänge einen wesentlichen Beitrag leisten. Aber unabhängig von diesen Gründen kann festgestellt werden, daß die UN-Organisation in ihrer Eigenschaft als Organisation selbst nur schwerlich für die Mißerfolge (allein) zuständig sind[415].

Der US-Kongreß hat in der Vergangenheit u.a. die Reform der UN-Organisation durch Bedingungen, die er an die Freigabe der UN-Beiträge geknüpft hat, faktisch erzwungen. Viele Beobachter, die prinzipielle Kritik am Vorgehen des Kongresses geübt haben, haben gleichzeitig darauf hingewiesen, daß die administrativen Reformen durchaus notwendig gewesen seien und somit der Druck des Kongresses in dieser Hinsicht auch Gutes bewirkt habe. Wie häufig bei Non-Profit-Organisationen und amtsähnlichen Organisationsgebilden dürfte tatsächlich auch in der Organisation der UN ein geringeres Maß an Effektivität und Effizienz anzutreffen sein als bei privatwirtschaftlichen Unternehmen. Angebracht aber scheint diesbezüglich der Hinweis, daß es sich bei der UN-Organisation um keine gewinnorientierte Organisation handelt, womit auch der Anwendung von modernen Prinzipien und Erkenntnissen aus der Privatwirtschaft enge Grenzen gesetzt sind. USG Joseph Connor, dem man sicher auf diesem Gebiet Kompetenz nicht absprechen kann[416], hat in diesem Zusammenhang darauf hingewiesen, daß er beispielsweise nicht wie bei einem privatem Unternehmen überprüfen könnte, welches Geschäftsfeld er aufgeben könnte; dabei könne er überdies weder Geld leihen noch über eigene Mittel verfügen[417].

Grenzen sind dem Generalsekretär bei seinen Bemühungen um Effektivierung und Effizienzerhöhung der Organisation in mannigfaltiger Weise gesetzt. Die Kritik trifft oft die auftretenden Doppelarbeiten durch überlappende Aufgabenbereiche und Programme bei verschiedenen Teilen der UN-Organisation. Hier verfügt der Generalsekretär häufig aufgrund konstitutioneller Befugnisgrenzen über keine ausreichenden Ermächtigungen, um Änderungen herbeizuführen[418]. Bei der Kritik an rein prozeduralen Gegebenheiten in der Verwaltung der Organisation sollte man genau darauf achten, über welche Möglichkeiten der Generalsekretär bei aktuell herrschenden rechtlich bindenden Regeln überhaupt verfügt; hier sollte man unbedingt den privatwirtschaftlichen Steuerungsgrund-

---

415 Vgl. z.B. Brahimi-Report, August 2000, S. 44.

416 Connors war zuvor beim Wirtschaftsprüfungsunternehmen PriceWaterhouse in der Geschäftsleitung beschäftigt gewesen.

417 Zitiert in McDermott, Anthony, "The New Politics of Financing the UN", Oslo, 1998, S. 155ff.

418 Vgl. McDermott, Anthony, "The New Politics of Financing the UN", Oslo, 1998, S. 156.

satz anwenden, die Leistung des handelnden Mitarbeiters nur an jenen Arbeitsergebnissen zu messen, die er auch beeinflussen kann.

Problematisch sind auch die durch den US-Kongreß indirekt herbeigeführten Sparmaßnahmen. Es entsteht häufig ein Problem, die sicherlich notwendige Erhöhung der Effektivität und Effizienz der UN-Organisation bei der Erfüllung der ihr zugewiesenen Aufgaben herbeizuführen, während man gleichzeitig die Mittel streicht, um entsprechende Investitionen in Sach- und Humankapital vornehmen zu können bzw. einen Abbau dieser Ressourcen wegen fehlender Mittel betreiben muß[419].

Das System an Regeln, das in der Charta kodifiziert ist und sich in der hierarchischen Anordnung der Hauptorgane und seiner zugeordneten Entscheidungsprozeduren konkretisiert, war sicherlich unter deutlich anderen weltpolitischen Umständen entwickelt worden, als sie heute in der Zeit nach der Bipolarität der Ära des Kalten Krieges herrschen. Man könnte argumentieren, daß zumindest Teile dieser Regeln nicht mehr adäquat die Anforderungen der veränderten weltpolitischen Gegebenheiten erfüllen. Insbesondere wird häufig die Reformierung des für Fragen von Weltfrieden und internationaler Sicherheit primär zuständigen Sicherheitsrat erwogen. Im Zusammenhang dieser Erörterungen ist neben der nicht mehr zeitgemäßen Zusammensetzung des Kreises der ständigen Mitglieder des Sicherheitsrats[420] vielfach das Recht dieser ständigen Mitglieder zum Veto Ziel der Kritik[421].

Was die Aufstellung von mit Konsens der Streitparteien versehenen Friedensoperationen angeht, wird hier die Auffassung vertreten, daß eine Änderung von Zusammensetzung und Regelwerk des Sicherheitsrats nicht unbedingt vonnöten ist. Hier wird davon ausgegangen, daß grundsätzlich die Möglichkeit besteht, eine Friedensoperation, die sich nicht auf Kapitel VII stützt und mit der Zustimmung der an den Auseinandersetzungen Beteiligten versehen ist, mit 2/3-Mehrheit in der Generalversammlung zu beschließen, falls der Sicherheitsrat blockiert sein sollte. Für einen solchen Fall existiert immerhin der Präzedenzfall der UNEF-Mission und die Uniting-for-peace-Resolution, die ein gewisses Maß an rechtlicher Sicherheit sowie Definitionen von Voraussetzungen und Verfahrensweisen für solche Situationen vorhält.

Im Falle von UNEF war der Weg über die Generalversammlung von den USA und überraschenderweise der UdSSR betrieben worden; für den Fall, daß die USA den Sicherheitsrat durch ein Veto blockiert oder durch Anstrengungen ihrer bilateralen Beziehungen einen Beschluß zu einer Friedensoperation im

---

419 Bereits von der Reagan-Administration wurde diese Sorge geteilt: Der US-Botschafter mahnte den Kongreß seinerzeit (1989), daß „...reform would be unlikely to take full effect in an organization paralyzed by financial instability.".

420 Vgl. z.B. Albrecht, Ulrich, "Die Reform der Vereinten Nationen nach friedenspolitischen Vorgaben", in: Hüfner, Klaus, "Die Reform der Vereinten Nationen", Opladen, 1994, S. 22.

421 Vgl. z.B. GfbV, "Towards a World without Genocide", Göttingen, 19.05.2000, S. 14f.

Sicherheitsrat verhindert, werden die Chancen für einen Beschluß der Generalversammlung für die Aufstellung einer Friedensoperation als relativ schwach beurteilt[422]. Es kommt mithin entscheidend auf das Selbstbewußtsein und den Willen zur Übernahme von Verantwortung der Mitglieder der Generalversammlung an. Jedenfalls spielen nicht die Bestimmungen der Charta die Hauptrolle bei den Schwierigkeiten, die sich im Zusammenhang mit Finanzierung und Durchführung von Friedensoperationen ergeben, sondern die unabhängig davon existierende, jeweils aktuelle Verteilung politischer und wirtschaftlicher Macht in der Welt in Verbindung mit der Fähigkeit und dem Willen zu einer multilateralen Vorgehensweise.

In diesem Kapitel werden verschiedene Vorschläge erörtert, die das Ziel verfolgen, die Finanzierung der Friedensoperationen zu verbessern. Wie an verschiedenen anderen Stellen vorher werden dabei aufgrund der engen Verflechtung zwischen den beiden Haushalten ggf. die Verfahren des ordentlichen Haushalts mit in die Überlegungen einbezogen. Die Ausgangslage, auf denen diese Vorschläge fußen, wurde im Abschnitt „UN-Friedensoperationen: Historische Entwicklungen und Status Quo“ mit der völkerrechtlichen Einordnung der Friedensoperationen, ihren Funktionen und Kostenstrukturen sowie den rechtlichen Grundlagen und Verfahrensweisen innerhalb der Finanzverfassung der UN beschrieben. Bewertet und ggf. entwickelt werden die Vorschläge anhand der historischen Entwicklungen um die Finanzierungsfrage und den im Abschnitt „Ursachen der Finanzierungsschwierigkeiten“ gewonnenen Schlußfolgerungen aus dem spieltheoretischen Modell, das den Konflikt zwischen nationalen Organen bzgl. der UN und die Folgen für die Finanzierung der UN abbildet.

Das Modell läßt prinzipielle Stoßrichtungen für Lösungsvorschläge erkennen, die innerhalb der UN selbst umgesetzt werden könnten: geeignet für die Verbesserung des Flusses von Finanzmitteln an die UN wird jede Maßnahme sein, welche die relative Stärke der US-Administration gegen die des US-Kongresses in dem in 3.4.5 dargestellten Spiel erhöht[423]. Dieser Vorgabe entsprechend werden zum einen Vorschläge zu Handlungen bzw. Reformen erörtert, die auf Ebene der UN durchgeführt werden können und geeignet sind, den sichtbaren Nutzen der Missionen für die Mitgliedstaaten zu erhöhen bzw. die eine Nutzenreduzierung oder -vernichtung verhindern. Zum anderen werden Maßnahmen untersucht, die darauf ausgerichtet sind, den Druck auf die UN-Kritiker zu erhöhen oder die UN als Ziel der Kritiker deren Einfluß zu entziehen, so daß bei gegebenem Niveau der Bedrohung durch die Administration als Reaktion gegen potentielle nicht-kooperative Maßnahmen des Kongresses auf der zweiten Stufe

---

[422] Vgl. Bothe, Michael, "Peace-Keeping", in: Simma, Bruno, "The Charter of the United Nations", München, 2002, S. 685f, Rdnr. 91; Hufnagel, Frank-Erich, "UN-Friedensoperationen der zweiten Generation", Berlin, 1996, S. 23.

[423] Dabei dürfte die USA zwar das wichtigste Ziel der Maßnahmen sein, aber sicher nicht das einzige; die Stärkung der Befürworter eines Wegs über die UN wird in so gut wie allen Mitgliedstaaten von Bedeutung sein.

des Spiels der Nutzen des Kongresses aus Angriffshandlungen reduziert wird (s. 3.4).

4.1 Erhöhung des relativen Nutzens aus Friedensoperationen

Besonders deutlich wurde die Relevanz des Faktors des Nutzens von Friedensoperationen für die Mitgliedstaaten für die Frage der Finanzierung der Friedensoperationen und des ordentlichen Haushalts der UN am Beispiel der mißlungenen Operation in Somalia. Der katastrophale Ausgang von UNOSOM II[424] trug in der Folgezeit zu einer deutlichen Schwächung der Position der Clinton-Administration gegenüber dem Kongreß in der Frage des Abbaus von Zahlungsrückständen bei. Gemäß des Modells aus 3.4 wird hier die Positionsänderung Clintons gegenüber den durch die UN durchgeführten Friedensoperationen, die u.a. in der PDD-25 deutlich zum Ausdruck kam, als Reaktion auf die verschlechterten Aussichten interpretiert, bei den Auseinandersetzungen mit dem Kongreß die Politik des „Assertive Multilateralism" durchsetzen zu können. Zu dieser strategischen Überlegung mag erschwerend hinzugekommen sein, daß die Administration selbst der Politikoption über die UN nicht mehr recht getraut hatte. Aber selbst wenn der Glaube der Clinton-Administration in die multilaterale Option das Ereignis unerschüttert überstanden hätte, wäre die Argumentation ganz sicher erheblich schwerer gefallen als bei einem besseren Ausgang der Mission. Jedenfalls fiel seitdem die Unterstützung für die Zahlungen an die UN deutlich schwächer aus als vorher, während der Kongreß seine Politik der Beitragsverweigerungen fortsetzte[425].

In diesem Abschnitt geht es um solche Vorschläge, die darauf gerichtet sind, mittelbar oder unmittelbar den Nutzen der Politikoption von Friedensoperationen der UN für die Regierungen der Mitgliedstaaten zu erhöhen bzw. eine Vernichtung des Nutzens zu verringern oder zu verhindern. Dies ist ein recht weit gefaßter Kontext und sollte als solcher auch prinzipiell die Verminderung der finanziellen Abhängigkeit der UN-Organisation als Folge der rekursiven Abhängigkeit[426] von Verfügbarkeit der finanziellen Ressourcen und der Effektivität der Friedensoperationen umfassen. Möglichkeiten, die finanzielle Unabhängigkeit vom Volens bzw. Nolens der Mitgliedstaaten zu erhöhen, werden aber trotzdem gesondert im Abschnitt 4.2 dargestellt, da dort primär die technischen Möglichkeiten dargestellt werden; hier wird weniger die finanzielle Abhängigkeit der UN-Organisation als die dieser zugrundeliegende mangelnde Bekenntnis der Mitgliedstaaten zu den multilateralen Strukturen der Organisation in den Vordergrund gestellt.

---

[424] Vgl. UNDPI, "Peacekeeping Missions".

[425] Vgl. McDermott, Anthony, "The New Politics of Financing the UN", Oslo, 1998, S. 15; 71.

[426] Die Rekursion besteht darin, daß durch Geldmangel verursachte Ineffizienzen bei der Durchführung entstehen, was wiederum zu einer sinkenden Finanzierungsbereitschaft führt.

Wie oben bereits dargestellt, besteht der Nutzen von durch die UN unternommenen Friedensoperationen v.a. in der Überzeugungskraft der Neutralität bei der Durchführung durch eine Weltorganisation, die nahezu Universalität erreicht hat. Dieser Vorteil wird nun dadurch zerstört, daß die Operationen teilweise wirkungslos sind und teilweise sogar zum Nachteil der truppenstellenden Staaten wie der Zielobjekte der Operation ausgehen. Für die Unterstützung in der Bevölkerung der Mitgliedstaaten sowie die Reaktionen und Handlungen der UN-Kritiker in politischer Verantwortung ist dabei über die Substanz der Mission hinaus der Eindruck entscheidend, der durch die Darstellung der Ereignisse bei der Friedensoperation von offizieller Seite und durch die Medien entsteht.

Dieser Abschnitt enthält die Darstellung von Vorschlägen strategischer und prozeduraler Natur. Das Attribut „strategisch" wird für solche Vorschläge verwendet, die prinzipielle Vorgehensweisen beim Peacekeeping durch die UN betreffen und ggf. im Umsetzungsfall einschneidende Maßnahmen wie Änderung von Chartabestimmungen nach sich zögen. Auf der operativen Ebene der Durchführung gibt es ebenfalls eine Fülle von Änderungsvorschlägen, die z.T. aus den strategischen Empfehlungen abgeleitet sind, z.T. von den aktuellen Gegebenheiten ausgehen und von dort aus Verbesserungen in Richtung höherer Effizienz und Effektivität der eingesetzten Mittel anstreben.

Als Reformerfolge, die durch die unilateralen Maßnahmen des US-Kongresses induziert worden sind, zählen häufig das reale oder nominale Nullwachstum des ordentlichen Haushalts und die damit einhergehenden Kürzungen an Sach- und v.a. Personalkosten. Umgekehrt sollte aber auch klar sein, daß diese Kürzungen teilweise negative Auswirkungen auf die Leistungsfähigkeit der Organisation und deren Fähigkeit zur Erneuerung haben. Viele Beobachter haben darauf hingewiesen, daß ein ernster Zielkonflikt zwischen Budgetrestriktionen und der geforderten Steigerung der Effektivität der Organisation existiert. Wie sollte man beispielsweise in eine neue IT-Infrastruktur investieren, ohne Mittel dafür zu haben? Wie sollte man eine komplexe Friedensoperation effektiv aus New York oder gar dezentral flankieren können, wenn die Mitarbeiter an den entscheidenden Positionen abgebaut werden? Jedenfalls werden im Folgenden Vorschläge mit dem Ziel der Kostenreduktion nicht ausführlich diskutiert, weil deren Wirkung auf die Nutzenerhöhung der UN für die Mitgliedstaaten in weiten Teilen fraglich sein dürfte[427].

4.1.1 Strategische Reformvorschläge

Die UN ist in erster Linie eine Organisation ihrer Mitglieder, in der sich diese nach den Prinzipien der Charta und durch die Mitglieder selbst bestimmten Regeln für gemeinsame Aktivitäten auf verschiedenen Gebieten zusammenfinden und unter der Regie dieser Prinzipien und Regeln Beschlüsse fassen.

---

[427] Vgl. World Federalists of Canada, "How Money Talks: The Funding Crisis at the UN", 06/1996.

Dieser Charakter der Organisation verleiht ihr auf dem Feld der internationalen Sicherheitspolitik eine Stärke durch Legitimation, die weltweit einzigartig ist. Allerdings sind dieser Aufstellung der Organisation Schwächen direkt immanent, die ihre Leistungsfähigkeit auf diesem Gebiet signifikant reduzieren.

Dazu zählt besonders die äußerst enge Begrenzung der Eigenmächtigkeit der Organisation, die durch eine fast vollständige Abhängigkeit von den Mitgliedstaaten geprägt ist und sich in ihrem hohen Grad an Restriktion bzgl. der ihr zur eigenen Disposition verfügbaren finanziellen Mitteln materialisiert. Dadurch baut sich ein Spannungsfeld zwischen der durch die Mitglieder beauftragten Organisationsstruktur der UN, also v.a. dem UN-Sekretariat, und den Mitgliedstaaten auf. Während die Mitgliedstaaten sehr darauf achten, in welcher Weise die durch sie der Organisation verfügbar gemachten Mittel verwendet werden, geht die Organisation von ihrer Aufgabenstellung aus, die eine exakte Spezifikation der Mittelverwendung in vielen Situationen schwierig macht. In dem zentralen Bereich des Weltfriedens und der internationalen Sicherheit entstehen dann Probleme, wenn die UN-Organisation – ausgehend von den zu erfüllenden Aufgaben – im zeitlichen und logischen Bereich vor der Beschlußfassung zu einer Friedensoperation präventive oder vorbereitende Maßnahmen ergreifen wollen. So existieren eine Vielzahl von Vorschlägen, die sich auf diesen Bereich beziehen, aber meist zuvorderst auf technische Maßnahmen eingehen, ohne eine Lösung für das zugrundeliegende Problem der Abneigung der Mitgliedstaaten zur Budgetierung dieser Maßnahmen anbieten zu können.

Eine weitere Kategorie an vorgeschlagenen Reformen bezieht sich auf die herrschenden Prinzipien der Entscheidungsfindung im primär für die Sicherheitspolitik verantwortlichen Organ der Organisation, dem Sicherheitsrat. Sicherheitspolitische Entscheidungen gerinnen in Resolutionen dieses Organs, die im Falle von Friedensoperationen das erteilte Mandat und damit solch wichtige Rahmendaten wie Ziele, Mittel und Bedingungen für die Beendigung der Mission definieren. Auch hier liegt den identifizierten Problemen meist die multilaterale Konstruktion der Gesamtorganisation im allgemeinen und des Sicherheitsrats im besonderen zugrunde. Aus dem Widerstreit der nationalen Interessen, insbesondere diejenigen, die durch dessen ständige Mitglieder in den Sicherheitsrat getragen werden, mit den Handlungszwängen, die sich durch die vorliegende Situation i.V.m. den Prinzipien der Charta ergeben, resultieren häufig als unbefriedigend empfundene Rahmensetzungen für eine Friedensoperation. Da diese Rahmensetzungen eine entscheidende Determinante für den Erfolg der betreffenden Friedensoperation darstellt, beschäftigen sich viele Äußerungen und Anregungen mit diesem Thema.

Schließlich gilt es, das Verhältnis zwischen den UN einerseits und regionalen und internationalen Organisationen sowie einzelnen Staaten andererseits im Bezug auf die Durchführung von Friedensoperationen zu betrachten. Gerade in der Zeit nach dem Ende des Kalten Kriegs haben sich die Friedensoperationen zu Operationen mit hohem Komplexitätsgrad entwickelt, und die Tendenz zum Einsatz militärischen Zwangs hat sich verstärkt. Zudem hat sich die Zahl der

Missionen im Vergleich zu der Zeit während des Kalten Kriegs drastisch erhöht. Dies bedeutet einerseits, daß insgesamt weitaus mehr Ressourcen benötigt werden als früher, und andererseits, daß die militärische Komponente den Anforderungen von Zwangsmaßnahmen standhalten muß. Da die UN nicht über eigene militärische Ressourcen verfügt und sowieso nicht in erster Linie eine militärische Einrichtung ist, ist man häufig geneigt, diese Aufgaben an andere Organisationen, in jüngster Zeit v.a. der NATO zu delegieren, während die UN das Mandat aussprechen. Diese Entwicklung stellt aber nicht nur eine prozedurale Frage dar. Die Praxis hat gezeigt, daß in der Folge der Übertragung der Aufgabe die UN über stark verminderte Kontrolle über die Mission verfügen, was wiederum der Stärke der Legitimation zuwiderläuft. Erörterung und Lösungsvorschläge zu Problemen dieser Art werden im Abschnitt „Zusammenarbeit mit internationalen und regionalen Organisationen und einzelnen Staaten" dargestellt.

4.1.1.1 Spezifität der Finanzressourcen

Im gesamten Zeitraum seit Bestehen der UN bis heute hat sich gezeigt, daß die Mitgliedstaaten größte Zurückhaltung in der Bereitstellung von Mitteln zeigen, deren Verwendung nicht einem konkret definierten Projekt zugeordnet ist[428]. Im sicherheitspolitischen Bereich kommt diese allgemeine Haltung der Mitgliedstaaten in Konflikt mit den Notwendigkeiten im Vorfeld einer Spannungssituation. Allgemein gilt dies für die weitgehend unbestrittene Notwendigkeit von Anstrengungen im Bereich der Konfliktprävention, im besonderen für die vor dem Einsatz von Friedensoperationen erforderlichen vorbereitenden Maßnahmen.

4.1.1.1.1 Konfliktprävention

Je früher einem potentiellen Konflikt entgegengetreten werden kann, desto höher ist die Wahrscheinlichkeit für eine erfolgreiche friedliche Beilegung des Streits bei gleichzeitig geringerem Mitteleinsatz für den Einzelfall, als dies bei einer infolge eines zu späten Erkennens der und Eingreifens in die betreffende Konfliktsituation notwendig werdenden Friedensoperation oder gar einer Operation mit Zwangscharakter der Fall wäre[429]. Dieser soliden Erkenntnis wird man allgemein Richtigkeit bescheinigen[430], und infolgedessen wäre es konsequent, das präventive Instrumentarium der UN weit auszubauen.

Die Möglichkeiten der UN, in präventiver Weise in eine Spannungssituation einzugreifen, liegen v.a. in der Vermittlung, dem Initiieren von Verhandlungen usw., also all den Maßnahmen, die in Art. 33 Charta genannt sind (s. 2.1.1.1).

---

[428] Vgl. McDermott, Anthony, "The New Politics of Financing the UN", Oslo, 1998, S. 88.

[429] Vgl. McDermott, Anthony, "The New Politics of Financing the UN", Oslo, 1998, S. 88.

[430] Während der Werbung um den Abbau der Rückstände bei den UN nennt Clinton (u.a.) die Konfliktprävention eine „Investition in Sicherheit und Wohlfahrt" (s. News Bulletin, "US General Accounting Office Report Recognizes Arrears as Primary Cause of Financial Problems at the UN", 18.06.1998).

Boutros-Ghali hat 1992 in der „Agenda for Peace“ die präventive Diplomatie als einen von vier integralen Bestandteilen der sicherheitspolitischen Konzeption zur Friedenssicherung benannt[431]. Dort wird auch der Einsatz von vorbeugenden Einsätzen von Friedensoperationen unter Zustimmung bzw. auf Bitte der streitenden Parteien unter präventiver Diplomatie verstanden[432].

Voraussetzung dafür ist v.a., daß möglichst umfassende und gleichzeitig detaillierte Informationen vorliegen, die aus unabhängigen, glaubwürdigen Quellen stammen[433]. Benötigt werden relevante Informationen über potentielle Krisenherde und deren Ursachen, um den Fokus darauf richten zu können. Diese Informationen müssen in einer systematischen Art und Weise aufgearbeitet und regelmäßig aktualisiert werden. Forschungsinstitute und private Institute halten Datenmaterial bereit, andere Organisationen wie Weltbank und IWF verfügen ebenfalls über relevante Daten, denn auch wirtschaftliche Indikatoren, Verfassung des Finanzwesen eines Staates usw. können wichtige Indikatoren für die Identifikation von Krisensituationen sein. Diese Institute bereiten solches Datenmaterial auf, in denen u.a. die Stabilität von Regierungen, Faktoren wie Korruption, Einkommensverteilung, Arbeitslosigkeit, Verteilung ländlicher zu städtischer Bevölkerung usw. systematisch analysiert und unterschiedliche, mit Wahrscheinlichkeiten belegte Szenarien über verschiedene Zeiträume in die Zukunft projeziert werden. Neben quantitativen Daten werden qualitative Informationen in Form von Situationsberichten, Einschätzungen politischer Akteure usw. vorgehalten, die eine Einschätzung der aktuellen Situation und der künftigen Entwicklung gestatten.

Viele der kommerziellen Institute richten den Fokus ihrer Untersuchungen auf solche Indikatoren, die für Direktinvestionsentscheidungen oder strategische Lieferantenentscheidungen maßgeblich sind. Trotz der unterschiedlichen Motivation, aus der die kommerziellen Berichte erarbeitet werden, stellen sie Daten von hoher Relevanz auch für die Konfliktprävention dar. In der „Agenda for Peace“ schlägt Boutros-Ghali u.a. vor, sicherheitspolitisch relevante Informationen aus dem Wirtschafts- und Sozialrat in ein Frühwarnsystem zu integrieren[434] (s. Abbildung 20).

Eine oft eingeforderte Quelle für weitergehende Informationen stellen die Nachrichtendienste der Mitgliedstaaten dar. Da aber gerade diese Informationen ungern preisgegeben werden, unterblieb bisher solch eine Unterstützungslei-

---

431 Vgl. Boutros-Ghali, Boutros, "An Agenda for Peace", UN-Doc. A/47/277-S/24111, 31.01.1992, Rndr. 22; Rndnrn 23-33.

432 Vgl. Boutros-Ghali, Boutros, "An Agenda for Peace", UN-Doc. A/47/277-S/24111, 31.01.1992, Rndnrn 28-32.

433 Vgl. Novosseloff, Alexandra, "Revitalizing the United Nations", 12/1999.

434 Vgl. Boutros-Ghali, Boutros, "An Agenda for Peace", UN-Doc. A/47/277-S/24111, 31.01.1992, Rndnr. 26.

stung[435]. WEED[436] schlägt in diesem Zusammenhang vor, daß die europäischen Staaten ein Konzept ausarbeiten sollen, mit dessen Hilfe auf der europäischen Ebene zusammengetragene sicherheitspolitisch relevante Informationen der UN-Organisation systematisch zur Verfügung gestellt werden und auch personell den Betrieb eines Frühwarnsystems bei der UN-Organisation unterstützen sollten[437]. Auch Boutros-Ghali meinte internationale Organisationen, als er an die Regionalorganisation appellierte, die Mechanismen der Konfliktprävention der UN-Organisation zu unterstützen[438].

Abbildung 20: Auszug aus einer kommerzielle Länderanalyse[439]

Russia

July 1, 1999

SUMMARY OF 18-MONTH FORECAST

REGIMES & PROBABILITIES		Moderate Reformers 50%	KPRF 35%	Nationalists 15%
RISK FACTORS	CURRENT			
Turmoil	High	Same	SLIGHTLY MORE	SLIGHTLY MORE
Investment				
Equity	Moderate	Same	SLIGHTLY MORE	SLIGHTLY MORE
Operations	High	Same	SLIGHTLY MORE	SLIGHTLY MORE
Taxation	Moderate	Same	SLIGHTLY MORE	SLIGHTLY MORE
Repatriation	Moderate	SLIGHTLY MORE	SLIGHTLY MORE	SLIGHTLY MORE
Exchange	High	SLIGHTLY MORE	SLIGHTLY MORE	SLIGHTLY MORE
Trade				
Tariffs	High	Same	SLIGHTLY MORE	MORE
Other Barriers	High	SLIGHTLY MORE	MORE	MORE
Payment Delays	High	Same	MORE	MORE
Economic Policy				
Expansion	High	SLIGHTLY LESS	MORE	MORE
Labor Costs	Moderate	Same	SLIGHTLY MORE	SLIGHTLY MORE
Foreign Debt	High	SLIGHTLY LESS	SLIGHTLY MORE	SLIGHTLY MORE

SUMMARY OF FIVE-YEAR FORECAST

REGIMES & PROBABILITIES		Moderate Reformers 40%	KPRF 35%	Nationalists 25%
RISK FACTORS	BASE			
Turmoil	Moderate	Same	MORE	MORE
Restrictions				
Investment	Very High	Same	MORE	MORE
Trade	Very High	SLIGHTLY LESS	MORE	MUCH MORE
Economic Problems				
Domestic	High	SLIGHTLY LESS	MORE	MUCH MORE
International	Moderate	SLIGHTLY LESS	MORE	MUCH MORE

Bei Konflikten, die sich bereits i.S.d. Art. 34 Charta abzeichnen, bietet die Charta die Eingriffsmöglichkeit, durch Fact-finding-Missionen eine Einschät-

---

435 Vgl. Project on Peacekeeping and the United Nations, "To restrict intelligence sharing with the United Nations (Auszug einer in den Senat am 19.01.99 eingebrachten Gesetzesvorlage)".

436 UNO-Projektgruppe von Weltwirtschaft, Ökologie & Entwicklung e.V..

437 Vgl. WEED, "Ansatzpunkte für einen Politikwechsel Deutschlands in den Vereinten Nationen nach den Bundestagswahlen 1998", Bonn, 09/1998.

438 Vgl. Boutros-Ghali, Boutros, "An Agenda for Peace", UN-Doc. A/47/277-S/24111, 31.01.1992, Rndr 27.

439 Quelle: PRS Group, "Russia Country Report", 01.11.1999.

zung der Lage vorzunehmen[440]. In Abschnitt 2.1.1.1 wurde bereits darauf hingewiesen, daß hinsichtlich der Voraussetzung für die Anwendung von Art. 34 Charta ein recht weiter Ermessenspielraum des Sicherheitsrats besteht. Solche Missionen zur Tatsachenermittlung kann auch der Generalsekretär unter Art. 99 Charta durchführen, auch die Generalversammlung kann sie initiieren (s. 2.1.1.1).

Obwohl kaum jemand den Bemühungen um bessere Leistungsfähigkeit der UN auf dem Gebiet der Konfliktprävention die Sinnhaftigkeit absprechen dürfte, regt sich v.a. wegen der Kosten, die keiner konkreten Maßnahme zuzuordnen sind, Widerstand[441]. Ein umfangreiches, IT-gestütztes Informationssystem, Kauf von Informationen von privaten Anbietern, Personalbedarf wegen Auswertung, Validierung und Backtesting des Datenmaterials, Kosten für Konferenzen sowie Personal- und Reisekosten für vorbeugende Diplomatie, Kosten für Fact-finding-Missionen oder gar die Kosten für das Unternehmen präventiver Friedensoperationen geben einen Eindruck von den zu erwartenden hohen Kosten. Die UN-Organisation hat vor Ende der 90er Jahre Anstrengungen in dieser Richtung durch die Bildung eines Koordinationsmechanismus innerhalb des ECPS (Executive Committee on Peace and Security) unternommen. Dort werden abteilungsübergreifend und unter Einbeziehung von Fonds, Programmen und Sonderorganisationen Krisengebiete beobachtet und mögliche präventive Maßnahmen identifiziert und erörtert. Allerdings werden die gewonnenen Erkenntnisse offensichtlich weder in strukturierter Form aufbereitet noch auf diesen Erkenntnissen beruhende strategische Planungen durchgeführt[442]. Jedenfalls ist insgesamt die Umsetzung von Maßnahmen zur Steigerung der Fähigkeiten zur Konfliktprävention bislang schwach geblieben[443].

4.1.1.1.2 Verringerung der Reaktionszeiten

Beim Einsatz einer Friedensoperation spielt die Geschwindigkeit, mit der die Truppe im Krisengebiet stationiert wird, eine äußerst wichtige Rolle. Wenn sich der Sicherheitsrat zu einer solchen Mission entschließt, treten die Truppen dort meist in eine eskalierende Phase des Konflikts ein, die natürlich durch Instabilität und schnelle Entwicklungen gekennzeichnet ist. Je früher die Friedensoperation aufgestellt ist, desto größer ist die Chance, ihren Auftrag zu erfüllen, desto weniger kompliziert und infolgedessen weniger kostspielig ist die Mission.

Zur Zeit vergehen im Durchschnitt ca. drei bis sechs Monate von der Entscheidung des Sicherheitsrats bis zu dem Zeitpunkt, an dem die Truppe im Einsatz-

---

440 Vgl. Albrecht, Ulrich, "Die Reform der Vereinten Nationen nach friedenspolitischen Vorgaben", in: Hüfner, Klaus, "Die Reform der Vereinten Nationen", Opladen, 1994, S. 39.

441 Vgl. McDermott, Anthony, "The New Politics of Financing the UN", Oslo, 1998, S. 174.

442 Vgl. Brahimi-Report, August 2000, S. 5.

443 Vgl. McDermott, Anthony, "The New Politics of Financing the UN", Oslo, 1998, S. 175.

gebiet eingetroffen ist[444]; diese Zeit ist für ihr Mandat verloren. Als wünschenswert – oder eher als dringend benötigt – werden daher Reformmaßnahmen angesehen, die eine schnellere Mobilisierung und Stationierung erlauben. Dabei spielen v.a. zwei Themen eine entscheidende Rolle, nämlich die Frage der Planungsaktivitäten vor dem endgültigen Entschluß zum Einsatz einer Friedensoperation und die Verfügbarkeit der Ressourcen, also Personal, Material und Infrastruktur, die zur Ausführung des Mandats für die individuelle Mission gebraucht werden. Die Hindernisse, die zu der aktuell als unbefriedigend zu bezeichnenden Lage beitragen, stehen im Zusammenhang mit dem Unwillen der Mitglieder, finanzielle und andere Ressourcen ohne genau umrissenes Ziel zur Verfügung zu stellen. Dies betrifft die Zurverfügungstellung von Militär und Ausrüstung zu einem Zeitpunkt, in dem der Konflikt möglichweise nicht einmal identifiziert worden ist und den Aufbau einer Truppe, die den UN direkt unterstellt ist, genauso wie die Genehmigung von Planungsaktivitäten, bevor das Mandat durch Resolution erteilt worden ist.

4.1.1.1.2.1 Planungsvorlauf

Hauptursache für den signifikanten Zeitbedarf von der Entscheidung zu einer Friedensoperation bis zum Zeitpunkt, an dem die Mission ihren Standort erreicht, ist die Regelung, daß die Planung für die Mission erst nach der formellen Beschlußfassung beginnen darf[445]. Im darauffolgenden Schritt wird das Budget der Mission erarbeitet und durch die Generalversammlung verabschiedet. Erst danach beginnt für einen Teil der Basisausrüstung und der kommerzielle Dienste ein acht Stufen umfassender Prozeß der Beschaffung[446]. Dabei kann der Generalsekretär zumindest auf 50 Mio. USD aus dem Peacekeeping Reserve Fund nach Zustimmung des ACABQ zugreifen, bevor die Generalversammlung den Haushalt für die Mission formell verabschiedet hat; wird mehr benötigt, kann der ACABQ der Generalversammlung empfehlen, der Freigabe einer größeren Summe zuzustimmen[447]. Der Fonds wird dann aus dem Budget der Mission wieder aufgefüllt, sobald dieses verabschiedet worden ist und die dafür veranlagten Beiträge eingetroffen sind.

Dasselbe gilt für das Rekrutieren von Truppen und ggf. ziviler Polizei- und Verwaltungskräfte. Vor der Entscheidung des Sicherheitsrats kann nicht mit ihrer Auswahl, ihrem Training, Briefing über die operationale Strategie der Mission und ihrer Ausstattung begonnen werden. Gerade bei Friedensoperationen komplexen Zuschnitts ergibt sich ein hoher Abstimmungsbedarf, der mit der Notwendigkeit des schnellen Einsetzens der Mission konfligiert.

Kalkuliert man überdies noch die Zeit ein, die bis zur positiven Entscheidung für eine Friedensoperation im Sicherheitsrat verstreicht, wird das Problem noch

---

444 Vgl. Project on Peacekeeping and the United Nations, "Developing a Rapid Deployment Capability", 1997.

445 Vgl. Brahimi-Report, August 2000, S. 27.

446 Vgl. Brahimi-Report, August 2000, S. 26.

447 Vgl. Brahimi-Report, August 2000, S. 27.

ernster: obwohl man damit rechnen kann, daß die ständigen Mitglieder des Sicherheitsrats sich sicherlich meist vor dem Ausbruch ernster Streitigkeiten bereits mit der Möglichkeit einer UN-Friedensoperation beschäftigen dürften, kann man davon ausgehen, daß die Vorbereitungen auf nationaler Ebene über den Zeitpunkt des Beginns ernster Konflikthandlungen hinausgehen und daraus weitere Verzögerungen resultieren.

Abbildung 21: Entscheidungsprozeß US-Exekutive[448]

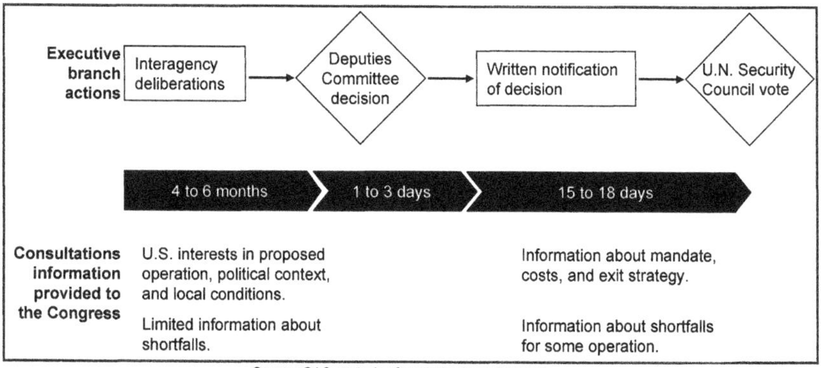

Source: GAO analysis of executive branch records.

Die Arbeitsgruppe um Lakhdar Brahimi („Panel on United Nations Peace Operations") definiert zunächst wünschenswerte Zeithorizonte für die Stationierung von Friedensoperationen. Dem Vorschlag der Arbeitsgruppe gemäß sollten die UN in der Lage sein, Missionen traditioneller Art innerhalb eines Monats und komplexere Missionen in vollem Umfang innerhalb von 90 Tagen stationieren zu können; für letztere sollten vor der vollumfänglichen Stationierung bereits die Hauptquartiere innerhalb von 15 Tagen eingerichtet und besetzt sein[449]. In diesem Zusammenhang schlägt die Arbeitsgruppe neben Veränderungen in den Beschaffungsprozessen die Autorisierung des Generalsekretärs zur Verwendung von bis zu 50 Mio. USD für vorbereitende Aktivitäten in der Beschaffung *vor* der endgültigen Entscheidung durch das jeweilige Organ (i.d.R. der Sicherheitsrat) vor, falls ein Einsatz wahrscheinlich wird[450].

Darüber hinaus wäre es wünschenswert, wenn das DPKO in die vorbereitenden Erwägungen und Planungen der nationalen Organe bei der Abwägung der lokalen Bedingungen des Konflikts und dem Zusammentragen von Informationen einbezogen würde, um Planungsaktivitäten bereits in dieser Phase zu parallelisieren.

Obwohl sich sicherlich niemand der Vernunft der Substanz dieser Vorschläge entziehen kann, kommt es für deren Umsetzung entscheidend darauf an, daß die

[448] Quelle: GAO, "Executive Branch Consultations With Congress Did Not Fully Meet Expectations in 1999-2000", 09/2001, S. 22.

[449] Vgl. Brahimi-Report, August 2000, S. 15.

[450] Vgl. Brahimi-Report, August 2000, S. 28.

Gemeinschaft der Staaten sich zu einer Allokation finanzieller Ressourcen durchringen kann, solange die Durchführung der betreffenden Mission noch nicht mit vollständiger Sicherheit feststeht. Ob die Mitgliedstaaten tatsächlich unmittelbar die Kosten scheuen oder sich die ständigen Mitglieder des Sicherheitsrats nicht durch Planungs- und Beschaffungsaktivitäten im Vorfeld ihrer Entscheidung in ihrem Entscheidungsspielraum beengt sehen – jedenfalls sollte dabei bedacht werden, daß durch den Zeitverlust zum einen die Kosten der Mission insgesamt erhöht werden und daß durch die bei den Truppen entstehenden Lücken in Ausrüstung und Informationsbedarf die Glaubwürdigkeit der Friedensoperation beeinträchtigt wird.

4.1.1.1.2.2 Verfügbarkeit von Ressourcen

In engem Zusammenhang mit dem vorhergehenden Abschnitt steht die Frage, inwieweit und in welcher Form die UN auf Ressourcen verschiedener Art zurückgreifen können, die für eine Friedensoperation unentbehrlich sind. Dieses Thema war bereits während der Vier-Mächte-Konferenz in Dumbarton Oaks im Rahmen des Kapitels für Zwangsmaßnahmen kontrovers diskutiert worden[451]. Den höchsten Grad der Verfügbarkeit bildet eine stehende internationale Armee, die dem Sicherheitsrat direkt zur Verfügung steht. Dieser Ansatz war aber bereits damals zugunsten nationaler Truppen unter dem verbindlichen Befehl des Sicherheitsrats verworfen worden. Art. 43 Charta bestimmt für die Bereitstellung militärischer Ressourcen durch die Mitgliedstaaten, daß die Mitgliedstaaten oder Gruppen Abkommen mit dem Sicherheitsrat aushandeln, der die militärischen Beiträge der Vertragspartner zu Friedensoperationen in Form von verbindlichen Verträgen der Staaten bzw. der Gruppe von Staaten und dem Sicherheitsrat enthält. Dabei nennt Art. 43 II Charta die Details: Anzahl und Art der Streitkräfte, Bereitschaftsgrad, Standort sowie Art der Hilfeleistung. Art. 45 Charta geht noch weiter, indem er die Mitglieder verpflichtet, im Falle von Maßnahmen gem. Kapitel VII ggf. Luftstreitkräfte zur Verfügung zu halten; auch diese Kontingente sollten Bestandteil der Abkommen gem. Art. 43 Charta werden.

Die USA, obwohl damals treibende Kraft für die internationale Organisation, hatten allerdings bereits in Dumbarton Oaks zu Bedenken gegeben, daß der US-Kongreß wohl einer Unterstellung nationaler Streitkräfte unter UN-Kommando nicht stattgeben würde[452]; die in Art. 43 III Charta genannte nationale Ratifikationspflicht hinsichtlich der in Absatz I genannten Abkommen berücksichtigt dies, der Generalstabsausschuß, der 1946 eingesetzt worden war, um Details auszuarbeiten, kam zu keinem Konsens, und Verträge gem. Art. 43 Charta wurden nie geschlossen. Dieses Problem stellt für die UN seit Bestehen bis heute ein großes Hindernis für ihre Fähigkeit dar, schnell zuverläs-

---

[451] Vgl. McDermott, Anthony, "The New Politics of Financing the UN", Oslo, 1998, S. 88.

[452] Vgl. Frowein, Jochen, Kritsch, Nico, "Article 43", in: Simma, Bruno, "The Charter of the United Nations", München, 2002, S. 761, Rdnr. 4.

sige Truppen für eine Friedensoperation oder gar eine Zwangsmaßnahme zu rekrutieren, da für UN-Friedensoperationen weder ein stehendes Heer noch verbindlich zugesagte nationale Kontingente verfügbar sind. Infolge dieses Mangels muß für jede neue Friedensoperation im Rahmen von Ad-hoc-Arrangements bei den Mitgliedern um Truppen, logistische Unterstützung und andere benötigte Ressourcen nachgesucht werden. Seit Ende des Kalten Kriegs und mit dem Aufkommen komplexer Friedensoperationen stellt sich außer der Frage nach der Verfügbarkeit der militärischen auch die nach der zivilen Komponente. Die Friedensoperationen der „zweiten Generation" benötigen in hohem Maße zivile Experten; dabei handelt es sich v.a. um zivile Polizeieinheiten und Mitarbeiter für den humanitären Einsatz, aber ggf. auch um Kräfte, die für die Verwaltung eines sog. Failed States, also eines Staates ohne funktionsfähige Regierung benötigt werden[453].

Das Verfügbarkeitsproblem materialisiert sich in entstehenden Verzögerungen, die dabei entstehen, daß der Generalsekretär Mühe hat, ad hoc Kontingente in der durch den Sicherheitsrat autorisierten Höhe von den Mitgliedstaaten zu erhalten, besonders dann, wenn die Wahrscheinlichkeit von Anwendung von Zwang hoch ist[454]. Aber selbst wenn die Truppen zur Verfügung gestellt werden, ermangelt es ihnen teilweise an angemessener Ausrüstung und Ausbildung[455], darüber hinaus fehlt es an ausreichender Information über Strategien und Taktiken des Einsatzes, und die Integration der aus vielen Ländern stammenden Einheiten bereitet oft erhebliche Probleme[456]. Inwieweit das natürlich auch dem Sicherheitsrat bekannte Problem der mangelnden Verfügbarkeit von Ressourcen für Friedensoperationen zu Mandaten durch dieses Organ beiträgt, die an den Umständen und Zielen der Mission gemessen bei weitem als zu gering erachtet werden müssen, kann nicht mit Bestimmtheit gesagt werden, allerdings spricht einiges dafür, daß der Sicherheitsrat die Schwierigkeit der Beschaffung von Ressourcen in die Konstruktion seines Mandats einfließen läßt.

Als Reaktion auf diesen Mißstand hatten die UN bereits Mitte der 90er Jahre[457] damit begonnen, eine Datenbank aufzubauen (UNSAS – „United Nations Stand-By Arrangement System"[458]), in der Angaben über militärische und zivile Kapazitäten der Mitgliedstaaten auf systematische Weise festgehalten werden, die

[453] Vgl. z.B. Hufnagel, Frank-Erich, "UN-Friedensoperationen der zweiten Generation", Berlin, 1996, S. 82.

[454] Vgl. GAO, "United Nations: Limitations in Leading Missions Requiring Force to Restore Peace", 03/1997, S. 8.

[455] Vgl. McDermott, Anthony, "The New Politics of Financing the UN", Oslo, 1998, S. 14; Brahimi-Report, August 2000, S. 18.

[456] Vgl. Brahimi-Report, August 2000, S. 20.

[457] 1993 errichtete der Generalsekretär ein „United Nations Stand-by Forces Planning Team", das UNSAS entwarf; es begann 1994 mit der operativen Arbeit (vgl. Project on Peacekeeping and the United Nations, "Responding to a Crisis: Stand-by Arrangements at the United Nations", 05.08.1997).

[458] Machmal auch: „SBAS" Stand-By Arrangement System" (vgl. z.B. Project on Peacekeeping and the United Nations, "Developing a Rapid Deployment Capability", 1997).

diese für UN-Friedensoperationen potentiell bereitstellen könnten. Das Listing in der Datenbank ist freiwillig und basiert auf bilateralen Abkommen – sog. „Memoranda of Understanding“ –, in denen zwar Pflichten aus der Bereitschaft der Ressourcen niedergelegt sind; allerdings enthält es auch die Bestimmung, daß der unterzeichnende Mitgliedstaat jederzeit den Einsatz seiner auf diese Weise „zugesagten“ Truppen ablehnen kann, wovon sehr häufig Gebrauch gemacht wird[459]. Für die Erfassung in UNSAS wird jeder Mitgliedstaat gebeten, Angaben über Anzahl und Art der Ressourcen zu machen; jede Angabe wird versehen mit dem Bereitschaftsgrad in Tagen nach Anforderung der Truppen und/oder zivilen Kräfte[460]. Darüber hinaus besteht die Notwendigkeit, ein analoges System für logistische Unterstützungsleistungen aufzubauen; Überlegungen in dieser Richtung werden bei der UN-Organisation angestellt, bisher wurden sie aber noch nicht umgesetzt[461].

In seiner Direktive PDD-25 erwähnte Präsident Clinton UNSAS und sprach von der Unterstützung für das System durch die USA[462], die auch an UNSAS teilnimmt[463]. Auch die Bundesrepublik Deutschland sagte 1998 ihre grundsätzliche Bereitschaft zu Teilnahme an UNSAS zu, gegen Ende 2000 unterzeichnete Deutschland ein Memorandum of Understanding[464].

Andere Mitgliedstaaten strengten weitere Initiativen im Zusammenhang mit dem Stand-By-Arrangement der UN an: Dänemark warb erfolgreich[465] für die Idee einer „Multinational Stand-By Forces High Readiness Brigade“ (SHIRBRIG), die in erster Linie das Problem des schnellen Einsetzens der Truppen in der Startphase einer Friedensoperation anging. Die Teilnahme steht kleineren und mittelgroßen Staaten offen, die bereits an UNSAS partizipieren. Den dänischen Vorstellungen zufolge soll den UN eine militärische Einheit in der Größe einer Brigade zur Verfügung gestellt werden, die durch vorherige Trainings für Friedensoperationen speziell ausgebildet worden ist und die über verschiedene, bei Friedensoperationen benötigte Fähigkeiten verfügt[466]. Ihr Einsatz ist v.a. auf

---

459 Vgl. Brahimi-Report, August 2000, S. 17: „..., many Member States are saying “no” to deploying formed military units to United Nations-led peacekeeping operations, far more often than they are saying “yes”.“.

460 Für den Einsatz nach 7, 15, 30, 60 oder 90 Tagen nach Anforderung (vgl. Brahimi-Report, August 2000, S. 17).

461 Vgl. Brahimi-Report, August 2000, S. 15.

462 Vgl. Project on Peacekeeping and the United Nations, "Responding to a Crisis: Stand-by Arrangements at the United Nations", 05.08.1997.

463 Vgl. Project on Peacekeeping and the United Nations, "Developing a Rapid Deployment Capability", 1997.

464 Vgl. FAZ, "Deutschland hält für UN-Einsätze Personal und Gerät bereit", 10.11.2000.

465 Immerhin 13 Staaten, darunter auch viele aus dem Kreis der Industriestaaten, schlossen sich der 1995 ins Leben gerufenen Initiative an, weitere Staaten nehmen an SHIRBRIG als Beobachter teil (vgl. Langille, H. Peter, "SHIRBRIG: A promising step towards a United Nations that can prevent deadly conflict", 2000).

466 Vgl. IPA, "IPA Seminar on Peacemaking and Peacekeeping in Vienna (Report)", 07/1998.

die kritischen ersten sechs Monate limitiert[467]; eine weitere ernste Limitierung besteht darin, daß sie nur für Maßnahmen gem. Kapitel VI der Charta, also bei Missionen ohne Enforcement-Charakter eingesetzt werden soll[468]. Auch die Niederlande forderten Mitte der 90er Jahre eine multinationale, professionelle und ohne Zeitverzug einsetzbare Brigade für die Disposition durch den Sicherheitsrat („U.N. Fire Brigade")[469]. Ein ähnlicher, in der Struktur etwas unterschiedlicher Vorschlag aus 1995 stammt von Kanada („Vanguard Concept")[470]. Er enthält ebenfalls den Vorschlag, Kapazitäten für die kritische Anlaufphase von Friedensoperationen auf Basis des UNSAS aufzubauen und betont die Notwendigkeit des integrierten Aufbaus dieser Kapazitäten, d.h. die Einbeziehung von zivilen Kräften, v.a. von ziviler Polizei, die sich als wesentliches Element bei den komplexen Operationen, die dem Zusammenbruch staatlicher Autorität in den „Failed States" folgen, erwiesen hat[471]. Eine zentrale Idee des Vanguard Concept stellt die Bildung von Hauptquartieren auf Operationsebene dar[472]; diese sollten gemäß der kanadischen Vorschläge aus etwa 50 militärischen und zivilen Fachleuten bestehen und durch die Mitgliedstaaten zunächst selbst finanziert werden, bis die Finanzkrise ausgestanden sei; danach sollten sie entweder über den ordentlichen Haushalt oder einen bis dahin etablierten einzigen Haushalt für Friedensoperationen finanziert werden[473].

Der Mangel an für eine Friedensoperation verfügbaren Ressourcen wird einerseits verursacht durch die Unwilligkeit der Mitgliedstaaten, für Maßnahmen der UN-Verwaltung Mittel verfügbar zu machen, die sich nicht auf ein genau identifiziertes Ziel beziehen, und andererseits durch die Unwilligkeit bzw. das Unvermögen, nationale Kontingente an Truppen und zivilen Ressourcen für die UN vorbehaltlos zur Verfügung zu stellen.

Das Problem, den ausführenden Organen, also dem Sekretariat und speziell dem DPKO, unspezifizierte Mittel verfügbar zu machen, vermindert die Fähigkeit zur schnellen Beantwortung einer Krisensituation durch den Einsatz einer Friedensoperation. Wie oben bereits ausgeführt, können die Planungen und der Beschaffungsprozeß erst mit dem Mandat des Sicherheitsrats beginnen. Zusammen mit der Unzuverlässigkeit der Bereitstellung von nationalen Kontingenten,

---

467 Vgl. Langille, H. Peter, "SHIRBRIG: A promising step towards a United Nations that can prevent deadly conflict", 2000.

468 Vgl. Langille, H. Peter, "SHIRBRIG: A promising step towards a United Nations that can prevent deadly conflict", 2000.

469 Vgl. Project on Peacekeeping and the United Nations, "Developing a Rapid Deployment Capability", 1997.

470 Vgl. Project on Peacekeeping and the United Nations, "Developing a Rapid Deployment Capability", 1997.

471 Vgl. Department of Foreign Affairs and International Trade (Kanada), "Towards a Rapid Reaction Capability for the United Nations", 1995.

472 Vgl. Project on Peacekeeping and the United Nations, "Responding to a Crisis: Stand-by Arrangements at the United Nations", 05.08.1997.

473 Vgl. Greig, Alison Joanne, "The Role of the Security Council - An Opportunity for Reform", Wien, 1996.

die sich auch unter UNSAS die letzte Entscheidung über den Einsatz dort vorgemerkter Ressourcen vorbehalten, gestaltet sich der Abstimmungsprozeß besonders schwierig. Daraus resultieren die vielfältigen Reformvorschläge, die sich mit der Verringerung der Antwortzeit über eine kleine, als erste Stufe einsetzbaren schnellen Eingreiftruppe beschäftigen. In diese Richtung zielen auch Forderungen nach einer stehenden Armee zur Verfügung der UN; das hauptsächliche Hindernis für die Schaffung einer stehenden Armee – auch von begrenzter Truppenstärken – aus finanzieller Sicht dürften die durch das Unterhalten einer solchen Eingreiftruppe entstehenden Kosten darstellen, die für die Organisation deutlich höher als die durch Stand-By-Kontingente verursachten sein dürften[474].

Hinsichtlich der notwendigen unspezifischen Mittel, die vor der Verabschiedung des Missionshaushalts zu Verfügung stehen müssen, bis die veranlagten Beiträge eingetroffen sind, kann festgestellt werden, daß diese grundsätzlich knapp bemessen sind.

Gerade zu Beginn einer Friedensoperation stellt sich die Situation besonders kritisch dar: Die Anlaufkosten sind regelmäßig hoch durch die Ausstattung der Soldaten und zivilen Kräfte sowie durch deren Transport zum Einsatzort[475]. Häufig wird im Rahmen der Vorschläge zur Verfügbarkeit von Ressourcen für Friedensoperationen die Notwendigkeit eines zu einem möglichst frühen Zeitpunkt in der Anfangsphase aufzubauenden Systems für die Informationsversorgung der Bevölkerung am Einsatzort betont[476]. Ziel dieser Anstrengungen ist es, ein Gegengewicht zu Propaganda-Aktionen der Streitparteien aufzubauen, welche die UN-Operation häufig über ihre lokalen Kanäle zu diskreditieren sucht[477]. Das Panel on United Nations Peace Operations unter Brahimi schlägt in diesem Zusammenhang überdies vor, die Unterstützung der Bevölkerung durch „Quick Impact Projects" im Bereich der Peace-building-Bemühungen zu unternehmen und für diesen Zweck den Missionsleitern einen gewissen Prozentsatz des Budgets für das erste Jahr der Mission zur Verfügung zu stellen[478]. Bzgl. der Vorbereitung einer möglichen Friedensoperation durch Tatsachenermittlung durch den Generalsekretär existieren Vorschläge, nach denen solche Unternehmen ebenfalls durch Mittel aus dem Reservefonds gedeckt werden sollen.

All diese Ausgaben müssen z.Zt. über den Peacekeeping-Reserve-Fund vorfinanziert werden, wodurch v.a. bei einer Häufung von Missionen wie z.B. Mitte

---

[474] Vgl. McDermott, Anthony, "The New Politics of Financing the UN", Oslo, 1998, S. 177.

[475] Vgl. Schoettle, Enid C.B., "Kein Geld für den Frieden? Die Finanzierung der UN-Friedenserhaltung", in: Europa-Archiv, 48/16, 1993, S. 455.

[476] Vgl. z.B. Fréchette, Louise, "United Nations Peacekeeping at Fifty - Looking Back, Looking Forward", 1998, S. 5, Brahimi-Report, August 2000, S. 25.

[477] Vgl. Arbenz, Peter, "Möglichkeiten und Grenzen der Blauhelme in Ex-Jugoslawien", Zürich, 1995.

[478] Vgl. Brahimi-Report, August 2000, S. 7, 54.

der 90er Jahre die dort vorgehaltenen Mittel schnell erschöpft sind[479], auch deshalb, weil der Fonds häufig nicht wie vorgesehen bzw. mit erheblicher Verzögerung wieder mit den eintreffenden veranlagten Mitteln aufgefüllt wird[480]. Auch hier scheuen die Mitgliedstaaten offensichtlich davor zurück, den Peacekeeping Reserve Fund den Aufgaben entsprechend zu dimensionieren, obwohl von unabhängigen Gutachtern wie aus der UN-Verwaltung heraus ständig eine signifikante Erhöhung des Fondsvolumens und disziplinierte Rückführung der Mittel gefordert wird[481].

Weitaus schwieriger als der unzureichenden Liquiditätsversorgung läßt sich dem Problem entgegentreten, daß Mitgliedstaaten nur höchst ungern die Befehlsgewalt über ihre nationalen Truppen an die UN übertragen. In vielen Fällen liegt das Problem bereits auf der Ebene der nationalen Gesetzgebung, die verhindert, daß das Kommando über nationale Streitkräfte auf die internationale Ebene delegiert wird, wodurch dort Gesetzesänderungen notwendig wären. Aber selbst wenn die Interpretation der nationalen Gesetze dies zuließe[482], geht die jeweilige Exekutive ein hohes politisches Risiko ein, wenn sie ihre Truppen unter UN-Kommando stellt, zumal im Falle von Friedensoperationen, die ein Kapitel-VII-Mandat haben[483]. Solche Missionen bergen hohe Risiken von Todesfällen bei Truppen und zivilem Personal, und oft fehlt das direkte nationale Interesse an der Lösung des Konflikts, so daß die Regierungen riskieren, unter starken Druck von Öffentlichkeit und der politischen Opposition zu geraten. Insbesondere deshalb bereitet es z.B. gerade in Afrika größte Schwierigkeiten, eine Friedensoperation mit militärischem und zivilem Personal zu bestücken, was besonders für die gut ausgebildeten und ausgerüsteten Kontingente aus Industrienationen gilt[484]. Kofi Annan äußerte kürzlich die Hoffnung, daß sich diese

---

479 Vgl. Schoettle, Enid C.B., "Kein Geld für den Frieden? Die Finanzierung der UN-Friedenserhaltung", in: Europa-Archiv, 48/16, 1993, S. 455.

480 Vgl. Brahimi-Report, August 2000, S. 28.

481 So übertraf die Emfehlung der 1993 mit einer Untersuchung der UN-Finanzierung beauftragten „Independent Advisory Group on U.N. Financing" die Forderungen Boutros-Ghalis bzw. de Cuéllars zur Erhöhung des Reservefonds für PKO bei weitem (Vgl. Ogata, Shijuro, Volcker, Paul et al., "Financing an Effective United Nations", Ford Foundation, New York, 1993, S. 19; s. Brahimi-Report, August 2000, S. 28).

482 In PDD-25 stellt Clinton klar, daß er in seiner Funktion als Commander-in-chief durchaus berechtigt ist, US-Truppen unter den Befehl von UN-Kommandeuren zu stellen: „However, as Commander-in-Chief, the President has the authority to place U.S. forces under the operational control of a foreign commander when doing so serves American security interests,..." (vgl. Bureau of International Organization Affairs, "Presidential Decision Directive 25, the Clinton Administration Policy on Reforming Multilateral Peace Operations, unclassified summary, 5/1994", May 1994).

483 Vgl. GAO, "United Nations: Limitations in Leading Missions Requiring Force to Restore Peace", 03/1997, S. 8.

484 Vgl. Brahimi-Report, August 2000, S. 18.

v.a. bei der logistischen Unterstützung wieder vermehrt an Friedensoperationen beteiligen[485].

Hier wird die Auffassung vertreten, daß sich dieses Problem nicht lösen läßt. Es bedarf einer äußerst breiten Zustimmung bei Öffentlichkeit und politischen Akteuren in aller Welt zum Primat humanitärer Ziele, um den Verlust von Menschenleben bewußt in Kauf nehmen zu können, ohne daß die handelnden Politiker auf der nationalen Ebene ernste Schuldzuweisungen befürchten müßten. Man kann also nicht damit rechnen, daß die Regierungen der Mitgliedstaaten je ihre letzte Entscheidung hinsichtlich der Bereitstellung von Truppen und zivilen Kräften in einer konkreten Angelegenheit des Peacekeeping unwiderruflich an die UN delegieren werden.

Die Mitgliedstaaten sollten aber dringend alles Vernünftige tun, um die Risiken bei einer Friedensoperation zu mindern. Dazu gehört vor allem, die Kohäsion aller im UNSAS als grundsätzlich verfügbar markierten Ressourcen zu fördern, indem ohne Anlaß einer konkreten Friedensoperation regelmäßig militärische Übungen und sonstige Trainings stattfinden.

Dies bedarf der Berücksichtigung dieser Trainings im ordentlichen Haushalt der UN. Wenn die Mitgliedstaaten anerkennen, daß Friedensoperationen nicht eine seltene Randerscheinung im Spektrum der Tätigkeiten der UN darstellen, sondern ein zentrales Instrument ihrer kollektiven Bemühungen um den Erhalt von Weltfrieden und internationaler Sicherheit (Art. 1 I Charta), dann sollte es klar sein, daß vorbereitende Maßnahmen für Friedensoperationen im ordentlichen Haushalt Berücksichtigung zu finden haben. Denn obwohl die Aufteilung zwischen ordentlichem Haushalt und den Peacekeeping-Sonderkonten im Grunde lediglich eine nützliche buchhalterische Maßnahme darstellt, wird oft der Eindruck erweckt, als handele es sich bei Friedensoperationen um eine Ausnahmeerscheinung. Während die Abrechnung der Ausgaben über die Sonderkonten deshalb sinnvoll ist, weil sie das buchhalterische Abbild eines einzelnen Projekts ist[486], gilt für vorbereitende Maßnahmen für Friedensoperationen, daß sie gleichsam als eine Art „Instandhaltungskosten" eines allerseits anerkannten Instruments zur Erreichen des Hauptziels der Organsation im ordentlichen Haushalt zu budgetieren sind[487].

Zentrales Ziel der Trainings muß es sein, die Abstimmungsschwierigkeiten zu reduzieren. Dazu sollten sich die Mitgliedstaaten um eine gewisse personelle Kontinuität bei den militärischen und zivilen Kräften bemühen (wenigstens auf den Führungsebenen), so daß ein dauerhafter Zusammenhalt geschaffen werden

---

[485] Vgl. Interview der SZ mit Kofi Annan: ""Wir müssen die Gegner der Globalisierung ernst nehmen"", in: SZ, 13.07.2001.

[486] Bei privaten Unternehmen wird ebenfalls üblicherweise für ein Projekt eine Kostenstelle vergeben, um dem Controlling die Beobachtung und Bewertung dieses Projekts zu ermöglichen; die Einrichtung einer Kostenstelle bedeutet auch dort nicht, daß das Unternehmen normalerweise keine Projekte unternimmt.

[487] So auch z.B. die Ford-Foundation, s. Ogata, Shijuro, Volcker, Paul et al., "Financing an Effective United Nations", Ford Foundation, New York, 1993, S. 19.

kann. Der Weg über clusterartige Zusammenschlüsse auf regionaler Ebene dürfte dabei ein guter Ansatz sein; es reicht nicht aus, dem UN-Sekretariat die Arbeit zu überlassen, da eine weltweite Koordination überaus komplex ist und gleichzeitig weder entsprechende Kapazitäten im Sekretariat vorhanden sind noch aufgebaut werden sollten, um diese Aufgabe auf operationaler Ebene anzugehen; außerdem hat das Sekretariat keine ausreichende Verfügungsgewalt über beispielsweise nationale Standards, Beschaffungswege, Ausbildungspläne usw.. Wenn aber einzelne Mitgliedstaaten unter der Einhaltung allgemeiner Richtlinien der UN-Organisation wie Standards, Mindestanforderungen o.ä. sich selbst entsprechend organisieren, könnte ein innerer Zusammenhalt innerhalb der entstehenden Cluster erreicht werden, wodurch sich die Abstimmungsprobleme nur noch auf die Zusammenarbeit zwischen den Clustern reduzierten. Insoweit sollte der Gedanke, dem z.B. SHIBRIG oder das Vanguard-Konzept zugrundeliegt, gefördert werden, während die weitergehende Konvergenz der Cluster über die UN-Organisation koordiniert werden sollte.

Das Prinzip der kollektiven finanziellen Verantwortung stellt eine äußerst wichtige Grundlage für die Glaubwürdigkeit der Neutralität der UN-Friedensoperation dar; sie ist eine finanzielle Entsprechung des sich auf demokratische Weise bildenden Mehrheitswillens der Organisation im sicherheitspolitischen Bereich. Aus diesem Grund sollten möglichst große Teile der Kosten für die o.g. vorbereitenden Maßnahmen über den ordentlichen Haushalt der UN auf die Mitglieder verteilt werden. Daher sollten die Kosten aller Trainings, auch die auf Ebene der Cluster, durch die UN getragen werden. Weiterhin sollte ein Teil der Kosten – z.B. 75% – für Material, das aufgrund der Tatsache angeschafft wird, daß die betreffenden militärischen oder zivilen Einheiten für den Einsatz bei UN-Friedensoperationen vorgesehen sind, im ordentlichen Haushalt der UN budgetiert werden. Eine kleine Selbstbeteiligung der Länder sollte für eine kostenbewußten Umgang mit der Erstattungsregelung sorgen und damit Vorwürfen vorbeugen, einzelne Staaten würden auf Kosten der Gemeinschaft ihre nationalen Verteidigungskapazitäten verbessern.

Um eine vorübergehende Verwaltung von chaotischen Staaten effizienter zu ermöglichen, weist der Brahimi-Report darauf hin, daß ein Grundgerüst von Regeln zur Rechtssprechung in solchen Staaten eine wünschenswerte Ressource darstellte. Da z.Zt. zivile juristische Experten einige Schwierigkeiten haben, sich schnell mit dem lokalen Rechtssystem vertraut zu machen, wäre es günstig, wenn ihnen ein Regelwerk zur Verfügung stünde, dessen Anwendung und Prinzipien sie sich vor einem Einsatz aneignen und in der Mission sofort vorläufig anwenden könnten. Solche Rechtssysteme werden gegenwärtig nicht bei den zuständigen Stellen der UN-Organisation entworfen, es gibt aber Fortschritte außerhalb der UN[488].

Was die Bereitstellung von militärischen und zivilen Ressourcen für die UN-Organisation zu deren eigener Disposition angeht, so wird hier die Auffas-

---

[488] Vgl. Brahimi-Report, August 2000, 13f.

sung vertreten, daß es weder notwendig noch wünschenswert ist, die Organisation mit eigenen militärischen und zivilen Ressourcen auszustatten, weil diese niemals den mangelnden Willen der Mitglieder zu kollektiven Anstrengungen ersetzen können und sollten. Das Grundprinzip der kollektiven Verantwortung würde durch eine kleine militärische Einheit zwar kaum gefährdet, sie nutzt aber im Zweifel auch nichts, denn allein durch einen einzigen dringenden Einsatz wäre die Kapazität bereits verbraucht, wodurch man wieder auf die Mitgliedstaaten angewiesen wäre. Umgekehrt müßte viel politisches Kapital eingesetzt werden, um einen solchen zweifelhaften Vorteil zu erlangen, und das Prinzip der kollektiven Verantwortung würde zumindest leicht beschädigt.

Anders verhält es sich allerdings mit logistischen Kapazitäten; hier wäre durchaus eine starke Ausweitung der bisher existierenden Verfahrensweisen und Einrichtungen notwendig. Ein Lager im italienischen Brindisi (UNLB – United Nations Logistic Base) zur Lagerung des noch brauchbaren militärischen Geräts aus abgeschlossenen Friedensoperationen kann allenfalls ein Anfang sein. Der UN-Organisation sollte weltweit v.a. nahe der potentiellen Krisenregionen Materiallager verfügbar gemacht werden, die eine rasche Grundversorgung von Friedensoperationen mit Basisausrüstungsgegenständen ermöglicht[489]. Das bedeutet nicht zwangsläufig, daß die UN-Administration auch den Betrieb der Lager übernimmt, vielmehr heißt das lediglich, daß die UN-Organisation in Absprache mit den truppenstellenden Ländern bzw. Verbänden von Staaten Richtlinien für die zu lagernden Gegenstände hinsichtlich Qualität und Quantität aufstellt, und die Ausgaben als Ausgaben der Organisation gem. Art. 17 II Charta auf die Mitglieder verteilt werden. Den reinen Betrieb kann man entweder einzelnen Mitgliedstaaten überlassen oder auch privat beauftragen. Auf diese Weise achten die truppenstellenden Staaten bzw. Staatencluster auf den Bereitschaftsgrad, den sie selbst am besten bestimmen können, und auf Ebene der UN können Abstimmungsprozeduren hinsichtlich der Lagergegenstände stattfinden und Standortfragen für die Basen geklärt werden.

Man kann feststellen, daß es in der Frage der Verfügbarkeit eine Fülle von Ideen und Ansätzen auf den für Friedensoperationen relevanten Sachgebieten innerhalb und außerhalb des UN-Systems gibt, deren Umsetzung eine schnelle Reaktion auf Krisen ermöglichen würde. Es kommt einzig und allein auf die Bereitschaft der Mitgliedstaaten an, diesen Bemühungen stattzugeben, also v.a. die Kosten zu tragen, auch wenn diese Ausgaben durch kein spezifisches Mandat gedeckt sind.

4.1.1.2 Mandate

Im Mandat für eine Friedensoperation kondensiert der politische Wille der Entscheider in den UN, meist also der Mitglieder des Sicherheitsrats, besonders dessen ständiger Mitglieder, hinsichtlich des Vorgehens in einer den Weltfrieden

[489] Vgl. Albrecht, Ulrich, "Die Reform der Vereinten Nationen nach friedenspolitischen Vorgaben", in: Hüfner, Klaus, "Die Reform der Vereinten Nationen", Opladen, 1994, S. 38.

und die internationale Sicherheit gefährdenden Situation. In den Mandaten werden sowohl Ziele als auch Mittel für die Missionen festgelegt[490]. Dem eine Friedensoperation initiierenden Mandat folgen während des Verlaufs üblicherweise weitere, die der veränderten Situation Rechnung tragen.

Verschiedene Faktoren führen in vielen Fällen dazu, daß Mandate für eine Friedensoperation von sachlichen Notwendigkeiten abweichen und/oder im Bezug auf das Verhältnis von Zielen und Mitteln Inkonsistenzen aufweisen. Diesem Umstand weisen viele Beobachter die Hauptschuld am teilweise geringen Zielerfüllungsgrad von Friedensoperationen zu[491]. Die Schwierigkeiten bei der Formulierung eines der Situation angemessenen und in sich widerspruchsfreien Mandats resultieren aus den politischen Verhältnissen der Mitgliedstaaten untereinander, der unsicheren Rechtslage (besonders bei primär innerstaatlichen Konflikten) sowie mangelndem nationalen Interesse am jeweiligen Konflikt verbunden mit dem Wissen um die Ermangelung verfügbarer Ressourcen. Je unübersichtlicher der Konflikt ist, je komplexer die Ziele der Mission sind und je mehr Zwangscharakter die Mission aufweist, desto größer werden diese Probleme in der Tendenz und desto tragischer können die Konsequenzen für Zivilbevölkerung sowie für militärische und zivile Mitarbeiter der Mission ausfallen. Neben den beklagenswerten Konsequenzen für Bevölkerung und Peacekeeper spielt auch der Verlust der Glaubwürdigkeit von UN-Friedensoperationen insgesamt eine bedeutende Rolle; die Geiselnahme von militärischen Einheiten der UN oder die Aufgabe von sog. Safe Havens durch Peacekeeping-Streitkräfte schaden dem Ansehen von Friedensoperationen allgemein enorm. Dies gilt im Krisengebiet für kooperationsunwillige Streitparteien und führt auf Ebene der Mitgliedstaaten zu einer Schädigung der Politikoption über durch die UN geführten Friedensoperationen (s. 3.4.5.5), was im übrigen wiederum auf künftige Mandate zurückwirken dürfte.

Im Zusammenhang mit den Mandaten stellt sich die Frage nach dem Ein- und Austritt der Friedensoperation in den bzw. aus dem betreffenden Konflikt, dem Ausmaß, der Angemessenheit sowie der Widerspruchsfreiheit des Mandats und gewissermaßen als Detail zur Frage der Angemessenheit die militärische Ausstattung der Friedensoperation durch das Mandat.

4.1.1.2.1 Entry und Exit

Im Falle traditioneller Friedensoperationen, wie sie bis zum Ende des Kalten Kriegs weit überwiegend unternommen worden sind, ergab sich das Problem des Eintritts nicht in dem Maße, wie es sich bei den Konflikten der 90er Jahre

---

490 Ansprenger definiert das Mandat in einem Vorschlag zur Kodifizierung von Friedensoperationen wie folgt: „Der Sicherheitsrat beschließt Ausmaß, Ziel und Struktur jedes Einsatzes („Mandat“).“, vgl. Ansprenger, Franz, "Blauhelme - Markenzeichen und Albdruck der Vereinten Nationen", in: Hüfner, Klaus, "Die Reform der Vereinten Nationen", Opladen, 1994, S. 75.

491 Vgl. z.B. Brahimi-Report, August 2000, S. 1, 44; Fréchette, Louise, "United Nations Peacekeeping at Fifty - Looking Back, Looking Forward", 1998, S. 3.

stellte. Ein Basissystem von Bedingungen, welche die Durchführung erlaubten, war vorhanden[492]. So mußte u.a. der Konsens und Kooperationsbereitschaft der Streitparteien vorliegen und die Bewegungsfreiheit der Truppen mußte gewährleistet sein. Die Neutralität der Truppe gehörte ebenfalls zu den Grundvoraussetzungen, die Auswahl der Kontingente erfolgte unter Einbeziehung der am Konflikt beteiligten Staaten. Obwohl es auch in dieser Zeit Unschärfen gab, die geeignet waren, den Einstieg in eine Mission in Frage zu stellen, war schon durch das begrenzte Spektrum der Aufgaben für eine Friedensoperation die Entscheidung klarer. Die Streitsituation war regelmäßig internationaler Natur, so daß eine überschaubare Anzahl an am Konflikt Beteiligten gegeben war.

Missionen modernen Zuschnitts dagegen werden häufig in vom Charakter her innerstaatlichen Konflikten eingesetzt, haben eine ambitionierte Fülle von Aufgaben[493], der Konsens aller Streitparteien kann nicht gewährleistet werden, weil die Kontrolle der Streitparteien über Splittergruppen nicht gegeben ist, weil die Streitparteien selbst nur aus taktischen Erwägungen der Stationierung einer Friedensoperation zustimmen, um sie im Verlauf der Krise wieder zurückzunehmen, wenn eine für sie bessere Situation entstanden ist, weil die Staatsgewalt nicht mehr vorhanden ist und Ähnliches mehr[494]. Zusätzlich gilt es zu bedenken, daß Ressourcen begrenzt sind; selbst wenn die Bereitschaft der Mitglieder zur Stellung von Truppen erhöht würde, die finanziellen Mittel für Friedensoperationen problemlos bereitstünden und die koordinierenden Kapazitäten ausgebaut würden, kann die UN-Organisation nur eine begrenzte Anzahl von Konflikten in einem gegebenen Zeitraum bewältigen. Bei der Frage, ob man eine Friedensoperation unternehmen soll oder nicht, also der Entscheidung über den Eintritt, spielt die Überzeugung, irgendetwas tun zu müssen, oft die entscheidende Rolle. Bei Konflikten, die nicht das unmittelbare Interesse der Mitgliedstaaten berühren, aber humanitäre Katastrophen erzeugen, kann der entscheidende Auslöser die Mobilisierung der Öffentlichkeit durch die Medien sein[495]. Jedenfalls fehlt es häufig an exakter Information über die Umstände vor Ort, und selbst wenn diese vorliegen, wird ein Mandat zur Errichtung einer Friedensoperation ausgesprochen, das der Situation unangemessen ist, weil Sachzwänge politischen Kompromissen in starkem Ausmaß weichen müssen oder weil der Druck der Öffentlichkeit sehr hoch ist und der Einsatz nationaler Streitkräfte nicht riskiert werden soll.

Hier wird die Auffassung vertreten, daß Verbesserungen hinsichtlich der Entry-Entscheidungen auf eine Priorisierung der sachlichen Entscheidungsgrundlagen zielen müssen. Es sollten Prozeduren im Rahmen einer Entscheidung für oder

---

[492] Vgl. S/11052 Rev. 1, SR-Res. 341, 27.10.1973.

[493] Vgl. Osmançavuşoğlu, Emel, "Challanges to United Nations Peacekeeping Operations in the post-cold War Era", 1999-2000.

[494] Vgl. Brahimi-Report, August 2000, S. 8f.

[495] Vgl. Malone, David M., Cockell, John G., "The Security Council in the 1990s", 11/1996.

gegen den Eintritt in eine Friedensoperation eingeführt werden, die eine möglichst weitgehende Objektivierung der Entscheidung ermöglichen.

Ein erster wichtiger Schritt besteht darin, die Informationsbreite und –tiefe über die im Entscheidungszeitraum aktuelle Lage des Konflikts zu erhöhen. Dazu existieren Vorschläge, die bereits im Abschnitt „Konfliktprävention“ erläutert worden sind. Die Tatsachenermittlung kann dabei wegen der geringen Anforderungen an ihre Voraussetzungen aus rechtlicher Sicht ziemlich einfach über den Art. 34 Charta unternommen werden. Der in „Konfliktprävention“ erörterte Ausbau der Kapazitäten zu Zwecken der Frühwarnung und Informationsgewinnung trüge in dieser Situation zu einer wesentlichen Verbesserung bei.

Überaus wünschenswert wären Richtlinien für das Eingreifen des Sicherheitsrats durch eine Friedensoperation z.B. durch formalisierte Entscheidungskriterien. Dazu gehört die Feststellung der aktuellen Lage genauso wie die Bildung von Szenarien, die mit Eintrittswahrscheinlichkeiten belegt werden, und aus denen die jeweiligen Anforderungen an Anpassungsmaßnahmen und notwendige Ressourcen abgeleitet werden können. Diese Daten müssen auch Wahrscheinlichkeiten darüber enthalten, wie es um die Formierung der Streitparteien bestellt ist, d.h. mit welcher Wahrscheinlichkeit sich die Streitparteien an vertraglich zugesicherte Unterstützung der Friedensoperation, ihre Bewegungsfreiheit usw. halten, und ob die Verhandlungspartner alle Parteien des Streits umfassen und inwieweit die Unterhändler für das Verhalten ihrer durch sie vertretenen Parteien garantieren können. Um dies zu erreichen, sollte das Sekretariat in einer frühen Phase in die Beratungen des Sicherheitsrats einbezogen werden, damit es in der Lage ist, bereits während der Entscheidungsphase die Verfügbarkeit der Ressourcen für den Eintritt in die Operation sowie für die verschiedenen zukünftigen Szenarien zu prüfen[496]. Die Formulierung von Mindestanforderungen an glaubhafter Kooperation der Streitparteien und Verfügbarkeit von Ressourcen sollte vorliegen und eine Schwelle im Sinne einer conditio sine qua non für oder gegen einen Eintritt der UN durch Friedensoperationen darstellen[497]. Eine solche Systematik findet sich auch bei der Positionsfindung der US-amerikanischen Administration für eine Entscheidung im Sicherheitsrat der UN, wie ein GOA-Bericht darlegt (s. Abbildung 22). Diese Systematik ist dafür vorgesehen, die Entscheidung für oder gegen eine Friedensoperation mit den Richtlinien der Direktive PDD-25 abzustimmen. Eine entsprechende Aufbereitung von entscheidungsrelevanten Fakten könnte auch für die UN-Organe hilfreich sein. Dem Autor ist allerdings nicht bekannt, ob eine solche Systematik im Sicherheitsrat nicht bereits zur Anwendung kommt.

---

[496] Vgl. Brahimi-Report, August 2000, S. 10.
[497] Vgl. Brahimi-Report, August 2000, S. 10.

Abbildung 22: Prüfung der Erfüllung von Kriterien aus PDD-25[498]

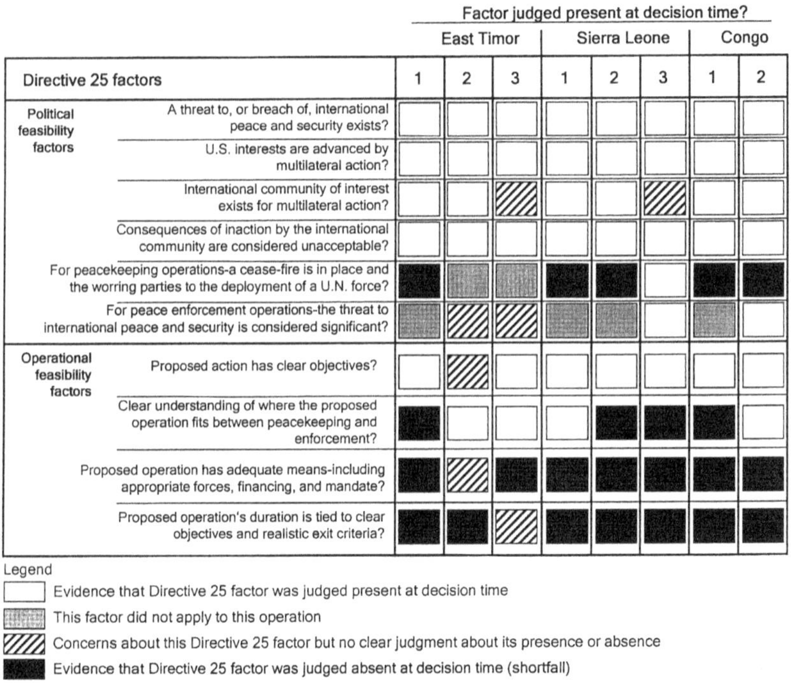

Ein wichtiger Schritt für die Glaubwürdigkeit der Organisation wäre eine verbindliche Verpflichtung des über die Friedensoperation entscheidenden Organs, also v.a. des Sicherheitsrats, die Begründung der Entscheidung für oder gegen die Durchführung einer Friedensoperation zu veröffentlichen. Wichtiger Bestandteil dieser Veröffentlichungspflicht wäre eine detaillierte Begründung der Entscheidung, am vorteilhaftesten unter systematischer Nennung der einschlägigen Normen der Charta sowie entlang einer Liste notwendiger Voraussetzungen aus operativer Sicht; Auslöser für den Zwang zur Beschäftigung des Sicherheitsrats mit der Angelegenheit mit anschließender öffentlicher Stellungnahme könnte beispielsweise Art. 35 Charta sein. Dadurch würde auch bekannt, wenn die Weigerung der Summe der Mitgliedstaaten, in ausreichendem Maße Truppen oder ziviles Personal zur Verfügung zu stellen, zu einer negativen Entscheidung geführt hat oder wenn der Sicherheitsrat auf systematische Weise den Eindruck gewinnt, daß für eine Friedensoperation unzureichende Voraussetzungen für eine Konfliktlösung auf politischer Ebene vorliegen. Selbstverständlich würden damit auch Entscheidungen transparent, in denen der

[498] Quelle: GAO, "Executive Branch Consultations With Congress Did Not Fully Meet Expectations in 1999-2000", 09/2001, S. 14.

Sicherheitsrat die Lage und künftige Entwicklungen falsch einschätzt; mit dem Zwang zur Veröffentlichung würden dadurch also auch Versäumnisse offenbar[499].

Der Vorteil der Veröffentlichungen bestünde darin, Verdächtigungen entgegenzutreten, die UN mäßen je nach nationalem Interesse der ständigen Mitglieder des Sicherheitsrats am Konflikt mit zweierlei Maß. Entsprechend würde Druck aufgebaut, dies auch wirklich nicht zu tun. Außerdem würde zumindest moralischer Druck gegen den Unwillen der Mitglieder erzeugt, Ressourcen zur Verfügung zu stellen. Ein weiterer Effekt könnte sein, daß die Pflicht zur Veröffentlichung im Verein mit den o.g. objektivierenden Kriterien zur Feststellung einer Situation, die ein Eingreifen erfordert, ein deutliches Indiz des „Versagens" des Sicherheitsrats darstellen könnte, falls er trotz erfüllter Kriterien nicht eingreift, beispielsweise aufgrund des Vetos eines der ständigen Mitglieder. Mit dem Versagen des primär für die Erhaltung von Weltfrieden und internationaler Sicherheit zuständigen Organs hat man in der Vergangenheit bereits die Übernahme der Verantwortung der Generalversammlung erfolgreich begründet. Dies könnte also ein Weg sein, um bei Paralyse des Sicherheitsrats die sekundäre Verantwortung der Generalversammlung zu stärken, ohne auf eine Chartaänderung angewiesen zu sein.

Da die vorgeschlagene Veröffentlichungspflicht eine Beschneidung der Freiheitsgrade des Sicherheitsrats darstellt, dürfte dort Widerstand gegen eine solche Regelung zu erwarten sein. Zwar könnten systematische Entscheidungshilfen wie oben geschildert zu einer Objektivierung beitragen, was den Sicherheitsrat oder ggf. auch die Generalversammlung etwas entlasten würde, trotzdem lassen solche objektivierenden Verfahren sehr viel Raum für politische Entscheidungen, die dann verantwortet werden müssen. Versuche, Richtlinien für sicherheitspolitische Entscheidungen festzulegen, gab es, sie sind allerdings u.a. am Widerstand der Entwicklungsländer gescheitert, die sich gegen eine Ausweitung der Agenda des Sicherheitsrats im sicherheitspolitischen Bereich wenden[500].

Bzgl. des Ausstiegs einer Friedensoperation aus einem Konflikt werden oft Vorwürfe erhoben, die Friedensoperationen frören den Konflikt lediglich ein, statt ihn zu lösen; v.a. bei Konflikten aus der Zeit des Kalten Kriegs, also bei Operationen des traditionellen Typs, wurden solche Vorwürfe laut[501]. Dies scheint allerdings gänzlich unangebracht, da gerade die Friedensoperationen traditionellen Zuschnitts lediglich zum Zweck der Deeskalation eingesetzt worden sind, also zur Überwachung von Waffenstillstandsvereinbarungen, zum Interpositioning usw.. Ziel der Mission war, ein geeignetes Umfeld für Lösungen auf

---

499 Wie z.B. in Ruanda, wo hartnäckig die Existenz eines Genozids negiert worden war (vgl. IPEP, "Projektdokument der IPEP", 01/2000).

500 Vgl. Malone, David M., Cockell, John G., "The Security Council in the 1990s", 11/1996.

501 Vgl. z.B.: Laurenti, Jeffrey, "The United Nations and International Security: Dilemmas and Agendas for American Engagement", Houston, Texas, 10.04.2000.

politischer Ebene gem. Art. 33 Charta zu schaffen, nicht den Konflikt zu lösen. Worin der Vorwurf gegen das Instrument der Friedensoperation besteht, ist nicht recht nachvollziehbar, denn wenn politische Lösungswege nicht gefunden werden (können), liegt das offensichtlich nicht an der Friedensoperation.

Allerdings bindet eine langandauernde Mission Ressourcen; das Problem der Exit-Strategie besteht also in den Kosten für die Mission und der Belastung des ohnehin nicht großen militärischen und zivilen Ressourcenpools der UN. Denn ist eine Mission erst einmal stationiert, fällt eine Entscheidung für einen Rückzug, ohne daß eine politische Lösung erreicht worden wäre, schwer, wodurch die Ressourcen auf unabsehbare Zeit gebunden sind, und für die Kostenbelastung ist kein Ende absehbar. Wie man der Abbildung 22 entnehmen kann, fließt die Frage nach dem Vorhandensein einer überzeugenden Exitstrategie daher bereits in die Entscheidung für den Eintritt in die Mission ein[502].

Die seit Anfang der 90er Jahre verfolgte sicherheitspolitische Strategie von Friedensoperationen setzt verstärkt auf das Peacebuilding, das parallel zu Peacekeeping-Aktivitäten begonnen wird[503]. Im Rahmen des Peacebuilding bildet die zivile Polizei eine der wichtigsten Komponenten; sie ist neben dem operativen Einsatz sehr häufig mit dem Aufbau von geordneten Strukturen einer nationalen Polizeitruppe beauftragt[504]. Parallel dazu wird der Versuch unternommen, auch die lokalen militärischen Kräfte so aufzubauen, daß sie selbst zur Aufrechterhaltung von Recht und Ordnung und/oder ggf. zur Abwehr gegen Übergriffe aus angrenzenden Staaten befähigt sind[505]. Infrastrukturmaßnahmen, Wiederherstellung von grundlegenden wirtschaftlichen Strukturen, die Wiederaufnahme des Schulbetriebs, der öffentlichen Verwaltung usw. bilden die Grundlage für einen geordneten und nachhaltig wirksamen Neuanfang nach einem Konflikt; dies betrifft v.a. die Konflikte innerstaatlicher Natur, die verstärkt nach dem Ende des Kalten Kriegs aufgetreten sind. Hinsichtlich der Exitstrategie hofft man, auf diese Weise den Ausstieg der Friedensoperationen zu ermöglichen, besonders die erfolgreiche Durchführung von demokratischen Wahlen wurden oft als Gelegenheit zum Ausstiegs genannt[506].

Die Frage des Ausstiegszeitpunkts muß unterschieden werden in Fälle, in denen die Mission zur Beendigung gezwungen wird und Fälle, in denen die Erreichung der Ziele der Mission ein Ende erlauben.

Erzwungen werden kann das Ende der Friedensoperation durch den Wegfall des ursprünglich vorhandenen Konsenses der Streitparteien oder allgemeiner die

---

502 Vgl. auch Brahimi-Report, August 2000, S. 5.

503 Vgl. dazu auch den Diskussionstand im Sicherheitsrat, z.B. "No exit without strategy: Security Council decision-making and the closure or transition of United Nations peacekeeping operations", UN-Doc. S/2001/394, 20.04.2001.

504 Vgl. Brahimi-Report, August 2000, S. 7.

505 Vgl. beispielsweise: WP, "Deciding When To Go", 16.08.2001: „If U.S. military aid was then used to build up a reformed army in Sierra Leone, American forces could probably be withdrawn within a year.".

506 Vgl. Brahimi-Report, August 2000, S. 4.

signifikante Änderung der bei Eintritt vorherrschenden Lage. Aber auch das Abziehen von Ressourcen der truppenstellenden Länder, denen kein Ersatz gegenübersteht, kann den Abbruch der Mission nach sich ziehen. Jedenfalls sollten die Verantwortlichen in den UN diese Ereignisse mit derselben Sachbezogenheit prüfen und Konsequenzen ziehen, wie sie bei der Entry-Strategie vorgeschlagen worden ist. Auf keinen Fall sollte der Ausstieg wegen Eintretens eines der beiden Ereignisse verpaßt werden, sonst gerät die Mission und damit die Glaubwürdigkeit der Friedensoperation in Gefahr. In den Verhandlungen mit den Streitparteien, die dem Einsetzen der Friedensoperation vorausgehen, sollte bereits Klarheit darüber herrschen, wo die Grenzen von graduell abgebautem Konsens, wie z.B. eine nachträgliche Einschränkung der Bewegungsfreiheit, oder dem Ausmaß des Abzugs von Ressourcen liegen, die einen Abbruch nach sich ziehen.

Bei planmäßigem Verlauf müssen möglichst vor dem Einsatz, jedenfalls aber sofort nach Beginn des Einsatzes Informationen gesammelt werden, mit denen ein System von Indikatoren gespeist wird, das einerseits Indikationen über die Wahrscheinlichkeit der Wiederkehr von bewaffneten Auseinandersetzungen liefert und andererseits den Fortschritt der Peacebuilding-Bemühungen substantiell beschreibt. Für die Indikatoren sollten Schwellenwerte festgelegt werden, bei deren Erreichen stufenweise die Truppenstärke reduziert und die zivile Komponente abgezogen und schließlich das Mandat als beendet erklärt werden kann. Dabei geht es nicht in erster Linie darum, technokratische Prozeduren einzuführen und sich an zahlenmäßige Indikatorwerte zu klammern; häufig ist bereits das Bemühen um das Erlangen objektivierter Einschätzungskriterien und das Aufstellen eines Plans an sich ein Schritt in Richtung einer Systematisierung.

4.1.1.2.2 Mandatsumfang

Um sowohl für die Streitparteien als auch die beobachtende weltweite Öffentlichkeit Glaubwürdigkeit zu bewahren, muß ein Mandat für eine Friedensoperation zunächst Ziele vereinbaren, die im angemessenen Verhältnis zu der realistisch erfaßten Lage des Konflikts stehen, und in Entsprechung die Mittel bereitstellen, die wiederum im angemessenen Verhältnis zu den formulierten Zielen stehen. Erst, wenn das Dreieck Situation – Ziele – Mittel im Gleichgewicht ist, hat die Mission Aussicht auf Erfolg. Dieses Gleichgewicht ist selbstverständlich nicht statisch: im Verlauf der Operation mag sich die Situation vor Ort, die Bereitschaft der ressourcenstellenden Länder und die politische Situation mit hoher Geschwindigkeit ändern; ein Umstand, der erstens für einen möglichst frühzeitiges Eingreifen spricht, um in eine möglichst wenig volatile Situation einzutreten, und zweitens die sorgfältige Planung unter Verwendung von Szenarien mit zugeordneten Exitstrategien über die Dauer der gesamten Operation notwendig macht.

Gerade dieses Gleichgewicht wurde v.a. in der jüngeren Vergangenheit häufig nicht hergestellt. Im Verlauf der Mission UNPROFOR in Bosnien hatte der Generalsekretär im März 1994 für die Verteidigung von sechs Sicherheitszonen zusätzliche Truppen i.H.v. 34.000 Militärs angefordert, der Sicherheitsrat stellte aber lediglich 7.600 zusätzliche Kräfte bereit[507]. Die Sicherheitszonen wurden häufig angegriffen und schließlich überrannt; eine besonders krasses und häufig zitiertes Beispiel für den Verlust von Glaubwürdigkeit von UN-Friedensoperationen durch unangemessene Mandatierung[508]. Die Missionen in Somalia und Ruanda beinhalten weitere, deutliche Beispiele[509].

Unzureichende Mandate für Friedensoperationen in den 90er Jahren dürften u.a. dadurch entstanden sein, daß in dieser Zeit eine Bewegung hin zu Friedensoperationen der „zweiten Generation“ stattgefunden hatte. Völkerrechtlich bewegte man sich wegen des vornehmlich innerstaatlichen Charakters von Konflikten – z.B. im zerfallenden Jugoslawien – auf unsicherem Terrain, und es existierten aus der Zeit des Kalten Kriegs starke Verbindungen von ständigen Mitgliedern des Sicherheitsrats mit den Streitparteien, die eine Einigung im Sicherheitsrat schwierig machten. Im Spannungsfeld einer völkerrechtlich angreifbaren Situation, politischen Dissonanzen der ständigen Sicherheitsratsmitglieder über die Krisensituation und den die Öffentlichkeit in hohem Maße mobilisierenden Völkerrechtsverletzungen im Verlauf der Krisen konnte man nur mühsam einen Konsens erzielen, indem auf die Mechanismen der Friedensoperationen aus der Vergangenheit zurückgegriffen wurde, ohne daß allerdings die substantiellen Voraussetzungen, also Konsens der Streitparteien, eine Waffenstillstandsvereinbarung o.ä., dafür vorlagen.

Der Umfang der traditionellen Friedensoperationen erlaubt es nicht, daß sie sich ihren eigenen militärischen Erfolg schaffen, dieser muß üblicherweise bereits existieren, wenn sie eingesetzt werden; die traditionellen Peacekeeper sind dazu da, den Zustand zu beobachten und zu stabilisieren[510]. Angemessen für die Situation im zerfallenden Jugoslawien wäre ein entschiedenes Mandat für Zwangsmaßnahmen gewesen, war aber offensichtlich politisch zu schwer durchsetzbar. Kurz gesagt, man wendete ein an sich erprobtes Mittel für den falschen Zweck oder im falschen Kontext an[511]; eine Entscheidung, die tragische Konsequenzen für die Truppen der Friedensoperation und die durch sie zu schützenden zivilen Hilfskräfte sowie die Zivilbevölkerung hatte. In letzter Konsequenz be-

---

[507] Vgl. GAO, "United Nations: Limitations in Leading Missions Requiring Force to Restore Peace", 03/1997, S. 9.

[508] Vgl. z.B. Fréchette, Louise, "United Nations Peacekeeping at Fifty - Looking Back, Looking Forward", 1998, S. 3; Ansprenger, Franz, "Blauhelme - Markenzeichen und Albdruck der Vereinten Nationen", in: Hüfner, Klaus, "Die Reform der Vereinten Nationen", Opladen, 1994, S. 67.

[509] Vgl. z.B. GAO, "United Nations: Limitations in Leading Missions Requiring Force to Restore Peace", 03/1997, S. 9, 13, 18, 42f.

[510] Vgl. z.B.: Urquhart, Brian, "International Peace and Security: Thoughts on the Twentieth Anniversary of Dag Hammarskjöld's Death", in: Foreign Affairs, Fall 1981, S. 6.

[511] Vgl. Ruggie, John Gerald, "Wandering in the Void: Charting the U.N.'s New Strategic Role", in: Foreign Affairs, Vol. 72, November-December, 1993, S. 28.

schädigte dies die Glaubwürdigkeit der UN-Organisation und das Vertrauen in ihr sicherheitspolitisches Instrumentarium nachhaltig.

Obwohl heute die Rechtssicherheit für die Sicherheitspolitik der UN bei massiven Menschenrechtsverletzungen besteht[512], bleibt das Problem der Angemessenheit der durch das Mandat zur Verfügung gestellten Mittel. Zwangsmaßnahmen unter Kapitel VII der Charta wohnt üblicherweise eine weit höhere politische Brisanz inne, als dies bei auf Kapitel VI gestützten Maßnahmen der Fall ist. Allein die Identifizierung des Friedensbrechers wird oft schwierig sein, besonders wenn bilaterale Beziehungen eines ständigen Mitglieds des Sicherheitsrats zu einer der Streitparteien existieren, ist aber Voraussetzung für die Anwendung von Zwangsmaßnahmen. Bezeichnenderweise wurde dies in den Resolutionen in den oben genannten Fällen auch meist nicht getan[513].

Damit wird das Mandat seiner Glaubwürdigkeit beraubt. Wird die Truppe zusätzlich noch militärisch unangemessen ausgerüstet, hat dies Konsequenzen auf der operativen Ebene des Einsatzes selbst und auf der Ebene der Nutzenbetrachtung der UN-Friedensoperationen als sicherheitspolitisches Instruments der Mitgliedstaaten. Streitparteien, welche die Bemühungen der UN zu Deeskalation und einer friedlichen Lösung ablehnen, erhalten durch das nicht schlüssige, durch einen weitreichenden Kompromiß zustandegekommene Mandat den Anreiz, dieses zu torpedieren, da die Uneinigkeit und Halbherzigkeit des Auftrags an die Friedensoperationen offensichtlich ist. Sie können mit hoher Wahrscheinlichkeit damit rechnen, daß der Sicherheitsrat nicht konsequent auf von ihnen geführte Attacken gegen die Friedensstreitkräfte vorgehen wird[514]. Wenn die Friedensoperation in traditioneller Weise dann nur mit leichter Bewaffnung ausgerüstet ist, werden militärische Attacken dieser Gruppen erfolgreich sein, und die Mission verfehlt ihr Ziel, begleitet von Verlusten bei den Truppen der Friedensoperation und humanitären Katastrophen. Aber schon ein einfaches Eingrenzen der Bewegungsfreiheit, Behinderung von Hilfsgütertransporten usw. hat gute Chancen, folgenfrei für den das Abkommen Brechenden zu bleiben, wenn das politische Bekenntnis im Sicherheitsrat zu schwach ist. Neben den kämpfenden Gruppen büßt die Mission auch bei der Zivilbevölkerung vor

---

[512] Vgl. Simma, Bruno, "NATO, the U.N. and the Use of Force: Legal Aspects", 1999: „If the Security Council determines that massive violations of human rights occurring within a country constitute a threat to peace, and it calls for or authorizes an enforcement action to put an end to these violations, a "humanitarian intervention" by military means is permissible.“; noch 1997 hatte das GAO zu dem Thema berichtet: „Despite these debates [über nationale Souveränität], a U.N. doctrine or a basic approach has not yet been developed for operations calling for the use of force,...“ s. GAO, "United Nations: Limitations in Leading Missions Requiring Force to Restore Peace", 03/1997, S. 16.

[513] Vgl. Ansprenger, Franz, "Blauhelme - Markenzeichen und Albdruck der Vereinten Nationen", in: Hüfner, Klaus, "Die Reform der Vereinten Nationen", Opladen, 1994, S. 69.

[514] Vgl. Brahimi-Report, August 2000, S. 10.

Ort Glaubwürdigkeit ein, die Hoffnung in die Ankunft der Blauhelme gesetzt hatten, die nicht erfüllt werden[515].

Auf der Ebene der Nutzenbetrachtung der UN-Friedensoperationen als sicherheitspolitisches Instrument führt die Beschädigung der Glaubwürdigkeit zunächst einmal zur abnehmenden Bereitschaft, Truppen und zivile Kräfte zu stellen, da ein unentschlossenes Mandat zu hohe Risiken für die Truppen birgt. Anders formuliert, sind die Mitgliedstaaten nicht bereit, Ressourcen für eine mit hoher Wahrscheinlichkeit nutzlose und gleichzeitig gefährliche Mission bereitzustellen. Dies gilt auch für finanzielle Ressourcen: Je weniger erfolgversprechend Friedensoperationen sind, desto widerwilliger wird man diese finanzieren bzw. desto schwieriger wird man die Beitragszahlungen auf nationaler Ebene begründen können. Gelingt es dann noch, die Schuld auf die unzureichende UN-Administration zu verlagern, gerät die Organisation als solche unter Druck.

Das Problem kann nicht gelöst werden, solange bei den Verantwortlichen im die Friedensoperation veranlassenden Organ, also regelmäßig im Sicherheitsrat, politische Motive über die sachlichen Abwägungen priorisiert werden[516]. Ein Ansatz, eine Änderung des Verhaltens des Sicherheitsrats in diese Richtung zu bewirken, ist oben gegeben worden; eine Institutionalisierung von o.g. systematischen Informationssammlungen und Entscheidungsrastern zur Objektivierung der Sicherheitsratsbeschlüsse kann dazu beitragen, offensichtlich unsachliche oder verschwommene Mandate zu verhindern. Eine erzwungene Begründung mit Veröffentlichungspflicht würde es zumindest schwierig machen, unausgewogene Mandate auszusprechen.

Dieser systematische Ansatz muß auf die gesamte Mission ausgedehnt werden, es muß also ständig gegengeprüft werden, wie die Situation sich geändert hat und ob infolgedessen eine Anpassung des Mandats oder ein Abzug der Friedensoperation notwendig wird. Eine große Gefahr besteht bei Friedensoperationen, die anfänglich als traditionelle Mission ausgestattet und stationiert worden sind, denen es – aus welchen Gründen auch immer – nicht gelungen ist, die Eskalationsspirale zu durchbrechen. Bereits bei der zweiten großen Friedensoperation in der Geschichte der Organisation (ONUC) kam es zu einer solchen Entwicklung. Als Reaktion darauf ließ man eine recht weite Interpretation des Begriffs der Selbstverteidigung zu, die man auf Vertreibung von Söldnertruppen ausdehnte[517]. Obwohl dieser Mission meist Erfolg bescheinigt worden ist, war die Erweiterung des Mandats auf Elemente von Zwangsmaßnahmen äußerst riskant[518]. Ein weniger erfolgreiches Beispiel für die während der Mission er-

---

515 Vgl. Fréchette, Louise, "United Nations Peacekeeping at Fifty - Looking Back, Looking Forward", 1998, S. 3.

516 „Interventions shaped more by politics than by strategy are unlikely to succeed.“, vgl. Haass, Richard N., "The Use and Abuse of Military Force", Washington D.C., Nov. 1999, S. 6.

517 Vgl. Bowett, Derek William, "United Nations Forces", London, 1964, S. 175.

518 Vgl. White, N.D., "Keeping the Peace", Manchester, New York, 1997, S. 243f.

folgte Mandatsausweitung auf die Anwendung von Zwang war die UNPROFOR in Bosnien; um die Versorgung Sarajevos mit Hilfslieferungen zu ermöglichen, mandatierte der Sicherheitsrat die Mission, alle dazu notwendigen Maßnahmen zu ergreifen[519]. Später, als die Sicherheitszonen unter Druck gerieten, gab es Widerstände von Seiten der truppenstellenden Länder gegen die zur Unterstützung angebotenen Luftangriffe durch die NATO, weil die Truppen am Boden gegen Vergeltungsmaßnahmen der Serben, die man wegen der Luftangriffe fürchtete, nicht ausreichend ausgerüstet waren[520].

Im Zweifel soll man auf eine Friedensoperation verzichten, wenn keine ausreichenden Ressourcen zur Verfügung stehen und/oder keine Bereitschaft zur Unterstützung der friedlichen Beilegung des Streits zu erwarten ist. Wenn eine Zwangsmaßnahme beschlossen wird, gilt umso strikter, für ausreichende Ressourcen zu sorgen; unter allen Umständen zu vermeiden sind Mandate, die zwar Zwangsmaßnahmen anordnen, aber nicht den Aggressor benennen und gleichzeitig nur die Ausstattung einer traditionellen Friedensoperation anordnen und die Streitkräfte darüber hinaus zur Einhaltung strikter Neutralität anhalten[521].

4.1.1.2.3 Umfang der militärischen Komponente

Es ist im vorangegangenen Abschnitt gesagt worden, daß die im Mandat bezeichneten Mittel für eine Friedensoperation den Zielen entsprechen müssen. Traditionelle Friedensoperationen zielten i.d.R. auf die Deeskalation der Streitigkeit bei Vorliegen des Konsenses der beteiligten Parteien sowie zwischen ihnen geschlossenen Abkommen wie Waffenstillstand oder dem Einhalten vorläufiger Grenzlinien. Dabei bewahrten die Truppen strenge Neutralität. Das Bestreben war, die Situation für diplomatische Bemühungen friedlich zu halten. Sie erfüllten somit eine vorwiegend nichtmilitärische Aufgabe und mußten so ausgerüstet sein, daß sie sich im Zweifel selbst verteidigen konnten. Daher war eine leichte Bewaffnung regelmäßig ausreichend; durch die leichte Ausrüstung wurde ihre neutrale Position im Streit verdeutlicht[522].

Dagegen gestaltet sich die Lage bei der Mehrzahl der Krisen nach Ende des Kalten Kriegs unübersichtlicher, und die Wahrscheinlichkeit, daß die Truppen in Kämpfe verwickelt werden, ist eher die Regel als die Ausnahme. Oben wurde bereits darauf hingewiesen, welche fatale Folgen unterausgerüstete Friedensoperationen haben können. Angesichts der Erfahrungen aus den Missionen in Somalia, Bosnien oder Sierra Leone sprechen sich immer mehr Beobachter und

---

[519] Vgl. SR-Res. 770 (1992), 13.08.1992.

[520] Vgl. Maynes, Charles William, "What's Wrong at the United Nations?", 1997.

[521] Vgl. Ruggie, John Gerald, "Wandering in the Void: Charting the U.N.'s New Strategic Role", in: Foreign Affairs, Vol. 72, November-December, 1993, S. 29: „Alas, the domain between peacekeeping and enforcement is a doctrinal void.“.

[522] Vgl. White, N.D., "Keeping the Peace", Manchester, New York, 1997, S. 240.

Verantwortliche in den UN für eine stärkere und besser ausgerüstete militärische Komponente bei bestimmten Missionen aus[523].

Hier wird die Ansicht vertreten, daß die Verantwortlichen in den UN tatsächlich unbedingt diese Richtung einschlagen müssen, um die Glaubwürdigkeit der Missionen zu gewährleisten. Die Effekte einer militärisch gut, möglicherweise auch unangemessen hoch ausgerüsteten Truppe sind vielfältig: Zunächst werden sie dadurch in der Lage versetzt, militärische Attacken von Truppen, die gegen die Mission arbeiten, abzuwehren[524]. Zum anderen stellen sie so eine glaubhafte Abschreckung dar, um von vornherein die Wahrscheinlichkeit einer solchen Attacke zu vermindern[525]. Eine Friedensoperation mit starker militärischer Komponente ist sehr viel eher in der Lage, die Missionsziele erfolgreich zu erreichen. Darüber hinaus sinkt die Wahrscheinlichkeit von Opfern unter den Peacekeepern und damit das Risiko für truppenstellende Staaten; die Hoffnung ist berechtigt, daß einige Staaten unter diesen Voraussetzungen viel eher bereit wären, Truppen, zivile Polizei und auch sonstige zivile Mitarbeiter für Friedensoperationen verfügbar zu machen.

Auf der Sollseite der Rechnung mit den höheren militärischen Kapazitäten stehen die sicherlich sehr viel höheren Kosten für derart ausgerüstete Missionen. Problematisch dürfte ebenfalls die Gefahr einer Eskalation sein, die bei Einsatz der kräftigeren Maschinerie zu befürchten steht; dies steht umso eher zu befürchten, je schlechter die Soldaten, insbesondere auf der Führungsebene, auf die Spezifika einer Friedensoperation vorbereitet sind. Schließlich wird in vielen Fällen die Akzeptanz der Streitparteien zur Genehmigung der Stationierung sinken, je besser die Friedensoperation ausgerüstet wird; einer der Gründe, warum die traditionellen Friedensoperationen mit leichter Bewaffnung auskommen mußten.

Zu den erhöhten Kosten der Mission ist anzumerken, daß zum einen die zu erwartenden geringeren Verluste an Menschenleben bei den Mitarbeitern der Mission wie bei der Zivilbevölkerung eine Rechtfertigung darstellen. Außerdem spricht einiges dafür, daß eine Mission mit robuster Ausstattung ihre Ziele schneller erreichen kann, wodurch die Kosten besser abschätzbar sind und ein

---

523 Vgl. Brahimi-Report, August 2000, S. 9; Fréchette, Louise, "United Nations Peacekeeping at Fifty - Looking Back, Looking Forward", 1998, S. 4; Lamont, Beth K., "The new Mandate for United Nations Peacekeeping", 25.11.2000.

524 Vgl. GAO, "United Nations: Limitations in Leading Missions Requiring Force to Restore Peace", 03/1997, S. 7.

525 Das zweistufige Konfliktmodell aus dem Abschnitt "Ursachen der Finanzierungsschwierigkeiten" deckt auch diesen Sachverhalt ab: kooperatives Verhalten in der ersten Spielstufe wird durch eine ausreichend hohes Wahrscheinlichkeitsniveau der Vergeltung auf der zweiten Stufe erreicht (s. 3.4.5.1.2); so auch Fréchette: „We have learned that the threat of the use of force - and the willingness to actually deliver on such threats - are key to the success of some missions and that an impressive show of force is sometimes the best way to avoid having to actually use it." (s. Fréchette, Louise, "United Nations Peacekeeping at Fifty - Looking Back, Looking Forward", 1998, S. 4).

Teil der Kosten gegenüber der Option einer nur schwach ausgerüsteten Truppe wieder einspart. Trotzdem dürfte es per Saldo bei einer deutlichen höheren finanziellen Belastung bleiben, weil die Kosten auf allen Ebenen des quantitativ und qualitativ vergrößerten militärischen Apparats höher sein werden, also beim Nachschub, Logisitik und Transport, Abschreibungen für teurere Ausrüstungsgegenstände, Besoldung von mehr Spezialisten usw.[526]. Trotzdem wird hier damit gerechnet, daß die Bereitschaft zur Übernahme der Kosten durch die Mitglieder höher sein würde, wenn mit einer signifikant höheren Erfolgswahrscheinlichkeit bei gleichzeitig geringeren Risiken für ihre Soldaten gearbeitet werden kann.

Einer Gefahr der Eskalation wird man am ehesten mit dem oben bereits beschriebenen verstärkten Engagement in vorbereitende Ausbildungsmaßnahmen begegnen können. Trotzdem besteht in der potentiellen Eskalation durch die verstärkte Präsenz militärischer Mittel ein ernstes Problem, für dessen Eingrenzung es vorrangig auf die Disziplin der Truppen und im besonderen ihrer Kommandeure ankommt. Überaus wichtig ist in diesem Zusammenhang, daß die Kommandolinien der UN nicht von denen der truppenstellenden Länder gekreuzt werden, wie dies in der Vergangenheit häufig geschehen ist[527]; verlieren die UN in einer mit hohem Waffenpotential geführten Friedensoperation die Kontrolle und eskaliert die Situation, kann das auf der dipomatischen Ebene der Streitbeilegung schnell Verwerfungen erzeugen.

Was die Gefahr eines Scheiterns diplomatischer Bemühungen um den Einsatz einer Friedensoperation aufgrund der Truppenstärke und Bewaffnung betrifft, wird abzuwägen sein, inwieweit eine Weigerung der Streitparteien daraus resultiert, ihre nationale Souveränität zu befürchten o.ä., oder ob sich die Parteien nur aus taktischen Erwägungen gegen eine großzügere Dimensionierung der Friedensoperation wenden; ist letzteres der Fall, wird man sowieso besser auf den Einsatz verzichten.

Trotz der Nachteile einer stärkeren militärischen Komponente sollte diese eher zu groß als zu klein ausfallen; alle o.g. potentiellen Nachteile wirken sowieso in die Richtung, die militärische Ausstattung der Friedensoperationen zu begrenzen, so daß ein vernünftiger Kompromiß zu finden sein sollte, bei dem die Richtlinie „...all things being equal, it is better to err on the side of too much rather than too little force.“[528] eingehalten werden kann. Der Wert glaubwürdigerer und potentiell erfolgreicherer Missionen für den Nutzen des Instrumentes der Friedensoperationen sollte nicht unterschätzt werden.

---

[526] Vgl. Brahimi-Report, August 2000, S. 9.

[527] Vgl. DPKO, "Multidisciplinary Peacekeeping: Lessons from Recent Experience", 04/1999; Laurenti, Jeffrey, "The United Nations and International Security: Dilemmas and Agendas for American Engagement", Houston, Texas, 10.04.2000; Malone, David M., Cockell, John G., "The Security Council in the 1990s", 11/1996; Langille, H. Peter, "SHIRBRIG: A promising step towards a United Nations that can prevent deadly conflict", 2000.

[528] Vgl. Haass, Richard N., "The Use and Abuse of Military Force", Washington D.C., Nov. 1999, S. 2.

4.1.1.3 Zusammenarbeit mit internationalen und regionalen Organisationen und einzelnen Staaten

Einige Regeln der Charta der UN betreffen die Zusammenarbeit mit einzelnen Nationen oder regionalen internationalen Organisationen auf dem Feld der Wahrung von Weltfrieden und internationaler Sicherheit. Im Kapitel VII wird dem Sicherheitsrat durch Art. 48 Charta die Möglichkeit gegeben, nach seinem Ermessen die zur Durchführung seiner Beschlüsse zur Wahrung von Weltfrieden und internationaler Sicherheit notwendigen Maßnahmen durch alle oder einige Mitglieder der UN treffen zu lassen[529]. Absatz 2 bestimmt weiter, daß entweder die Mitglieder die Maßnahmen unmittelbar selbst treffen oder daß geeignete internationale Organisationen, deren Mitglieder diese sind, die Maßnahmen treffen[530]. Es wird auch ersichtlich, daß der Sicherheitsrat die Beschlüsse faßt und die Maßnahmen bestimmt. Darüber hinaus widmet sich das Kapitel VIII der Charta regionalen Organisationen; Art. 52 I Charta akzeptiert ausdrücklich ihre Existenz sowie ihre Ziele der Wahrung von Weltfrieden und internationaler Sicherheit und weist dabei ebenso ausdrücklich auf die Übereinstimmungspflicht mit den Zielen und Grundsätzen der UN hin[531]. Absatz 3 hält den Sicherheitsrat an, die Bemühungen der Regionalorganisationen um die friedliche Beilegung von Streitigkeiten zu unterstützen – auch dadurch, daß er selbst die Streitsache dorthin überweist[532].

Einige wichtige regionale Organisationen, die u.a. sicherheitspolitische Ziele verfolgen und in diesem Rahmen bereits teilweise Friedensoperationen durchgeführt haben, sind die OSZE (Organisation für Sicherheit und Zusammenarbeit in Europa), die OAS (Organisation of American States), ECOWAS (Economic Community of West African States), OAU (Organisation of African Unity), die Liga der arabischen Staaten und ASEAN (Association of Southeast Asian Nations). Dagegen fällt die NATO (North Atlantic Treaty Organisation) und WEU (Western European Union) unter die internationalen Organisationen und damit nicht unter die Bestimmungen des Kapitels VIII[533]. Allerdings weist Boutros-Ghali in der Agenda for Peace darauf hin, daß die Bestimmung der Charta keine abschließende Definition enthält und infolgedessen eine recht flexible Zusammenarbeit mit den regionalen Organisationen möglich sei[534].

Angesichts der Last an Friedensoperationen, die in den 90er Jahren auf die UN zugekommen war, bot sich eine verstärkte Aufgabenteilung im Bereich des Peacekeeping schon allein wegen der Beanspruchung der Ressourcen der UN an. Durch den häufiger auftretenden Zwangscharakter der Missionen rückte auch die militärische Kapazität v.a. der NATO in den Vordergrund des Interes-

---

[529] Vgl. Art. 48 I Charta.
[530] Vgl. Art. 48 II Charta.
[531] Vgl. Art. 52 I Charta.
[532] Vgl. Art. 52 III Charta.
[533] Vgl. Simma, Bruno, "NATO, the U.N. and the Use of Force: Legal Aspects", 1999.
[534] Vgl. Boutros-Ghali, Boutros, "An Agenda for Peace", UN-Doc. A/47/277-S/24111, 31.01.1992, RdNr. 61.

ses. Häufig wurden auch Gruppen von Staaten formal durch den Sicherheitsrat beauftragt, wie dies z.B. bei der Operation „Desert Storm“ beim Irak-Kuwait-Konflikt der Fall war[535].

Unter dem Gesichtspunkt der Nutzensteigerung der UN-Friedensoperationen für die Mitgliedstaaten durch die Zusammenarbeit mit einzelnen Mitgliedstaaten oder Gruppen von Mitgliedstaaten, regionalen oder internationalen Organisationen sind verschiedene, teilweise gegenläufige Effekte zu berücksichtigen. Zu unterscheiden sind dabei unterschiedliche Arten der Zusammenarbeit: von der Unterstützung der Friedensoperationen durch die Staaten bzw. Organisationen bei primärer Verantwortung der UN bis zur vollständigen Delegation der Friedensoperationen existieren alle Formen.

An dem Ende des Spektrums, an dem die UN die Verantwortung über die Durchführung der Mission vollständig innehaben und Unterstützung durch Regionalorganisationen, NGOs oder anderen Einheiten erhalten, stellt sich in erster Linie das Problem der Koordination der Aktivitäten der verschiedenen Teilnehmer. Hier wird häufig beklagt, daß sich Tätigkeiten der UN sowie der Organisationen untereinander überlappen, während andere wichtige Bereiche unbesetzt bleiben. In den überlappenden Bereichen konkurrieren die Organisationen oft, was Imageschäden für die gesamte Mission erzeugt. Dabei handelt es sich z.B. um den Bereich der Menschenrechte oder der humanitären Hilfe[536]. Der Bereich der Sicherung des Einsatzgebiets gegen bewaffnete Banden usw. gehört regelmäßig zu den Lücken im Geflecht der Ressourcen, weil diese Maßnahmen gleichzeitig teuer und gefährlich sind[537]. Der richtige Weg zur Lösung dieser Probleme unterscheidet sich kaum von dem, der im Bezug auf die Verfügbarkeit der Ressourcen aufgezeigt worden ist: Koordination der Maßnahmen unter Einbeziehung aller Mitwirkenden in einem möglichst frühen Stadium der Planung, um Aufgabenteilung abzustecken und Felder für die Zusammenarbeit zu identifizieren und die notwendigen Abstimmungsprozesse festzulegen. In diesem Zusammenhang ist auch auf die Unverzichtbarkeit der Einbeziehung der Ausführenden hinzuweisen; in praxi wird häufig eine Top-down-Entscheidung gefällt, ohne den ausführenden Organisationen durch Konsultation die Gelegenheit auf eine Bottom-Up-Gegenprüfung der Planung zu geben[538]. Diese Vorgehensweise i.V.m. der üblicherweise recht kurzen Zeit, die für Planung überhaupt zur Verfügung steht, dürfte den überwiegenden Teil der Probleme erzeugen. Es existieren aber auch Beispiele für eine sorgfältigere Planung und einen besseren Verlauf. So haben die OSZE und das UNHCR eine enge Kooperation auf dem Gebiet der Flüchtlingsrückführung etabliert, wozu

---

[535] Vgl. SR-Res. 678 (1990), 29.11.1990.

[536] Vgl. SWP, "The United Nations and Regional Security Arrangements", Berlin, 1999, S. 13.

[537] Vgl. SWP, "The United Nations and Regional Security Arrangements", Berlin, 1999, S. 13; dort wird das Problem als das „public security gap“-Problem bezeichnet.

[538] Vgl. SWP, "The United Nations and Regional Security Arrangements", Berlin, 1999, S. 14.

ein gemeinsames Sekretariat vor Ort, die Zusammenführung der informationellen Ressourcen und Bestimmung der Aufgabenteilung zählt[539]. Eine zentrale Stelle für die Koordination der Gesamtmission ist neben den Abstimmungsprozessen der beteiligten Organisationen unverzichtbar. Wird eine Lücke im Gefüge der Mission identifiziert, muß diese zentrale Koordinationsstelle für deren Schließung sorgen.

Bzgl. der Unterversorgung mit militärischen Schutzkräften weist McDermott auf die gegenseitige Abhängigkeit von Peacekeeping und Peacebuilding hin: Peacekeeper sind auf die Aufbauleistungen der Peacebuilder angewiesen, um wieder abziehen zu können, während Peacebuilding-Aktivitäten nicht ohne den Schutz der Peacekeeper erfolgen können. Dabei seien Organisationen, die mit humanitärer Hilfe beauftragt würden, üblicherwiese mit vergleichsweise hohen Mitteln aus freiwilligen Leistungen ausgestattet. Von diesen sollte ein Teil für die Deckung der Kosten für Peacekeeping aufgebracht werden, wodurch die finanziellen Gesamtressorucen für eine Friedensoperation zugunsten der UN-Peacekeeping-Aktivitäten umverteilt würden[540].

Beauftragt der Sicherheitsrat zur Durchführung seiner Mandate einzelne Staaten, Gruppen von Staaten oder regionale oder internationale Organisationen ohne Einbeziehung der UN-Organisation, entstehen naturgemäß bei der UN-Organisation keine Schwierigkeiten im Zusammenhang mit der Organisation der Friedensoperationen. Insbesondere für Maßnahmen mit Zwangscharakter wurde der Weg über Organisationen, deren Struktur und Ausrüstung viel eher die stärker betonte militärische Seite der Maßnahme erledigen kann, wie z.B. die NATO, als sinnvolle und strategisch förderungswürdige Variante identifiziert. Boutros-Ghali wies in der Agenda for Peace auf die Möglichkeiten der Einbeziehung von Regionalorganisationen auf der gesamten Bandbreite der Friedensbemühungen, also präventiver Diplomatie über Friedensschaffung bis hin zu Maßnahmen in der Konfliktfolgezeit hin[541]. Die Art der Zusammenarbeit könne ebenso breit angelegt sein, von der Ergänzung von UN-Maßnahmen bis hin zur Delegation von Aufgaben, wobei die stärkere Einbeziehung von Regionalorganisationen überdies geeignet sei, die Demokratisierung auf allen Ebenen zu unterstützen. Sollte der Sicherheitsrat anderen Organisationen ausdrücklich die Führung in der Konfliktlösung übertragen, könne die betreffende Organisation aufgrund der Legitimation im Rahmen ihrer Bemühungen vom Prestige der Weltorganisation profitieren[542]. Überdies könnten die angespannten finanziellen Ressourcen der UN durch Übertragung der teilweisen oder kompletten finanzi-

---

539 Vgl. SWP, "The United Nations and Regional Security Arrangements", Berlin, 1999, S. 15.

540 Vgl. McDermott, Anthony, "The New Politics of Financing the UN", Oslo, 1998, S. 179.

541 Vgl. Boutros-Ghali, Boutros, "An Agenda for Peace", UN-Doc. A/47/277-S/24111, 31.01.1992, RdNr. 64.

542 Vgl. Boutros-Ghali, Boutros, "An Agenda for Peace", UN-Doc. A/47/277-S/24111, 31.01.1992, RdNr. 65.

ellen Verantwortung gem. Kapitel VIII an regionale Organisationen entlastet werden[543].

Demgegenüber weisen viele Beobachter auf diverse Probleme im Zusammenhang mit der teilweisen oder gar vollständigen Delegation der sicherheitspolitischen Aufgaben und Kompetenzen, die aus einem Mandat entstehen, hin. Zunächst einmal stellt man fest, daß zwischen der Effektivität der Durchführung von Maßnahmen und der Kontrolle durch die UN, deren Sicherheitsrat laut Charta immer die Verantwortung behält, im Falle der Beauftragung anderer Einheiten wie regionaler oder internationaler Organisationen oder einzelner bzw. Gruppen von Staaten ein Konkurrenzverhältnis entstehen kann und oft auch tatsächlich entsteht[544]. Diese Konkurrenz ergibt sich dadurch, daß durch die Übertragung der Durchführung eines Mandats zwar die Abstimmungsprobleme, die naturgemäß bei ad hoc organisierter Friedensoperation bei gleichzeitig vorhandener Ressourcenknappheit entstehen, geringer sind und dadurch die Durchführung verbessert wird, gleichzeitig aber die Kontrolle auf die Benachrichtigung der UN durch die durchführende Organisation beschränkt wird. Somit erzeugt die durch Boutros-Ghali vorgezeichnete Dezentralisierung der UN-Sicherheitspolitik durch Einbeziehung von regionalen und internationale Organisationen[545], insbesondere bei Zwangsmaßnahmen, einen Mangel an Kontrolle bei der UN[546]. Zeichnet die durchführende Einheit noch zusätzlich für die Finanzierung verantwortlich, so hat das sehr ernste Konsequenzen für Kontrolle und Eingriffsmöglichkeiten der verantwortlichen UN-Organe[547]. Die UN laufen Gefahr – da sie die Friedensoperationen faktisch nicht mehr angemessen kontrollieren und in ihren Verlauf eingreifen können –, das Prinzip der kollektiven Verantwortung für die Wahrung von Weltfrieden und internationaler Sicherheit zu verletzen. Graefrath bemerkt, daß es i.d.R. nicht legitim sei, die Macht, die den UN durch ihre Mitglieder und qua Charta und dem damit verbundenen Auftrag zur Wahrung von Weltfrieden und internationaler Sicherheit zugestanden wurde, an einzelne Staaten zu delegieren[548].

Aus dem Blickwinkel des Nutzens für die Mitglieder durch eine UN-Friedensoperation läßt sich feststellen, daß mit der Regionalisierung und der Delegation der sicherheitspolitischen Aufgaben das wichtigste (immaterielle) Aktivum der UN auf dem Spiel steht, nämlich ihre Glaubwürdigkeit durch Universalität, die

543 Vgl. Schoettle, Enid C.B., "Kein Geld für den Frieden? Die Finanzierung der UN-Friedenserhaltung", in: Europa-Archiv, 48/16, 1993, S. 450.

544 McDermott, Anthony, "The New Politics of Financing the UN", Oslo, 1998, S. 14.

545 Vgl. Boutros-Ghali, Boutros, "An Agenda for Peace", UN-Doc. A/47/277-S/24111, 31.01.1992, RdNr. 65.

546 Vgl. White, N.D., "Keeping the Peace", Manchester, New York, 1997, S. 229, 231ff.

547 Vgl. White, N.D., "Keeping the Peace", Manchester, New York, 1997, S. 240.

548 Vgl. Graefrath, Bernhard, "Die Vereinten Nationen im Übergang - Die Gratwanderung des Sicherheitsrats zwischen Rechtsanwendung und Rechts", in: Hüfner, Klaus, "Die Reform der Vereinten Nationen", Opladen, 1994, S. 45.

sich in der kollektiven Verantwortung zur Wahrung von Weltfrieden und internationaler Sicherheit konkretisiert.

Es wurde argumentiert, daß gerade dort, wo ein Staat mit ausreichender Glaubwürdigkeit und ausreichendem Prestige und Bekenntnis zur Maßnahme die Führung einer Friedensoperation übernommen hat, eine effiziente Durchführung gewährleistet werden konnte[549]. Diese Analyse bezog sich auf Friedensoperationen mit Zwangscharakter, und ihr war die Aufzählung der Schwächen von UN-geführten Friedensoperationen vorausgegangen: die Unfähigkeit der UN, für ausreichende Truppen und Bewaffnung garantieren zu können, die Unsicherheit, daß nationale Kommandeure sich der UN-Befehlsgewalt unterwerfen und das Fehlen eines Ansatzes bei der UN, den Gebrauch von militärischem Zwang zu führen. Dazu ist zunächst zu sagen, daß Glaubwürdigkeit direkte Folge von Prestige und Bekenntnis zur Maßnahme darstellen. Während „Prestige" ein Attribut des führenden Landes darstellen mag, ist das Bekenntnis zur Maßnahme eine Variable, die ganz offensichtlich in hohem Maße anfällig ist für den Grad des Interesses an der Mission für das führende Land. Das Bekenntnis zur Maßnahme ist auch Dreh- und Angelpunkt für zwei der drei aufgezählte Schwächen: Warum können den UN Truppen und Ausrüstung nicht bereitstehen, wenn sie dem (Mitglieds-)Staat im Falle der Durchführung unter seiner Regie zur Verfügung stehen? Warum weichen Kommandeure von den Kommandos durch die UN-Missionsführung ab? Nur, weil sie den UN-Kommandeuren kein Vertrauen entgegenbringen? Die Mängel, die bei den UN entstehen, könnten leicht aus der Tatsache resultieren, daß die Mitglieder nur dann Bekenntnis entwickeln können, wenn ihr eigener Entscheidungsspielraum groß genug ist. Und selbst wenn diese Vermutung nicht den Tatsachen entspricht und es doch in erster Linie technische Projektmanagementgründe sind, die den entscheidenden Unterschied darstellen, so wird doch allein durch den Verdacht der Ruf der Neutralität und Universalität der UN beschädigt.

Dasselbe gilt für die Delegation von Friedensoperationen an Regionalorganisationen: durch die mangelnde Kontrolle werden Vorwürfe schwer entkräftbar, daß politische Schwergewichte innerhalb der Regionalorganisationen gelegentlich der Mission auf parteiische Weise in den Konflikt eingreifen und damit das Instrument der Friedensoperation beschädigen[550]. Auch hier leidet potentiell der Leumund der UN. Die UN müssen in solchen Fällen unbedingt sicherstellen, daß sie durch eigene Beobachter möglichst vollständige und dokumentierte Kontrolle über die Durchführung der Friedensoperationen haben.

---

[549] Vgl. GAO, "United Nations: Limitations in Leading Missions Requiring Force to Restore Peace", 03/1997, S. 7.

[550] Vgl. McDermott, Anthony, "The New Politics of Financing the UN", Oslo, 1998, S. 130; Fréchette, Louise, "United Nations Peacekeeping at Fifty - Looking Back, Looking Forward", 1998, S. 7; McNair Paper Number 58, "Searching for Partners: Regional Organizations and Peace Operations", 06/1998.

Darüber hinaus besteht das Problem der ungleichmäßig verteilten Ressourcen über die verschiedenen Regionalorganisationen[551]. Während beispielsweise die Europäer über ausreichende militärische, zivile und finanzielle Ressourcen verfügen, um die Mission selbst durchzuführen, müssen Missionen in Afrika massiv unterstützt werden. Am konsequentesten wäre es, alle Kosten aller Missionen ohne Rücksicht darauf, wer sie durchführt, über die Verteilungsmechanismen der Friedensoperationsbudgets bei den UN laufen zu lassen, um wenigstens die finanzielle Kollektivverantwortung nicht zu verlieren[552].

Insgesamt muß zu einem äußerst vorsichtigen Umgang mit der Delegation von Maßnahmen zur Wahrung von Weltfrieden und internationaler Sicherheit gemahnt werden. Keinesfalls sollte als Reaktion auf Ressourcenknappheit bzgl. der Durchführung von Friedensoperationen und der Widerwilligkeit einiger Mitgliedstaaten zur finanziellen Flankierung der Maßnahmen auf die Delegation der Aufgaben ausgewichen werden. Es muß klar sein, daß ein solcher Weg Kosten verursachen würde, die letztlich zur vollständigen Marginalisierung der UN führen könnten[553]. Sind die UN aber erst an den Rand des sicherheitspolitschen Geschehens gedrängt, dann wird es umso schwieriger sein, überhaupt politische Unterstützung und Ressourcen – miliärische, zivile und finanzielle – für Maßnahmen unter eigener Regie zu erhalten[554]. Warnzeichen existieren genug; Simma stellt im Zusammenhang mit dem Umgang mit völkerrechtlichen Regelungen in der Kosovokrise fest, daß sich innerhalb weniger Jahre die Rolle der NATO verschoben hat von der vollen Kooperation mit den UN bei Peacekeeping und –enforcement über die eigene Durchführung von durch den Sicherheitsrat genehmigten Zwangsmaßnahmen hin zur Durchführung von Zwangsmaßnahmen *an Stelle* der UN[555]. Außerdem lenkt er die Aufmerksamkeit auf die sprachliche Gleichstellung der UN mit anderen internationalen und regionalen Organisationen bei manchen Mitgliedstaaten und weist auf die Konsequenzen einer solchen Denkweise für das Völkerrecht hin[556].

---

551 Vgl. z.B. Brahimi-Report, August 2000, S. 10; Hay, Robin, "Peacebuilding during Peace Support Operations - a Survey and Analysis of Recent Missions", 14.03.1999.

552 Siehe auch Schoettle bzgl. der Befürchtung Kanadas wegen des Beschädigung des Prinzips der kollektiven finanziellen Verantwortung (vgl. Schoettle, Enid C.B., "Kein Geld für den Frieden? Die Finanzierung der UN-Friedenserhaltung", in: Europa-Archiv, 48/16, 1993, S. 458).

553 „In a political variant of free-market competition, the U.N. Security Council risks disappearing as a serious security body as the genuinely powerful prefer to work through a more convenient instrument." (vgl. Simma, Bruno, "NATO, the U.N. and the Use of Force: Legal Aspects", 1999).

554 Vgl. Osmançavuşoğlu, Emel, "Challanges to United Nations Peacekeeping Operations in the post-cold War Era", 1999-2000.

555 Siehe im Zusammenhang mit dem NATO-Einsatz im Kosovo ohne UN-Mandat: Simma, Bruno, "NATO, the U.N. and the Use of Force: Legal Aspects", 1999.

556 „Turning to a more subtle, "linguistic", point, it is interesting to observe how certain, particularly US, voices place the United Nations in the company of regional organization or similar institutions. ... ...on the other hand, in political as well as legal discourse, this view

Die häufig behauptete Nutzung des Sicherheitsrats im Rahmen der Operation „Desert Storm" gegen den Irak für den Zweck der reinen Legitimation wurde ebenfalls vielerorts als Rückschlag für die Glaubwürdigkeit der UN betrachtet, da sie keinerlei Kontrolle über den operativen Verlauf der Maßnahme erhalten hatte[557]. Obwohl sich eine gewisse Instrumentalisierung nicht vermeiden läßt, kommt es aber für die Glaubwürdigkeit der UN entscheidend darauf an, in welchem Ausmaß diese durch die UN-Organe zugelassen wird. Die UN sollten ihre Sonderstellung mehr ausnutzen, die ihnen ihre einmalige Fähigkeit zur Legitimierung bietet; es wäre angemessen, die Legitimierung durch die UN nachsuchende Staaten soweit unter Druck zu setzen, daß UN-Organe substantiell in die operative Führung der Maßnahme eingebunden werden. Sie hat dazu sogar die Pflicht, denn sie verantwortet die Maßnahme gemäß Charta. Außerdem bietet eine solche Ereigniskonstellation immer auch die Gelegenheit, strukturelle Zugeständnisse des Staates gegenüber der UN-Organisation zu erwirken.

4.1.2 Reformvorschläge zur Effektivierung von Prozeduren

In diesem Abschnitt werden in gebotener Kürze Vorschläge zur Verbesserung von ausgewählten Prozessen, die im Zusammenhang mit der Durchführung von Friedensoperationen stehen, auf der operativen Ebene dargestellt. Dabei leiten sich diese zum Teil als Erfordernisse aus den oben dargestellten Vorschlägen strategischer Art ab, teilweise beinhalten sie einfach Umsetzungserfordernisse, die sich aus betriebswirtschaftlichen Notwendigkeiten ergeben.

An dieser Stelle wäre es außerdem angebracht, die relevanten Strukturen des Sekretariats zu untersuchen. Eine Flut von Reformvorschlägen richtet sich auf die Arbeit der Verwaltung des Teils des Apparats der Organisation, der die Durchführung und Koordination der Friedensoperationen flankiert. Aspekte der Effektivität der Organisationsstrukturen und der Personalpolitik spielen dabei eine entscheidende Rolle wie der Umfang der Aufgaben in den Bereichen der Planung, Koordination, Information der truppenstellenden Staaten, Kontrolle der Ausgaben oder auch die Nachbereitung der Missionen. Eine genauere Untersuchung dieses Themenkomplexes würde aber hier den Rahmen sprengen[558]. In den folgenden Abschnitten werden deshalb an entsprechender Stelle die Auswirkungen bzw. Anforderungen auf die Organisation in New York beschrieben.

---

could (is meant to?) have the effect of putting the United Nations on the same hierarchical level as these institutions, and thereby relativizing the legal primacy due to the obligations flowing from the UN Charter" (vgl. Simma, Bruno, "NATO, the U.N. and the Use of Force: Legal Aspects", 1999).

557 Vgl. z.B. Graefrath, Bernhard, "Die Vereinten Nationen im Übergang - Die Gratwanderung des Sicherheitsrats zwischen Rechtsanwendung und Rechts", in: Hüfner, Klaus, "Die Reform der Vereinten Nationen", Opladen, 1994, S. 43.

558 Siehe zum Thema der Sekretariatsstrukturen bzgl. Friedensoperationen insbesondere die Vorschläge des Brahimi-Reports (vgl. Brahimi-Report, August 2000).

4.1.2.1 Integration der Elemente von Friedensoperationen[559]

Friedensoperationen modernen Zuschnitts verbinden die Aktivitäten des Peacekeepings, also der Wahrung eines Zustands der Abwesenheit von bewaffneten Auseinandersetzungen, mit humanitären Tätigkeiten und Bemühungen um die (Wieder-)Herstellung der humanitären Lebensgrundlage der Bevölkerung und der Funktionsfähigkeit von Verwaltung und Staatsgewalt. Oben ist bereits auf die gegenseitige Abhängigkeit beider Maßnahmen eingegangen worden[560]; entscheidend für einen nachhaltigen Erfolg der Bemühungen um Frieden im Krisengebiet ist, daß das Gebiet in einem stabilen Zustand verlassen wird. Dies bedeutet u.a. eine funktionsfähige Infrastruktur, eine Polizei und ggf. Militär, die in der Lage sind, Recht und Ordnung zu erhalten, und eine anerkannte Regierung, wobei es sicher unrealistisch wäre, ein vollständiges Vorliegen dieser Bedingungen als Ausstiegskriterium zu formulieren. Um das Problem zu bewältigen, beschäftigen Friedensoperationen neben der militärischen Komponente zivile Polizeikräfte, Mitarbeiter der Flüchtlingshilfe, Verwaltungskräfe, usw.. Die Koordination dieser Elemente ist in der Vergangenheit immer wieder als mangelhaft kritisiert worden[561]. Es kam zu Rivalitäten zwischen verschiedenen beteiligten Hilfsorganisation auf überlappenden Bereichen des Aufgabenspektrums, die zu einer Behinderung der gesamten Operation führten[562].

Es liegt auf der Hand, daß Anstrengungen unternommen werden müssen, die verschiedenen Elemente in der Weise zu integrieren, daß einerseits über den gesamten Missionszeitraum Überlappungen genauso vermieden werden wie Lükken und andererseits die Elemente untereinander vernetzt werden. Im Brahimi-Report wird dazu die Bildung einer „Integrated Mission Task Force (IMTF)“ vorgeschlagen. In der Zusammensetzung der IMTF sollen die verschiedenen Funktionen der Friedensoperationen widergespiegelt werden. Aus allen beteiligten Abteilungen des Sekretariats, Programmen, Sonderorganisationen und Fonds des UN-Systems sollen Mitarbeiter für die IMTF abgestellt werden, um die IMTF zu einem zentralen Kontaktpunkt für die Mission im Feld zu machen. Diese Mitarbeiter bilden so die Nahtstelle zu ihren jeweiligen Bereichen, aus denen sie Lösungen bzw. Antworten für Anfragen aus dem Feld herstellen bzw. erhalten. Die Zusammensetzung der IMTF sollte durch das Executive Committee on Peace and Security (ECPS) vorgenommen werden; je nach Schwerpunkt der Mission sollte entweder das DPKO oder DPA (Department of Political Affairs) seine Leitung übernehmen.

---

[559] Vgl. zur Frage der Integration die Vorschläge des Brahimi-Reports (vgl. Brahimi-Report, August 2000).

[560] Siehe auch Fréchette, Louise, "United Nations Peacekeeping at Fifty - Looking Back, Looking Forward", 1998, S. 5.

[561] Vgl. Osmançavuşoğlu, Emel, "Challanges to United Nations Peacekeeping Operations in the post-cold War Era", 1999-2000.

[562] Vgl. Hay, Robin, "Peacebuilding during Peace Support Operations - a Survey and Analysis of Recent Missions", 14.03.1999.

Nach Vorstellungen des Panels würden die IMTF zu einem möglichst frühen Zeitpunkt zusammenkommen, jedenfalls vor der Entscheidung für die Durchführung der Mission per Resolution. Während einer Phase, in der eine gewisse Wahrscheinlichkeit für eine Friedensoperation besteht, sollte die IMTF virtuell zusammenarbeiten, d.h. einige Mitarbeiter sollten bereits zugewiesen werden, sollten aber noch physisch getrennt und durch Informationstechnololgie verbunden zusammenarbeiten. In einer späteren Phase, in der die Wahrscheinlichkeit für eine Friedensoperation höher wird, könnte man die Gruppe auch räumlich zusammenziehen. Diese Organisationsform würde es erlauben, mit hoher Flexibilität auf die wechselnden Bedürfnisse und Prioriäten einer Friedensoperation im Zeitablauf zu reagieren.

4.1.2.2 Informationen[563]

Die Integration der vielen Komponenten einer komplexen Friedensoperation muß auf der Informationsebene abgebildet werden. Die effektive Zusammenarbeit der verschiedenen Abteilungen, Programme, Spezialorgane und anderer Hilfsorganisationen erfordert die Möglichkeit zum Datenaustausch und zur Kommunikation. Der Brahimi-Report schlägt vor, zum Zwecke der Ausarbeitung von Standards für Hard- und Software einen Chief Information Officer für Friedensoperationen einzusetzen. Dieser sollte in einer ebenfalls vom Panel vorgeschlagenen, neu zu gründenden Abteilung, dem sog. „ECPS Information and Strategic Analysis Secretariat (EISAS)“ angesiedelt werden. Bei seiner Arbeit soll er auf der Arbeit von FALD und der Information Technology Services Division (ITSD) des Department of Management aufbauen. Weiterhin wird vorgeschlagen, das für Friedensoperationen relevante Wissen in strukturierter Form aufzuarbeiten und in ein Knowledge-Management-System einzuarbeiten. Das so aufbereiteten Wissen sollte über ein verbessertes UN-Intranet allen beteiligten Elementen im Hauptquartier bzw. Sekretariat verfügbar gemacht werden. Darüber hinaus soll durch eine geeignete Extranet-Verbindung[564] den Missions-Hauptquartieren vor Ort diese Informationen ebenfalls zur Verfügung stehen.

Nach Vorstellungen des Panels können weitere IT-Systeme für die Friedensoperationen hilfreich sein. So könnte man für Aufgaben wie Demobilisierung, Wählerregistrierung, Human Rights Monitoring, Wiederaufbau, usw. ein GIS (Geographic Information System) einsetzen.

---

[563] Vgl. die detaillierten Vorschläge zu diesem Thema im Brahimi-Report (Brahimi-Report, August 2000).

[564] Das Panel bezeichnet diese Verknüpfung als „Peace Operations Extranet (POE)“, vgl. Brahimi-Report, August 2000, S. 44.

4.1.2.3 Beschaffungsprozesse[565]

Oben wurde bereits die Schwerfälligkeit der Beschaffungsprozesse für Güter des militärischen und zivilen Bedarfs einer Friedensoperation angesprochen. Als Reaktion darauf wurden Mitte der 90er Jahre sog. Start-up-Kits eingeführt, welche die notwendige Grundausrüstung für 100 Mann und die ersten 100 Tage einer Friedensoperation beinhalten. Sie liegen im UNLB bereit und werden wieder aufgefüllt, wenn das Budget der Mission beschlossen ist und die veranlagten Beiträge eingetroffen sind. Ausrüstungsgegenstände aus den Start-up-Kits, die noch gebrauchsfähig sind, werden dem Lager wieder zugeführt. Sollten die Transportkosten den Wert der Gegenstände übersteigen, werden diese üblichweise vor Ort versteigert; der Erlös kann allerdings nicht zum Erwerb neuer Ausrüstungsgegenstände verwendet werden, sondern muß den Mitgliedstaaten zurückgezahlt werden; das Panel schlägt vor, diese Praxis zu ändern, da das UNLB nur sehr begrenzte Kapazitäten hat, v.a. für die Start-up-Phase von Friedensoperationen größeren Umfangs.

Die Beschaffung von nicht vorrätigen Gütern verläuft in einem Prozeß, der acht Stufen umfaßt und oft bis zu 27 Wochen dauert. Das Sekretariat muß dabei zunächst den Bedarf identifizieren und daraus die Anforderungen formulieren. Nachdem es sich vergewissert hat, daß die Mittel vorhanden sind, leitet es eine Bietungsprozedur unter verschiedenen Anbietern ein, wartet die Abgabe der Angebote ab und evaluiert diese. Diese so aufbereiteten Unterlagen gehen an das Headquarters Committee on Contracts (HCC), worauf die Anbieter ausgesucht werden. Nach Erteilen des Produktionsauftrags muß die Produktion des Guts abgewartet werden, und schließlich wird das Gut an den Bestimmungsort transportiert. Der Prozeß kann erst – wie oben bereits gesagt – nach der endgültigen Entscheidung zur Durchführung der Mission begonnen werden. Derselbe Prozeß muß außerdem für Güter durchlaufen werden, die während der Mission angefordert werden.

Zur Verkürzung der Vorlaufzeit, die durch den o.g. Prozeß entsteht, wurde für einige Ausrüstungsgegenstände eine Reihe von Rahmenverträgen mit vereinbarter Priorisierung der Herstellung für die UN abgeschlossen. Um wenigstens nicht auch noch die Verabschiedung des Budgets für die Mission, die ebenfalls erst nach der endgültigen Entscheidung für die Mission erfolgen kann, abwarten zu müssen, ist der Generalsekretär unter der Voraussetzung der Zustimmung des ACABQ autorisiert, dem Peacekeeping-Reserve-Fund bis zu 50 Mio USD entnehmen zu können.

Das Panel schlägt darüber hinaus vor, die Beschaffung möglichst vieler Güter, die nicht über das System von Rahmenverträgen abgedeckt sind, vor Ort besorgen zu lassen. Bisher liegt die Grenze für die lokale Beschaffung für einzelne Güter bei 200.000 USD; diese sollte auf 1 Mio. USD erhöht werden.

---

565 Den Beschaffungsprozessen widmet sich der Brahimi-Report ebenfalls im Dateil: Vgl. Brahimi-Report, August 2000, S. 26-28.

4.2 Verminderung der finanziellen Abhängigkeit der UN-Organisation

In diesem Abschnitt werden Vorschläge dargestellt, die sich zur Minderung oder Lösung der Finanzierungsschwierigkeiten auf Vorgänge beziehen, die direkt mit Finanzierungsprozeduren und –alternativen in Verbindung stehen. Zentrales Ziel all dieser Vorschläge ist es letztlich, die Abhängigkeit der UN-Organisation vom Zahlungsverhalten ihrer Mitglieder zu schwächen oder ganz zu beseitigen.

4.2.1 Disziplinierung der Mitglieder

Wie oben bereits verschiedentlich erwähnt, besteht das Finanzierungsproblem der UN bzgl. des ordentlichen Haushalts und jener der Friedensoperationen in erster Linie in der Unwilligkeit der Mitglieder, die ihnen veranlagten Beiträge zu überweisen. Unbeachtlich der Gründe für diese Beitragsverweigerung stellt sich die Frage, ob und wie die säumigen Zahler gezwungen werden können, ihren rechtlich verbindlichen Verpflichtungen nachzukommen.

Auf nationaler Ebene existiert normalerweise eine Gerichtsbarkeit, die zur Durchsetzung von Forderungen angerufen werden kann. Auch für die eigentumsrechtliche Beziehung zwischen Staaten und privaten Gläubigern sind im Zweifel nationale Gerichte zuständig; in diesem Fall wird ein Staat seine Verbindlichkeiten gegenüber anonymen Gläubigern am Kreditmarkt schon allein deshalb bedienen, um seinen Finanzierungsspielraum nicht einzuengen und seine Finanzierungskosten nicht zu erhöhen. Im Falle der Beiträge zu Aktivitäten der UN kann nicht auf diese Mechanismen zurückgegriffen werden. Die schuldrechtlichen Verflechtungen zwischen UN und ihren Mitgliedstaaten liegen auf internationaler Ebene. Die einzige gerichtliche Instanz, die für einen Aufruf bzgl. der Zahlungsverweigerungen in Frage käme, ist der IGH, der gem. Art. 91 Charta das Hauptrechtsprechungsorgan der UN darstellt. Allerdings kann dieser nicht zur Entscheidung rechtlicher Streitsachen durch die UN-Organisation als Organisation angerufen werden, denn er steht ausschließlich einzelnen Staaten zur Verfügung[566]; alles, was die UN in ihrer Eigenschaft als Organisation tun können, ist, ein rechtlich nicht bindendes Gutachten anzufordern[567], was die Generalversammlung als UN-Organ schließlich auch zur Frage der Beiträge zu den Friedensoperationen UNEF I und ONUC getan hat (s. 2.2.1.2).

Als disziplinierendes Element der Finanzverfassung der UN findet sich in der Charta der Art. 19 I Charta, der die Aussetzung des Stimmrechts in der Generalversammlung verhängt für den Fall, daß sich ein Mitgliedsland mit einen höheren Betrag als die kumulierten für das betreffende Mitglied veranlagten Beiträge

[566] Lt. Art. 34 I IGH-Statut; vgl. Reckhard, Michael, "Die rechtlichen Rahmenbedingungen der Sanktionierung von Beitragsverweigerung im System der Vereinten Nationen", Frankfurt/Main, Berlin, Bruxelles, New York, Wien, 1999, S. 201.

[567] Vgl. Reckhard, Michael, "Die rechtlichen Rahmenbedingungen der Sanktionierung von Beitragsverweigerung im System der Vereinten Nationen", Frankfurt/Main, Berlin, Bruxelles, New York, Wien, 1999, S. 204.

der vergangenen zwei Jahre im Zahlungsverzug befindet. Die Wirksamkeit der Regelung des Art. 19 I Charta wird in der Literatur einvernehmlich als äußerst gering eingeschätzt[568].

Zunächst handelt es sich bei der Substanz der Sanktionen des Art. 19 I Charta um den Entzug des Stimmrechts im Plenum und den Hauptausschüssen in der Generalversammlung, wogegen die Arbeit in den Ausschüssen nicht betroffen ist; auch die Entscheidungen, die in Nebenausschüssen getroffen werden, bleiben unberührt. Insbesondere aber wirkt sich Art. 19 I Charta nicht auf die Arbeit und Entscheidungsprozeduren im Sicherheitsrat aus, d.h. den ständigen Mitgliedern des Sicherheitsrats bleibt die Entscheidungsbefugnis unabhängig von ihrem Zahlungsgebaren in vollem Umfang erhalten[569]. Soweit ein Vergleich des Stimmrechts in der Generalversammlung und das im Sicherheitsrat sinnvoll ist, wird man davon ausgehen können, daß letzteres Stimmrecht angesichts der exponierten Stellung des Sicherheitsrats in Bezug auf Sicherheitsfragen mehr Gewicht für ein ständiges Mitglied des Sicherheitsrats hat.

Weitaus entscheidender für die Unwirksamkeit des Art. 19 I Charta als die inhaltliche Bewertung der Rechtsfolge dürfte die politische Unfähigkeit der UN-Organisation und ihrer Mitglieder sein, den Art. 19 I Charta auch tatsächlich anzuwenden, wenn ein politisch einflußreiches Mitglied seine Zahlungsrückstände über die Grenzen des Art. 19 I Charta laufen läßt. Einen wichtigen Präzedenzfall stellte der Beschluß zur Nichtanwendung von Art. 19 Charta als Kompromißlösung für den Streit wegen der Finanzierung von UNEF und ONUC dar, gelegentlich dessen die USA seinerzeit die Ankündigung gemacht hatte, sich ebenfalls das Recht vorzubehalten, künftig ihren Finanzierungsbeitrag zu bestimmten Maßnahmen nicht bezahlen zu wollen (sog. Goldberg-Vorbehalt). Durch den Präzedenzfall, bei dem die UdSSR für den Fall eines Stimmrechtsverlusts gem. Art. 19 Charta mit sofortigem Austritt aus der Organisation gedroht hatte, hatte man den Wert des Verbleibens der UdSSR über das Prinzip der kollektiven finanziellen Verantwortung gestellt und es auf diese Weise nachhaltig beschädigt. Später knüpfte man an diese Entscheidung der Generalversammlung an, indem man China faktisch von der Übernahme der Verpflichtungen seines Rechtsvorgängers befreite.

Die Drohung eines weltpolitisch wichtigen Mitgliedstaates, die Organisation im Falle der Sanktionierung durch Art. 19 I Charta verlassen zu wollen, muß als in hohem Maße überzeugend angesehen werden, da wichtigste Quelle des Nutzens der Organisation die Universalität ihrer Mitgliedschaft darstellt. Geht diese verloren, können die UN ihrem Anspruch einer Weltorganisation nicht mehr genü-

---

[568] Vgl. z.B. Beigbeder, Yves, "The Continuing Financial Problems of the United Nations: Assessing Reform Proposals", in: Taylor, Paul, "Documents on reform of the United Nations", Aldershot, 1997, S. 205, McDermott, Anthony, "The New Politics of Financing the UN", Oslo, 1998, S. 31; Reckhard, Michael, "Die rechtlichen Rahmenbedingungen der Sanktionierung von Beitragsverweigerung im System der Vereinten Nationen", Frankfurt/Main, Berlin, Bruxelles, New York, Wien, 1999, S. 108.

[569] Vgl. GAO, "United Nations: Financial Issues and U.S. Arrears", 06/1998, S. 47.

gen. Die Massenaustritte aus dem Völkerbund[570] sind den UN-Mitgliedstaaten diesbezüglich sicherlich noch in Erinnerung. Während in der Praxis der Organisation in den vergangenen Jahren jährlich mehrere kleine Länder ihr Stimmrecht in der Generalversammlung gem. Art. 19 Charta verloren[571], stehen die Chancen schlecht, daß man solch einflußreiche Staaten wie die USA gleichermaßen sanktionieren könnte, wenn die USA auf einer Ausnahme von dieser Regelung bestehen sollte.

Trotz dieser Schwächen des Art. 19 I Charta kann man von einer gewissen disziplinierenden Wirkung auch auf einflußreiche Mitglieder ausgehen. Bereits während des Streits um die Beiträge zu UNEF und ONUC hatte die UdSSR immerhin die Drohung des Austritts eingesetzt, also die ultimative Maßnahme, um dem Verlust des Stimmrechts in der Generalversammlung zu begegnen. Auch die USA, also v.a. die konservativen Kräfte im Kongreß, haben die Konsequenz des Art. 19 I Charta regelmäßig vermieden, indem sie in letzter Minute die Rückstände unter die Schwelle des Art. 19 I Charta durch Überweisung gedrückt haben[572]. Obwohl die substantiellen Auswirkungen des Stimmrechtsverlusts in der Generalversammlung bzgl. des Machtverlusts nicht übermäßig hart sind, scheint man also die Sanktionierung doch abzuwägen. Das GAO, das aus damals gegebenem Anlaß die Folgen der wachsenden Beitragsrückstände zu untersuchen hatte, war zum Schluß gekommen, daß damit die Arbeit in der UN für die Exekutive merklich erschwert würde. Außerdem hatten sich auch Medien und Interessengruppen dem drohenden Stimmrechtsverlusts mit Berichten und Aktionen[573] gewidmet, wodurch das Interesse der Öffentlichkeit auf das Thema gelenkt worden war. Die Scheu vor einer Sanktionierung durch Art. 19 Charta scheint also in erster Linie eine Frage des Ansehens zu sein.

Reckhard kommt zu dem Schluß, daß Art. 19 Charta keine abschließende Regelung im System der UN-Charta darstellt[574]. Er diskutiert anschließend weitergehende Möglichkeiten, wiederkehrende Beitragseinbehaltungen durch Regeln der Charta zu sanktionieren. So bestimmt beispielsweise Art. 6 Charta, daß „[e]in Mitglied der Vereinten Nationen, das die Grundsätze dieser Charta beharrlich verletzt, ... auf Empfehlung des Sicherheitsrats durch die Generalversammlung aus der Organisation ausgeschlossen werden [kann].“. Abgesehen von der strittigen Frage, ob durch wiederholte Beitragsverweigerungen eines

---

[570] Vgl. Beigbeder, Yves, "The Continuing Financial Problems of the United Nations: Assessing Reform Proposals", in: Taylor, Paul, "Documents on reform of the United Nations", Aldershot, 1997, S. 205.

[571] Vgl. z.B. den Bericht des CoC UN-Doc. A/56/11 Supplement 11, 28.06.2001.

[572] Vgl. GPF, "Chronology", 07-12/1998.

[573] Vgl. GPF, "Chronology", 06-12/1996.

[574] Vgl. Reckhard, Michael, "Die rechtlichen Rahmenbedingungen der Sanktionierung von Beitragsverweigerung im System der Vereinten Nationen", Frankfurt/Main, Berlin, Bruxelles, New York, Wien, 1999, S. 117.

Staates dieser den Tatbestand von Art. 6 Charta erfüllt[575], m.a.W. die Grundsätze der Charta wiederholt verletzt, würde in Folge der Anwendung dieses Artikels eine Rechtsfolge herbeigeführt, die man üblicherweise – zumindest bei weltpolitisch relevanten Staaten – gerade vermeiden will. Daher kann man unabhängig von der Frage der Anwendbarkeit von Art. 6 Charta wegen Beitragsverweigerung von einer mangelnden Praktikabilität dieser Bestimmung für die Sanktionierung ausgehen[576].

Neben der Überwachung der Einhaltung der finanziellen Verpflichtung aus Beitragsveranlagungen durch die UN-Organisation und ihre Organe (Sekretariat, Generalversammlung) spricht prinzipiell nichts dagegen, daß die Mitgliedstaaten darüber hinaus gegenseitig die Erfüllung der Beitragspflicht überprüfen und ggf. sanktionieren[577]. Allerdings steht zu befürchten, daß in ein solches gegenseitiges Kontroll- und Sanktionssystem bilaterale Verflechtungen einfließen würden, die eine Ungleichbehandlung von Mitgliedstaaten nach sich zöge[578]. Dies ist auch logisch konsequent, da die Mitgliedstaaten im Rahmen ihrer Arbeit in der Generalversammlung die Möglichkeit haben, Staaten mit Beitragsrückständen, die über die Grenzen des Art. 19 Charta hinausgehen, zu sanktionieren. Wenn sie es hier schon nicht schaffen, sich zu einer konsequenten Anwendung des explizit für den Tatbestand der Nichtzahlung der veranlagten Beiträge entwikkelten Art. 19 Charta zu entscheiden, dann ist nicht damit zu rechnen, daß sie Sanktionen beschließen würden, die über das „Strafmaß“ des Art. 19 I Charta hinausgehen.

Oftmals wurden und werden Vorschläge diskutiert, welche die Sanktion des Art. 19 I Charta von zusätzlichen Anreiz- und Strafmechanismen flankiert sehen wollen. Rein völkerrechtlich scheint der Implementierung weitergehender Sanktionsmechanismen durch Mehrheitsentscheidung in der Generalversammlung nichts entgegenzustehen, da Art. 19 Charta keine abschließende Regelung darstellt (s.o.). So schlägt Hüfner vor, neben der konsequenten Anwendung des Art. 19 Charta den säumigen Staaten gleichermaßen das Stimmrecht im Wirtschafts- und Sozialrat (ECOSOC) zu entziehen[579]. Oft wird auch gefordert, den Bezug von Leistungen für die Organisation von privaten Unternehmen aus den entsprechenden Ländern zu verringern oder die Rekrutierung

---

575 Vgl. z.B. Beigbeder, Yves, "The Continuing Financial Problems of the United Nations: Assessing Reform Proposals", Aldershot, 1997, S. 205.

576 Vgl. Reckhard, Michael, "Die rechtlichen Rahmenbedingungen der Sanktionierung von Beitragsverweigerung im System der Vereinten Nationen", Frankfurt/Main, Berlin, Bruxelles, New York, Wien, 1999, S. 124.

577 Vgl. Reckhard, Michael, "Die rechtlichen Rahmenbedingungen der Sanktionierung von Beitragsverweigerung im System der Vereinten Nationen", Frankfurt/Main, Berlin, Bruxelles, New York, Wien, 1999, S. 214f.

578 Vgl. Reckhard, Michael, "Die rechtlichen Rahmenbedingungen der Sanktionierung von Beitragsverweigerung im System der Vereinten Nationen", Frankfurt/Main, Berlin, Bruxelles, New York, Wien, 1999, S. 215.

579 Vgl. Hüfner, Klaus, "Die Finanzierung der Vereinten Nationen", in: Hüfner, Klaus, "Die Reform der Vereinten Nationen", Opladen, 1994, S. 218.

von UN-Personal aus diesen Ländern auszusetzen[580]. Weiterhin wird diskutiert, über den Stimmrechtsverlust gem. Art. 19 I Charta Gebühren zu erheben, oft in Form von Verzugszinsen oder auch Zwangsgeldern[581]. Schließlich zählen einige Beobachter auf die Mobilisierung der öffentlichen Meinung durch die UN-Organisation[582]. Auf der Seite der Anreize wollen einige Autoren beispielsweise Nachlässe für pünktliche Zahler zulassen[583].

Die zu erwartende Wirkung der o.g. Maßnahmen muß unterschiedlich beurteilt werden. Was den Entzug von Rechten innerhalb der UN-Organisation angeht, sprechen die Erfahrungen, die bisher gemacht worden sind, dafür, diesen Weg zu verfolgen, wenn dadurch auch die Zahlung der säumigen Beträge nicht direkt erzwungen werden kann. Allerdings stellt sich die Frage, ob man dabei auf die Formulierung einer generellen Regelung durch formalen Beschluß in der Generalversammlung angewiesen ist. Die Abwahl der USA aus dem ACABQ[584] oder der Verlust des Sitzes in der Menschenrechtskommission[585] verfehlten nicht ihre beabsichtigte Signalwirkung und zogen öffentliches Interesse sowohl auf die prekäre finanzielle Lage der UN als auch auf deren Verursacher. Während ein durch eine vorgegebene Regel verursachter Stimmverlust von einem säumigen Zahler im Vorhinein kalkuliert werden kann, wird durch eine überraschende Abwahl aus einem Gremium ein stärkerer Effekt auf die öffentli-

---

580 Vgl. McDermott, Anthony, "The New Politics of Financing the UN", Oslo, 1998, S. 139: McDermott zitiert aus Vorschlägen der EU v. 25.01.1996 zur Überwindung der Finanzierungskrise der UN.

581 Vgl. z.B. Beigbeder, Yves, "The Continuing Financial Problems of the United Nations: Assessing Reform Proposals", in: Taylor, Paul, "Documents on reform of the United Nations", Aldershot, 1997, S. 218f: Vorschläge Cuéllars: Zinsen auf Rückstände, auch: Ogata, Shijuro, Volcker, Paul et al., "Financing an Effective United Nations", Ford Foundation, New York, 1993, S. 10; Reckhard, Michael, "Die rechtlichen Rahmenbedingungen der Sanktionierung von Beitragsverweigerung im System der Vereinten Nationen", Frankfurt/Main, Berlin, Bruxelles, New York, Wien, 1999, S. 228ff.

582 Völkerrechtlich ist es nicht gänzlich unumstritten, ob eine solche Sanktionierung durch Mobilisierung der öffentlichen Meinung ohne weiteres zulässig ist, letztlich scheint man aber von der Zulässigkeit ausgehen zu können; vgl. die Diskussion in Reckhard, Michael, "Die rechtlichen Rahmenbedingungen der Sanktionierung von Beitragsverweigerung im System der Vereinten Nationen", Frankfurt/Main, Berlin, Bruxelles, New York, Wien, 1999, S. 236.

583 Vgl. z.B. McDermottMcDermott, Anthony, "The New Politics of Financing the UN", Oslo, 1998, S. 128; Report of the High-level Open-ended Working Group on the Financial Situation of the United Nations, 1997, Rdnr. 23.

584 Vgl. 9. November, 1996; s. UNA-USA, "US Voted Off Key UN Budget Committee", in: Washington Weekly Report, 18.11.1996; die Abwahl der USA wurde im Plenum von Applaus begleitet.

585 Vgl. FAZ, "Unmut in der EU über die Vereinigten Staaten", 05.05.2001; dieses Ereignis hing zusammen mit den ausbleibenden Zahlungen, die eine Verpflichtung der USA gegenüber den UN aus dem Helm-Biden-Kompromiß darstellten; drei Tage später verloren die USA eine weitere Wahl, als es um die Besetzung des Drogenkontrollrats ging (vgl. FAZ, "Amerika verliert weitere UN-Wahl", 08.05.2001), wo sie seit 1968 durchgehend einen Sitz innehatte.

che Meinung erzielt werden; außerdem kommt dadurch deutlicher die Ablehnung des Verhaltens des betreffenden Mitgliedstaates durch andere Mitgliedstaaten zum Ausdruck. Es scheint also ausreichend bzw. sogar vorzuziehen, wenn man statt einer Regel, die über die des Art. 19 I Charta hinausreichende Konsequenzen beinhaltet, fallweise zu treffende Gegenmaßnahmen ergreift.

Eine Beurteilung des Ansatzes, Zahlungsrückstände über den Mechanismus von Gebühren zu bestrafen, muß den Charakter der Gebühren einbeziehen. Bei Zwangsgeld handelt es sich um ein Instrument der Sanktionierung, bei dem der Bestrafungsaspekt deutlich im Vordergrund steht. Die Erhebung von Zwangsgeld wirft prinzipiell die Frage auf, ob es sich dabei um Maßnahmen handelt, die in völkerrechtlich ungesicherter Weise in die nationale Souveränität des Schuldnerlandes eingreift[586]. Der Konflikt zwischen der qua nationaler Verfassung verliehenen Haushaltshoheit und den finanziellen Verpflichtungen eines Mitgliedstaates auf Grundlage des Völkerrechts besteht sowieso schon bzgl. der veranlagten Zahlungen; der Supreme Court hat bereits zugunsten des Kongresses entschieden, als es dort während einer Klage gegen den Kongreß um dieses Konkurrenzverhältnis ging[587]. Wird nun noch über die in der Charta verankerten finanziellen Verpflichtungen hinaus Zwangsgeld erhoben, ist die Wahrscheinlichkeit äußerst gering, daß die politischen Entscheider über den nationalen Haushalt diese Verpflichtung anerkennen. Wenn aber erst ein Zwangsgeld erhoben und dieses dann nicht bezahlt wird, stumpft dieses Instrument sehr schnell ab, weil ihm die Durchsetzungsfähigkeit fehlt. Wird das Zwangsgeld in die Rechnung gem. Art. 19 I Charta miteinbezogen – was sicherlich an sich schon Streitthema sein würde – und sollte das Mitglied dann u.a. aufgrund des nicht geleisteten Zwangsgeldes die Stimme in der Generalversammlung verlieren, wäre wegen der Umstrittenheit der Maßnahme eine geringere Geschlossenheit der anderen Mitgliedstaaten zu erwarten. Insgesamt gesehen sollte man von der Durchführung dieser Maßnahme absehen, weil die Wahrscheinlichkeit des Scheiterns ihres Zwecks zu hoch ist.

Etwas anders stellt sich der Sachverhalt bei der Erhebung von Verzugszinsen dar. Hier steht nicht der Bestrafungsaspekt im Vordergrund, sondern der Ausgleich des Wertverlusts, den die UN bzw. diejenigen Mitglieder erleiden, die wegen der ausbleibenden Zahlungen selbst ihre Ansprüche gegen die UN nicht vollständig und/oder nicht termingerecht geltend machen können. Gelingt es den Mitgliedern, sich selbst der einfachen Tatsache des Vorhandenseins und der moralischen Wertneutralität von Zinseszinseffekten klar zu werden, entfällt der Bestrafungsaspekt ggf. vollständig. Auch muß verhindert werden, daß die relevanten nationalen Organe, wie z.B. der US-Kongreß, die Zinsen auf Rückstände

---

[586] Vgl. McDermott, Anthony, "The New Politics of Financing the UN", Oslo, 1998, S. 29.

[587] Vgl. McDermott, Anthony, "The New Politics of Financing the UN", Oslo, 1998, S. 110; Linsay weist darauf hin, daß der Supreme Court so gut wie nie der Power of the Purse des Kongresses Einhalt geboten hat (s. Lindsay, James M., "Congress and the Politics of U.S. Foreign Policy", London, 1994, S. 88, 158).

als Bestrafung begreift bzw. öffentlich als solche darstellt. Trotz dieses prinzipiell anderen Charakters von Verzugszinsen im Vergleich zu Zwangsgeld steht zu befürchten, daß dem Schema der Verzugszinsen dasselbe Problem anhaftet, wie es sich beim Zwangsgeld ergibt. Das bedeutet, daß auch hier die Gefahr groß ist, daß man die Zinszahlung als Eingriff in die nationale Souveränität begreifen wird und daß ein signifikanter Mangel an Durchsetzungsfähigkeit für die Maßnahme besteht[588].

Andere vorgeschlagene Strafmaßnahmen zielen auf die indirekte Ausübung von Druck: werden Unternehmen aus Ländern, die ihre Beiträge nicht vollständig und/oder pünktlich zahlen, von der künftigen Auftragsvergabe der Organisation ausgeschlossen, so ist zu erwarten, daß sich die betroffenen Unternehmen für eine Verbesserung des Zahlungsverhaltens einsetzen werden. Dieses Prinzip kann dann sinnvoll sein, wenn dadurch signifikanter Druck auf die widerstrebenden nationalen Organe aufgebaut werden kann; es wird unten (s. Veräußerung der Beiträge via ABS - ein Lösungsansatz) nochmals aufgegriffen. Allerdings steht zu befürchten, daß teilweise wirtschaftlich unsinnige Effekte auftreten. So wäre eine Versorgung des UN-Hauptquartiers in New York aus anderen Ländern wie z.B. Kanada sicherlich teilweise teurer und komplizierter, Rahmenverträge, die einer Verkürzung der logistisch bedingten Vorlaufzeiten für Friedensoperationen entgegenwirken sollen, müßten gekündigt werden usw.. Neben den direkten wirtschaftlichen Nachteilen besteht die Gefahr, daß diese Effekte von Kritikern aufgegriffen und als Beispiel für Ineffizienz oder gar Korruption herangezogen werden.

Dagegen entsteht beim Einräumen von Nachlässen und dergleichen im Sinne einer Belohnung für pünktliche Zahler der Nachteil, daß die Selbstverständlichkeit der Erfüllung der Verpflichtung zur Zahlung der Beiträge an die Organisation, die sich aus der Zugehörigkeit zu ihr ergibt, aufgeweicht wird. Insoweit muß von solchen Anreizen abgeraten werden. Sollen dagegen die relativen Zinsverluste eines pünktlich zahlenden Mitglieds im Vergleich zu den mit Verspätung zahlenden Mitgliedstaaten ausgeglichen werden, indem bei konstantem Haushaltsvolumen die Verzugszinsen, die säumige Mitglieder bei Einführung solcher Verzinsung zu entrichten hätten, auf die pünktlich zahlenden Staaten verteilt werden, wäre gegen eine solche Maßnahme nichts einzuwenden.

Ähnlich wie die o.g. Maßnahmen innerhalb des UN-Systems wie Abwahl aus Gremien usw. sollte man so weit wie möglich die Information der Öffentlichkeit hinsichtlich des Problems der Zahlungsrückstände betreiben. So sollten regelmäßig grafisch unterstützte Listen veröffentlicht werden, denen nach Mitglied-

---

[588] Eine der Bedingungen des Helms-Biden-Pakets ist der Verzicht auf die Erhebung von Strafzinsen (explizit allerdings nur für das Fiskaljahr 1998); es kann spekuliert werden, daß der Kongreß auch die Erhebung von Verzugsszinsen als Strafzinsen interpretieren und daher zum Anlaß für weitere Sanktionen nehmen würde (siehe zum Helms-Biden-Agreement: Emergency Coalition for U.S. Financial Support of the United Nations, "Information on the Helms-Biden 'Package' for UN Funding", 10.06.1997).

staaten aufgeschlüsselt und nach Höhe gestaffelt der aktuelle Rückstand zu entnehmen ist[589]. Es gibt Organisationen, die ihre Mitglieder im Falle von Zahlungsrückständen zu einer offiziellen Begründung für dieses Verhalten auffordern[590]. Diese Praxis sollte die UN-Organisation unbedingt auch institionalisieren; sind solche offiziellen Begründungen verfügbar, sollten sie den veröffentlichten Rangfolge-Listen beigefügt werden. Auch sollte man Pressekonferenzen, den Internetauftritt der Organisation u.ä. nutzen, um sowohl die Höhe der Rückstände als auch die Prinzipien der Finanzierung der Organisation darzustellen; hier könnte man auch auf die Konsequenzen der ausbleibenden Zahlungen hinweisen, indem man z.B. geplante Projekte darstellt, deren geplanten Kostenrahmen und die aus dem Ausbleiben der Mittel resultierenden Konsequenzen. Wichtig dabei ist es, die Darstellung in nüchterner Form zu halten, um den UN-kritischen Stimmen möglichst wenig Spielraum zu geben, diese Öffentlichkeitsarbeit der UN-Organisation als Attacke gegen den betroffene Mitgliedstaat darzustellen. Ebenso wichtig ist es, die Maßnahme durch die Generalversammlung annehmen zu lassen, da die Position des Generalsekretärs durch die institutionelle Abhängigkeit von den P-5 zu stark gefährdet ist[591].

4.2.2 UN-eigene Quellen der Finanzierung

Als Reaktion auf die praktisch seit Bestehen der UN andauernden finanziellen Engpässe werden immer wieder Forderungen erhoben, Finanzierungsquellen für die UN zu eröffnen, welche die Organisation vom Zahlungsgebaren ihrer Mitgliedstaaten unabhängig machen. Die Vorschläge beziehen sich dabei auf vollständig eigene Quellen und auf die Möglichkeit, den Geld- und Kapitalmarkt zur Überbrückung der Liquiditätsschwierigkeiten in Anspruch zu nehmen.

Da die Maßnahmen meist anläßlich finanzieller Engpässe in der Organisation formuliert worden sind, ist nicht davon auszugehen, daß sie überdies die Unabhängigkeit der Organisation von ihren Mitgliedstaaten in materiell-inhaltlicher Hinsicht zum Ziel haben. Trotzdem besteht eine Hauptschwierigkeit mit Finanzierungswegen, die der UN-Organisation losgelöst von ihren Mitgliedern zur Verfügung stünden, darin, daß die Gefahr bestünde, daß sich die Organisation gewissermaßen verselbständigen könnte, was weder ihrer ursprünglich zugedachten Funktion noch den Vorstellungen ihrer Mitglieder entspricht[592].

---

589 Vgl. z.B. Reckhard, Michael, "Die rechtlichen Rahmenbedingungen der Sanktionierung von Beitragsverweigerung im System der Vereinten Nationen", Frankfurt/Main, Berlin, Bruxelles, New York, Wien, 1999, S. 241.

590 Z.B. ILO; die UN hat dies selbst schon gelegentlich gemacht, vgl. Reckhard, Michael, "Die rechtlichen Rahmenbedingungen der Sanktionierung von Beitragsverweigerung im System der Vereinten Nationen", Frankfurt/Main, Berlin, Bruxelles, New York, Wien, 1999, 216.

591 Vgl. z.B. Malone, David M., Cockell, John G., "The Security Council in the 1990s", 11/1996: „Each member of the P-5 currently retains excessive leverage over candidates, and can hold "hostage" an incumbent interested in a second term".

592 Vgl. Hüfner, Klaus, "Die Finanzierung der Vereinten Nationen", in: Hüfner, Klaus, "Die Reform der Vereinten Nationen", Opladen, 1994, S. 218.

4.2.2.1 Vom Regierungswillen unabhängige Mittelzufuhr

Die am weitesten gehenden Forderungen beziehen sich auf die Sicherung von Finanzquellen für die UN-Organisation, die sich einer Kontrolle der Regierungen der Mitgliedstaaten entziehen. Entweder sollen gemäß der Vorschläge diese Quellen das bisherige System der Beitragsfinanzierung flankieren oder es gar ersetzen. Häufig wird in diesem Zusammenhang eine Erhebung von Steuern und Abgaben gefordert, die – auf nationaler Ebene erhoben – der UN-Organisation zugeführt werden sollen.

Die Steuertatbestände werden fast immer mit der Tätigkeit der UN in Zusammenhang gebracht, in dem Sinne, daß ein Verhältnis zwischen dem Nutzen aus UN-Aktivitäten und den Kosten aus der Besteuerung konstruiert wird. So wird eine Besteuerung des internationen Flug- und Seeverkehrs gefordert, da – so die Argumentation – deren reibungsloser Ablauf ohne die Anstrengungen der UN auf dem Gebiet der Sicherheitspolitik zu einem Teil nicht gewährleistet wäre. Dasselbe gilt für die Erhebung von Abgaben auf den Handel von Waffen. Die Argumente beziehen sich auf die Annahme, daß die Waffenversorgung stimulierend auf Konflikte wirkt, die in Folge ein Eingreifen des sicherheitspolitischen Instrumentariums der UN notwendig machen bzw. dessen Wahrscheinlichkeit stark erhöht. Vergleichsweise populär ist auch die Erhebung der sog. Tobin-Steuer zugunsten der UN[593]: So sollen alle Transaktionen auf dem internationalen Devisenmarkt einer Besteuerung unterliegen. Ziel einer solchen Besteuerung ist zunächst die Glättung der teilweise erratischen und dadurch für die internationalen Wirtschaftbeziehungen und einzelne Staaten oder ganze Regionen schädlichen Schwankungen der Wechselkurse, die gemäß der Theorie von Tobin durch Spekulationswellen ohne warenwirtschaftliche Motive ausgelöst werden. Der Nutzen aus der Reduzierung der Devisenspekulation und damit der Dämpfung der Volatiliät der Wechselkurse wird in diesen Vorschlägen verbunden mit dem Nutzen für die Finanzierung der UN.

Andere Autoren möchten z.B. einen „United Nations Communication Day" einrichten, an dem weltweit Teile aller Gebühren für Telekommunikation an die UN entrichtet werden[594], wieder andere beziehen sich auf Abgaben auf die Nutzung von Meeresboden oder extraterrestrischem Raum, Abgaben auf die Verschmutzung der Umwelt usw..

Weitere Forderungen betreffen die Steuerbefreiung von Spendengeldern an die Adresse der UN. Materiell kommt diese Forderung dem Aufruf an die Mitgliedstaaten gleich, ihren Bürgern für einen Teil der Steuermittel die Wahl zu lassen, sie direkt an die UN statt dem nationalen Steueraufkommen zuzuführen.

Das Ziel, der UN-Organisation eigene Einkommensquellen zu verschaffen, verfolgen auch Anregungen, die eine Teilnahme der UN-Organisation als Anbieter von Leistungen am Markt beinhalten. So sollte die UN-Organisation eigene

[593] Vgl. z.B. Walker, James P., "Alternative Financing for the United Nations: An Idea Whose Time Has Finally Come?", 12/1995.

[594] Vgl. McDermott, Anthony, "The New Politics of Financing the UN", Oslo, 1998, S. 124.

Kreditkarten ausgeben, die Gewinne sollten der Organisation zur eigenen Verfügung verbleiben, der Verkauf von Dokumenten, Souvenirs o.ä. sollte demnach ausgebaut werden usw.[595]. Dem ist entgegenzuhalten, daß eine Wirtschaftstätigkeit, die ein solches Ausmaß annimmt, daß signifikante Erlöse erzielt werden, den Charakter als internationale Organisation gefährden könnte; außerdem stellt sich die Frage, ob die UN-Organisation richtig aufgestellt wäre, eine solche Tätigkeit überhaupt wirtschaftlich auszuführen. Hier wird die Ansicht vertreten, derartige Vorschläge nicht zu verfolgen.

Bei den UN-Mitgliedstaaten stößt die Idee der von deren Regierungen unabhängigen Mittelzufuhr auf sehr große Skepsis. Sie befürchten das, was die Befürworter dieser Finanzquellen umgekehrt als Vorteil erachten, nämlich den Verlust des Einflusses auf die Arbeit der Organisation. Auch die durch die UN-Organisation 1993 zur Untersuchung der Finanzierungsprobleme der Organisation eingesetzte Expertengruppe der Ford-Foundation verwarf in ihrem Abschlußbericht („Volcker-Ogata-Report") – überraschend für manche Beobachter – die Idee der UN-eigenen Finanzierungsquellen. Zur Begründung hieß es, daß die Konstruktion der UN-Organisation als Organisation ihrer Mitglieder eine vollständige Kontrolle der Aktivitäten durch die Mitgliedstaaten verlange; diese sei aber nur gegeben, wenn die Finanzierung ausschließlich durch die Mitglieder erfolge[596]. Dem ist hinzuzufügen, daß der Grundsatz der kollektiven finanziellen Verantwortung durchbrochen würde.

Dieser Auffassung wird hier gefolgt. Die Bereitstellung von finanziellen Mitteln stellt nicht das zentrale Problem der multilateralen Vorgehensweise in den UN dar, selbst wenn sich dieses Problem auf der finanziellen Ebene in besonders dringender Weise stellt. Sowohl für die Programmaktivitäten, die im Rahmen des ordentlichen Haushalts finanziert werden, als auch insbesondere für Durchführung der Friedensoperationen verblieben schließlich die Schwierigkeiten – wie z.B. unzureichende Ressourcen, unklare Mandate – trotz deren gesicherter Finanzierung. Außerdem ist kaum anzunehmen, daß die nationalen Spieler, die heute die pünktlich und vollständige Zahlung verhindern, ausgerechnet einer unabhängigen Quelle der Finanzierung stattgeben würden[597].

In diesem Zusammenhang kann auch auf das Wesen der freiwilligen Beiträge verwiesen werden, die häufig im Zusammenhang mit der Lösung der Finanzierungsschwierigkeiten gefordert werden und immer schon eingesetzt wurden. Freiwillige Beiträge gehören sicherlich zu den einfachsten Möglichkeiten, fehlende Mittel auszugleichen; dazu bedarf es an sich keines Vorschlags oder speziellen Aufrufs. Die Mitgliedstaaten sind jederzeit frei, Geld an die Organisation zu überweisen, um einen finanziellen Engpaß zu überbrücken.

---

595 Vgl. McDermott, Anthony, "The New Politics of Financing the UN", Oslo, 1998, S. 130.

596 Vgl. Ogata, Shijuro, Volcker, Paul et al., "Financing an Effective United Nations", Ford Foundation, New York, 1993, S. 24.

597 Vgl. UNA-USA, "Crisis and Reform in United Nations Financing - Final Report of the Global Policy Project (Management Summary)", New York, 02/1997, S. 14.

Allerdings werden bei freiwilligen Beitragsleistungen auch Probleme offenbar[598]. Durch ihren Charakter bedingt stellen sie keine verläßlichen Quellen dar. Außerdem werden dadurch Verschiebungen in den Prioritäten der Mitgliedstaaten riskiert, da man davon ausgehen kann, daß häufig die Geberländer im Gegenzug auch Einfluß auf die Gestaltung der Arbeit der Organisation geltend machen möchten. Bei Friedensoperationen kann dieser Umstand – schon als Verdacht der Konfliktparteien – in manchen Fällen das Vertrauen in die Unabhängigkeit der Mission gefährden.

4.2.2.2 Kreditfazilitäten

Bisher einmalig in der Geschichte der UN war das Ausweichen auf eine Art Kreditfinanzierung, als während der ersten bedeutenden Finanzkrise auf das Mittel einer Anleihe zurückgegriffen wurde, um einen ausreichenden Barmittelbestand zu sichern. Allerdings wurde dabei nicht der Kapitalmarkt in Anspruch genommen, sondern es waren die Regierungen von Mitgliedstaaten und Nicht-Mitgliedstaaten, welche die Anleihe – nicht zu marktgerechten Bedingungen – zeichneten[599].

Angesichts der Liquiditätsengpässe während der jüngsten Finanzkrise fordern Beobachter für die UN-Organisation die Erlaubnis zur Kreditaufnahme. Auf der Suche nach Kreditoren werden sowohl Kapitalmarkt als auch die Bretton-Woods-Institutionen genannt[600].

Die UN-Charta verbietet allerdings bis dato die Aufnahme von Krediten zur Finanzierung, indem sie die Beitragsfinanzierung als ausschließliche Quelle der Mittelzufuhr der bestimmt. Für die Neigung der Mitgliedstaaten, eine Änderung der Bestimmungen insoweit herbeizuführen, daß sich die Organisation zur Finanzierung an Geld- und Kapitalmärkte wenden kann, gilt dasselbe, wie oben ausgeführt wurde. Die Gefahr aus Sicht der Mitgliedstaaten besteht in der sich verringernden Kontrolle, falls die UN unspezifizierte Mittel aufnähmen. Die Expertengruppe der Ford-Foundation lehnte ebenfalls eine Erlaubnis für die UN-Organisation ab, sich Geld am Kapitalmarkt oder bei internationalen Finanzorganisationen zu leihen[601]. Die Begründung ist nachvollziehbar: Wendet sich die UN-Organisation an den privaten Kreditmarkt, wird sie aufgrund der

---

598 Vgl. z.B. Muchkand Dubay, "Financing the United Nations", in: Indian Journal of International Law, Vol. 35, 1995, S. 161-164.

599 Außerdem hatte die Generalversammlung den Verkauf der Anleihe an Sonderorganisationen, die internationale Atombehörde und – nach Konsultationen mit des Generalsekretärs mit Ausschüssen der Generalversammlung – Non-Profit-Organisationen gestattet (vgl. GAO, " GAO, "United Nations: Status of Alternative Revenue Raising Proposals", 11/1996, S. 6).

600 Der Weltbank ist es allerdings untersagt, Kredit an nicht-souveräne Organisation zu vergeben. (vgl. McDermott, Anthony, "The New Politics of Financing the UN", Oslo, 1998, S. 131).

601 Die Expertengruppe äußert als deutliche Empfehlung: „The U.N. should not be given authority to borrow.“

Zahlungsmoral ihrer Mitglieder Schwierigkeiten haben, Geschäftspartner zu finden. Leiht sie sich dagegen z.B. von den Bretton-Woods-Institutionen, steht zu befürchten, daß die Zahlungsmoral der Mitgliedstaaten noch weiter sinkt[602].

Hier wird die Ansicht vertreten, daß eine Kreditaufnahme dann genehmigt werden sollte, wenn eine Beschränkung auf eine Zwischenfinanzierung bis zum Eintreffen liquider Mittel aus den Veranlagungen wirksam vereinbart würde. Die Zinslast müßte gerechterweise den säumigen Zahlern in Rechnung gestellt werden, da diese durch die Zahlungsverzögerung die Zinsen auf ihrer Seite faktisch einsparen, so daß das Tragen der Zinslast keine Bestrafung darstellte, sondern ein wertneutraler Vorgang wäre. Die Ausleihung müßte am einfachsten in Form der Einräumung einer Kreditlinie erfolgen, damit eine Zwischenfinanzierung faktisch durchgeführt werden könnte, weil die Dauer der Finanzierung ex ante nicht bekannt ist. Eine Abteilung der Organisation müßte die Überwachung der Ausnutzung der Kreditlinie übernehmen (z.B. JIU, OIOS oder die Wirtschaftsprüfer), so daß gewährleistet wäre, daß die Inanspruchnahme der Linie sofort zurückgeführt wird, wenn eine Überweisung eines Beitrags auf den Konten der UN-Organisation eintrifft.

Angesichts der Scheu der Mitglieder vor Zuweisung von Zinslasten wird es schwierig sein, die notwendige Zustimmung zu entsprechenden Maßnahmen herbeizuführen. Wenn darüber hinaus die Notwendigkeit bestehen sollte, eine Änderung des relevanten Regelwerks der UN herbeizuführen[603], scheint diesem Vorschlag eine nur mäßige Aussicht auf Erfolg beschieden zu sein.

4.2.3 Die Verteilung der Kosten

Seit Bestehen der UN stellt die Verteilung der Kosten, die aus den innerhalb der Organisation vorgenommenen Aktivitäten resultieren, auf die Mitgliedstaaten einen zentralen Streitpunkt dar[604]. Dreh- und Angelpunkt der Auseinandersetzungen, welche die Verteilungsfrage zum Inhalt haben, ist die Bemessungsskala, also die Zuordnung der prozentualen Kostenteile zu den Mitgliedstaaten; dies gilt für den ordentlichen Haushalt und für die Budgets der Friedensoperationen gleichermaßen.

Streng genommen gehört also die Diskussion um die Verteilungsfrage nicht in diesen Abschnitt, denn für die finanzielle Deckung der UN-Aktiviäten spielt es prinzipiell keine Rolle, wie die Verteilung der Mittelherkunft gestaltet ist. Der Zusammenhang kann aber deshalb als gegeben angesehen werden, weil die Asymmetrie der Verteilung hohen Einfluß auf die finanzielle Versorgung hat. Die Zahlungsunwilligkeit eines einzigen Mitgliedstaats genügt, um die gesamte

---

602 Vgl. Ogata, Shijuro, Volcker, Paul et al., "Financing an Effective United Nations", Ford Foundation, New York, 1993, S.12f.

603 Schließlich verfügt die Charta, daß die Finanzierung ausschließlich über die Mitgliedsbeiträge stattzufinden hat. Ob eine strenge und nachweisbare Überbrückung von außerplanmäßig entstehenden Cashflow-Lücken über den Kapitalmarkt die Bestimmungen des Art. 17 Charta berühren würde, muß geprüft werden.

604 Vgl. McDermott, Anthony, "The New Politics of Financing the UN", Oslo, 1998, S. 11.

Organisation an den Rand der Zahlungsunfähigkeit zu treiben. Dazu kommt, daß das Prinzip der kollektiven finanziellen Verantwortung ein wichtiges Pendant zur kollektiven Verantwortung für die Sicherheitspolitik darstellt und so entscheidend zur Glaubwürdigkeit der Arbeit der Organisation im allgemeinen und beim Unternehmen von Friedensoperationen im besonderen beiträgt. Schließlich kann man vermuten, daß einer als gerecht empfundene Verteilung der Lasten eine höhere Zahlungsmoral folgen könnte; zumindest können die Regierungen der Mitgliedstaaten die Beitragslasten aus der UN-Mitgliedschaft zuhause sehr viel besser erklären.

Das Verteilungsprinzip der „Capacity to Pay" steht als solches nicht zur Diskussion. Die Vielzahl der Anpassungen auf dem Weg zur endgültigen Feststellung der individuellen Beitragslast aber birgt Potential für Streitigkeiten um die Beitragsfrage. Die Gründe für die vielen Durchbrechungen des Zahlungsfähigkeitsprinzips liegen im Spannungsfeld von Sozialverträglichkeit der finanziellen Belastungen einerseits und dem Problem des asymetrischen Verhältnisses von formalen Einflußmöglichkeiten der Mitglieder („One-state-one-vote"-Prinzip) und der absoluten Beitragshöhe andererseits: Auf der einen Seite wird versucht, die Entwicklungschancen der armen Staaten mit den UN-Beiträgen so wenig wie möglich zu belasten, auf der anderen Seite möchte man die finanzielle Abhängigkeit der Organisation von einzelnen Staaten vermeiden, oder es fühlen die Hauptbeitragszahler ein Unbehagen, den weitaus größten Teil des Beitrags zu bezahlen, ohne entsprechende formale Einflußmöglichkeiten zu erhalten.

Hier wird die Ansicht vertreten, daß die Berechnung der Kostenverteilung nach einem möglichst einfachen und automatisierten Verfahren durchgeführt werden sollte; idealerweise sollte der UN-Beitragsausschuß (CoC) insoweit von der Aufgabe der Berechnung der Beiträge zugunsten eines automatisierten Schemas entbunden werden und sich lediglich auf die Prüfung der Anträge auf Ausnahme von den Rechtsfolgen des Art. 19 Charta beschränken[605]. Anregungen zur Aufgabe der kollektiven finanziellen Verantwortung in der Form, daß ein gemäß Beitragszahlungen gewichtetes Stimmrecht eingeführt werde[606], sollte keinesfalls stattgegeben werden, da sie eine Entsprechung der kollektiven Verantwortung für Weltfrieden und internationale Sicherheit auf der finanziellen Ebene darstellt. Das Prinzip der am Bruttosozialprodukt gemessenen Zahlungsfähigkeit sollte beibehalten und von der Vielzahl von Korrekturen möglichst weitgehend bereinigt werden. Ziel einer derart vereinfachten Berechnungsmethodik ist es, Ansatzpunkte für Diskussionen um die Verteilung der finanziellen Lasten aus der Arbeit der Organisation zu vermeiden; diese Diskussionen wirken schon angesichts der verschwindend geringen Höhe am oberen und unteren Ende der

---

[605] Auch McDermott stellt fest, daß in solchen Organisationen, wo automatisierte Verfahren im Einsatz sind, eine bessere Zahlungsmoral festzustellen ist (Vgl. McDermott, Anthony, "The New Politics of Financing the UN", Oslo, 1998, S. 136).

[606] Dies war eine wesentliche Bedingung des Kassebaum-Amendments; seinerzeit hatte man sich stattdessen als Kompromiß auf die Einführung des Konsenszwangs bei Haushaltsentscheidungen im CPC entschieden (s. auch 2.2.2.1).

Beitragsskala peinlich und bieten zudem Möglichkeiten, in unzulässiger Weise der Natur nach politische Auseinandersetzungen auf die finanzielle Ebene zu verlagern[607].

Ein maximaler Anteil am Gesamtbudget des ordentlichen Haushalts (Ceiling Rate) wurde in den Anfängen der Organisation mit der Begründung festgelegt, daß die USA unter der Anwendung des reinen Zahlungsfähigkeitsprinzips ca. die Hälfte der Summe des Bruttosozialprodukts der Mitgliedstaaten erwirtschaften und damit die Hälfte der Beiträge für die Ausgaben der Organisation aufbringen würden, was die wirtschaftliche Folge des zweiten Weltkriegs war. Demgegenüber scheint die jüngste Beitragskürzung für ordentlichen Haushalt und Friedensoperationen, die Ende 2000 in der Generalversammlung für die USA beschlossen wurden, eher ein Ausfluß innenpolitischer Auseinandersetzungen um die Außenpolitik zu sein, bei dem vergleichsweise viel politisches Kapital eingesetzt werden mußte. Für eine stark reduzierte obere Beitragsgrenze für ein einzelnes Mitglied der UN wurde aber bereits früher geworben. Beispielsweise forderte Olof Palme bereits 1985 die Regelung, daß kein Mitgliedstaat mehr als 10-12% zum ordentlichen Haushalt beitragen solle[608]. Die EU forderte 1996 eine Reduktion des Beitragssatzes der USA. Hintergrund waren die ständigen Beitragsrückstände der USA, welche die UN-Organisation an den Rand der Zahlungsunfähigkeit getrieben hatten[609].

Die Begründungen, die von den Befürwortern einer Beitragsobergrenzen bzw. der Senkung der bestehenden Beitragsobergrenzen angeführt werden, erscheinen nicht konsistent. Die „Erpreßbarkeit" der Organisation, die häufig als Grund für die Höchstgrenze angeführt wird[610], wird sicherlich nicht entscheidend herabgesetzt. Üblicherweise verfügen wirtschaftlich starke Staaten ohnehin über eine große Machtfülle, durch die sie in die Lage versetzt werden, notfalls über die Gestaltung der bilateralen Verhältnisse zu einzelnen Mitgliedstaaten Druck auszuüben[611]. Außerdem sitzen sehr viele Hauptbeitragszahler ständig im Sicherheitsrat, so daß sie de facto unabhängig von ihrem Zahlungsverhalten entscheidenden Einfluß auf die zentrale Aufgabe des Weltfriedens und der internationalen Sicherheit haben. Die Abhängigkeit von den wirtschaftlich und militärisch einflußreichen Mächten besteht also ohnehin, so daß sich die Frage nach dem Sinn einer oberen Beitragsgrenze stellt. Eine Abschaffung der Höchstgrenze wäre daher sinnvoll, obwohl dies zum jetzigen Zeitpunkt, da gerade die Höchstgrenze nach jahrelangen politschen Kämpfen gesenkt worden ist, keine Option darzustellen scheint.

---

607 Vgl. Childers, Erskine, Urquhart, Brian, "Renewing the United Nations System", New York, Uppsala, 1994, S. 154

608 Vgl. Childers, Erskine, "Financing the United Nations", Rotterdam, 29.09.1995.

609 Vgl. McDermott, Anthony, "The New Politics of Financing the UN", Oslo, 1998, S. 138.

610 Vgl. z.B. Carlsson, Ingvar, "The United Nations: A Time to Reform", in: Foreign Policy Magazine, Fall, 1995.

611 Zu diesem Zweck wurden beispielsweise auch die Voting-records in der Reagan-Aera geführt (s. 2.3.3).

Die Notwendigkeit der Existenz einer Beitragsgrenze am unteren Ende der Skala (Floor Rate) muß ebenfalls in Zweifel gezogen werden, wenn auch aus anderen Gründen: wenn der Anteil eines bestimmten Landes an der Summe der Bruttosozialprodukte der Mitgliedstaaten nun einmal so klein ist, daß er unterhalb des als Mindestbeitrag festgelegten Satzes liegt, warum sollte ein solches Land relativ mehr bezahlen? Eine überzeugende Begründung dafür ist in der Literatur schwer zu finden; üblicherweise wird mit der kollektiven finanziellen Verantwortung argumentiert, die dadurch beschädigt würde, daß Länder einen verschwindend geringen Teil zahlen würden, legte man das Maß des Bruttosozialprodukts an[612]. Dies ist nicht überzeugend, denn der Anteil von 0,001% für den ordentlichen Haushalt und gar 0,0001% für die Friedensoperationen (bei 90% Reduktion des Beitragssatzes für den ordentlichen Haushalt in Gruppe J) sind auch schon so klein, daß man sie sicherlich als vernachlässigbar bezeichnen könnte. Die Untergrenze für den ordentlichen Haushalt ist damit z.Zt. mehr als 20.000x kleiner als der Höchstsatz, bei Friedensoperationen ca. 250.000x kleiner. Wer könnte bestimmen, was ein gerade noch wesentlicher Teil ist? Wie groß muß der Anteil sein, damit man von einer Ausgewogenheit der Beiträge trotz Berücksichtigung der wirtschaftlichen Verhältnisse sprechen kann? Hier wird die Überzeugung vertreten, daß die Untergrenze eine äußerst willkürliche Begrenzung ist, auf die man – auch angesichts der geringen absoluten Beträge – verzichten sollte.

Eine wichtige Korrektur der Beiträge findet statt, wenn das Pro-Kopf-Einkommen der Länder zur Berechnung herangezogen wird. Es erscheint zunächst gerecht, wenn Staaten mit einem relativ hohen Bruttosozialprodukt entlastet werden, wenn dieses unter einer großen Bevölkerung aufgeteilt werden muß. Tatsächlich muß aber festgestellt werden, daß durch die Anwendung des Prinzips der Zahlungsfähigkeit die prozentuale Pro-Kopf-Belastung jedes Bürgers aller Mitgliedstaaten anteilig dieselbe ist.

Angenommen, es seien nur zwei Staaten A und B Mitglieder der UN. Die beiden Staaten weisen folgende Daten auf[613]:

Staat	Bevölkerungszahl	Bruttosozialprodukt	Pro-Kopf-Einkommen
A	250.000	2.000.000.000.000	8.000.000
B	1.000.000.000	2.000.000.000.000	2.000

Nach dem Prinzip der Zahlungsfähigkeit hätten beide Staaten den gleichen Anteil, also jeweils 50% des Beitrags zu tragen. Die Höhe des Haushals betrage 1 Mrd.:

Staat	Beitragssatz	Beitrag (absolut)	Pro-Kopf-Einkommen	Beitrag pro Kopf	Anteil Beitrag am Einkommen pro Kopf
A	50%	500.000.000	8.000.000	2.000,00	0,0250%
B	50%	500.000.000	2.000	0,50	0,0250%

612 Vgl. Piel, Andreas H., "Finanzierungsproblematik der Vereinten Nationen und pragmatische Lösungsperspektiven einer alternativen Finanzierungsstrategie für den ordentlichen Haushalt", Berlin, 1996, S. 47.

613 Alle dimensionierten Zahlen im Beispiel in USD.

Es wird deutlich, daß der Anteil des UN-Beitrags am Durchschnittseinkommen jedes Einwohners gleich hoch ist. Daher scheint es zunächst nicht notwendig, eine weitere Entlastung wegen geringem Pro-Kopf-Einkommens zu gewähren.

Gleichwohl könnte man argumentieren, daß ein bestimmter Teil des Einkommens für einen lebensnotwendigen Konsum bereitstehen muß, wodurch Länder mit niedrigem Pro-Kopf-Einkommen faktisch stärker belastet würden, obwohl der rechnerische Anteil gleich hoch ist. Mit einer Definition einer Einkommenshöhe, die zur Sicherung des Überlebens notwendig ist, wäre diesem Umstand zu begegnen. Man könnte diesen Anteil vom Bruttosozialprodukt in Abzug bringen, so daß lediglich der frei verfügbare Anteil übrig bliebe[614]. Dieses frei verfügbare Volkseinkommen könnte die Grundlage für die Verteilung der Beiträge darstellen:

Liege das überlebensnotwendige Einkommen bei 1.000, so daß den Einwohnern von Staat A pro Kopf $8.000.000 - 1.000 = 7.999.000$ und den Einwohnern von Staat B $2.000 - 1.000 = 1.000$ zur freien Verfügung übrigblieben. Dies hätte zur Folge, daß der Anteil des UN-Beitrags am freien Einkommen pro Kopf für Staat A nahezu unverändert bei 0,025% läge, wogegen sich dieser Wert für Staat B auf 0,05% stark erhöhte, was ein Ausdruck der faktischen Mehrbelastung darstellt.

Einen korrigierten Wert des Bruttosozialprodukts erhält man, indem der Schwellenwert für das notwendige Einkommen für jeden Einwohner vom Bruttosozialprodukt abgezogen wird:

$BSP' := BSP - \overline{C} * AnzE$, wobei

BSP' = korrigiertes Bruttosozialprodukt

$AnzE$ = Anzahl Einwohner

$\overline{C}$ = lebensnotwendiger Teil des Pro-Kopf-Einkommens

Die Beitragssätze ergäben sich durch

$$b_i = \frac{BSP_i'}{\sum_{j=1}^{n} BSP_j'} = \frac{BSP_i - \overline{C} * AnzE_i}{\sum_{j=1}^{n} \left(BSP_j - \overline{C} * AnzE_j\right)}, \text{ wobei}$$

b_i = Anteil des Staats i am UN-Beitrag

Für das Beispiel ergibt sich:

Staat	BSP'	freies pro-Kopf-EK	Beitrags -satz	Beitrag (absolut)	Beitrag pro Kopf	pro-Kopf-Anteil am freien EK
A	1.999.750.000.000	7.999.000	66,66%	666.638.887	2666,56	0,0333%
B	1.000.000.000.000	1.000	33,34%	333.361.113	0,33	0,0333%

Sollte durch diese Art und Weise der Berechnung für einen Staat ein freies pro-Kopf-Einkommen <= 0 herauskommen, sollte von diesem Staat konsequenterweise kein Beitrag erhoben werden.

[614] Dieses Vorgehen setzt voraus, daß eine international gültige Schwelle für das notwendige Einkommen je Einwohner gefunden wird, was sicherlich nicht der Wirklichkeit entspricht. Trotzdem genüge für das Beispiel diese Annahme.

Dagegen muß der häufig geäußerte Vorschlag, eine Korrektur am Bruttosozialprodukt insoweit vorzunehmen, als daß die Militärausgaben der Länder Berücksichtigung finden sollten, kritisch betrachtet werden. Obwohl der Beweggrund, welchem der Vorschlag entspringt, durchaus nachvollziehbar ist, wird hier die Ansicht vertreten, daß eine solche Vorgehensweise nicht nur die Feststellung der Veranlagungsgrundlage komplizierter und dadurch angreifbarer machen würden, sondern es würde v.a. die nationale Souveränität in unzulässiger Weise beschnitten. Staaten, die sich trotz geringen Volkseinkommens einen relativ großen Militärapparat leisten, leben u.U. in einer völlig anderen Nachbarschaft als die weit entwickelten Industriestaaten, und müssen ggf. tatsächlich mit der ständigen Bedrohung ihrer Nachbarn leben. Wollte man diesen Staaten indirekt ihr Recht auf Selbstverteidigung gem. Art. 51 Charta beschneiden? Wer entscheidet auf welcher Basis im Zweifel über Ausnahmen? All dies würde zu einem weitaus komplizierteren Verfahren führen, und die Beitragsgerechtigkeit würde durch die dem Verfahren immanente Willkür vermutlich nicht wesentlich verbessert.

Bei der Beitragsbemessung wird ferner der Grad der Auslandsverschuldung berücksichtigt. Die Begründung dafür ist nicht einzusehen: Die Zinsbelastung findet in der Berechnung des Bruttosozialprodukts Berücksichtigung, und dieser Zinsbetrag stellt die Belastung des Volkseinkommens aus der Finanzierungsvariante dar. Warum sollten sich diese Belastungen ein weiteres Mal reduzierend auf die Beitragsrate auswirken? Die Tilgung der Auslandsschulden stellt einen bewertungsneutralen Vorgang dar; hier wird es nur zum Problem kommen, wenn das eingesetzte Kapital konsumptiv eingesetzt wird. Dies kann nicht das Problem der UN sein. Hier wird die Ansicht vertreten, daß man diese Entlastung ersatzlos streichen sollte.

Die Ausgaben für die Friedensoperationen werden – basierend auf der Veranlagungsrate des ordentlichen Haushalts – so verteilt, daß eine Entlastung der Staaten mit geringem Einkommen erreicht wird. Dazu werden die Staaten aktuell in zehn Gruppen aufgeteilt, wobei die Gruppen C-J eine gestaffelte Reduktion ihres für den ordentlichen Haushalt geltenden Satzes erfahren, für die Gruppe B genau der Satz für den ordentlichen Haushalt angewendet wird und Gruppe A die Ermäßigungen der Gruppen C-J durch entsprechende Erhöhungen auffängt.

Diese Regelung erscheint insgesamt fragwürdig. Für die entlasteten Länder wird argumentiert, daß sie die zusätzlichen finanziellen Belastungen relativ stärker träfen als die nicht entlasteten Staaten. Bedenkt man die oben gezeigte Rechnung, so trifft dies objektiv im Durchschnitt pro Kopf der Einwohner eines Staates nicht zu. Die Einteilung in die Gruppen war zumindest bis zur Regelung im Jahr 2000 ständiger Streitpunkt. So entstanden durch die langen Fristen der Revision der Einordnung durch die inzwischen stattfindende wirtschaftliche Dynamik Verzerrungen, welche die Beitragsgerechtigkeit erheblich störte. Durch die neue, dynamische Einteilung, die einen gewissen Automatismus enthält, wird diesem Problem wirksam begegnet.

Am anderen Ende der Skala, also in der Gruppe der ständigen Mitglieder des Sicherheitsheitsrats, lautet die Begründung für die erhöhten Beiträge, daß diese Gruppe aufgrund ihrer besonderen Verantwortung für Weltfrieden und internationale Sicherheit eine „Prämie" zu entrichten hätte. Allgemein kann man sich fragen, warum die Übernahme einer höheren Verantwortung eine höhere finanzielle Belastung nach sich ziehen sollte. Im speziellen Fall der Kosten für UN-Aktivitäten auf dem Gebiet der internationalen Sicherheitspolitik stellt sich zusätzlich die Frage, ob dadurch nicht das Prinzip der kollektiven finanziellen Verantwortung durchbrochen wird. Der Grundsatz der Permanent-5-Prämie impliziert, daß die Tatsache des geringeren Einflusses der übrigen Mitgliedstaaten auf die Sicherheitspolitik durch Geld abgegolten wird; dies erscheint nicht überzeugend und kann höchstens als Kompromiß vor dem Hintergrund der realen, durch die Charta teilweise kodifizierten Machtverhältnisse verstanden und akzeptiert werden. Soll das Prinzip der kollektiven finanziellen Verantwortung jedoch gestärkt werden, gilt es, die Zu- und Abschläge von den für den ordentlichen Haushalt geltenden Beitragssätzen abzuschaffen.

Schließlich muß die Grundlage der Berechnungen der Beiträge betrachtet werden. Zentrale Berechnungsgrundlage ist v.a. das Bruttosozialprodukt der Mitgliedstaaten. Im Zusammenhang mit dieser wichtigen Berechnungsgrundlage bestehen bei der z.Zt. gültigen Berechnungsmethodik in zweifacher Hinsicht Zweifel an der Sinnhaftigkeit des Vorgehens: Zum einen muß kritisch gefragt werden, warum eine Durchschnittsberechnung des Einkommens über drei bis sechs Jahre vorgenommen wird. Es mag sicherlich Situationen geben, in denen dieses Vorgehen sinnvoll ist, nämlich wenn Staaten neu entstehen oder aus anderen Gründen die Datenlage zu unsicher ist. Ansonsten ist kaum einzusehen, welchen Sinne ein Glättung der Beitragssätze haben könnte. Wenn die Einnahmen eines Staates – z.B. aufgrund von stark volatilen Rohstoffmärkten – Schwankungen aufweisen, dann gilt trotzdem, daß in einem betrachteten Jahr eben hohe Einkommen erzielt worden sind. In diesem Jahr könnte der betreffende Staat entsprechende Rückstellungen vornehmen, falls er befürchtet, daß die Beiträge auf Basis dieses einkommensstarken Jahres kalkuliert werden, er aber damit rechnet, daß im Jahr der Beitragszahlung das Einkommensniveau nicht gehalten werden kann; umgekehrt profitiert der Staat auch davon, daß ein Jahr mit geringem Einkommen als Grundlage für die Kalkulation der Beiträge verwendet wird. Im Durchschnitt der Jahre dürfen sich auch starke Schwankungen im Volkseinkommen nicht anders auf die Beitragshöhe auswirken, als dies bei stabilen Volkseinkommen der Fall ist. Dasselbe gilt analog für die Einordnungen der Staaten in die Gruppen bei der Kalkulation der Beitragsermäßigungen bei Kosten für die Friedensoperationen. Die Einordnung – wenn sie nun einmal besteht – muß jedes Jahr erneut vorgenommen werden; nur dadurch können irritierende Ungerechtigkeiten in der Beitragsbemessung vermieden werden.

Zum anderen stellt sich die Frage, warum die Staaten selbst die Zahlen für das Bruttosozialprodukt vorlegen und nicht stattdessen die Zahlen von IWF oder

Weltbank verwendet werden. Die selbstermittelten Zahlen werden oft angezweifelt und bilden damit wieder einen Ausgangspunkt für Streitereien im CoC[615]. Es erscheint daher sehr hilfreich, von dieser geübten Praktik abzurücken und die in den Bretton-Woods-Institutionen vorliegenden Werte zu verwenden, zumal diese auch zumeist innerhalb kurzer Frist zur Verfügung stehen.

---

[615] Vgl. Beigbeder, Yves, "The Continuing Financial Problems of the United Nations: Assessing Reform Proposals", in: Taylor, Paul, "Documents on reform of the United Nations", Aldershot, 1997, S. 208.

5 Veräußerung der Beiträge via ABS - ein Lösungsansatz

Als besonders hinderlich für eine nachhaltige Verbesserung der Liquiditätslage der UN ergibt sich aus dem Modell, daß die UN keinen besonders wirksamen Einfluß auf die Mitgliedstaaten nehmen können. Wird in diesem Zusammenhang von den UN gesprochen, so sind damit in erster Linie seine Verwaltungsorgane, insbesondere das Sekretariat, gemeint. Die Einflußnahme der Verwaltung beschränken sich auf Appelle oder Maßnahmen wie die Vergabe von Aufträgen der Organisation an Unternehmen anderer Staaten als das des säumigen Zahlers. Die anderen Mitgliedstaaten beschränken sich aufgrund ihrer vielfältigen Beziehungen zu den USA ebenfalls auf Ermahnungen bezüglich der Zahlungsverweigerung. Innerhalb der Organe und deren Ausschüsse kann es gelegentlich ebenfalls zu Gegenreaktionen kommen.

Durch den schwachen Druck auf die US-amerikanische Exekutive von Seiten der UN neigt diese – wie im Modell gezeigt – in chronischer Weise dazu, dem innenpolitischen Druck durch den Kongreß zulasten der vollständigen und pünktlichen UN-Beitragszahlungen nachzugeben.

Daraus folgt, daß jene Maßnahmen der Milderung bzw. Beseitigung der finanziellen Schwierigkeiten förderlich sind, die dazu geeignet sind, den Druck auf die Handelnden der USA zu erhöhen, ihren finanziellen Verpflichtungen den UN gegenüber nachzukommen. Außer der Intensivierung der Öffentlichkeitsarbeit der UN direkt in den USA oder der Abwahl US-amerikanischer UNO-Delegierter aus Gremien der UN könnte auch eine Einbeziehung weiterer Interessengruppen diesem Ziel dienlich sein. Hier soll im folgenden ein Ansatz dargestellt werden, dessen Ziel es ist, starke Interessengruppen auf den Plan zu rufen, die bisher an dem Finanzierungsproblem der UN gewissermaßen nicht teilgenommen haben. Durch die Einbeziehung dieser neuen Spieler werden die Spielregeln verändert, die dem obigen Modell zugrunde liegen, so daß ein anderer, aus Sicht der UN positiverer Ausgang wahrscheinlicher wird. Dabei beschränkt sich der Ansatz nicht allein darauf, Einfluß auf die US-Administration zu nehmen, stärker für die Begleichung der Forderungen der UN einzutreten, sondern zielt v.a. auf den Kongreß, der sich in dem neuen Szenario anderen – innenpolitischen, weil privatwirtschaftlichen – Widerständen als lediglich denen der Administration gegenübersieht.

Gleichzeitig wird das Problem der Liquiditätsengpässe gelöst, ähnlich, wie dies beim Einräumen einer Kreditlinie der Fall wäre.

Die Grundidee besteht im Verlagern der bisher internationalen Verbindlichkeiten, die aus dem Engagement an UN-Friedensoperationen entstehen, auf die nationale Ebene. Diese Verbindlichkeiten entstehen – wie oben geschildert – nach der Feststellung der Budgets für spezielle Operationen durch die Generalversammlung und sind an dem durch die Regularien der UN festgelegten Termin fällig. Die Verlagerung dieser Verbindlichkeiten auf die nationale Ebene kann durch einen Verkauf dieser Forderungen stattfinden, welche die Organisation gegenüber ihren Mitgliedern hat. Aus den Erwerbern der Forderungen setzt sich der oben angesprochene, neue Kreis an Einflußnehmenden zusammen.

Als wichtige Klarstellung sei an dieser Stelle bereits angemerkt, daß es sich hierbei nicht um eine Kreditaufnahme handelt, sondern um den Verkauf von Aktiva, die sich völkerrechtlich im Besitz der UN-Organisation befinden.

5.1 Asset Backed Securities - das Instrument

Grundprinzip des Finanzinstruments Asset Backed Securities (ABS) ist es, eine Anzahl an Vermögenswerten, die einen Zahlungsstrom produzieren, zusammenzufassen, per Verkauf aus der Bilanz zu entfernen und in Wertpapierform dem Kapitalmarkt zuzuführen. Dadurch werden diese Aktiva aus Sicht des Verkäufers in eine höhere Form der Liquidität überführt[616]. Die Investoren in die Wertpapiere erhalten je nach Konstruktion der ABS mehr oder weniger direkten Anspruch auf die Zahlungsströme der Vermögenswerte. Der ehemalige Eigentümer der Aktiva spielt nach erfolgtem Verkauf für die Investoren grundsätzlich keine Rolle mehr, weil die ABS einzig und allein durch die Aktiva (assets) gedeckt (backed) sind.

Dieses Konstruktionsmerkmal stellt auch den entscheidenden Unterschied zu gewöhnlichen Schuldverschreibungen dar: Während bei normalen Anleihen der Emittent für die Verbindlichkeiten haftet und somit dessen Bonitätsbeurteilung ausschlaggebend ist für den Preis und die generelle Plazierbarkeit, stehen bei ABS nur die Zahlungsströme der Summe der veräußerten Aktiva für die Befriedigung der Zahlungsansprüche der Investoren in das Wertpapier zur Verfügung.

Die folgende Skizze soll das Prinzip verdeutlichen:

[616] Vgl. Gehring, Babett, "Asset-Backed Securities im amerikanischen und im deutschen Recht", München, 1998, S. 2.

Abbildung 23: Allgemeine schematische Darstellung einer Asset-Backed-Finanzierung

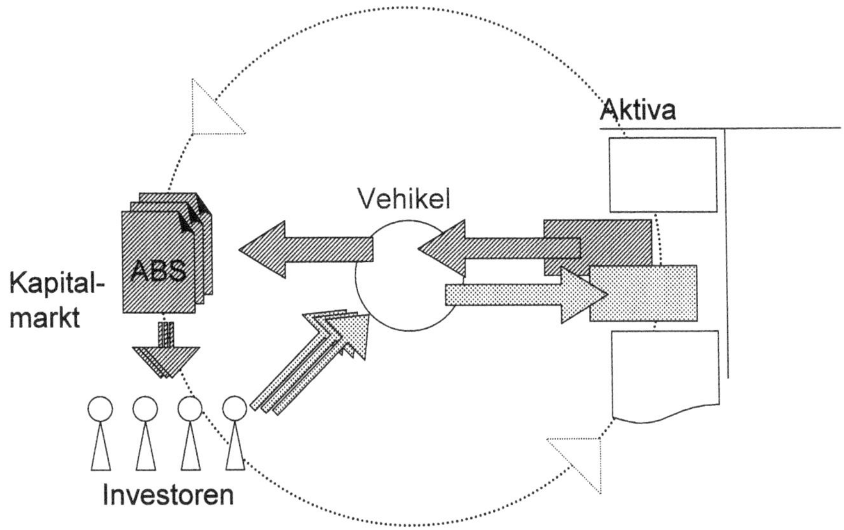

Auf der Skizze kann man erkennen, wie Aktiva aus der Bilanz des ursprünglichen Eigentümers entnommen und an ein Gebilde verkauft werden, das in der Zeichnung als „Vehikel“ bezeichnet ist. Seine Existenz verdankt dieses Vehikel lediglich juristischen Notwendigkeiten, keinen wirtschaftlichen Gründen; es stellt gewissermaßen ein „Gefäß“ für die veräußerten Aktiva dar. Über dieses Vehikel werden die Wertpapiere, also die ABS, am Kapitalmarkt verkauft, der Verkaufserlös fließt über das Vehikel an den ursprünglichen Eigentümer der Aktiva. Somit hat dieser die Aktiva, welcher Art auch immer sie waren, in liquide Mittel getauscht.

Alle Zahlungsströme, welche die verkauften Aktiva über ihre Laufzeit generieren, werden wiederum über das Vehikel den Investoren zugeleitet; die Modalitäten dieser Zuleitung ist durch die Ausgestaltung der Wertpapiere geregelt[617].

Im den folgenden Abschnitten werden die hier kurz skizzierten Vorgänge in detaillierterer Form beschrieben.

5.1.1 Beteiligte und Rechtsverhältnisse bei einer ABS-Transaktion

Außer dem Verkäufer und dem Käufer der Forderungen sind bei einer ABS-Transaktion weitere Parteien beteiligt. Der Verkäufer wird als *Originator* bezeichnet, der bzw. die Käufer als *Investoren.* Der Kreis potentieller Investoren setzt sich (z.Zt.) aus institutionellen Anlegern zusammen. Zentrales Element bei der Transaktion ist ein Gebilde, das die veräußerten Forderungen aufnimmt. Es wird ausschließlich zu diesem Zweck gegründet und wird aus diesem Grund als

[617] Vgl. diese Abbildung mit Abbildung 24 und Abbildung 25, welche die entsprechenden Vorgänge im Falle der UN-Forderungen darstellen.

„special purpose vehicle" (SPV) bezeichnet. Die Gründung des SPV geschieht auf Veranlassung des Originators, der Originator hält allerdings keine Beteiligung am SPV. Das SPV kauft die Forderungen an und zahlt den Betrag an den Originator. Um diese Zahlung zu refinanzieren, emittiert das SPV Wertpapiere, denen ausschließlich der Bestand an Aktiva zugrundeliegt, wobei die Art der emittierten Wertpapiere unterschiedliche Ausgestaltung haben kann. Ein Rückgriff auf den Originator ist ausgeschlossen. Durch diese Transaktion findet ein Aktivtausch beim Originator statt, der die weniger liquiden Forderungen in liquidere Formen überführt; üblicherweise werden die Forderungen bei diesem Prozeß verbarwertet. Aus der Bilanz des Originators verschwinden die Forderungen somit; durch die rechtliche Konstruktion wird auch eine Konsolidierung der Bilanzen des Originators und des SPV verhindert.

Investmentbanken übernehmen i.d.R. die Emission und Plazierung. Zu den Aufgaben dieser Banken gehört es unter anderem, die Investoren über die Wertpapiere zu informieren und Verkaufsveranstaltungen bei Investoren durchzuführen. Zentrale Bedeutung für die Bewertung der Papiere hat die Einschätzung von *Rating-Agenturen*, deren Fokus der Betrachtung auf der Qualität der Aktiva liegt. Wahrscheinlichkeiten für Ausfälle und Verspätungen von Zahlungen beispielsweise verringern den Wert des Papiers, da die Vermögenswerte des SPV alleinige Grundlage des Papiers darstellen. Diese werden von den Rating-Agenturen eingeschätzt und münden in einer Bewertung der ABS.

Die Folgen einer Wertminderung des Vermögens des SPV können durch Einschaltung von sog. *credit enhancers* abgemildert werden. Eine Bank wird üblicherweise als credit enhancer auftreten und durch Garantien dem Papier zusätzliche Sicherheit verleihen. Außerdem kann es je nach Ausgestaltung der ABS-Transaktion sinnvoll sein, kurzfristige Liquiditätsschwierigkeiten, die wegen Ausfall einer Zahlung oder verspätetem Eingang entstehen, durch die Zurverfügungstellung einer geeigneten Kreditlinie zu überbrücken. Banken oder Versicherungen können eine solche *liquidity facility* stellen.

Das Inkasso der Forderungen, die Debitorenbuchhaltung und andere Verwaltungsangelegenheiten, die im Zusammenhang mit der Abwicklung der Forderungen stehen, werden vom sog. *Servicer* übernommen. Regelmäßig besteht zwischen Servicer und Originator Personalunion, es kann aber auch eine dritte Partei damit beauftragt werden oder zusätzlich herangezogen werden. Der Servicer erhält für seine Bemühungen eine Gebühr. Ein *Treuhänder* verhandelt im Namen der Investoren und leitet die Zahlungen aus dem Forderungspool an diese weiter. Er fungiert diesen gegenüber insofern als Hauptzahlstelle.

5.1.2 Arten der ABS

Man unterscheidet zwei Grundformen der ABS. Der Unterschied bei diesen beiden Formen besteht in der Art der Durchleitung der Zahlungsströme des dem ABS zugrundeliegenden Vermögenswertpools und in dem daraus resultierenden Charakter der Wertpapiere.

Beim sog. Pass-through-Zertifikat[618] erwirbt der Investor einen Anteil dieses Pools und wird dadurch Miteigentümer an der Ansammlung von Aktiva im Pool. Das Wertpapier stellt in diesem Fall eine Verbriefung dieses Anteils dar. In der Höhe seines Anteils nimmt der Investor an den Rückflüssen aus den Vermögenswerten direkt teil. Dies impliziert selbstverständlich auch eine direkte, grundsätzlich ungemilderte Teilnahme an der Wertminderung durch verspätete oder gänzlich ausbleibende Zahlungsströme. Wurde der Pool von Vermögenswerten allerdings durch ein Credit Enhancement zumindest teilweise gegen Wertminderung abgesichert, ist der Investor anteilig mitversichert.

Im Falle des Pay-through-Zertifikats ist die Durchleitung der Zahlungsströme indirekter angelegt. Zwischen Vermögenswertepool und Investor wird ein Zahlungsstrommanagement geschaltet, das es ermöglicht, eine Zahlungsstromstruktur zu modellieren, die verschieden von der direkt durch die Aktiva des Pools erzeugten sein kann. Dadurch wird das SPV in die Lage versetzt, die zur Refinanzierung emittierten Wertpapiere aktiv mit einer Zins- und Tilgungsstruktur zu versehen. Das Wiederanlagerisiko für den Anleger, das entsteht, wenn Schuldner der Forderungen des Pools diese vorzeitig tilgen, kann durch Wiederanlage (z.B. Ankauf weiterer Aktiva durch das SPV) abgefangen werden. Auf diese Weise werden sogar Wertpapiere mit fester Laufzeit und festem Zins ausgegeben. Bei all dem gilt aber immer noch, daß zur Bedienung der Wertpapiere einzig der Pool an Vermögenswerten zur Verfügung steht, was insbesondere bedeutet, daß der Originator keine weiteren Verpflichtungen eingeht und damit auch dessen Bonität bei der Beurteilung der Qualität der Wertpapiere keine Rolle spielt, sondern einzig und allein die Qualität der Forderungen des Pools.

5.1.3 Das SPV

Bei Pay-through-Zertifikaten handelt es sich um Anleihen, während bei Pass-through-Zertifikaten die Miteigentümerschaft der Investoren den Charakter eines Anteilscheins begründet. Dies ist auf Seiten der Investoren von steuerrechtlicher Relevanz und bedingt auf Seiten des SPV jeweils unterschiedliche mögliche Rechtsformen.

Im Falle der Pass-through-Konstruktion wird nach amerikanischem Recht ein sog. Grantor Trust als Rechtsform gewählt, der ein treuhändisch verwaltetes Sondervermögen darstellt[619], wobei in diesem Fall die einkommensteuerliche Fiktion eines Vermögenspools in einer Weise besteht, als sei das Sondervermögen von den Investoren errichtet worden, so daß diese direkt besteuert werden und nicht das SPV. Dies ist möglich durch die Passivität des SPV; die

---

618 Vgl. Bär, Hans Peter, "Asset Securitisation", Bern, Stuttgart, Wien, 1997, S. 130f

619 Vgl. Gehring, Babett, "Asset-Backed Securities im amerikanischen und im deutschen Recht", München, 1998, S. 19.

Zahlungsströme der dort befindlichen Vermögenswerte werden nicht beeinflußt[620].

Demgegenüber muß der Charakter des SPV bei der Pay-through-Konstruktion als die Zahlungsströme gestaltender und insoweit aktiver Part berücksichtigt werden. Die Wertpapiere haben auch den Charakter von Schuldverschreibungen, die das SPV emittiert, und nicht von Anteilscheinen an einer im SPV gehaltenen Vermögensmasse. Daher kommt für diese Art des ABS eine gesellschaftsrechtliche Konstruktion als Kapitalgesellschaft oder – im amerikanischen Recht – als Owner Trust (dieser Trust kann sowohl Anteilscheine als auch Schuldverschreibungen emittieren) in Frage. Das SPV befindet sich auch nicht qua Fiktion im Besitz der Investoren, sondern gehört entweder dem Originator oder einer unabhängigen dritten Partei; dies hat entsprechende steuerrechtliche Konsequenzen. Diese Gesellschaft emittiert Anleihen, die den weit überwiegenden Teil des Gesellschaftsvermögens des SPV verbriefen. Allerdings bleibt ein Restvermögen (Residual Interests), das durch Übersicherung und Abweichen von Nominalwerten und Coupon der Anleihen von den Vermögensgegenständen entsteht und dem Besitzer der Gesellschaft gehört. Entweder verbleibt dieses Residualvermögen im Besitz des Originators, oder es wird ebenfalls an die Investoren verkauft.

Diese Vehikel werden für jede ABS-Transaktion einzeln gegründet. Es ist aber auch möglich – bei Pass-through- sowie bei Pay-through-ABS – eine Art „Dauervehikel" zu gründen, das über eine vorher unbestimmte Zeit immer wieder Vermögenswerte ankauft und verbrieft. Das SPV kann auch von einer Vielzahl von Originatoren Vermögensgegenstände ankaufen, diese zusammenfassen und verbriefen.

5.1.4 Die Vermögenswerte

Vermögenswerte, die in ABS verbrieft werden, können grundsätzlich alle solche Aktiva sein, die einen Zahlungsstrom generieren[621]. Zumeist handelt es sich dabei um Formen von Finanzforderungen. Grundvoraussetzung für die Verwendung eines Vermögensgegenstands zur Verbriefung ist die Abtretbarkeit, damit sie rechtlich wirksam an das SPV übertragen werden kann.

Um sinnvoll am Kapitalmarkt angeboten werden zu können, sollten diese Aktiva über die rechtlich formale Bedingung der Abtretbarkeit hinaus bestimmten qualitativen Anforderungen genügen. Hauptmotiv dieser Anforderungen sind die Berechenbarkeit der Zahlungsströme, damit für die Investoren eine nachvollziehbare Kalkulationsgrundlage besteht[622]. Da die Zahlungsströme aus den zu verbriefenden Vermögenswerten die alleinige Quelle zur Bedienung der Wertpapiere darstellen, werden häufig hohe Anforderungen an die Bonität der

---

[620] Vgl. Gehring, Babett, "Asset-Backed Securities im amerikanischen und im deutschen Recht", München, 1998, S. 31.

[621] Vgl. Bär, Hans Peter, "Asset Securitisation", Bern, Stuttgart, Wien, 1997, S. 189

[622] Vgl. Bär, Hans Peter, "Asset Securitisation", Bern, Stuttgart, Wien, 1997, S. 173

Schuldner gestellt; werden Aktiva verwendet, die weder eine hinreichende Sicherheit hinsichtlich der Zahlungsströme noch der Schuldnerqualität bieten, werden Investoren nur durch einen entsprechend günstigen Preis der ABS zum Kauf bereit sein[623].

Verbesserungen der Kreditqualität der ABS können durch das o.g. Credit Enhancement erreicht werden. Dadurch sind alle Maßnahmen bezeichnet, die geeignet sind, die Kreditrisiken abzufedern, die den Vermögenswerten anhaften, was materiell bedeutet, daß diese Risiken auf einen größeren Beteiligtenkreis verteilt werden. Zumeist wird das Risiko des Ausfalls oder der verspäteten Zahlung durch eine ausreichend hohe Zahl von Forderungen einer möglichst heterogenen Gesamtheit von Schuldnern vermindert. Außerdem kann der Pool mit einem größeren Betrag als dem zur Befriedigung der Ansprüche aus den Wertpapieren rechnerisch benötigten ausgestattet werden (Overcollateralization)[624].

Es ist durchaus üblich, daß der Originator eine Garantie für die teilweisen oder vollständigen Zahlungen aus den von ihm abgetretenen Forderungen übernimmt. Dabei muß allerdings darauf geachtet werden, daß durch diese Garantie nicht die Pflicht zur Konsolidierung der Bilanzen des Originators und des SPV entsteht. Darüber hinaus können auch andere Banken oder Versicherungen solche Garantien aussprechen, das SPV kann beispielsweise durch Credit Default Swaps (CDS) die Risiken am OTC-Markt auf die Swappartner teilweise oder vollständig abwälzen, so daß vom Prinzip dieser Versicherungen her die den ABS immanenten Risiken weitgehend beliebig verteilt werden können[625].

5.2 Die Anwendbarkeit auf die Finanzierung der Friedensoperationen

5.2.1 Beabsichtigte Effekte

Durch die Veräußerung der Forderungen werden zwei grundsätzliche Ziele angestrebt.

Ein Ziel ist es, die Friedensoperationen möglichst rasch mit der notwendigen Liquidität zu versorgen. Aus der Natur einer solchen Mission ergibt sich anders als im ordentlichen Haushalt die prinzipielle Schwierigkeit der Planbarkeit der Mission hinsichtlich Zeitpunkt und Umfang, wobei erschwerend die Haushaltsregeln der Mitgliedstaaten hinzukommen, die eine Ad-hoc-Überweisung des be-

---

[623] Es existiert durchaus ein Markt für solche Aktiva, wie z.B. sog. Non-performing Loans, also Kredite, die dadurch gekennzeichnet sind, daß sich bereits Zahlungen im Verzug befinden (vgl. z.B. Petkovic, Denis, "Securitisation of Distressed Consumer Loan Portfolios", in: Borrows, Jane, "Current Issues in Securitisation", London, 2002).

[624] Vgl. Gehring, Babett, "Asset-Backed Securities im amerikanischen und im deutschen Recht", München, 1998, S. 26; außer den genannten existiert eine Vielzahl weiterer Varianten von sog. internen Credit Enhancement-Techniken (vgl. Bär, Hans Peter, "Asset Securitisation", Bern, Stuttgart, Wien, 1997, S. 211ff).

[625] Siehe ausführlich zu Varianten des Credit Enhancement z.B. Bär, Hans Peter, "Asset Securitisation", Bern, Stuttgart, Wien, 1997, S. 207ff

nötigten Geldes, selbst wenn ein Staat prinzipiell zur vollständigen und pünktlichen Leistung bereit wäre, meist nicht zulassen. Dabei beschädigt jede Verzögerung – egal, aus welchem Grund sie entsteht – die erstrebte Wirkung der Mission. Bezüglich der finanziellen Ausstattung sollte sich kein Engpaß ergeben müssen, wenn auf die ABS-Finanzierungsvariante zurückgegriffen werden kann.

Das zweite Ziel ergibt sich aus den Erkenntnissen des spieltheoretischen Modells. Aus dem Modell ergab sich, daß den UN als Organisation der notwendige Einfluß fehlt, um säumige oder zahlungsunwillige Mitglieder zur Erfüllung ihrer satzungsmäßig feststehenden Pflichten zu zwingen. Mit Hilfe des Instruments ABS ist es möglich, sehr gezielt einen Kreis von Einflußnehmenden zu schaffen, die auf der nationalen Ebene angesiedelt sind. Dabei steht nicht die juristische Durchsetzbarkeit der Forderungen im Vordergrund, sondern die politische Einflußnahme auf privatwirtschaftlicher oder auch einzelstaatlicher Ebene.

In diesem Zusammenhang muß betont werden, daß die UN-Organisation aus konstitutionellen Gründen nie Risikotragfähigkeit haben kann: die Finanzierungsmethode ist qua Charta als einzig mögliche festgelegt, nämlich die Aufteilung der Kosten unter ihren Mitgliedern. Ansonsten stehen ihr keine Aktiva zur eigenen Disposition zur Verfügung. So existiert kein Puffer, der signifikante, ausbleibende Zahlungen ausgleichen kann, sieht man von den ohnehin meist unterausgestatteten Reservefonds ab. Wenn aber die Organisation keine Risikotragfähigkeit aufweist, ergibt sich praktisch von selbst, daß die Risiken woanders hin abgeleitet werden müssen. Dies geschieht auch ständig, indem die Risiken durch solche Subjekte aufgenommen werden, die finanzielle Forderungen gegen die Organisation haben. Es ergibt sich somit als angestrebtes Ziel, diese Risikoverteilung in eine angemessenere Form umzugestalten.

Ein dritter, ebenfalls sehr wichtiger Effekt ergibt sich aus der Verwendung von ABS automatisch: Die Transparenz der entstehenden Kosten und die Zurechenbarkeit zu ihren Verursachern nimmt zu. Verzögert ein Land die Zahlung, entstehen Kosten in der Höhe der zusätzlichen Laufzeit der Wertpapiere. Gibt es ständig Schwierigkeiten mit der Tilgung der nominellen Schuld, spiegelt sich das im Kurs der Papiere wider bzw. durch einen notwendig werdenden Risikoaufschlag, der sich je nach Konstruktion in irgendeinem Element der ABS-Transaktion als Kosten niederschlägt.

5.2.2 Privatwirtschaftliche Anwendungsmotive im Vergleich mit denen der UN

Asset Backed Securities sind ursprünglich aus dem Motiv entstanden, verbrauchte Kreditfazilitäten wieder nutzbar zu machen und so insgesamt auszudehnen. Durch in den Büchern befindliche Kredite sind Banken in der Kreditvergabe beschränkt, da wirtschaftliche Risiken und letztlich daraus resultierende bankaufsichtsrechtliche Regelungen die Neukreditvergabe limitieren. Eine Finanzierung neuer Engagements über zusätzliche Kreditaufnahme kann deshalb nur bedingt Abhilfe schaffen, weil dadurch die Eigenkapitalquote verschlechtert wird, was oft weder betriebswirtschaftlich gewollt noch bankaufsichtsrechtlich gestattet ist. Nur wenn die Kredite aus den Bilanzen verschwinden, indem sie gegen ungefährdetes Bargeld eingetauscht werden, laufen die bestehenden Kredite zwar weiter, die Banken haben sich aber der Risiken entledigt und sind wieder zur erneuten Kreditvergabe in der Lage. Die Grundidee einer durch Aktiva besicherten Anleiheform sind in den USA entwickelt worden – gefördert vom US-Kongreß –, als 1934 der Immobilienmarkt in Schwierigkeiten geraten war, und die Finanzierung für Immobilien gesichert werden sollte. Es wurden Mortage-backed-securities – aus heutiger Sicht eine Sonderform der ABS – gefördert (die den deutschen Pfandbriefen ähneln), was den Anfang der Entwicklung markiert[626].

Bei Friedensoperationen stellt sich ein anders geartetes Problem, das aber durch die resultierenden Anforderungen ähnliche Folgen wie im privatwirtschaftlichen Bereich aufweist: Es gibt hier keine in den Büchern befindlichen Wertgegenstände, die man für neue Projekte liquidisieren möchte. Auch spielen wirtschaftliche oder aufsichtsrechtliche Zwänge keine Rolle. In dem Moment, in dem das Projekt, also die Mission, notwendig wird, werden zugunsten der Organisation Wertgegenstände in Höhe der für eine bestimmte Zeitspanne der Mission geplanten Kosten geschaffen; dazu ist die Organisation qua Charta ermächtigt. Diese Wertgegenstände bestehen aus finanziellen Forderungen mit genau bezeichneter Höhe und Fälligkeit, die an sich genügen würden, die Mission in Höhe und Zeitpunkt finanziell angemessen auszustatten. Da es sich jedoch in der Vergangenheit herausgestellt hat, daß diese Forderungen regelmäßig weder hinsichtlich Fälligkeit noch Höhe von den Mitgliedern eingezahlt werden, muß festgestellt werden, daß es sich bei den Forderungen faktisch um Aktiva mit einer zu niedrigen Liquiditätsstufe bezüglich der Bezahlung des Projekts handelt.

Ein weiterer Nutzen der ABS-Finanzierung für privatwirtschaftliche Unternehmen steht in engem Zusammenhang mit dem zuerst genannten, also der Wiederherstellung des Handlungsspielraums für neue Projekte. Er besteht darin, daß Kreditrisiken aus der Bilanz verbannt werden und damit höhere Planungssicherheit erreicht werden kann. Insbesondere finanzielle Forderungen unterliegen den typischen Kreditrisiken, nämlich dem sog. Slow-pay-risk, also dem Risiko des verspäteten Eingangs von Zins- und/oder Tilgungszahlungen, und dem Default-risk, dem Ausfallrisiko. Entweder werden diese Risiken während der Laufzeit der Forderungen schlagend, oder man ist gezwungen, am Bilanzstichtag erfolgswirksam Abschreibungen auf diese Aktiva vorzunehmen, wodurch diese Beträge auch nicht mehr für zukünftige Projekte zur Verfügung stehen. Plant man nun auf der Grundlage der Cash Flows dieser Aktiva neue Projekte, so unterliegt die Planung hinsichtlich ihrer Finanzierung einem Risiko. Mit dem barwertigen Verkauf der Aktiva jedoch werden auch die anhaftenden, künftigen Risiken gewissermaßen verbarwertet, und die Planungssicherheit steigt.

---

[626] Vgl. Pollok, Philip, Stadum, Edward, Holterman, Gordon, "Die Sekuritisierung und ihre Zukunft in Deutschland", in: RIW, 1991, S. 277.

Etwas anders geartete, aber prinzipiell ähnliche Ziele verfolgte beispielsweise der italienische Staat mit der Veräußerung von bereits notleidenden Forderungen, die aufgrund von Sozialversicherungspflichten entstanden waren. Die ABS-Transaktion stellte einen wesentlichen Bestandteil des fiskalpolitischen Konzepts für das Jahr 1999 dar. Die im Zahlungsverzug befindlichen Forderungen gegen Privatpersonen und Unternehmen, die ihren Beitragszahlungen zur staatlichen Sozialversicherung nicht oder nicht vollständig nachgekommen waren, wurden im Wege von ABS an den Kapitalmarkt verkauft, um die zurückfließenden Barmittel in die Budgetrechnung einbeziehen zu können[627].

Im Falle der Liquidisierung der Forderungen gegen ihre Mitglieder hat die UN-Organisation ein Problem mit dem Risiko erstens des zeitlichen Eingangs der Zahlung (Slow-pay-risk) und zweitens der Höhe der Zahlung (Default-risk), also den Kreditrisiken. In den aus Finanzierungssicht maßgeblichen Fällen der an sich zahlungsfähigen Mitglieder, den Hauptbeitragszahlern, resultiert dieses Risiko nicht aus der wirtschaftlichen Unfähigkeit, die Zahlung zu leisten, sondern aus der Unwilligkeit zur Zahlung auf seiten der betreffenden Mitglieder in Verein mit der mangelnden Durchsetzbarkeit des Rechts auf diese Zahlung seitens der UN.

Genauso wie privatwirtschaftliche Unternehmen muß auch die UN-Organisation aufgrund geplanter Zu- und Abflüsse von Geldmitteln ihre Aktivitäten in der Zukunft budgetieren, und ebenso wie privatwirtschaftliche Unternehmen unterliegen sie dabei Restriktionen bzgl. der Mittelbeschaffung, wobei es für die Betrachtung der Nutzbarkeit von ABS nicht darauf ankommt, ob die Restriktion aus wirtschaftlichen bzw. bonitätsmäßigen Fakten oder aus völkerrechtlichen und satzungsmäßigen Restriktionen resultieren. Insoweit ersetzt das ABS die ansonsten notwendige, aber bei den UN satzungsmäßig stark eingeschränkte Möglichkeit der Fremdfinanzierung. Der Mechanismus dabei ist dem Instrument ABS immanent: Während bei einer normalen Finanzierung über Schuldverschreibungen die gesamten Zahlungsströme des Emittenten die Quelle der Bedienung der Anleihe darstellt und die Bonität des Emittenten selbst die Finanzierungskosten über den Marktzins hinaus bestimmen, steht bei ABS als einzige Quelle für deren Bedienung ein Korb genau definierter Aktiva des Unternehmens zur Verfügung, dessen bonitätsmäßige Einschätzung auch die Finanzierungskosten bestimmt. Bei der Fremdfinanzierung behält also der Emittent alle seine Aktiva und bedient aus deren Ertragskraft die Anleihe, bei der Finanzierung über ABS verkauft er gewissermaßen die Ertragskraft dieser Aktiva in diskontierter Form auf einmal.

[627] Die Transaktion hatte immerhin ein Volumen von 4,65 Mrd. EUR, die durch notleidende Forderungen i.H.v. ca. 43 Mrd. EUR, bestehend aus dem Nominalbetrag der eigentlichen Schuld und Strafzinsen, Gebühren u.ä., gedeckt waren (vgl. das Ratingprospekt von Fitch IBCA, „European Structured Finance - S.C.C.I. S.p.A.“, 29.11.1999).

5.2.3 Auswirkungen auf die Fälligkeit der Beiträge

Häufig wird darauf hingewiesen, daß die Beiträge für Friedensoperationen nur schwer in den nationalen Haushalten berücksichtigbar sind. Da sich die Notwendigkeit für die Durchführung einer Friedensoperation u.U. unerwartet durch schnelle Entwicklungen einer Krise ergibt, ist eine Planung in Höhe und Zeitpunkt i.d.R. nicht möglich. Trotzdem werden die Mittel für die Missionen so schnell wie möglich veranlagt, weil üblicherweise gerade in der Start-up-Phase der Mission besonders hohe Mittel benötigt werden. Auf die Auswirkungen der Verzögerung u.a. durch fehlende finanzielle Ressourcen wurde im Abschnitt „Verringerung der Reaktionszeiten" eingegangen.

Aber auch beim ordentlichen Haushalt ergeben sich durch nationale legislative Zwänge teilweise Probleme mit der pünktlichen Überweisung des veranlagten Beitrags[628].

Durch den Verkauf der Forderungen wegen Beitragsleistungen könnte die UN-Organisation dieses Problem lösen. Wie unten zu sehen ist (s. 5.5.1), können durch diese Lösung die Beitragszahlungen zeitlich entzerrt werden. Durch alternative, wertneutrale Kalkulation der Beiträge über Aufzinsungsfaktoren kann die UN-Organisation ihren Mitgliedern prinzipiell anbieten, ihre Beiträge zu einem beliebigen Zeitpunkt zu bezahlen.

Hier lautet der Vorschlag, den Mitgliedstaaten für die Begleichung ihrer Beitragsschuld Zeitpunkte in einem halben Jahr, in einem Jahr und in zwei Jahren vom Zeitpunkt der Feststellung des Budgets anzubieten. Der späteste Zeitpunkt müßte für jeden Mitgliedstaat die Möglichkeit bereithalten, unter Einhaltung des nationalen Haushaltsverfahrens die Beiträge pünktlich zu bezahlen. Die Festlegung auf nur drei Zeitpunkte wird hier nicht aus prinzipiellen, sondern eher aus pragmatischen Gründen vorgeschlagen.

Natürlich ergäben sich bei Realisierung dieser Regelung Fragen bzgl. der Anwendung des Art. 19 Charta. Die Entlastung für die Mitgliedstaaten, die eine längere Frist wählten, ergäbe sich allerdings nur einmalig bei der Umstellung.

5.2.4 Wechselkurssicherung der Beitragsleistungen

Durch die längere Frist bis zur Fälligkeit der Beiträge werden Staaten, deren Währungen faktischen, also marktmäßigen Wechselkursschwankungen zum USD unterliegen, wegen der Berechnung der Beiträge in USD einem relativ hohen Wechselkursrisiko ausgesetzt. Dieses Risiko kann durch jeden Staat selbst durch entsprechende Absicherungsgeschäfte eliminiert werden. Im Sinne eines Verwaltungsorgans der Staatengemeinschaft könnte allerdings auch das UN-Sekretariat anbieten, diese Sicherungsleistung für die Mitgliedstaaten durchzuführen bzw. die Durchführung zu organisieren, so daß im Ergebnis der einzelne Staat trotz Fixierung der Beitragsschuld in USD einen im Zeitpunkt der

---

[628] Vgl. Beigbeder, Yves, "The Continuing Financial Problems of the United Nations: Assessing Reform Proposals", in: Taylor, Paul, "Documents on reform of the United Nations", Aldershot, 1997, S. 205.

Beitragsfeststellung bekannten Betrag in inländischer Währung in seiner Budgetplanung für den gewählten Zahlungszeitpunkt zu berücksichtigen hätte.

5.2.4.1 Absicherung durch ein Devisenoutright-Geschäft

Bei Staaten, für deren Währungen international ein ausreichend liquider Terminmarkt existiert, wäre der zum Zeitpunkt t geschuldete Betrag einfach durch den Terminkurs zwischen der betreffenden Währung C und USD ($\overline{fx}_{t(t_0),USD,C}$) zu dividieren[629]; nimmt das Mitglied die Sicherungsleistung in Anspruch, muß die UN-Organisation einen Terminkontrakt in entsprechender USD-Höhe für den Zeitpunkt t am Kapitalmarkt abschließen, bzw. läßt dies zu ihren Gunsten eine Bank tun.

Zahlenbeispiel[630]:

Sachlage und Vorgänge in t_0:

Geschuldeter Betrag [USD] für Land D zum vereinbarten Zeitpunkt t: $\overline{B}_{t,USD} = 100$

Landeswährung Staat D: EUR

Termin-Wechselkurs in t_0: $\overline{fx}_{t(t_0),USD,EUR} = 1{,}0103 \frac{USD}{EUR}$

Schuldbetrag in Landeswährung:

$\Rightarrow$Geschuldeter Betrag [EUR] für Land D: $\overline{B}_{t,EUR} = \frac{100\ USD}{1{,}0103 \frac{USD}{EUR}} = 98{,}98\ EUR$; Land D kann in den Haushalt, der Zeitpunkt t enthält, 98,98 EUR für die betreffende Mission einstellen.

Termingeschäft:

Die UN-Organisation verkauft 98,98 EUR gegen USD zu $\overline{fx}_{t(t_0),USD,EUR}$ per Termin t

Sachlage und Vorgänge in t:

Spot-Wechselkurs in t: $\overline{fx}_{spot(t),USD,EUR} = 0{,}9901 \frac{USD}{EUR}$

Cashflow aus Beitrag:

Aus dem Eingang der 98,98 EUR von Staat D und dem anschließenden Tausch in USD fließt der UN-Organisation zu: $98{,}98\ EUR * 0{,}9901 \frac{USD}{EUR} = 98{,}00\ USD$

Cashflow aus dem Termingeschäft:

Aus dem Cash-Settlement[631] des Termingeschäfts fließen der UN-Organisation zu: $98{,}98\ EUR * (1{,}0103 - 0{,}9901) \frac{USD}{EUR} = 2{,}00\ USD$

---

[629] Die Mengennotierung des Devisenkurses ist vorausgesetzt.

[630] Zahlen sind z.T. gerundet.

Summe: $98\ USD + 2\ USD = 100\ USD$; dieser Betrag tilgt die USD-Schuld des Mitgliedstaates vollständig.

Die Liquiditätsbetrachtung zeigt, daß außer dem USD-Beitrag per Saldo keine Liquiditätsauswirkungen aus dem Geschäft resultieren:

In t_0:

Der Abschluß des Termingeschäfts löst keine Zahlungsströme aus.

In *t*:

Tabelle 4: Zahlungsströme des Termingeschäfts in *t*

Vorgang	**Liquiditätsauswirkung**
Cash-Settlement Devisenoutright	+USD 2,00
Einzahlung Beitrag	+EUR 98,98
Tausch EUR in USD	-EUR 98,98
	+USD 98,00
Summe	**+USD 100,00**

Da ein Termingeschäft wie ein solcher FX-Future einen unbedingten Charakter hat, wird nicht wie bei einer Option eine Versicherungsleistung[632] gegeben bzw. in Anspruch genommen, sondern es handelt sich lediglich um den im Zeitpunkt des Abschlusses des Termingeschäfts t_0 für den Zeitpunkt *t* vom Markt erwarteten Wechselkurs für das Währungspaar aus betreffender Währung und USD. Dadurch entstehen der UN-Organisation durch Abschluß des Terminkontrakts keine Kosten[633], sieht man einmal von den Transaktionskosten bzw. darüber hinaus durch eine Bank erhobenen Bearbeitungsgebühren ab.

5.2.4.2 Absicherung durch originäre Geschäfte

Für die Währung vieler Mitgliedstaaten wird allerdings kein ausreichend funktionsfähiger Terminmarkt existieren. In diesem Fall kann die UN-Verwaltung bzw. ein den Service bereitstellendes Kreditinstitut die der Berechnung des (derivativen) Terminwechselkurses zugrundeliegenden, originären Einzeltransaktionen tatsächlich durchführen. Dieses Vorgehen wird mit höherem Aufwand und damit höheren Gebühren einhergehen.

Nachdem der gewünschte Termin für die Beitragszahlung bekannt ist und das entsprechende Mitglied den Wunsch äußert, die Beitragsschuld zu diesem Termin in inländischer Währung zu begleichen, wird die UN-Organisation einen

---

[631] Eine Verpflichtung zur Lieferung sollte sinnvollerweise ausgeschlossen werden, falls die UN das Geschäft selbst kontrahiert.

[632] Bei einer Option würde der Kurs z.B. gegen Ansteigen abgesichert, während der durch die Option Versicherte von einem Kursverfall voll profitieren würde. Wegen dieser asymetrischen Verteilung zugunsten des Optionskäufers muß dieser eine Optionsprämie bezahlen. Beim Termingeschäft dagegen realisieren beide Kontrahenten Gewinne und Verluste aus Kursänderungen in vollem Ausmaß.

[633] Bei ggf. anfallenden bzw. eingehenden Marginzahlungen während der Laufzeit des FX-Futures handelt es sich nicht um Kosten bzw. Erträge für den Kontrakt, sondern um wechselseitige Sicherheitsleistungen im Bezug auf die fällige Zahlung einer Kontraktseite zum Termin.

Kredit in der Währung des Landes für den Zeitraum bis zur Zahlung t aufnehmen ($K_{C,t}$). Diesen Kreditbetrag tauscht sie am Spotmarkt in USD und legt den USD-Betrag für den Zeitraum t_0 bis t an. Sie erhält die USD-Zinsen und muß die Kreditzinsen für den Kredit in der Währung C bezahlen.

Die Kreditzinsen für C $i_{C,t_0,t}$, die Anlageverzinsung für USD $i_{USD,t_0,t}$ und der Spot-Wechselkurs $\overline{fx}_{spot(t_0),USD,C}$ sind zur Zeit dieser Transaktionen bekannt; aus diesen Daten läßt sich der erforderliche Betrag für die zum Zeitpunkt t zu tilgende Schuld in der inländischen Währung C in t_0 exakt berechnen.

Bei Erreichen des Zeitpunkts t wird die USD-Anlage fällig, und Nominal und üblicherweise auch Zinsen fließen zurück. Mit diesem Geld wird die Schuld in USD beglichen. Der Mitgliedstaat, der um die Kurssicherung nachgesucht hatte, begleicht den in t_0 berechneten Schuldbetrag in inländischer Währung. Mit diesem Betrag werden Zins und Tilgung aus dem Kredit geleistet.

Bei der geschilderten Transaktion muß die UN-Organisation – wie oben geschildert – einen Kredit aufnehmen, was ihr satzungsgemäß ohne Zustimmung der Generalversammlung untersagt ist. Dieses Vorgehen muß allerdings als eine rein technische Maßnahme interpretiert werden, denn sie wird schließlich auch nicht mit dem Ziel der direkten Finanzierung einer UN-Maßnahme vorgenommen. Beim FX-Future ist dieselbe Kombination aus Kreditnahme und Anlage implizit im Terminkurs enthalten, hier ersetzt man aus Effizienzgründen die geschilderten Kredit- und Anlagetransaktionen durch das derivate Geschäft. Die Interpretation der Summe aus den beiden Transaktionen und der Beitragsleistung über die Laufzeiten als wirtschaftliche Einheit wäre angemessen.

Falls die sich Generalversammlung trotzdem nicht darauf einigen kann, die Kredittransaktion zu genehmigen, kann ein kommerzieller Finanzdienstleister mit der Kurssicherung beauftragt werden, für dessen Leistungen allerdings zusätzliche Gebühren anfallen werden.

Für die nachfolgende formalisierte Darstellung wird vereinfachend angenommen, daß die gesamten Zinsen am Ende der Periode t_0 bis t fällig werden, es sei $t - t_0 = 1$ Jahr[634]. Außerdem wird im Beispiel unterstellt, daß sowohl die Zinsen auf den Kredit als auch auf den Anlagebetrag nachschüssig entrichtet werden.

Aus der Anlage der USD (A_{USD}) im Zeitpunkt t_0 muß sich in t der geforderte USD-Beitragsbetrag $\overline{B}_{t,USD}$ ergeben:

(1) $\overline{B}_{t,USD} \overset{!}{:=} A_{USD} * \left(1 + \bar{i}_{USD,t_0,t}\right)$ [USD]

---

634 Es kann gezeigt werden, daß diese Rechnung ebenso für unter- und überjährige Perioden dargestellt werden kann. Im Beispiel wurde der Zeitraum von einem Jahr verwendet, was dazu führt, daß der Faktor Zeit weggelassen werden kann. Muß dagegen mit einem Verzinsungszeitraum kleiner oder größer einem Jahr gerechnet werden, muß dieser Faktor berücksichtigt werden. Es empfiehlt sich, für unterjährige Zeiträume die einfache Verzinsung zu verwenden, also in der Form: $(1+i)*t$. Ist der Zeitraum größer als ein Jahr, dann verwendet man die Effektivverzinsung: $(1+i)^t$.

Für den benötigten Anlagebetrag in USD ergibt sich :

$$\Leftrightarrow A_{USD} = \frac{\overline{B}_{t,USD}}{1+\bar{i}_{USD,t_0,t}} \text{ [USD]}$$

Dieser Betrag muß am Spot-Devisenmarkt gegen EUR erworben werden:

$$(2)\ A_{USD} \overset{!}{=} K_C * \overline{fx}_{spot(t_0),USD,EUR} \text{ [USD]},$$

wobei K_C = Kreditbetrag [USD].

Es ergibt sich ein benötigter Kreditbetrag für die Aufnahme in t_0 von:

$$\Leftrightarrow K_C = \frac{A_{USD}}{\overline{fx}_{spot(t_0),USD,EUR}}$$

Da dieser Betrag in t inklusive Zinsen abgelöst werden muß, ergibt sich die Beitragssumme für den Staat D in seiner Landeswährung EUR von:

$$(3)\ \overline{B}_{t,EUR} = K_C * \left(1+\bar{i}_{EUR,t_0,t}\right) = \frac{A_{USD}}{\overline{fx}_{spot(t_0,USD,EUR)}} * \left(1+\bar{i}_{EUR,t_0,t}\right) = \frac{\overline{B}_{t,USD} * \left(1+\bar{i}_{EUR,t_0,t}\right)}{\overline{fx}_{spot(t_0,USD,EUR)} * \left(1+\bar{i}_{USD,t_0,t}\right)} \text{ [EUR]}$$

Zahlenbeispiel[635]***:***

Für das Beispiel werden die gleichen Zahlen wie oben im Falle der Absicherung des Kurses über den Future verwendet:

Geschuldeter Betrag [USD] für Land D zum vereinbarten Zeitpunkt t: $B_{t,USD} = 100$

Landeswährung Land D: EUR

Spot-Wechselkurs in t_0: $fx_{spot(t_0),USD,EUR} = 0{,}9800 \frac{USD}{EUR}$

EUR-Zinsniveau für den Zeitraum t_0 bis t: $i_{EUR,t_0,t} = 0{,}0180$

USD-Zinsniveau für den Zeitraum t_0 bis t: $i_{USD,t_0,t} = 0{,}0500$

Um in t den geschuldeten USD-Betrag von 100 USD aufbringen zu können, müssen in t_0 $\frac{100\ USD}{1+0{,}0500} = 95{,}24\ USD$ angelegt werden.

Um diese 95,24 USD in t_0 am Devisenmarkt kaufen zu können, muß die UN-Organisation einen entsprechenden EUR-Betrag verfügbar machen; zu diesem Zwecke leiht sie in t_0 einen Betrag $K_{EUR} = \frac{95{,}24\ USD}{0{,}9800\ \frac{USD}{EUR}} = 97{,}18\ EUR$ für den Zeitraum t_0 bis t zum Zinssatz $i_{EUR,t} = 0{,}0180$ z.B. bei der Zentralbank von D (s. Gleichung (2)). Der Beitrag für Staat D, zahlbar in t, wird gemäß Gleichung (3) errechnet:

[635] Zahlen sind z.T. gerundet.

$$\bar{B}_{t,EUR} = \frac{100\ USD*(1+0{,}018)}{0{,}9800*(1+0{,}0500)} = 98{,}98\ EUR^{636}.$$

In t werden Anlage und Kredit jeweils mit Zinsen fällig. Aus der USD-Anlage fließen der UN-Organisation $95{,}24\ USD*(1+0{,}0500)=100\ USD$ zu. Für Tilung und Zinsen muß die UN-Organisation dem Kreditgeber $97{,}18*(1+{,}0180)=98{,}98\ EUR$ zurückzahlen. Diese Summe entspricht erwartungsgemäß der in t_0 festgelegten Beitragsforderung in EUR; die UN-Verwaltung muß den Beitrag nur an den Kreditgeber durchreichen.

Die Liquidität der UN-Organisation bleibt zum Zeitpunkt t_0 unberührt und erhöht sich in t um den geschuldeten Beitrag, der allerdings sofort an die Inhaber der ABS durchgereicht wird:

In t_0:

Tabelle 5: Zahlungsströme von Kreditgeschäft und Geldanlage in t_0

Vorgang	Liquiditätsauswirkung
Kreditaufnahme	+EUR 97,18
Tausch EUR in USD	-EUR 97,18
	+USD 95,24
Anlage USD-Betrag	-USD 95,24
Summe	**0,00**

In t:

Tabelle 6: Zahlungsströme von Kreditgeschäft und Geldanlage in t

Vorgang	Liquiditätsauswirkung
Ablösung EUR-Kredit (Tilgung + Zinsen)	-EUR 98,98
Beitragseingang Land D	+EUR 98,98
Rückfluß USD-Anlage (Zins + Tilung)	+USD 100,00
Summe	**+USD 100,00**

5.2.4.3 Kritische Beurteilung der Absicherungsmöglichkeiten

Bei diesem Service der UN-Organisation für ihre Mitglieder sind einige Schwierigkeiten bei der Umsetzung zu erwarten.

Losgrößen

Im Falle der kosteneffektiven Kurssicherung über einen FX-Future ergibt sich das Problem der Losgrößen. Ein Betrag, wie der, der sich aus der Beitragsberechnung ergibt, wird in der exakten Höhe auf dem Interbankenmarkt nicht handelbar sein. Teilweise werden die Beträge zu klein sein, so gut wie immer wird er nicht glatt sein. Aus diesem Grund wird es praktisch nicht möglich sein, daß die UN-Organisation selbst Kontrahent bei einem solchen Termingeschäft

[636] Anm.: der Quotient aus den zukünftigen USD- und EUR-Zahlungen ergibt den Terminkurs aus dem Zahlenbeispiel für 5.2.4.1: $fx_{t(t_0),USD,EUR} = \frac{100\ USD}{98{,}98\ EUR} = 1{,}0103\ \frac{USD}{EUR}$. Dies zeigt, daß sich der Terminkurs aus den Zinsdifferenzen der beiden Währungen ergibt.

ist. Allerdings können privatwirtschaftliche Finanzdiensleister eine solche Sicherungsleistung zur Verfügung stellen.

Risiko der ausbleibenden Beitragszahlung in t

Ein weit kritischerer Fall als das Losgrößenproblem ist der, in dem das Mitgliedsland seine Zahlung zum vereinbarten Zeitpunkt nicht überweist. Im Zahlenbeispiel oben ergibt sich aus dem Devisenoutright ein Gewinn von 2 USD für die UN, was daran liegt, daß der Kurs in t gegen die in t_0 bestehende Erwartung unter dem Terminkurs liegt; wenn dagegen der erwartete Terminkurs in t übertroffen wird, muß die UN-Organisation einen USD-Betrag an den Kontrahenten aus dem Devisenoutright bezahlen. Geht der vereinbarte Beitrag in Landeswährung pünktlich ein, stellt dies kein Problem dar: der in USD getauschte Betrag wird genau um diese zu leistende Zahlung über dem festgelegten Beitrag in USD liegen, so daß daraus die Forderung des Kontrahenten des Future-Geschäfts befriedigt werden kann. Bleibt die Zahlung aus, muß die UN-Organisation trotzdem die USD überweisen, wodurch sich eine Lücke auftut, deren Finanzierung nicht gesichert ist.

Zunahme der Wahrscheinlichkeit der Beitragszahlung

Bezüglich des zweiten oben geschilderten Problems weist die zweite Variante der Kurssicherung u.U. einen Vorteil auf. Kann man sich zwischen UN-Organisation und Mitgliedsland darauf einigen, daß der Kredit in Landeswährung bei der Zentralbank des Mitgliedstaats aufgenommen wird oder vergibt die Regierung des Landes den Kredit selbst, hält die UN-Organisation gewissermaßen eine Sicherheit gegen die verspätete Überweisung des Beitrags in der Hand: Zahlt das Land zum vereinbarten Zeitpunkt nicht, kann der Kredit nicht abgelöst werden. Da der Kreditgläubiger das Land selbst bzw. seine Zentralbank ist, kann die UN-Organisation einfach Forderung und Verbindlichkeiten gegeneinander aufrechnen[637]. Die USD-Anlage, die am Kapitalmarkt plaziert worden ist, dagegen unterliegt bei Wahl eines bonitätsmäßig einwandfreien Kontrahenten nur einem vernachlässigbaren Ausfallrisiko, so daß bei Fälligwerden des Anlagebetrags der Beitrag in USD mit sehr hoher Wahrscheinlichkeit automatisch pünktlich eintrifft[638]. Dieser Vorteil entsteht nicht, wenn ein privatwirtschaftliches Kreditinstitut die Transaktionen durchführt, es sei denn, eine wirksame Netting-Vereinbarung zwischen Gläubiger des Kreditbetrags und

---

637 Hierzu könnte man eine entsprechende Netting-Rahmenvereinbarung mit dem Land treffen, aber selbst wenn eine solche Vereinbarung nicht existiert, stellt sich die Frage, ob, wo und mit welcher Begründung das Land auf die Erfüllung der Rückzahlungsverpflichtung klagen würde.

638 Wird eine Kurssicherungsvereinbarung mit einem Mitgliedsland getroffen, muß diese zusammen mit der Verpflichtung des Landes zur Beitragszahlung in inländischer Währung in das ABS eingebracht werden, da in das ABS ausschließlich USD-Verbindlichkeiten eingehen sollten. Das Vorliegen einer solchen Vereinbarung erhöht natürlich unmittelbar den Wert des ABS, da die Bonitätsbeurteilung sich nur noch auf den Kontrahenten im USD-Anlagegeschäft beziehen muß.

Schuldner der Beitragsleistung ließe sich auch zugunsten eines privatwirtschaftlichen Kreditinstituts erreichen.

Kreditbetrag

In der zweiten Variante der Kurssicherung ist es notwendig, daß der Mitgliedstaat den Kreditbetrag in t_0 tatsächlich überweist, um den USD-Kauf zu ermöglichen. Die Überweisung des Kreditbetrags dürfte – je nach Haushaltsrecht eines Mitgliedstaates – trotz der fehlenden Berücksichtigung des Betrags im in t_0 laufenden Haushalt keine großen Probleme bereiten, weil dem hingegebenen Betrag eine verzinste Kreditforderung in gleicher Höhe gegenübersteht, also keine „konsumptive" Ausgabe getätigt wird, die einer haushaltsmäßigen Berücksichtigung bedürfte.

Gebühren

Transaktionskosten werden entstehen, wenn entweder bei der Kurssicherung über einen FX-Future die Dienste eines privatwirtschaftlichen Finanzdienstleisters in Anspruch genommen werden oder die Kurssicherung über die zweite Variante realisiert wird. Die Kosten werden entweder direkt als Servicegebühren o.ä. erhoben oder sind in Spreads z.B. zwischen Kredit- und Anlagezins enthalten. Diese Gebühren sollten zumindest teilweise ebenfalls als Finanzierungskosten im ordentlichen Haushalt abgefangen werden[639]. Diese Einschätzung liegt darin begründet, daß Staaten, deren Landeswährung der USD ist oder an diesen fest gekoppelt ist, keine Absicherungsnotwendigkeiten haben; es schein daher gerecht, die Staaten im Sinne der kollektiven finanziellen Verantwortung an den Kurssicherungskosten der Nicht-USD-Staaten zu beteiligen.

Die Höhe der Kosten kann evtl. durch die Gestaltung der Teilnehmer an den Transaktionen beeinflußt werden. So könnte man beispielsweise beim FX-Future die Dienste der Weltbank oder des IWF in Anspruch nehmen, die nicht dem Zwang der Erzielung von Gewinnen unterliegen. Kann als Kreditgeber tatsächlich das Mitgliedsland selbst oder seine Zentralbank gewonnen werden, kann ggf. ein günstigerer Kreditzins ausgehandelt werden als z.B. bei einem privaten Kreditinstitut des Staates, da die Höhe dieses Zinssatzes den Terminkurs zur Berechnung der Beitragshöhe in inländischer Währung beeinflußt.

Grundsätzlich scheint es als Kompromiß zwischen Gerechtigkeit und Praktikabilität möglich zu sein, die Kosten, die ausdrücklich als Gebühren ausgewiesen werden, über den ordentlichen Haushalt zu sozialisieren, während die Kosten, die implizit in einem ungünstigeren Terminkurs enthalten sind, der Mitgliedstaat selbst tragen sollte; das Herausrechnen der Kosten und das damit verbundene Berechnen des „fairen" Kurses wäre unverhältnismäßig aufwendig und böte unnötig Anlaß zu Streitigkeiten in der Generalversammlung.

---

639 Siehe zu der Frage der Transaktionskosten bei einer ABS-Finanzierung „5.3.3 Organisation der Transaktion" sowie „5.6 Beurteilung der Gesamtlösung".

5.3 Mögliche Gestalt einer ABS-Finanzierung der UN-Friedensoperationen

Um eine sinnvolle Wahl aus den reichhaltigen Gestaltungsmöglichkeiten zu treffen, die das Instrument ABS bietet, muß sie an den Zielen ausgerichtet werden, die mit dem Forderungsverkauf verfolgt werden. Dies bedeutet, daß die Form der ABS-Transaktion einerseits möglichst flexibel auf den schlecht vorhersehbaren, erratisch schwankenden Finanzierungsbedarf, der sich aus dem Beschluß zur Durchführung einer Friedensoperation ergibt, reagieren können muß und andererseits ein einflußreicher Kreis an Beteiligten zusammengestellt werden muß, der das Potential aufweist, Druck auf die Exekutive und den Kongreß der USA Druck ausüben zu können.

Dabei müssen relevante, bestehende Regeln der UN-Organisation berücksichtigt werden, und es muß – falls sich diese als hinderlich erweisen – untersucht werden, inwieweit Änderungen in den Bestimmungen für die UN-Organe[640] vonnöten wären, um eine solche Lösung installieren zu können. Sollten Änderung im Regelwerk der UN notwendig werden, muß ausgelotet werden, inwieweit oder unter welchen Bedingungen solche Änderungen möglich erscheinen.

5.3.1 Grundkonstruktion

Die Natur der verkauften Risiken legt nahe, auf eine synthetische Konstruktion zu verzichten und stattdessen eine sog. True-sale-Variante vorzuziehen. Da es sich bei den Forderungen gegen die Mitgliedstaaten in erster Linie um Risiken aus verspäteten Zahlungen handelt und – zumindest bzgl. des weitaus größten Teils der Beträge – nicht um das Risiko des vollständigen Ausfalls eines Mitgliedstaates, bietet es sich an, die Zahlungsströme selbst im Bündel zu verkaufen.

Beim synthetischen Verkauf verblieben die Forderungen in der Bilanz der UN-Organisation, und bei Zahlungsverspätung würde die Organisation von den Kontraktpartnern eine Ausgleichszahlung erhalten. Eine solche Versicherung wird üblicherweise über Credit Default Swaps (CDS) ermöglicht, wobei der Versicherte die UN-Organisation wäre und der Sicherungsgeber auf dem Kapitalmarkt gesucht werden müßte. Diese Konstruktion hat allerdings für den vorliegenden Fall den Nachteil, daß eine Definition des Defaults für die CDS-Vereinbarungen gefunden werden müßte, die nicht primär auf einen Zahlungsausfall abzielt, sondern die Verspätungen abfängt. Dazu böte es sich an, sofort bei Überschreiten des vereinbarten Zahlungstermins durch einen Mitgliedstaat den Default-Fall festzustellen, und im Zuge der Feststellung erhielte der Sicherungsgeber die Ansprüche aus der Forderung.

Eine Konstruktion dieser Art erhöhte die Kompliziertheit der Transaktion aber unnötig, weswegen es sinnvoll erscheint, die Zahlungsströme in Form eines Anteils am Asset-Pool, also im reinen Pass-through-Verfahren direkt an die Investoren zu verkaufen.

---

[640] Sicherlich ist keine Änderung auf Ebene der Charta notwendig; die Bestimmungen dort lassen für die hier vorgestellte Lösung ausreichend Spielraum (vgl. 2.2.1).

Abbildung 24: Vorgänge bei Entstehen der Forderungen

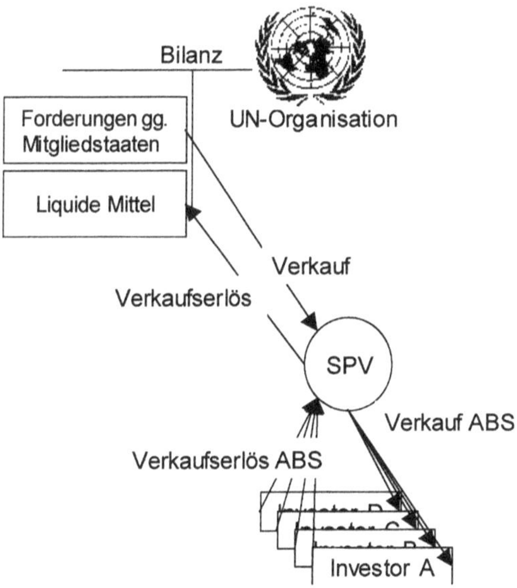

Abbildung 25: Vorgänge bei Überweisungen von Beitragsleistungen

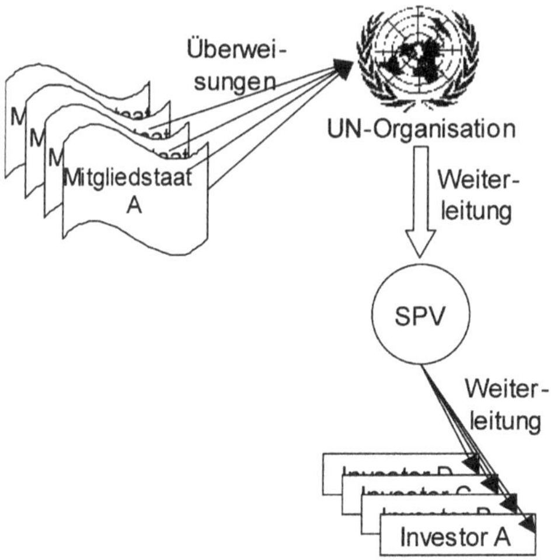

5.3.2 Aktiva

Die Verbriefung betrifft zunächst die Forderungen der UN-Organisation gegen ihre Mitgliedstaaten, die aus Veranlagungen wegen der Kosten für Friedensoperationen entstehen.

Vergleichsweise unproblematisch stellt sich die Verbriefung bei laufenden Missionen dar. Für alle laufenden Missionen werden zu Beginn der Finanzperiode für Friedensoperationen, die sich vom 1. Juli eines Jahres bis zum 30. Juni des darauffolgenden Jahres erstrecken, jeweils separate, auf die Periode bezogenen, Budgetentscheidungen getroffen. Es bietet sich an, alle Forderungen, die auf diese Weise begründet werden, in einem einzigen Asset-Pool zu verbriefen. Diese Vorgehensweise bietet den Vorteil, daß zum einen eine relativ große Summe auf einmal verbrieft werden kann und zum anderen so ein regelmäßig wiederkehrender Emissionstermin für die Wertpapiere entsteht, den die Kapitalmarktteilnehmer kennen und mit dem sie im Vorhinein rechnen können. Dadurch bezöge sich der Aufwand, der bei der Verbriefung entsteht, auf eine große Summe, und der Akt der Veräußerung würde erleichtert.

Damit stünden liquide Mittel in Höhe des gesamten Betrags der Budgets für alle Missionen zu Anfang der Finanzperiode der Friedensoperationen zur Verfügung, da die Investoren die Kaufsumme praktisch sofort überweisen. Da die Missionen das Geld üblicherweise über die gesamte Finanzperiode hinweg verbrauchen, werden liquide Mittel i.d.R. nicht zu diesem Zeitpunkt in voller Höhe benötigt. Die Verkaufserlöse der Wertpapiere sollten daher auf dem Geldmarkt geparkt bzw. als Bestandteil eines organisationsweiten Cash-Pools behandelt werden. Die Zinseinnahmen müssen nach den aktuell gültigen Regeln an die Mitgliedstaaten zurückerstattet werden. Diese Bestimmung hat prinzipiell ihre Berechtigung dadurch, daß die Mitgliedstaaten schließlich ein Upfront-payment (auch im Rahmen des aktuellen Beitragsverfahrens) für Kosten leisten, die der UN-Organisation erst sukzessive entstehen; dadurch leisten die Staaten bei Anwendung der Barwertkalkulation finanziell mehr als eigentlich notwendig. Dieser Überschuß schlägt sich im Zinsertrag nieder, den die Staaten zurückerhalten müssen. Diese Regelung sollte trotzdem dahingehend geändert werden, daß ein Netting zugelassen wird, so daß für den Fall des gleichzeitigen Bestehens von Forderungen aus Beitragsleistungen und Verbindlichkeiten wegen der o.g. Erträge aus Kapitalanlage je Mitgliedstaat saldiert werden kann.

Problematischer liegt der Fall bei Missionen, die während der Finanzperiode für Friedensoperationen neu gestartet werden müssen[641]. Da es sich bei Friedensoperationen um ein spontan auftretendes Phänomen handelt und außerdem insbesondere in der Start-up-Phase hohe Liquiditätsbelastungen auftreten, liegt es nahe, sofort nach Beschluß über das Budget mit der Emission eines einzelnen ABS zu beginnen, das nur durch die Forderungen wegen der betreffenden Mission gestützt wird. Allerdings fielen die o.g. Vorteile weg, die bei der Zusammenfassung aller laufenden Missionen entstehen. V.a. ist damit zu rechnen, daß das Verfahren im Vergleich zu der regelmäßig stattfindenden Emission abgeändert werden müßte, um dem geringeren Volumen und dem außerplanmäßigen Zeitpunkt Rechnung zu tragen.

Aus diesem Grund scheint es angebracht, eine Emission außer der Reihe möglichst zu vermeiden. Für die Finanzierung neu gestarteter Missionen wird es

---

[641] Dies gilt ebenso für Änderungen des Mandatsumfangs einer laufenden Mission, die in signifikanter Weise auf den Finanzierungsbedarf durchschlägt.

darauf ankommen, wie es um die Inanspruchnahme der Notfallfonds (Peacekeeping-Reserve-Fund, Special Account Fund, Working Capital Fund) steht: reichen die vorhandenen Mittel aus, um die neue Mission bis zum Beginn der nächsten Finanzperiode für Friedensoperationen zu unterhalten, sollten sie aus dem Fonds vorfinanziert werden. Die Mittel aus dem o.g. Cash-Pool können der neuen Mission natürlich nicht zur Verfügung stehen, da sie schließlich bis zum Ende der Periode gemäß Plan durch die laufenden Missionen aufgebraucht werden. Daher muß wie bisher für den Fall des Beginns einer neuen Mission ein Fonds verwendet werden, der für unvorhersehbare Maßnahmen vorgesehen ist.

Reichen die Mittel der Fonds voraussichtlich nicht aus, muß eine einzelne ABS-Transaktion für die neue Mission vorgenommen werden. Das Budget müßte in diesem Fall so formuliert werden, daß eine ausreichend hohe Forderungssumme zusammenkommt, was von Fall zu Fall entschieden werden müßte. So wäre es beispielsweise angezeigt, bei einer Mission, die im Mai gestartet werden muß, bis Ende Juni des darauffolgenden Jahres zu budgetieren; anschließend würden folgende Budgets wieder in den Takt der Finanzperiode der Friedensoperationen eingereiht.

In diesem Zusammenhang sollte erwogen werden, die Beitragsforderungen aufgrund der Veranlagung zum ordentlichen Haushalt ebenfalls zu verbriefen. Auf diese Weise ließen sich zwei Emissionstermine pro Jahr konstituieren, nämlich zu Beginn des Jahres für die Verbriefung der Forderungen aus den Veranlagungen für den ordentlichen Haushalt und zur Mitte des Jahres die Forderungen aus Veranlagungen für die Friedensoperationen.

Dadurch könnte der Betriebsmittelfonds mit weniger Mitteln ausgestattet werden, da man für neue Friedensoperationen nur noch Zeiträume von maximal einem halben Jahr damit überbrücken müßte. Würde unter den Umständen der Realisierung dieses Verfahrens beispielsweise eine Operation im Mai beginnen, finanzierte man aus dem Fonds die Mittel für den Zeitraum von Mai bis Juni; begänne die Operation dagegen im Oktober, müßte man die Mittel für den Zeitraum von Oktober bis Dezember aus dem Fonds entnehmen und könnte im Rahmen der Veranlagung für den ordentlichen Haushalt den Working Capital Fonds unter Berücksichtigung der Belastungen aus der Mission dimensionieren.

Als eine weitere Folgerung aus dem skizzierten Verfahren kann abgeleitet werden, daß die Koexistenz von unterschiedlichen Notfallfonds an sich nicht notwendig ist. Es erscheint völlig ausreichend, nur einen einzigen Fonds für unvorhersehbare Ausgaben vorzuhalten, unbeachtlich der Natur der unvorhergesehenen Ausgabe. Die Unterscheidung will bereits beim aktuell geübten Verfahren nicht recht einleuchten: Woher auch immer die ungeplanten Ausgaben stammen, ihre Natur ist immer dieselbe. Sollte der Grund in den unterschiedlichen Skalen bzgl. der Verteilung der Kosten auf die Mitglieder gehen, könnte man dies auch rein rechnerisch berücksichtigen, während die Mittel in ein und denselben Fonds laufen[642].

Erwartungsgemäß wird der Kapitalmarkt die Forderungen ggf. weit unter dem Barwert abkaufen; dies hängt im wesentlichen ab vom Vertrauen, das die potentiellen Investoren der Zahlungsmoral ihrer Mitglieder entgegenbringen. Dieser Abschlag geht der UN-Organisation für ihre Vorhaben aber unwiederbringlich verloren, weil die Ansprüche auf die eintreffenden Beiträge eben verkauft sind; das Geld wird mithin im Budget fehlen. Um das Budget trotzdem in der geplanten Höhe realisieren zu können, gibt es zwei Möglichkeiten. Die erste Möglichkeit besteht darin, das Budget für die einzelne Mission (und – falls die Verbriefung auch für die Beiträge zum ordentlichen Haushalt durchgeführt wird – für den ordentlichen Haushalt) um den dem Abschlag entsprechenden Betrag anzuheben. Als zweite Möglichkeit könnten die Fehlbeträge nachträglich beim ordentlichen Haushalt berücksichtigt und somit ex post abgedeckt werden.

Vorteil der ersten Variante wäre, daß das vollständige Budget zu Beginn der Finanzperiode für Friedensoperationen zur Verfügung steht. Bzgl. der ersten Lösung wäre es ggf. schwierig, aber durchaus möglich, die Höhe des zu erwartenden Abschlags im vorhinein abzuschätzen, um die Veranlagungen an die Mitglieder entsprechend korrigieren zu können. Vorteil der zweiten Variante ist die Augenfälligkeit, mit der die Auswirkungen der Zahlungsmoral auf die entstehenden Kosten demonstriert werden können; diese Kosten entstehen schließlich auch unter der aktuellen Regelung und werden automatisch weit überwiegend durch die truppenstellenden Staaten getragen. Nachteilig wäre, daß das Geld für das Budget bis zum Zeitpunkt des Beginns der Periode des ordentlichen Haushalts fehlen würde.

Die Sanktion des Art. 19 Charta stellt bei den Preiskalkulationen ein wichtiges Element dar; so wird hier davon ausgegangen, daß die Mitgliedstaaten – zumal die Hauptbeitragszahler – trotz ihres Zahlungsgebarens einen Stimmverlust in der Generalversammlung üblicherweise nicht riskieren. Dadurch können Investoren mit relativ hoher Wahrscheinlichkeit mit dem Eintreffen der Zahlungen spätestens drei Jahre nach der Fälligkeit der Beträge rechnen. Allerdings trifft diese Kalkulation dann nicht zu, wenn Mitgliedstaaten – v.a. aus politische Gründen – zu bestimmten Friedensoperationen ihre Beiträge zurückhalten, während sie die anderen voll bezahlen[643]. Dadurch würde die durch Art. 19 Charta bezeichnete Frist weiter hinausgezogen werden, da bei der Kalkulation Beiträge zu Friedensoperationen und zum ordentlichen Haushalt in Summe betrachtet werden: bis die kumulierten Beitragsrückstände wegen einer

---

642 Im übrigen sei bzgl. der unterschiedlichen Skalen bei ordenlichem Haushalt und Friedensoperationen auf die in 4.2.3 dargelegte Argumentation verwiesen.

643 McDermott weist in diesem Zusammenhang hin auf die Anfälligkeit des Finanzierungssystems des UN-Peacekeeping für politischen Protest aufgrund der Verbindung von Friedensoperationen zu einzelnen Konten (vgl. McDermott, Anthony, "The New Politics of Financing the UN", Oslo, 1998, S. 81).

einzelnen Friedensoperation die Schwelle von Beiträgen von drei vollen Jahren erreicht, würde je nach Umfang der Mission u.U. viele Jahre dauern.

Dieses Problem wird im dargestellten Konzept bereits dadurch abgeschwächt, daß die Beiträge aller Mitglieder zu allen Friedensoperationen zusammen verbrieft werden (s.o.). Um dem Problem noch effizienter begegnen zu können, wäre es günstig, in der UN-Organisation die Regel auf juristisch sichere Weise zu etablieren und zu veröffentlichen, daß eintreffende Beitragszahlungen je Mitgliedstaat die jeweils ältesten offenen Rechnungen ausgleichen, also eine Art von First-In-First-Out-Fiktion. Auf diese Weise mag ein Mitgliedstaat seiner Unzufriedenheit über eine einzelne Friedensoperation durch Beitragsverweigerung zum Ausdruck bringen, während die Investoren trotzdem mit der Dreijahresfrist kalkulieren können.

5.3.3 Organisation der Transaktion

Da sich die Emission der ABS in gleicher oder sehr ähnlicher Struktur laufend und ggf. regelmäßig wiederholt, bietet sich wegen der Wiederverwendbarkeit die Errichtung eines Multiseller-Vehikels an. Jeder Asset-Pool muß allerdings eine rechtlich selbständige Einheit bilden, die aber unter dem Dach des Multiseller-Vehikels gegründet und abgewickelt werden kann. Diese Prozesse sowie insbesondere die Organisation der Veräußerung der Wertpapiere sollte einer oder mehreren Investmentbanken übertragen werden. Die Kosten für diese Dienstleistung sollten im ordentlichen Haushalt als Finanzierungskosten budgetiert werden.

Verantwortlich für das Forderungsmanagement muß die UN-Organisation bleiben; das Verhältnis zwischen UN-Organisation und Mitgliedstaaten bliebe insoweit unangetastet. Auch die Verfahren der Generalversammlung und ihrer relevanten Ausschüsse (v.a. fünfter Hauptausschuß, ACABQ, CoC) blieben unverändert.

Trotz der vorgeschlagenen Institutionalisierung durch die regelmäßige Begebung der ABS einmal oder zweimal pro Jahr wird nicht zu erwarten sein, daß ein liquider Sekundärmarkt für diese Papiere entstehen kann (s. dazu 5.3.6). Daher wird die Begebung in der individualisierten Form des sog. Private Placement zu erwarten sein, bei dem die Papiere einem ausgewählten Kreis von Investoren vorgestellt werden.

5.3.4 Credit Enhancement

Eine Aufwertung der Sicherheiten, die durch die verbrieften Aktiva gegeben sind, könnte alle Maßnahmen beinhalten, die den Investor in ein ABS vor den Folgen der verspäteten Zahlung oder gar des gänzlichen Ausfalls einer Zahlung teilweise oder ganz schützt. Ziel der Verbriefung ist es allerdings, das Risiko der verspäteten Zahlung von der UN-Organisation abzuwälzen, die keine nennenswerte Risikotragfähigkeit aufweist. Aus diesem Grund kommt keinesfalls die UN-Organisation für solche Sicherungsmaßnahmen in Frage. Entweder müssen alle oder einzelne Mitgliedstaaten diese Sicherung direkt übernehmen, oder es wird ein bonitätsmäßig einwandfreier Finanzdienstleister gegen Prämie bereit sein, diese Sicherungsleistung zu übernehmen.

Risiko wiederum ist gleichbedeutend mit Kosten, daher werden die ABS nur mit einem Risikoaufschlag verkaufbar sein. Übernimmt nun ein Mitgliedsland die Risiken für die verspätete oder ausbleibende Zahlung eines anderen, kommt dies einer Umverteilung von Kosten gleich. Den entsprechend höheren Preis für das mit einer weiteren Sicherheit ausgestattete ABS trägt in diesem Fall das sicherungsgebende Land. Dies stellt aber nicht das Ziel des Verfahrens dar.

Ein Credit Enhancement, das die Gesamtheit der Mitgliedstaaten leisten kann, wäre die sog. Overcollateralisation. Für eine Overcollateralisation muß im Zeitpunkt der Veräußerung lediglich der Wert der Forderungen etwas höher sein als der Wert der emittierten ABS[644]. Dies kann einfach dadurch erreicht werden, daß durch die Generalversammlung ein etwas höherer Betrag für den Haushalt veranlagt wird, als sich durch die Haushaltsplanung tatsächlich ergibt. Auf Basis der dann entstehenden Forderungen gegen die Mitgliedstaaten können dann ABS emittiert werden, deren Gesamtwert sich auf den geringeren, aus der Planung hervorgegangenen Betrag bezieht.

Soll das finanzielle Risiko, das sich aus der schlechten Zahlungsmoral ergibt, bei der Verbriefung in Reinform abgebildet werden, könnte man darüber nachdenken, tatsächliche Fälle von Art. 19 Satz 2 Charta abzufangen. Es ist davon auszugehen, daß bei Feststellen von „...Umständen [...], die dieses Mitglied nicht zu vertreten hat“[645] in der Tat ein Problem der Zahlungsunfähigkeit vorliegt. Daher wäre es beispielsweise möglich, daß bei jeder Emission eines ABS eine CDS-Vereinbarung getroffen wird, deren potentielle Ansprüche dem Asset-Pool beigefügt werden. Das Default-Ereignis muß derart definiert werden, daß die Sicherheitsleistung dann abgerufen werden kann, wenn die Generalversammlung eine Ausnahmegenehmigung gem. Art. 19 Satz 2 Charta erteilt. In diesem Fall sollte die CDS-Vereinbarung bestimmen, daß der Sicherungsgeber die Beiträge wie vorgesehen an den Assetpool bezahlt und im Gegenzug die Ansprüche aus den – möglicherweise im Form eines Zahlungsplans veränderten[646] – künftig eintreffenden Zahlungen der im Verzug befindlichen Mitglieder erhält. Der Anteil am Gesamtvolumen der Forderungen ist dabei relativ gering: legt man das beste Rating für kurzfristige Verbindlichkeiten als Grenze an die Beitragsforderungen an, kommt man auf maximal knapp 15% der Beiträge[647].

---

644 Vgl. Bär, Hans Peter, "Asset Securitisation", Bern, Stuttgart, Wien, 1997, S. 211

645 Vgl. Art. 19 Satz 2 Charta.

646 Für die für das Haushaltsjahr 2002 veranlagten Beitragszahlungen gab es Ausnahmeanträge von sieben Staaten bzgl. Art. 19 Satz 2 Charta, vier dieser Staaten legten einen sog. „multi-year payment plan“ vor (vgl. UN-Doc. A/57/11 Supplement 11, 21.06.2002).

647 Für diese grobe Schätzung wurden Ratings für kurzfristige Verbindlichkeiten in nationaler Währung von Moody's Investors Service und die Beitragsskala für das Jahr 2003 zugrundegelegt (alle Staaten mit dem besten Rating für kurzlaufende Staatspapiere P-1 machen dort mehr als 85% des Beitragsaufkommens aus).

Obwohl man solche CDS auch auf dem Kapitalmarkt verkaufen könnte, wäre es sicherlich allein wegen des geringen Volumens i.V.m. der intransparenten Entscheidungsfindung des CoC sinnvoller, diese Sicherung über die Mitgliedstaaten zu realisieren. Dies könnte beispielsweise so erfolgen, daß die UN-Organisation eine selbständige rechtliche Einheit (wiederum ein SPV) gründet, das dem Asset-Pool die o.g. Sicherung via CDS verleiht. Die Anteile an der rechtlich selbstständigen Einheit wiederum könnten einige oder alle Mitgliedstaaten halten, z.B. wiederum durch entsprechende Sicherungsvereinbarungen mit den teilnehmenden Staaten zugunsten dieser rechtlich selbstständigen Einheit. Angenommen, alle Mitgliedstaaten könnten sich auf diese Konstruktion einigen, dann würde das finanzielle Risiko aus Zahlungsverzug aufgrund schlechter wirtschaftlicher Lage über alle Mitgliedstaaten z.B. entsprechend ihrem Schlüssel zum ordentlichen Haushalt verteilt. Würde das Risiko dagegen an die Kapitalmärkte weiterverteilt, müssen die Investoren natürlich mit einer Prämie für die Übernahme des Risikos entschädigt werden.

Diese Vorkehrungen stellen allerdings keine notwendige Bedingung für die Verbriefung dar, sie dienten lediglich dem Ziel, das Risiko des Zahlungsverzugs wegen ernster wirtschaftlicher Schwierigkeiten von dem der Zahlungsunwilligkeit zu trennen, denn bei den verbleibenden Forderungen, die durch die Verbriefung an den Kapitalmarkt verkauft werden, kann davon ausgegangen werden, daß allein der Zahlungswille der betreffenden Mitgliedstaaten über die rechtzeitige Überweisung entscheidet. Die aussichtsreichste Möglichkeit zur Realisierung böte eine Einigung unter Mitgliedstaaten auf freiwilliger Basis.

5.3.5 Rating

Sind Wertpapiere mit einem Rating einer anerkannten, internationalen Ratingagentur wie Moody's, Standard & Poor's oder Fitch IBCA versehen, so ist der Weg für einen vergleichsweise tiefen Sekundärmarkt für die Papiere geebnet. Praktisch jedes ABS durchläuft einen Ratingprozeß einer der genannten Agenturen, ehe es am Markt angeboten wird. Die Ratingagentur erhöht durch eine standardisierte Einschätzung der Risiken die Sicherheit für die Investoren; außerdem stützen sich die Vorschläge der Kommission für Eigenkapitalrichtlinien der Bank für Internationalen Zahlungsausgleich (BIZ) hinsichtlich der Eigenkapitalunterlegung von Adressenausfallrisiken konzeptionell auf die Einschätzungen durch diese Agenturen, so daß das Rating der Wertpapiere für Banken unmittelbar eigenkapital- und dadurch kostenwirksam wird.

Im Fall der hier skizzierten ABS allerdings dürfte es den Agenturen schwerfallen, diese in ihr Schema der Bonitätsbeurteilungen einzuordnen. Schließlich implizieren die durch die Agenturen vergebenen Ratings im Regelfall die Wahrscheinlichkeit, mit der die gerateten Wertpapiere aufgrund einer sich in Zukunft möglicherweise ergebenden Zahlungsfähigkeit der Schuldner ausfallen; sie haben jedoch keine Expertise in der Einschätzung der Zahlungsunwilligkeit der Schuldner und dem infolgedessen auftretenden Zahlungsverzug. Im Falle der Verbriefung der Beitragszahlungen der UN ist allerdings genau dies das den

Papieren zugrundeliegende Risiko; dies gilt insbesondere dann, wenn ein Hedging der verbleibenden Ausfallrisiken durchgeführt wird, wie es in 5.3 dargestellt wurde. Insofern erscheint es problematisch, ein Rating für die ABS zu erhalten.

Bedenkt man aber den materiellen Nutzen, den ein Rating verkörpert, erscheint es grundsätzlich nicht allzu schädlich, die Wertpapiere ohne Rating verkaufen zu müssen. Die Ratingagentur leistet für den Investor eine Informationstransformation: Informationen aus dem Geschäft des Schuldners oder der Vielzahl von Schuldnern, zu denen die Investoren keinen Zugang haben, mit deren Vielfalt sie sich nicht beschäftigen können oder zu deren Auswertung die Expertise der Investoren fehlt, werden durch die Agenturen verarbeitet und für den Investor handhabbar gemacht. Bei ABS auf der Grundlage eines Bündels an kommerziellen Forderungen beispielsweise können die Investoren faktisch keine Einschätzung vornehmen, da sie i.d.R. weder die Schuldner noch die Ausgestaltung der schuldrechtlichen Verträge im Einzelnen kennen; häufig sind Tausende von Schuldansprüchen in einem einzelnen Papier verbrieft.

Im Falle der Verbriefung der Ansprüche der UN-Organisation an ihre Mitgliedstaaten besteht dagegen eine ungewöhlich hohe Transparenz[648]. Zum einen handelt es sich um eine überschaubare Anzahl von Schuldnern, die dadurch faktisch noch verringert wird, daß nur wenige Schuldner den weit überwiegenden Teil der gesamten, im Papier verbrieften Nominalanteile ausmachen. Zum anderen sind risikorelevante Informationen in hohem Maße öffentlich zugänglich; eine Transparenz, die von Seiten der UN-Organisation auf einfache Weise noch weiter verbessert werden kann (s. 4.2.1). Schließlich ist die Konstruktion über den oben beschriebenen Asset-Pool denkbar simpel, so daß aus der Konstruktion des Wertpapiers ebenfalls kein wesentlicher Informationsbedarf entstehen sollte[649]. Die Fähigkeit der Ratingagenturen zur Informationstransformation

[648] Zum Einfluß der Transparenz für die Marktgängigkeit von Verbriefungen s. z.B. Keller, James, "Investor Perspectives on CDOs", in: Risk Magazine, Credit Derivatives 2001 - Issues and Opportunities, 2001, S. 15: dort wird das Problem der sog. „Static Pool“-Transaktionen erörtert, die trotz vergleichsweise hoher Transparenz schlecht am Markt plaziert werden können. Der Autor identifiziert allerdings als Hauptgrund die Tatsache, daß bei solchen Verbriefungen den Investoren meist der Zweck der Transaktion nicht überzeugend klar wird. Dies ist bei der hier beschriebenen Transaktion aber nicht der Fall, so daß deren Transparenz durch den Markt insgesamt positiv beurteilt werden dürfte (vgl. auch FN 649).

[649] Diese Transparenz stellt auch einen großen Vorteil im Vergleich zu vielen kommerziellen ABS dar. Bei verbrieften Bankkredit-Portfolios besteht fast immer die Schwierigkeit, die Investoren zu überzeugen, daß nicht nur die „schlechten“ Kredit in den Korb gelegt wurden; schließlich kennt die Bank ihre eigenen Kreditnehmer immer besser als die Investoren. Dieses Problem wird als Problem der Adverse Selection bezeichnet. Der Originator muß dem Investor schlüssig aufzeigen, (1) *warum* er die Transaktion überhaupt vorgenommen hat und (2) welche Maßnahmen er getroffen hat, damit die verbrieften Kredite zufällig ausgesucht worden sind. Beide Fragen spielen bei der hier dargestellten Verbriefung der UN-Forderungen keine Rolle (Vgl. zur Adverse Selection z.B. Henke,

dürfte in diesem Fall insoweit kaum besser sein als die eines aufmerksamen Beobachters oder gar eines intimen Kenners der US-amerikanischen Politikszene.

5.3.6 Potentielle Investoren

Als mögliche Investoren kommen grundsätzlich alle Kapitalmarktteilnehmer in Frage, die direkt am Kapitalmarkt aktiv sind[650]. Allerdings wird durch das ungewöhnliche Ertrag-Risiko-Profil der Wertpapiere der Kreis möglicher Investoren stark eingeengt.

Für die Papiere wird sich aufgrund der Einzigartigkeit der Konstruktion höchstwahrscheinlich kein institutionalierbarer Sekundärmarkt auftun. Wenn überhaupt, wird man die Papiere unter institutionellen Anlegern, also in erster Linie Finanzdienstleistern und Asset-Managern, direkt handeln (sog. OTC-Handel). Unter den institutionellen Anlegern wiederum werden aufgrund der Natur der ABS nur relativ wenige sein, die ausreichende Kenntnis besitzen, um das Risiko gegen den Ertrag abwägen zu können. Dadurch wiederum ergibt sich ein nur kleiner Kreis von Investoren, und in solchen Fällen muß immer mit einer relativ großen Spanne zwischen An- und Verkaufspreis gerechnet werden.

Dazu kommt, daß keine gängigen Derivate zur Verfügung stehen, mit denen ein Investor das Risiko während der Laufzeit der Papiere steuern kann. Obwohl es durchaus derivative Instrumente zum Zweck der Absicherung gegen Länderrisiken gibt, bieten diese keinen Schutz, da die vorgestellten ABS schließlich nicht Länderrisiken, sondern das Risiko von Zahlungsverzug beinhalten. Prinzipiell wäre es denkbar, daß sich aufgrund der Regelmäßigkeit der Emissionen ein Markt für Sicherungsinstrumente bilden könnte; schließlich könnte sich immerhin ein Marktvolumen von einigen Mrd. USD pro Jahr (z.B. knapp vier Mrd. USD für ordentlichen Haushalt und für die Peacekeeping-Haushalte zusammen im Jahr 2001) bilden. Von einer solchen Entwicklung kann man aber zumindest nicht mit einer hohen Wahrscheinlichkeit ausgehen.

All dies spricht dafür, daß mögliche Investoren v.a. aus der Reihe der Asset-Manager stammen, die ABS mit rein spekulativem Motiv kaufen und bis zum Laufzeitende im Portfolio halten würde. Dabei fallen auch diejenigen Fonds als Investoren aus, deren restriktive Anlagerichtlinien eine Investition in das beschriebene Risiko nicht erlauben. Insoweit kämen Hedgefonds in Frage, die üblicherweise vergleichsweise lockeren Anlagerestriktionen unterliegen, sowie Fonds, denen ausdrücklich die Investition in solche Papiere gestattet ist und/oder die mit Schwerpunkt auf diese Investitionsobjekte aufgelegt werden. In geringem Umfang mögen überdies Banken diese Papiere aus spekulativem Motiv in ihre Bücher nehmen. Für Finanzdienstleister, die unter die nationale Bankenaufsicht fallen, dürfte allerdings zum einen die unzureichende Steuerbarkeit der Risiken aufgrund des schwachen Sekundärmarkts und fehlender derivater Absicherungs-

---

Sabine; Burghof, Hans-Peter; Rudolph, Bernd, "Credit Securitization and Credit Derivatives", 01/1998, S. 13, 17ff).

[650] Vgl. Bär, Hans Peter, "Asset Securitisation", Bern, Stuttgart, Wien, 1997, S. 95.

möglichkeiten problematisch sein, zum anderen die Rendite durch bankenaufsichtsrechtlich bedingt erhöhte Eigenkapitalkosten infolge eines fehlenden Ratings der Papiere geschmälert werden; dadurch käme wohl in erster Linie ein Investment im Anlagebereich (im Gegensatz zum Handelsbereich) der Bank in Frage.

Aus dem beschriebenen Kreis von Investoren könnten insbesondere US-amerikanische Institute (Fondgesellschaften und Investmentbanken) in Frage kommen. In den USA ist diese Form der Forderungsverbriefung vergleichsweise gängig. Überdies ist man dort möglicherweise am ehesten in der Lage, das Zahlungsverhalten des größten Beitragszahlers abschätzen zu können. Ein besonderes Interesse an den Papieren werden solche Investoren haben, die ihren Einfluß geltend machen können, um den Gesetzgeber zu einer zügigeren Überweisung zu bewegen.

Schließlich haben auch die Mitgliedstaaten die Möglichkeit, die Papiere zu erwerben. Eine Beteiligung wäre sogar wünschenswert, da sich so der Kreis der Bieter vergrößerte und sich damit tendenziell ein höherer Preis für die Wertpapiere erzielen ließe. Inwieweit dies möglich ist, hängt von den für die Mitgliedstaaten jeweils geltenden Regelungen ab; es müßte geprüft werden, ob es nicht sogar grundsätzlich möglich wäre, daß die US-Administration aus einem anderen Budget Mittel verwenden könnte, materiell gewissermaßen ihre eigenen, verbrieften Beitragsschulden zu erwerben und die UN-Organisation auf diese Weise mit der notwendigen Liquidität versorgen könnte.

5.4 Eine Pay-through-Alternative

Bei einer am Kapitalmarkt gängigen Form einer ABS-Transaktion werden die Aktiva an ein SPV übertragen, und das SPV emittiert einige Serien von Wertpapieren unterschiedlicher Kreditqualität, die am Kapitalmarkt veräußert werden. Im vorliegenden Fall würden die Forderung der UN-Organisation gegen ihre Mitgliedstaaten auf ein SPV übertragen, das z.B. durch eine Investmentbank errichtet worden ist. Einzig die Zahlungsströme, die aus diesen Aktiva entstehen, werden für die Erfüllung der Verpflichtung, also Zins und Tilgung, aus den Anleihen verwendet.

Im Unterschied zu der oben beschriebenen Gestalt handelt es sich bei der hier skizzierten Lösung um ein Pay-through-Konstrukt, das den Vorteil hat, am Kapitalmarkt wesentlich besser plazierbar zu sein[651].

Üblicherweise werden mindestens drei verschiedene Anleiheserien begeben, die – genannt in Reihenfolge geringer werdender Kreditqualität – als Senior-, Mezzanine- und schließlich Equity-, Junior- bzw. First-Loss-Tranche bezeichnet werden. Das Laufzeitende einer oder aller Tranchen wird häufig als zeitliches Intervall angegeben, da bei Emission nicht exakt feststeht, wann die Tilgung tat-

---

651 Vgl. zu den durch die ex ante unbekannte Duration von Pass-Through-ABS eingeschränkte Attraktivität für Anleger z.B. Bär, Hans Peter, "Asset Securitisation", Bern, Stuttgart, Wien, 1997, S. 131f

sächlich erfolgt. Zins- und Tilgungszahlungen der Anleihen werden in einer vorher angegebenen Reihenfolge bedient. Mit den aus den Aktiva generierten Zahlungsströmen wird zunächst die Senior-Tranche bedient. Mit dem verbleibenden Geld werden erst die Ansprüche aus der Mezzanine- und schließlich jene aus der Equity-Tranche beglichen. Durch diese Konstruktion fängt die Equity-Tranche als erste die Folgen aus verspätet eintreffenden Zahlungen oder Ausfällen der Forderungen auf, dann die Mezzanine- und zum Schluß erst die Senior-Tranche. Dadurch wird ein der Struktur inhärentes Credit-Enhancement der Senior- und Mezzanine-Tranche erreicht, was dazu führt, daß die Senior-Tranche häufig ein Rating im oberen Investmentgrade erhält. Die Equity-Tranche wird meist nicht geratet und regelmäßig vom Originator übernommen.

Im vorliegenden Fall sollten die Anleihen mit einer Laufzeit emittiert werden, die dem Zeitraum enspricht, der sich aus der Summe des am weitesten in der Zukunft liegenden Zeitpunkts der Beitragszahlung und einer als maximal angenommenen Zahlungsverzögerung ergibt. Im Beispiel wäre der zeitlich am weitesten entfernte Zahlungszeitpunkt zwei Jahre von der Veranlagung, und die angenommene maximale Verzögerung der Beitragszahlung, ohne daß bei gängiger Praxis Art. 19 Charta greift, wird mit drei Jahren angenommen. Also sollten die Tranchen eine Laufzeit von fünf Jahren aufweisen.

Je nachdem, in welcher Weise die Zahlungszeitpunkte durch die Mitgliedstaaten gewählt worden sind, muß das SPV zusätzlich mit einer Schicht Liquidität ausgestattet werden, um die Zinszahlungen mit einer ausreichenden Wahrscheinlichkeit begleichen zu können. Wird die Anleihe beispielsweise mit variablem Zinssatz und halbjährlicher Zinszahlung ausgestattet, liegt die erste Zinszahlung sechs Monate nach Emission. Sind bis dahin keine Beitragszahlungen eingetroffen, weil kein Mitgliedstaat eine sofortige Zahlung oder Zahlung nach einem halben Jahr vereinbart hat, muß die erste Zinszahlung aus der Liquiditätsausstattung geleistet werden können.

Dagegen muß die Summe der die fälligen Zinszahlungen übersteigenden Beiträge angelegt werden, damit sie für später anstehende Zinszahlungen und die am Laufzeitende anstehenden Tilgungszahlungen zur Verfügung stehen. Dabei muß die Verzinsungsart der Anleihe – also fixer oder variabler Zinssatz – berücksichtigt werden. Das Management der Zahlungsströme kann von der begebenden Investmentbank übernommen werden.

Am Ende der Laufzeit werden aus den vorhandenen Mitteln zuerst die Senior- und dann die nachfolgenden Tranchen bedient. Je nach Volumen der Tranchen werden sie von ausbleibenden Zahlungen teilweise oder vollständig betroffen. Ist die Senior-Tranche hinreichend klein, werden hier mit hoher Wahrscheinlichkeit keine Störungen in den vereinbarten Zins- und Tilgungszahlungen zu erwarten sein.

Problematisch gestaltet sich im Falle der Verbriefung der Beitragsforderung die Lösung des Problems des Verbleibs der Equity-Tranche. Dabei spielt wieder die Risikotragfähigkeit der UN-Organisation eine wesentliche Rolle: verbleibt bei der UN-Organisation die Equity-Tranche, übernimmt sie dadurch einen bedeutenden Teil des Risikos der verspäteten Zahlung. Da die Organisation aber über so gut wie keine Risikotragfähigkeit verfügt, wird es wiederum zu Liquiditätsengpässen kommen. Daher besteht die Notwendigkeit, daß ein Dritter, etwa die Investmentbank die Tranche übernimmt, was mindestens Kosten i.H.d. erwarteten Verluste aus der verspäteten Zahlung verursacht. Diese Kosten sowie die anfängliche Liquiditätsausstattung müssen bei der Budgetierung entweder der Mission selbst oder im ordentlichen Haushalt berücksichtigt werden.

5.5 Ein Rechenbeispiel

Für das folgende Rechenbeispiel wird davon ausgegangen, daß die Pass-through-Variante realisiert sei und eine einzelne Friedensoperation mit genehmigtem Budget von 100 Mio. USD die Grundlage für die Verbriefung bildet. Es wird weiterhin davon ausgegangen, daß eine wie in 5.3.2 beschrieben Fiktion des Nettings von Beiträgen anerkannt wird, was im Ergebnis dazu führt, daß die zeitliche Begrenzung des Art. 19 Charta für die zu verbriefenden Beiträge wirksam ist. Der Einfachheit halber wird schließlich unterstellt, daß tatsächliche Ausfälle aufgrund von Zahlungsunfähigkeit einzelner Mitgliedstaaten keine Rolle spielen; dies kann dadurch erreicht worden sein, daß Beiträge von signifikant ausfallgefährdeten Beitragszahlern abgesichert worden sind (s. 5.3.4).

5.5.1 Berechnung der Beiträge

Die Höhe der Gesamtveranlagung für eine bestimmte Friedensoperation stehe fest und betrage 100 Mio. USD. Des weiteren stehe die Verteilung auf die Mitgliedstaaten fest. Die Mitgliedstaaten haben sich jeweils für einen Zeitpunkt ihrer Zahlungen entschieden. Es wird willkürlich folgende Verteilung der gewählten Zahlungszeitpunkte unterstellt (die Anteile stellen den Anteil an der Gesamtveranlagung für die Mission dar):

Tabelle 7: Verteilung der Beitragsleistungen auf Zahlungszeitpunkte (Zahlenbeispiel)

Zahlungszeitpunkte t	Anteil Beiträge in t
in 0,5 J	20%
in 1 J	30%
in 2 J	50%

Um die Beträge einer Zahlung zum Zeitpunkt der Veranlagung äquivalent zu machen, wird die Zinsstrukturkurve für US-Dollar verwendet, wie sie sich zum Zeitpunkt der Veranlagung am Markt ergibt. Aus der Zinsstrukturkurve lassen sich unmittelbar die sog. Zerobond-Abzinsungsfaktoren bzw. Diskontfaktoren ermitteln. Diese Diskontfaktoren stellen einen Faktor dar, mit dem jeder Zahlungsstrom, der zum Ende des korrespondierenden Anlagezeitraums eintrifft, multipliziert werden kann, um den Gegenwartswert bzw. Barwert eines Zahlungsstroms ermitteln zu können[652]. Wird dagegen ein Zahlungsstrom, der zum

[652] Zum Prinzip dieser Berechnung vgl. z.B. Paul, Stephan, Siewert, Klaus-Jürgen, "Bankcontrolling I: Ertragsmanagement in Kreditinstituten", Frankfurt a.M., 1998, S. 69. Als Day-

Berechnungszeitpunkt fällig ist, mit dem Kehrwert des Diskontfaktors multipliziert, ergibt sich barwertäquivalenter Zahlungsstrom, der zum Ende des mit dem Diskontfaktor korrespondierenden Anlagezeitraums ausgezahlt wird.

Das UN-Sekretariat wird also ausgehend von den veranlagten Beträgen diese je nach gewähltem Zahlungszeitpunkt unter Verwendung dieser Methode in die Zukunft projizieren.

$B_t = B_{t_0} * \frac{1}{dcf_t}$ wobei:

B_t = Beitragsleistung zum Zahlungszeitpunkt t

B_{t_0} = Beitragsleistung bei sofortiger Zahlung

dcf_t = Diskontfaktor bzw. Zerobond-Abzinsungsfaktor für den Zeitpunkt t

Für das Rechenbeispiel gelte zum gegebenen Zeitpunkt folgende Zinsstruktur für USD[653] und daraus folgend die entsprechenden Diskontfaktoren:

Tabelle 8: Zinsstruktur und Diskontfaktoren (Zahlenbeispiel)

Anlagezeitraum	Risikoloser Zinssatz	Diskontfaktoren (dcf)
1 Woche	1,2500%	0,999740
1 Monat	1,3000%	0,998918
2 Monate	1,3000%	0,997838
3 Monate	1,3200%	0,996711
6 Monate	1,3200%	0,993443
9 Monate	1,3400%	0,990050
12 Monate	1,1400%	0,988728
2 Jahre	1,2700%	0,975060
3 Jahre	1,5100%	0,955913
4 Jahre	1,7600%	0,932206
5 Jahre	2,0000%	0,904865
6 Jahre	2,2000%	0,876077
7 Jahre	2,3700%	0,846441
8 Jahre	2,5200%	0,816155
9 Jahre	2,6400%	0,786633
10 Jahre	2,7400%	0,757788

Aus dem veranlagten Gesamtbetrag für die Mission und den Werten der Tabellen Tabelle 7 und Tabelle 8 ergibt sich die Zahllast für die Mitglieder in Summe von:

Tabelle 9: Beitragsberechnung (Zahlenbeispiel)

Zahlungs-zeitpunkte t	dcf	1/dcf	Anteil Beiträge in t	Betrag in t_0	Veranlagter Betrag in t
in 0,5 J	0,993443	1,006600	20%	20.000.000	20.132.000

count Convention wird die Methode 30/360 angewendet, der Einfluß von Valuten wird vernachlässigt.

653 Diese Zinsstruktur ist am Markt beobachtbar; es handelt sich im kurzfristigen Bereich um Zinssätze im Interbankenhandel mit Kontrahenten mit vernachlässigbarem Bonitätsrisiko, im langfristigen Bereich um die Zerobond-Renditen von Treasury-Bonds der USA.

Zahlungs-zeit-punkte t	dcf	1/dcf	Anteil Beiträge in t	Betrag in t_0	Veranlagter Betrag in t
in 1 J	0,988728	1,011400	30%	30.000.000	30.342.000
in 2 J	0,975060	1,025578	50%	50.000.000	51.278.902

Natürlich wird diese Rechnung für jeden Mitgliedstaat gemacht und auf diese Weise die individuellen Beitragszahlungen ermittelt.

5.5.2 Preisermittlung für das ABS

Da die Forderungen via ABS am Markt verkauft werden, müssen sich Bieter, also die UN-Organisation bzw. die begebende Bank auf der einen Seite, und die Investoren auf der anderen Seite ein Bild von dem geforderten Preis für das Wertpapier machen. Der endgültige Preis wird sich aus den Geboten ermitteln.

5.5.2.1 Szenarien

Um ihre Preisvorstellung zu gewinnen, werden sich die Investoren eine Vorstellung davon machen, wie die Zahlungen realiter – zunächst ohne eine Einflußnahme ihrerseits – eintreffen werden. Dazu bietet es sich an, einige Szenarien zu bilden und diesen Szenarien Wahrscheinlichkeiten ihres Eintreffens zuzuordnen. Im Beispiel sollen drei verschiedene Szenarien betrachtet werden:

Da die Staaten in rechtmäßiger Weise Zahlungszeitpunkte bis zu zwei Jahre nach der Entscheidung für die Budgetierung der Mission vereinbaren können, wird erst eine Zahlungsverzögerung ab diesem Zeitpunkt für die Rechnung gem. Art. 19 Charta relevant. Dies bedeutet, daß die Investoren mit hoher Wahrscheinlichkeit von einem maximalen Zahlungsverzug von $t_v + 3$ Jahren ausgehen können, wenn t_v der vereinbarte Zahlungszeitpunkt ist. Das Szenario, in dem jeder Staat seinen vereinbarten Zahlungszeitpunkt um drei Jahre überzieht, soll hier das **„Worst case"**-Szenario bilden[654].

Das **„Best case"**-Szenario kann analog gebildet werden. Es wird dadurch gekennzeichnet, daß in diesem Szenario alle Mitgliedstaaten ihren Zahlungsverpflichtungen ohne Verzug zum vereinbarten Zeitpunkt nachkommen.

Neben den Szenarien Worst-case und Best-case bietet es sich zur Erstellung eines weiteren Szenarios an, das Zahlungsverhalten der Mitgliedstaaten in den vergangenen Jahren zu analysieren, um einen Anhaltspunkt für ein Zahlungsstromszenario zu erhalten. Dieses Szenario soll **„Realistic-case"** genannt werden. Dazu könnte man beispielsweise die Zahlungsverzögerungen gestaffelt nach der Dauer der Zahlungsverzögerungen über einen definierten Zeitraum mitteln. Solche Statistiken werden von der UN-Organisation veröffentlicht[655].

[654] Eine Restwahrscheinlichkeit verbleibt allerdings immer für die Möglichkeit, daß Staaten die Sanktionen des Art. 19 Charta in Kauf nehmen und somit die Zahlungsverzögerung über die drei Jahre hinausgehen. Schließlich ist es grundsätzlich möglich, daß ein Staat seinen Verpflichtungen überhaupt nicht mehr nachkommt und die Organisation verläßt.

[655] Vgl. z.B. für die Periode 01.07.1999 – 30.06.2000: "Financial Report and audited financial Statements for the biennium ended 31.12.1999", UN-Doc. A/55/5, Supplement No. 5, Vol. II, 2000, dort die Spalten „Ageing analysis of outstanding assessed contributions".

Darüber hinaus können weitere Überlegungen wie die aktuelle und erwartete politische Lage, Regierungswechsel in bestimmten Mitgliedstaaten o.ä. in die Kalkulationen einfließen[656].

Für ein ausschließlich vergangenheitsorientiertes Szenario kann wie folgt vorgegangen werden:

Zunächst wird das Zahlungsverhalten für jeden Staat aus Vergangenheitswerten abgeleitet. Je nachdem, wie ein potentieller Investor die Aussagekraft der Vergangenheitsdaten beurteilt, wird er diese Rechnung für weitere Zeitpunkte aufmachen, die Ergebnisse ggf. nach Aktualität unterschiedlich gewichten und so den Mittelwert und evtl. noch die Standardabweichung für das Zahlungsverhalten für alle Mitgliedstaaten ermitteln.

Der Mittelwert wird auf den von dem betreffenden Staat gewählten Zahlungszeitpunkt addiert, so daß der erwartete Zahlungszeitpunkt errechnet werden kann.

---

[656] Auch die Entschärfung des Problems der Berücksichtigung im nationalen Budget durch die Zeitverschiebung der Beiträge kann in die Kalkulation eingehen. Bei Staaten, bei denen lediglich die Berücksichtigung im nationalen Haushalt zu einer Zahlungsverzögerung führt, kann davon ausgegangen werden, daß unter den veränderten Regularien fortan eine pünkliche Zahlung zu erwarten ist.

Abbildung 26: Schematische Darstellung einer möglichen historischen Analyse des Zahlungsverzugs

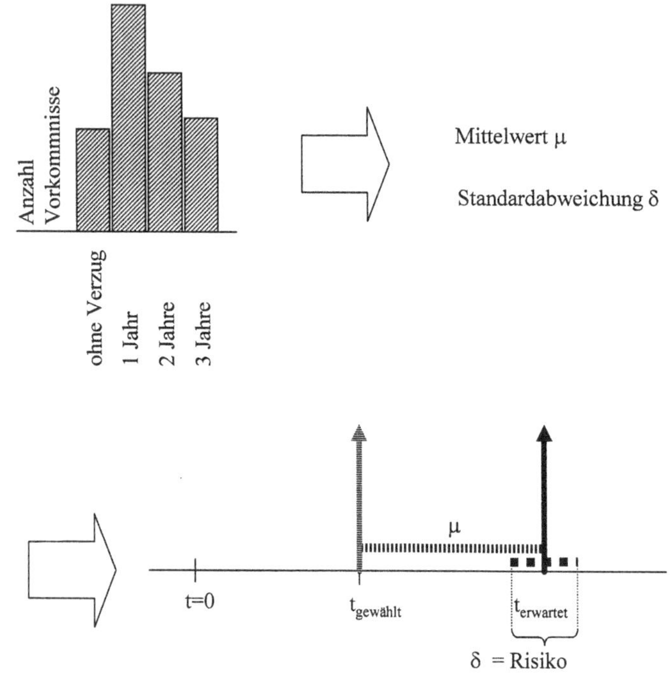

Wird dies für alle Staaten berechnet, könnte sich ingesamt ein Bild ergeben, das der folgenden schematischen Darstellung entspricht:

Abbildung 27: Schematische Darstellung der Gesamtheit der Zahlungsströme aus Beitragszahlungen

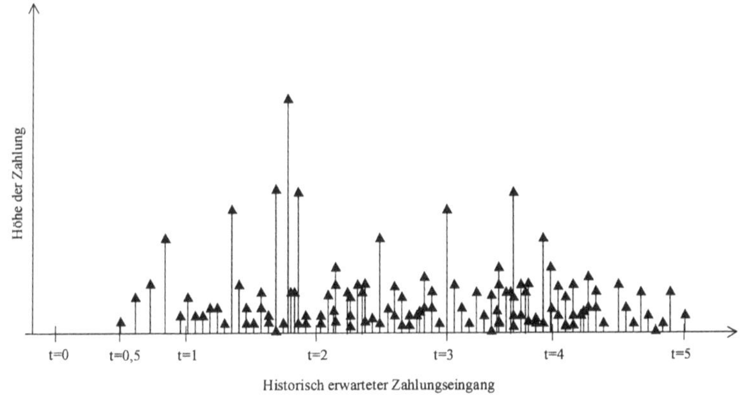

Um die Berechnung handhabbarer zu machen, ist es hilfreich, die über das Laufzeitspektrum verteilten erwarteten Zahlungsströme auf einige, definierte Zeitpunkte zu mappen[657]:

Abbildung 28: Schematische Darstellung der gemappten Zahlungsströme

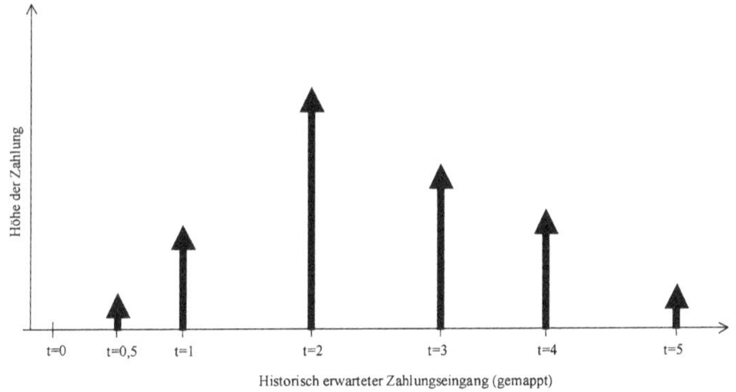

5.5.2.2 Bewertung

Für die drei oben skizzierten Szenarien ergeben sich jeweils unterschiedliche Zahlungsströme. Um diese Zahlungsströme bewerten zu können, wird auf die zum Emissionszeitpunkt gültige Zinsstrukturkurve für den US-Dollar zurückgegriffen. Die Zahlungsströme werden über die korrespondierenden Abzinsungsfaktoren auf die Gegenwart normiert. Dazu werden die Zahlungsströme des jeweiligen Szenarios mit den entsprechenden Abzinsungsfaktoren

---

657 Vgl. zur mathematischen Vorgehensweise beim barwertneutralen Mapping von Zahlungsströmen z.B. J.P. Morgan/Reuters, "RiskMetrics – Technical Document", New York, 1996, S. 177ff

multipliziert. Die Summe dieser Produkte ergibt dann den Barwert für die Szenarien:

$PV := \sum_{t=1}^{n} Z_t * dcf_t$, wobei:

PV = Barwert
dcf = Zerobond-Abzinsungsfaktor
Z_t = Zahlungsstrom zum Zeitpunkt t

Die Szenarien werden schließlich mit den jeweiligen Eintrittswahrscheinlichkeiten, die ihnen der Investor zuordnet, multipliziert, um einen Erwartungswert für die Investition zu erhalten:

$PV_{gesamt} := \sum_{sz=1}^{3} PV_{sz} * p_{sz}$, wobei:

PV_{gesamt} = erwarteter Barwert
PV_{sz} = Barwert des Szenarios Sz
p_{sz} = Eintrittswahrscheinlichkeit des Szenarios Sz

Die erwarteten Barwerte werden Investor und UN-Organisation Anhaltspunkte für die Preisverhandlungen etwa in einem Bietungsverfahren geben, wobei für den Investor der Wert des Best-case-Szenarios eine Preisobergrenze darstellt. Die UN-Organisation wird umgekehrt das Zahlungsstromportfolio kaum weit unter dem Wert des Worst-case-Szenarios verkaufen wollen. Der Preis für das ABS wird sich also zwischen den Werten für Worst- und Best-case-Szenario einpendeln, und der Investor wird einen Preis in Höhe seines Erwartungswerts zu akzeptieren bereit sein.

5.5.2.3 Komponenten des Preises und weitere Einflußfaktoren

Allerdings wird vermutlich ein zusätzlicher Anreiz notwendig sein, um potentielle Investoren zum Kauf zu veranlassen. Die in der Zinsstruktur abgebildeten Renditen sind risikolose Renditen: Möchte ein Investor beispielsweise die 3-Jahres-Rendite erzielen, so kann er dies ohne Risiko beispielsweise durch den Kauf eines Treasury-Bonds mit einer Restlaufzeit von drei Jahren tun.

Das ABS dagegen beinhaltet das Risiko sowohl einer Verminderung als auch die Chance einer Erhöhung der Rendite, was in einer Streuung um den Erwartungswert zum Ausdruck kommt. Angenommen, der Preis wird beim Worst-case-Szenario festgestellt, also der beste Preis für den Investor. Im Worst-case-Szenario wird davon ausgegangen, daß jeder Mitgliedstaat vom vereinbarten Zahlungszeitpunkt aus drei Jahre verspätet zahlen, d.h. die frühesten Zahlungen gehen in 0,5+3 Jahren = 3,5 Jahren, die spätesten gehen in 2 + 3 Jahren = 5 Jahren ein. Jede Zahlung, die tatsächlich früher eingeht, wird dem Investor eine Renditesteigerung bringen, da er das Geld früher als erwartet erhält und bis zum erwarteten Zeitpunkt weiter anlegen kann.

Allerdings besteht selbst im oben definierten Worst-case ein Restrisiko, daß einige Staaten ihren Verpflichtung noch später als drei Jahre nach dem vereinbarten Zeitpunkt oder überhaupt nicht nachkommen. Über dieses Restrisiko hinaus kennt der Investor nicht mit Sicherheit den Zeitpunkt für ein verfrühtes Eintreffen von Zahlungen. Dieser Umstand führt dazu, daß er einem nicht unerheblichen Zinsänderungsrisiko ausgesetzt ist. Sinkt das Zinsniveau in der Zeit bis zum verfrühten Eintreffen der Zahlung, muß er für den Zeitraum bis zum im Szenario unterstellten Rückzahlungszeitpunkt eine niedrigere Rendite bei der Wiederanlage der freigewordenen Mittel hinnehmen. Wüßte er dagegen den Zeitpunkt der verfrühten Zahlung, könnte er durch ein entsprechendes Kapitalmarktgeschäft (z.B. einen Forward-Swap oder entsprechende Zinskontrakte mit optionalem Charakter (z.B. Swaption, Floor o.ä.) [658] dieses Zinsrisiko eliminieren.

Der Investor könnte natürlich entsprechend seiner persönlichen Annahme über das Eintreffen der Zahlungsströme (Realistic-case) eine Zinssicherungsstrategie aufbauen; da aber diese Einschätzung nie perfekt zutreffen wird, werden suboptimale Strukturen in der Anlage unvermeidbar bleiben.

Diese Unsicherheiten entstammen der Unzuverlässigkeit der Mitgliedstaaten, ihren Zahlungsverpflichtungen pünktlich nachzukommen. Diese Unzuverlässigkeit erzeugt Kosten auch heute schon, die allerdings insbesondere durch truppenstellende Staaten getragen werden, indem diese Zinsverluste durch verspätete Begleichung ihrer finanzieller Ansprüche hinnehmen müssen. Im Falle der hier dargestellten Finanzierung über Verbriefung der Forderungen finden diese Kosten einen anderen Ausdruck. Zunächst wird die UN-Organisation die Forderungen unter dem Barwert verkaufen müssen, den sie bei pünktlicher Bezahlung darstellen würden. Die Differenz zwischen dem Barwert des Best-case-Szenarios und dem sich am Markt ergebenden Preis stellt einen Bestandteil dieser Kosten dar.

Dieser Bestandteil spiegelt die Verminderung des Barwerts durch Zahlungsverzögerung selbst wider, d.h. die Verminderung des Barwerts durch die Zahlungsverzögerung, selbst wenn diese genau bekannt wäre. Weitere Kosten entstehen durch die Unsicherheit hinsichtlich des Zeitpunkts des Eintreffens der Zahlungen und durch die Möglichkeit des Ausfalls einzelner Zahlungen, also die Unsicherheit hinsichtlich der Annahmen über die gebildeten Szenarien. Eine solche Unsicherheit kann durch die Zahlung eines sog. Spreads im Vergleich zur Benchmark-Zinskurve abgegolten werden. Hierzu kann jede Benchmarkrendite der Zinskurve rechnerisch um einige Basispunkte[659] erhöht werden. Aus der geänderten Zinskurve werden geänderte Diskontfaktoren ermittelt, durch welche die Barwerte vermindert werden. Dadurch entsteht für den Investor eine Erhöhung der Rendite gegenüber der Benchmarkverzinsung, und den UN entstehen Kosten in der gleichen Höhe.

---

[658] Zu der Absicherung von Zinsänderungsrisiken s. z.B. Deutsch, Hans-Peter, "Derivate und interne Modelle", Stuttgart, 2001, S. 286ff (Zinsswaps), S. 305ff (Forward-Swaps), S. 325ff (Swaptions), S. 320ff (Caps und Floors).

[659] Ein Basispunkt entspricht einem 100stel Prozentpunkt, d.h. 100 Bps = 1%.

Tabelle 10: Zinsstruktur und Diskontfaktoren unter Berücksichtigung von spreads (Zahlenbeispiel)

Anlage-zeitraum	Risikoloser Zinssatz	Spread [bps]	Zinssatz inkl. spread	Diskontfaktoren risikolos	Diskontfaktoren risikobehaftet
1 Woche	1,2500%	10	1,3500%	0,999740	0,999719
1 Monat	1,3000%	20	1,5000%	0,998918	0,998752
2 Monate	1,3000%	30	1,6000%	0,997838	0,997340
3 Monate	1,3200%	40	1,7200%	0,996711	0,995718
6 Monate	1,3200%	50	1,8200%	0,993443	0,990982
9 Monate	1,3400%	60	1,9400%	0,990050	0,985659
12 Monate	1,1400%	70	1,8400%	0,988728	0,981932
2 Jahre	1,2700%	80	2,0700%	0,975060	0,959806
3 Jahre	1,5100%	90	2,4100%	0,955913	0,930772
4 Jahre	1,7600%	100	2,7600%	0,932206	0,895989
5 Jahre	2,0000%	100	3,0000%	0,904865	0,861112
6 Jahre	2,2000%	100	3,2000%	0,876077	0,825438
7 Jahre	2,3700%	100	3,3700%	0,846441	0,789557
8 Jahre	2,5200%	100	3,5200%	0,816155	0,753661
9 Jahre	2,6400%	100	3,6400%	0,786633	0,719088
10 Jahre	2,7400%	100	3,7400%	0,757788	0,685725

Der Zusammenhang zwischen Renditen, Diskontfaktoren und die Auswirkung von spreads wird durch Abbildung 29 verdeutlicht:

Abbildung 29: Renditen und Diskontfaktoren mit und ohne Spread (Zahlenbeispiel)

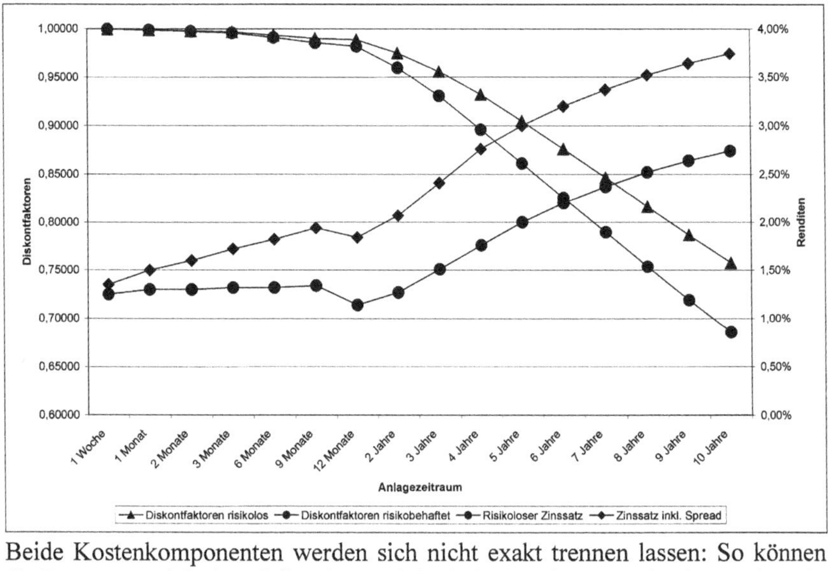

Beide Kostenkomponenten werden sich nicht exakt trennen lassen: So können die Investoren sich das Risiko der Unsicherheit über den tatsächlichen Zeitpunkt des Eintreffens der Zahlungen auch teilweise über sehr konservative Annahmen über die Zahlungsverzögerungen bezahlen lassen, Präferenzen am Kapitalmarkt, z.B. allgemeine Risikoaversion, die Niveau und Steilheit der jeweiligen Zinsstrukturkurve u.ä. werden eine Rolle spielen. Jedenfalls aber lassen sich beide Kostenkomponenten theoretisch voneinander trennen, und die UN-Organisation bzw. das begebende Kreditinstitut kann eine Kalkulation unter Berücksichtigung beider Kostenkomponenten in strukturierter Form vornehmen.

Also wird sich letztlich der Preis zwischen dem Barwert des mit einer durch Spreads erhöhten Zinsstrukturkurve berechneten Worst-case-Szenario und dem mit Benchmark-Zinsen kalkulierten Wert des Best-case-Szenario finden.

Schließlich wird die Fähigkeit der Investoren zur Beeinflussung der Zahlungsströme hinsichtlich ihres zeitlichen Eintreffens eine Determinante bei der Preisbestimmung sein. Wie oben bereits beschrieben, mag es beispielsweise sein, daß der ein oder andere Investor über Einflußmöglichkeiten auf das Verhalten des US-Kongresses bzw. von Schlüsselfiguren im Kongreß verfügt. Gelingt es ihm, den recht hohen Anteil der USA an den Beitragszahlungen zeitlich nach vorn zu ziehen, während die Preisfindung für das ABS unter der Annahme eines späteren Zeitpunkts geschieht, wird er eine nicht unerhebliche Steigerung der Rendite erzielen können.

Ein Beipiel mag diesen Sachverhalt verdeutlichen[660]:

Die USA habe sich für den Zahlungszeitpunkt ein Jahr nach Veranlagung entschieden. Der veranlagte Betrag sei 1 Mio. USD zum Zeitpunkt der Veranlagung. Der Preis für das ABS ergebe sich unter der Annahme der Benchmark-Zinskurve ohne Aufschlag (Spread) und einer Zahlungsverzögerung der USA von drei Jahren, d.h. man rechnet allgemein mit dem Eintreffen der Zahlung in vier Jahren. Die relevante Marktdaten sind hier (vgl. oben Tabelle 8):

Anlagezeitraum	Zinssatz	Diskontfaktoren
1 Jahr	1,1400%	0,988728
2 Jahre	1,2700%	0,975060
3 Jahre	1,5100%	0,955913
4 Jahre	1,7600%	0,932206

Der Beitrag bei Zahlungszeitpunkt 1 Jahr wird wie folgt festgestellt:

$$B_{1Jahr} = B_{t_0} * \frac{1}{dcf_{1Jahr}} = 1.000.000 * \frac{1}{0{,}988728} = 1.011.400$$

Der Barwert dieses Aktivums im Asset-Pool wird unter der Annahme einer 3-jährigen Zahlungsverzögerung kalkuliert:

$PV_B = B_{1Jahr} * dcf_{4Jahre} = 1.011.400 * 0{,}932206 = 942.834$; dies stellt den Preis dar, den die Investoren für den Beitrag der USA als Teil des Preises für das ABS bezahlen.

Trifft nun die Überweisung der USA wider Erwarten pünktlich nach 1 Jahr ein, hat der Investor nach einem Jahr einen Gewinn von $1.000.000 - 942.834 = 57.166$ erzielt. Für den Anlagezeitraum von einem Jahr beträgt seine Rendite insgesamt $1{,}14\% + \frac{56.957}{943.043} = 1{,}14\% + 6{,}06\% = 7{,}20\%$. Dies stellt unter den gegebenen Bedingun-

[660] Alle dimensionierten Zahlen im Beispiel in USD.

gen den maximalen Renditewert dar, hinsichtlich sowohl der bei der Preisfindung unterstellten Verzögerung als auch dem tatsächlichen Zahlungsverzug, der sich im Beispiel mit Null Jahren ergeben hat. Aber bereits im weit weniger günstigen Fall einer tatsächlichen Verzögerung von einem Jahr gegenüber von bei der Preisfindung erwarteten zwei Jahren Zahlungsverzögerung ergibt sich eine vergleichsweise hohe Renditedifferenz gegen Benchmark – wohlgemerkt lediglich für den Anteil im Asset-Pool, den die US-amerikanischen Beitragszahlungen ausmachen:

$$PV_B = B_{1Jahr} * dcf_{3Jahre} = 1.011.400 * 0{,}955913 = 966.810$$

$$Gewinn = B_{1Jahr} * dcf_{2Jahre} - PV_B$$
$$= 1.011.400 * 0{,}975060 - 966.810 = 986.176 - 966.810 = 19.366$$

Die Rendite beträgt in diesem Fall für einen Anlagezeitraum von zwei Jahren immerhin: $1{,}27\% + \frac{19.366}{966.810} = 1{,}27\% + 2{,}00\% = 3{,}27\%$

5.5.2.4 Ein Zahlenbeispiel

Vor diesem Hintergrund stellt das Best-case-Szenario den Fall dar, daß alle Zahlungen zum vereinbarten Zeitpunkt eintreffen, das Worst-case-Szenario in der Definition aus 5.5.2.1, daß alle Staaten genau drei Jahre später zahlen als vereinbart:

1. Best-case:

Tabelle 11: Berechnung des Barwerts im Best-case (Zahlenbeispiel)

Vereinbarter Zahlungs-zeitpunkt	Tatsächliches Eintreffen der Zahlung	Höhe der Zahlung[661]	Korrespondierender dcf	Barwert
0,5 Jahre	0,5 Jahre	20.132.000	0,993443	20.000.000
1 Jahr	1 Jahr	30.342.000	0,988728	30.000.000
2 Jahre	2 Jahre	51.278.902	0,975060	50.000.000
Summe				**100.000.000**

Es überrascht nicht, daß im Best-case-Szenario, berechnet ohne spread auf risikolose Marktzinsen, genau der Wert der Zahlungsströme zum Tag der Veranlagung entsteht, da bei der Berechnung der in die Zukunft projizierten Beiträge einfach der Kehrwert der Diskontfaktoren zur Berechnung verwendet wurde, mit denen zum gleichen Zeitpunkt die Abzinsung vorgenommen worden ist.

[661] Siehe Tabelle 9.

2. Worst-case

Tabelle 12: Berechnung des Barwerts im Worst-case (Zahlenbeispiel)

Vereinbarter Zahlungs-zeitpunkt	Tatsächliches Eintreffen der Zahlung	Höhe der Zahlung	Korres-pondierender dcf[662]	Barwert
0,5 Jahre	3,5 Jahre	20.132.000	0,944059	19.005.796
1 Jahr	4 Jahre	30.342.000	0,932206	28.284.994
2 Jahre	5 Jahre	51.278.902	0,904865	46.400.484
Summe				**93.691.274**

Erwartungsgemäß liegt der Barwert der derart verspäteten Zahlungen niedriger als bei pünktlicher Zahlung. Je steiler die Zinskurve ist[663], desto größer wird der Wertverlust ausfallen.

Alternativ könnte die UN-Organisation unter der Annahme der in Tabelle 10 dargestellten Spreads zu folgender Preisuntergrenze kommen (s. 5.5.2.3):

Tabelle 13: Untere Preisgrenze unter Einbeziehung von spreads (Zahlenbeispiel)

Vereinbarter Zahlungs-zeitpunkt	Tatsächliches Eintreffen der Zahlung	Höhe der Zahlung	Korres-pondierender dcf[664]	Barwert
0,5 Jahre	3,5 Jahre	20.132.735	0,913381	18.388.858
1 Jahr	4 Jahre	30.348.645	0,895989	27.192.052
2 Jahre	5 Jahre	51.278.790	0,861112	44.156.781
Summe				**89.737.691**

Für das vorliegende Beispiel wird auf eine detaillierte historische Analyse für das Realistic-case-Szenario verzichtet. Stattdessen wird vereinfachend angenommen, daß die Verteilung der Rückstände auf die Zahlungszeitpunkte identisch ist und zwar mit der Verteilung über die gesamten Mitgliedstaaten (s. Tabelle 14). So staffelten sich die Rückstände am 1. Juli 1999 im Schnitt über alle laufenden Missionen wie folgt[665]:

Tabelle 14: Staffelung der Zahlungsrückstände über alle Missionen

Zahlungsverzug	ohne Verzug	bis 1 Jahr	bis 2 Jahre	über 2 Jahre
Anteil	23%	27%	8%	42%

662 Der Wert für 3,5 Jahre ist linear interpoliert aus den Diskontfaktoren für 3 und 4 Jahre; diese Vorgehensweise ist am Kapitalmarkt durchaus üblich, obwohl dabei ein leichter Fehler durch die Linearisierung entsteht.

663 Die Zinskurve ist umso steiler, je größer die Zinsen für langfristige Anlagen im Vergleich zu kurzfristigen Anlagen sind (s. auch Abbildung 29).

664 Vgl. die in Tabelle 10, Spalte „Diskontfaktoren risikobehaftet“ aufgelisteten Diskontfaktoren.

665 Gerundete Werte aus dem in Fußnote 655 genannten Dokument.

Tabelle 15: Berechnung des Barwerts im „Realistic-case“ (Zahlenbeispiel)

Vereinbarter Zahlungs-zeitpunkt	Summe Zahlungung zum vereinbarten Zeitpunkt	Tatsächliches Eintreffen der Zahlung	Erwarteter Zahlungs-verzug (Anteil an der Gesamt-summe der Veranlagung)	Höhe der Zahlung	Korres-pondierender dcf	Barwert
0,5 Jahre	20.132.000	0,5 Jahre	23%	4.630.360	0,993443	4.600.000
		1,5 Jahre	27%	5.435.640	0,981894	5.337.223
		2,5 Jahre	8%	1.610.560	0,965486	1.554.973
		3,5 Jahre	42%	8.455.440	0,944059	7.982.438
1 Jahr	30.342.000	1 Jahr	23%	6.978.660	0,988728	6.900.000
		2 Jahre	27%	8.192.340	0,975060	7.988.022
		3 Jahre	8%	2.427.360	0,955913	2.320.344
		4 Jahre	42%	12.743.640	0,932206	11.879.703
2 Jahre	51.278.902	2 Jahre	23%	11.794.147	0,975060	11.500.000
		3 Jahre	27%	13.845.303	0,955913	13.234.899
		4 Jahre	8%	4.102.312	0,932206	3.824.202
		5 Jahre	42%	21.537.139	0,904865	19.488.194
Summe						**96.609.998**

Schließlich ordnet der Investor den drei Szenarien Eintrittswahrscheinlichkeiten zu und kommt so auf einen gemäß seiner Vermutungen entstehenden Erwartungswert:

Tabelle 16: Erwartungswert aller betrachteten Szenarien (Zahlenbeispiel)

Szenario	Eintritts-wahrscheinlichkeit	Barwert	Gewichteter Erwartungs-wert
best case	3%	100.000.000	3.000.000
worst case	5%	93.691.274	4.684.564
realistic case	92%	96.609.998	88.881.198
Summe	**100%**		**96.565.762**

Da die Kalkulation für alle Szenarien auf Grundlage der risikofreien Zinskurve vorgenommen wurden, muß der Kurs des ABS von $\frac{96.565.762}{100.000.000} \approx 96{,}57\%$ als der Kurs interpretiert werden, bei dem der Investor theoretisch indifferent gegenüber der Anlage in sichere Staatsanleihen mit jenen den Zahlungsströmen der Szenarien entsprechenden Laufzeiten wäre. Es ist möglich, daß die Zahlungen später als durch die Szenarien abgebildet eintreffen, es ist aber auch möglich, daß sie früher eintreffen; dem entsprechend schwankt der Wert des ABS.

Einen höherer Wert als der Erwartungswert aus Tabelle 16 könnte sich der Investor z.B. ausrechnen, wenn er die Hoffnung hat, die US-amerikanischen Beitragszahlungen beschleunigen zu können.

Angenommen, die USA hat sich für den Zahlungszeitpunkt in zwei Jahren entschieden. Weiter sei angenommen, daß sie den Beitragssatz von 26,5% zu tragen hat, und der Investor erwartet, daß die USA ohne Einflußnahme den vereinbarten Zahlungstermin um ein bis drei Jahre überschreitet.

Tabelle 17: Detailbetrachtung: erwartete US-amerikanische Beitragszahlungen (Zahlenbeispiel)

Vereinbarter Zahlungs-zeitpunkt	Summe Zahlungung zum vereinbarten Zeitpunkt	Tatsächliches Eintreffen der Zahlung	Erwarteter Zahlungs-verzug (Anteil an der Gesamt-summe der Veranlagung)	Zahlungen ohne Beein-flussung	Zahlungen mit erfolgreicher Beeinflussung
2 Jahre	27.177.818	2 Jahre	23%	6.095.000	27.177.818
		3 Jahre	27%	7.155.000	0
		4 Jahre	8%	2.120.000	0
		5 Jahre	42%	11.130.000	0

Spekuliert der Investor darauf, daß es ihm gelingt, eine pünktliche Überweisung der USA zu erwirken (das Zahlungsverhalten der übrigen Staaten sei unverändert), ändert sich die Rechnung gegenüber Tabelle 15 wie folgt:

Tabelle 18: Auswirkungen des Vorziehens US-amerikanischer Beitragszahlungen (Zahlenbeispiel)

Vereinbarter Zahlungs-zeitpunkt	Summe Zahlungung zum vereinbarten Zeitpunkt	Tatsächliches Eintreffen der Zahlung	Erwarteter Zahlungs-verzug (Anteil an der Gesamt-summe der Veranlagung)	Höhe der Zahlung	Korres-pondierender dcf	Barwert
0,5 Jahre	20.132.000	0,5 Jahre	23%	4.630.360	0,993443	4.600.000
		1,5 Jahre	27%	5.435.640	0,981894	5.337.223
		2,5 Jahre	8%	1.610.560	0,965486	1.554.973
		3,5 Jahre	42%	8.455.440	0,944059	7.982.438
1 Jahr	30.342.000	1 Jahr	23%	6.978.660	0,988728	6.900.000
		2 Jahre	27%	8.192.340	0,975060	7.988.022
		3 Jahre	8%	2.427.360	0,955913	2.320.344
		4 Jahre	42%	12.743.640	0,932206	11.879.703
2 Jahre	51.278.902	2 Jahre	***64%***	***32.721.067***	0,975060	***31.905.004***
		3 Jahre	***13%***	***6.507.293***	0,955913	***6.220.406***
		4 Jahre	***4%***	***1.928.087***	0,932206	***1.797.374***
		5 Jahre	***20%***	***10.122.455***	0,904865	***9.159.455***
Summe						***97.644.942***

Der Wert des ABS verändert sich um ingesamt über 1 Mio. USD. Geht der Investor schließlich von einer unveränderten Wahrscheinlichkeitsverteilung für die drei Szenarien aus, wird insgesamt ein im Vergleich ca. 950.000 USD höherer Barwert erzielt:

Tabelle 19: Korrigierter Erwartungswert aller betrachteten Szenarien (Zahlenbeispiel)

Szenario	Eintritts-wahrscheinlichkeit	Barwert	Gewichteter Erwartungs-wert
best case	3%	100.000.000	3.000.000
worst case	5%	93.691.274	4.684.564
realistic case'	92%	***97.644.942***	***89.833.347***
Summe	**100%**		***97.517.910***

Pendelt sich im Preisfindungsprozeß ein Kaufpreis für das ABS auf etwa dem Worst-case-Wert ein, z.B. 94.000.000 USD, dann beträgt der Renditevorsprung für den Investor gemäß seiner Erwartungen $\frac{(97.517.910 - 94.000.000)}{94.000.000} = \frac{3.517.910}{94.000.000} = 3{,}74\%$. Diese Renditedifferenz muß groß genug sein, das Risiko gegenüber einer sicheren Anlage in Staatsanleihen in den entsprechenden Laufzeiten und die Zinsänderungsrisiken zu decken.

Die Renditen im Vergleich zur risikolosen Benchmark verteilen sich bei dem angenommenen Preis über die Szenarien im Einzelnen gem. Abbildung 30:

Abbildung 30: Verteilung der Renditen über Benchmark auf die Szenarien (Zahlenbeispiel)

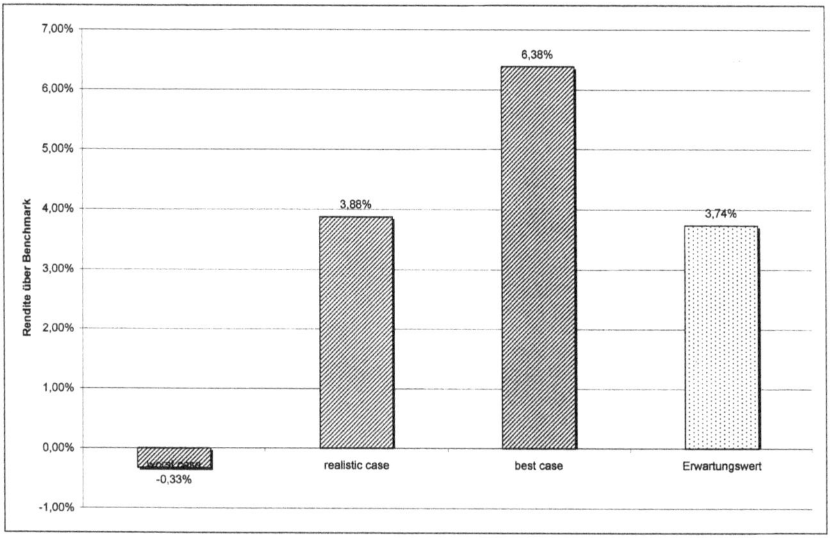

Die Kosten für die UN-Organisation betragen im Falle dieses Verkaufspreises – abgesehen von den Transaktionskosten – 6.000.000 USD, nämlich der Unterschiedsbetrag zwischen 100.000.000 USD, die als Kosten für die Mission veranschlagt worden sind, und dem Verkaufspreis für das ABS von 94.000.000 USD.

5.6 Beurteilung der Gesamtlösung

Die in diesem Kapitel skizzierte Neuordnung der Finanzierungsverfahren, bestehend aus der Flexibilisierung der Zahlungstermine, Wechselkurssicherung und

Forderungsverbriefung birgt eine Reihe von Schwierigkeiten und Risiken, die zum einen bei ihrer Implementierung zu erwarten sind und zum anderen ihrer Struktur immanent sind.

Für die Implementierung der Lösung sind Änderungen in den Verfahrens- und vor allem der Finanzregeln der Generalversammlung mit an Sicherheit grenzender Wahrscheinlichkeit unumgänglich. Die Flexibilisierung der Zahlungstermine müßte sicherlich festgeschrieben werden, bei der Wechselkurssicherung läßt sich eine technisch bedingte Kreditaufnahme praktisch kaum vermeiden, die sich nicht mit den aktuell gültigen Finanzregeln vereinbaren läßt, und ganz besonders der in 5.3 dargestellte Forderungsverkauf mit Hilfe von ABS wird ohne die Genehmigung der Generalversammlung nicht möglich sein.

Um die notwendigen Regeländerung herbeizuführen, bedarf es einflußreicher Sponsoren aus dem Kreise der Mitgliedstaaten, denn es muß damit gerechnet werden, daß die Lösung auf Widerstand stößt, sei es aus Mißtrauen, das aus mangelnder Sachkenntnis entsteht, sei es aus Unvereinbarkeit mit nationalen Interessen von Mitgliedstaaten, welche die Möglichkeit des finanziellen Hebels gerne beibehalten würden.

Für das Überwinden der Hürde der Änderungen von Verfahren und Regeln ist es von Vorteil, daß die Beschlußfassung in der Generalversammlung stattfindet, bei deren Abstimmungsregeln kein Veto vorgesehen ist und eine 2/3-Mehrheit bei wichtigen Entscheidungen oder ein einfache Mehrheit ausreicht.

Problematisch bei Einführung der neuen Regelungen dürften sich außerdem die Kosten auswirken, die sich v.a. bzgl. des Aufbaus der für die Veräußerung der Beiträge via ABS notwendigen Strukturen ergeben. Dazu zählt u.a. das Vertragswerk, die Errichtung des SPV und Kosten für die Vermarktung der ABS. Mit hoher Wahrscheinlichkeit müssen überdies bei den ersten Transaktionen relativ hohe Risikoprämien angeboten werden, damit der Kapitalmarkt die neuartigen Papiere absorbiert.

Ist das Verfahren erst etabliert, wird man ständig auf weitere, der Struktur der Lösung innewohnenden kritische Punkte achten müssen. Zum einen werden die Transaktionskosten, die sowohl bei Wechselkurssicherung als auch bei der Verbriefung entstehen, ständig Ziel von Kritik sein. Jene Staaten, die ihren Beitrag üblicherweise pünktlich entrichten, könnten sich kritisch äußern, da sie Kosten tragen müssen, die letztlich nur aufgrund der schlechten Zahlungsmoral anderer Mitglieder entstehen.

Die Transaktionskosten dürften aber noch das kleinere Problem sein, da ihnen schließlich eine sichtbare Leistung eines Finanzdienstleisters gegenübersteht. Kritischer dürften diejenigen Kosten betrachtet werden, die allein dadurch entstehen, daß es notwendig ist, das Interesse der Investoren in die ABS zu wekken[666]. Es ist schwierig, diesen Aufschlag im vorhinein zu schätzen, überdies

---

[666] Siehe zu diesem Zinsbestandteil „5.5.2.3 Komponenten des Preises und weitere Einflußfaktoren“.

wird er auch mit den Präferenzen der Marktteilnehmern, dem jeweiligen Zustand von Anleihe-, Aktien und anderen Märkten schwanken. Jedenfalls aber dürfte er von gewisser Signifikanz sein. Dieses Geld geht der UN-Organisation aber direkt verloren, während es nur mittelbar mit schlechter Zahlungsmoral zusammenhängt. Das könnte den Unmut über die Kosten der gesamten Finanzierungslösung erhöhen.

Viel größer allerdings ist die Gefahr, daß bei der Argumentation die Ebene der Sachlichkeit verlassen und kein Unterschied zwischen Risikokosten und Transaktionskosten gemacht wird: die in „5.5.2.4 Ein Zahlenbeispiel" beispielhaft aufgezeigten Kosten i.H.v. 6 Mio. USD, die letztlich durch die Unsicherheit über das Eintreffen der Beitragszahlungen entstehen, könnten als Argument verwendet werden, daß bei der UN-Organisation Geld verschwendet wird, daß die Organisation es nicht schafft, wirtschaftlich zu arbeiten; es ist damit zu rechnen, daß es schwierig ist, einer breiten Öffentlichkeit die im einzelnen etwas komplizierten Zusammenhänge versachlichend zu vermitteln.

Eine weitere strukturelle Schwierigkeit ergibt sich ebenfalls im Zusammenhang mit den Kosten: es wird mit hoher Wahrscheinlichkeit mit einer Asymmetrie bei der Reaktion des Kapitalmarkts auf Änderungen des Zahlungsverhaltens der Mitgliedstaaten zu rechnen sein, m.a.W. ist zu erwarten, daß eine Verbesserung der Zahlungsmoral nur zögerlich mit niedrigeren Risikomargen belohnt wird, während eine Verschlechterung voraussichtlich ohne Verzögerung zu einer Erhöhung der Margen führen wird: verbessert sich die Zahlungsmoral im Vergleich zu den Annahmen des Kapitalmarkts, so ergibt sich als Effekt die Erhöhung der Rendite der Käufer der ABS; die UN-Organisation profitiert in dieser Haushaltsperiode überhaupt nicht von dem pünktlicheren Eingehen der Mittel, denn die Zahlungsströme werden an die Investoren umgeleitet. Möglicherweise hat sie nicht einmal in der nächsten Periode etwas davon; erst, wenn sich ein signifikanter Trend zur pünktlicheren Überweisung zeigte, werden die Risikoabschläge sinken. Dieser Umstand könnte ebenfalls zu Kritik nicht nur an den Mitgliedern führen, welche die Beitragsrückständen zu verantworten hätten, sondern es könnte auch das Verfahren wegen der hohen Kosten in Mißkredit bringen.

Schließlich ist mit einer weiteren Dynamik im Zusammenhang mit dem Lobbying von Investoren beim US-Kongreß zu rechnen, die bei Verdacht oder gar Bekanntwerden Unmut ob der Finanzierungslösung hervorrufen könnte: sicherlich haben privatwirtschaftliche Investoren Interesse an der pünktlichen Überweisung der Beiträge, denn dadurch wird der Barwert der Zahlungsströme erhöht. Aber im Zeitpunkt der Preisfindung für ein zu emittierendes Papier liegt ihr Interesse an einer möglichst großen Verunsicherung der anderen potentiellen Investoren bzgl. der Haltung des Kongresses, damit sich der Preis auf einem möglichst niedrigem Niveau einpendelt. So können sie das Papier günstig erwerben, während sie selbst mit einer zügigen Überweisung rechnen können; dies erhöht ihre Rendite in nicht unerheblichem Ausmaß. Dadurch haben Investoren, die in der Lage sind, den US-Kongreß zu beeinflussen, grundsätzlich den

Anreiz, die mitbietenden Kapitalmarktteilnehmer dadurch zu verunsichern, daß sie den US-Gesetzgeber im Zeitraum der Preisfindung zu entsprechenden Aktivitäten anregen. Dies mindert tendenziell den Nutzen, der sich aus der disziplinierenden Wirkung der einflußnehmenden Investoren ergibt.

Die zu erwartenden Schwierigkeiten v.a. bei der Einführung des skizzierten Finanzierungsverfahrens werden nicht einfach zu überwinden sein, allerdings stehen diesen Problemen signifikante Vorteile gegenüber.

Durch das neue Verfahren verschwänden die Liquiditätsengpässe mit all ihren negativen Folgen für die Arbeit der Organisation vollständig, weil die in der Zukunft eingehenden Beitragszahlungen der UN-Organisation über den Kapitalmarkt in abgezinster Form praktisch sofort bar zugehen. Durch die hohe Verfügbarkeit liquider Mittel könnten u.a. die Reaktionszeiten in der Start-up-Phase von Friedensoperationen verringert werden, insgesamt wäre die Arbeitsfähigkeit der Organisation jederzeit gesichert. Das Mißfallen, das einzelne sicherheitspolitische Maßnahmen oder andere Aktivitäten der Organisation bei bestimmten Mitgliedstaaten auslöst, könnte sehr viel schwieriger auf der finanziellen Ebene zum Ausdruck gebracht werden, da die UN-Organisation nicht mehr unter Druck zu setzen wäre; die einzige Folge der Verzögerung von Beitragszahlungen wäre die Erhöhung der Finanzierungskosten für alle Mitglieder, eben auch für den im Verzug befindlichen Mitgliedstaat.

Trotz der gestiegenen Flexibilität und stark verbesserten Liquiditätsversorgung behielten die Mitgliedstaaten volle Kontrolle über die Budgets, da die Inanspruchnahme des Kapitalmarkts sich qua Konstruktion der Finanzierungsmethode genau i.H.d. beschlossenen Budgets bewegen würde.

Gleichzeitig würde die Verteilungsgerechtigkeit erhöht, wenn auch kein perfekter Zustand erreicht würde. Bisher tragen im wesentlichen jene Staaten die Kosten des Zahlungsverzugs, die einen Anspruch auf Ausgleich ihrer Aufwendungen aus der Bereitstellung von Truppen und Material für Friedensoperationen haben; sie müssen einfach länger auf die ihnen zustehenden Zahlungen warten. Auch mit der oben skizzierten Lösung würden Teile der durch Zahlungsverzögerung verursachten Kosten sozialisiert: Würden beispielsweise die Vereinigten Staaten immer pünktlich überweisen und viele Entwicklungsländer ständig im Verzug sein, würden die USA so ca. ein Fünftel der durch die verspäteten Zahlungen entstanden Risikoprämien bezahlen müssen – in diesem Fall ohne, daß ihnen ein Verschulden zur Last gelegt werden könnte. Umgekehrt tragen bei Zahlungsverzug der USA bei der Verbriefungslösung traditionell pünktliche Zahler wie z.B. Kanada den Anteil der Risikoprämie, der durch die Zahlungsverzögerung der USA entsteht.

Mit der aufgezeigten Neuordnung der Finanzierungswege würden jene bisher die Kosten tragenden Staaten zwar immer noch durch die Zahlungsverzögerung anderer Staaten belastet, aber nur noch zu dem Teil, der ihrem Anteil am ordentlichen Haushalt entspricht. Dies wäre ein vergleichsweise großer Schritt in Richtung Verteilungsgerechtigkeit, selbst wenn prinzipiell einzig die gänzliche

Übernahme der Kosten durch die Verursacher in vollem Ausmaß Gerechtigkeit schaffen könnte.

Das Verfahren würde die Schwierigkeiten beseitigen, die sich heute im Verhältnis der UN-Beitragszahlungen und der nationalen Budgetverfahren ergeben. Wenn die Staaten Zeitpunkte bis zwei Jahre nach Budgetfeststellung wählen könnten, müßte an sich jede prozeßbedingte Schwierigkeit jeden Mitgliedstaats aus dem Weg geräumt sein: selbst wenn das nationale Haushaltsjahr im Verhältnis zum Haushalt der UN verschoben ist und die nationalen Haushaltsorgane größere Zeiträume für die Planung brauchen, sollte eine Verschiebung der veranlagten Zahlung zu einem zwei Jahre in der Zukunft liegenden Zeitpunkt genügend Spielraum bereitstellen. Diese Erleichterung ist insbesondere bzgl. der Haushalte der Friedensoperationen von Vorteil, deren z.T. erratisch schwankender Finanzierungsbedarf schlecht in den nationalen Haushaltplänen planbar und nur unter Schwierigkeiten ad hoc in die laufenden nationalen Haushalte einzuschieben ist.

In diesem Zusammenhang dürfte es auch zur Vereinfachung von Verfahren und zu höherer Planungssicherheit auf nationaler Ebene führen, wenn die Beitragsschuld immer in Landeswährung festgestellt werden kann, ohne daß es zu negativen Konsequenzen für die Liquiditätsversorgung der UN-Organisation oder der ABS-Finanzierung käme.

Es sei aber an dieser Stelle nochmal darauf hingewiesen, daß im Prinzip weder die Absicherung der Wechselkursrisiken gegen US-Dollar noch die Flexibilisierung der Zahlungszeitpunkte eine notwendige Voraussetzung für die Veräußerung der Beitragsforderungen via ABS darstellen.

Es kann außerdem darauf spekuliert werden, daß die Zahlungsmoral sich per Saldo verbessert. Dadurch, daß die UN-Organisation durch Liquiditätsprobleme nicht mehr in Bedrängnis gebracht werden, fehlt zwar die Möglichkeit, bei sinkender Zahlungsmoral die Weltöffentlichkeit zu mobilisieren, wie dies in Krisen der Vergangenheit häufig geschehen ist. Aber zum einen besteht die Chance, daß Investoren in die ABS disziplinierend auf nationale Kräfte einwirken, welche der pünktlichen Zahlung der Beitragsschuld im Wege stehen, da die Investoren Interesse an einem planmäßigen Zahlungseingang haben; die oben beschriebenen Manöver von Investoren im Zeitpunkt der Preisfindung mögen mit der Zeit ihre Wirkung verlieren, wenn die übrigen Investoren dieses Vorgehen entweder schon vorher oder nach einer Weile durchschaut haben. Zum anderen kann die UN-Organisation nicht mehr in akute Schwierigkeiten versetzt werden, vielmehr schlagen sich Zahlungsverzögerungen nur auf die Preise der ABS, mithin auf die Finanzierungskosten nieder, die wiederum von allen Mitgliedern bezahlt werden müssen. Somit ist der Anreiz zur Ausübung des finanziellen Hebels nicht mehr in gleichem Maße gegeben.

Was die Herbeiführung von Änderungen der relevanten aktuellen Finanzierungsverfahren und –regeln, v.a. aber die Verbriefung angeht, so ist zunächst die Frage zu beantworten, welche Tatbestände auf der juristischen Seite zu berücksichtigen sind.

Im Prinzip können die Forderungen, die gegen die Mitgliedstaaten im Falle einer Veranlagung durch das UN-Sekretariat entstehen, rechtlich als Eigentum der UN-Organisation charakterisiert werden; was die Beschlußfassung und die Verteilung angeht, besteht schließlich kein Unterschied zu dem bisher angewandten Verfahren. Es stellt sich die Frage, ob aus rein juristischer Sicht das Verbriefen der Forderungen vor einem Organ der UN genehmigungspflichtig ist. Dieses Organ könnte die Generalversammlung sein, da ihr gemäß der Finanzverfassung die Budgetverantwortung obliegt. Allerdings handelt es sich bei der Verbriefung lediglich um einen Prozeß, der weder die Ausstattung von Programmen oder Verwaltung noch die Verteilung der finanziellen Lasten betrifft. Die reinen Verwaltungsakte bzgl. der Mittel scheint dem Sekretariat, mithin der Organisation in ihrer Eigenschaft als Verwaltung, zu obliegen. Also könnte man zu dem Schluß kommen, daß eine Verbriefung autonom durch das UN-Sekretariat beschlossen werden könnte.

Gegen diese Sichtweise spricht jedoch insbesondere die Vermutung, daß es nicht anzugehen scheint, daß das Sekretariat das Verschwinden von mehreren Prozent der verbrieften Haushaltmittel durch die Bezahlung der Risikoaufschläge verantworten kann. Diese Mittelverwendung müßte sicherlich im Rahmen der Aufstellung des ordentlichen Haushalts durch die Generalversammlung genehmigt werden. Obwohl diese Risikoabschläge unmittelbare Folge des Zahlungsverhaltens der Mitglieder darstellen und diese Verluste faktisch auch heute entstehen, scheint es nicht vorstellbar, daß das Sekretariat diese Verluste eigenmächtig verteilt, indem es diese per Verbriefung „upfront" realisiert. Dieselbe Genehmigungspflicht gilt vermutlich für die Transaktionskosten, die bei Wechselkurssicherung und Verbriefung entstehen.

Unabhängig von den juristischen Hindernissen scheint es zur Zielerreichung jedenfalls zwingend notwendig, eine breite Mehrheit der Generalversammlung hinter die neue Methode zu versammeln.

Man muß sich dazu vergegenwärtigen, daß die Zahlungsströme durch Verbriefung ein für allemal verkauft werden. Dies kann bedeuten, daß die UN-Organisation rechnerisch nach Abschluß des Bietungsverfahrens lediglich einen Teil des Barwerts vom Kapitalmarkt erlösen würde, der sich im Falle einer in Höhe und Zeitpunkt vollständig korrekten Beitragszahlung durch die Mitglieder ergeben würde. Darüber hinaus brauchen die Mitgliedstaaten wegen der oben beschriebenen Asymmetrie bei der Veränderung des Zahlungsverhaltens möglicherweise viel Geduld bis sich ein Effekt bei besserer Zahlungsmoral einstellt.

Allein das Bewußtsein, daß die Gelder, die ein Staat überweist, in die Hände renditemaximierender Investoren, die ggf. einem Land wie den USA oder Großbritannien entstammen, geleitet wird, mag ein – sachlich nicht begründbares – Unwohlsein bei einigen Mitgliedstaaten auslösen. Um ungünstige Reaktionen auf dieses Unwohlsein zu verhindern, müßte viel Mühe in die sachbezogene Aufklärung investiert werden.

Überdies wäre die Mitarbeit der Staaten an einigen Stellen des Verbriefungsprozesses sehr vorteilhaft. In erster Linie muß beim Budgetieren die Risikoprämie einbezogen werden, sollen die Programme mit den tatsächlich vorgesehenen Mitteln ausgestattet werden. Diese könnten als Finanzierungskosten in den ordentlichen Haushalt eingestellt werden oder bei jeder Mission als Finanzierungskosten budgetiert werden. Wie auch immer dies realisiert wird: diese Mittel müssen durch die Generalversammlung genehmigt werden. Berücksichtigt sie die Finanzierungskosten nicht, erhalten Friedensoperationen und Programme zwar sofort Geld, aber um den Risikoabschlag zu wenig.

Oben ist bereits die Sicherung gegen tatsächliche Ausfallrisiken angesprochen worden, die besonders effektiv von Mitgliedstaaten übernommen werden könnte, ein weiterer positiver Effekt wäre die Belebung des Bietungsverfahrens und ggf. die Liquidisierung des Marktes für die emittierten ABS dadurch, daß Mitgliedstaaten bei Kauf im Primärmarkt und beim Handel im Sekundärmarkt engagiert sein könnten. Würden die Staaten nach Renditegesichtspunkten agieren, könnten sich die Risikoabschläge ggf. deutlich verringern.

Insgesamt erscheint ein Alleingang der UN-Verwaltung in diese Richtung weder realisierbar noch wünschenswert, vielmehr sollte die Generalversammlung in die Entscheidung bzgl. der Neuordnung intensiv eingebunden werden.

Es dürfte zwar schwierig sein, eine Diskussion über ein neuartiges Verfahren in der Generalversammlung in Gang zu setzen, voranzutreiben und schließlich die erforderlichen Mehrheiten einzuwerben. Es muß aber in diesem Zusammenhang betont werden, daß es immerhin zur Umsetzung mit Sicherheit auf Ebene der Charta und höchstwahrscheinlich auf nationaler Ebene bei den Mitgliedstaaten keiner Änderung bedarf, wodurch die Realisierungschancen vergleichsweise hoch sind. Wenn sich eine einflußreiche Gruppe von Mitgliedstaaten zusammenfindet, die entschlossen genug sind, die Lösung einzurichten, wird sie bei der Argumentation keine großen Schwierigkeiten haben, denn im Prinzip bleibt das bisherige Grundprinzip der Finanzierung unverändert, während gerade die flexiblen Zahlungstermine und die Wechselkurssicherung bei vielen Staaten eine Erleichterung bedeuten würde. Bei entsprechend sachlicher und verständlicher Darstellung des Verteilungsaspekts des neuen Finanzierungskonzepts dürften die Sponsoren der Lösung keine Schwierigkeiten haben, die erhöhte Fairneß zu kommunizieren. Bei der Diskussion um die Kosten sollten die Befürworter ebenfalls eine starke Stellung einnehmen können, denn allen Mitgliedstaaten dürften die Probleme und Konsequenzen der knappen Zahlungsmittel aus der jüngsten Vergangenheit noch lebhaft in Erinnerung geblieben sein; wenn die Möglichkeit besteht, diese Schwierigkeit strukturell zu beseitigen, werden sicherlich viele Staaten die Kosten in Kauf zu nehmen bereit sein.

6 Abschließende Bemerkungen

Die Friedensoperationen der UN bleiben bis zur heutigen Zeit eines der wichtigsten und prominentesten Instrumente für die internationale Gemeinschaft, wenn es um die Umsetzung ihrer sicherheitspolitischen Beschlüsse geht. Angesichts der Schwierigkeiten, die sich im Zusammenhang mit der Durchführung von Zwangsmaßnahmen des Kapitels VII der UN-Charta in voller Verantwortung der Völkergemeinschaft ergeben, bleiben Friedensoperationen bis dato das am deutlichsten wahrnehmbare Zeichen kollektiver sicherheitspolitischer Verantwortung im Rahmen der Weltorganisation.

Die bedeutendste Stärke beziehen die Operationen aus der Beteiligung im Idealfall aller in den UN vertretenen Staaten an der sicherheitspolitischen Maßnahme. Durch diese universelle Beteiligung können die am Konflikt Beteiligten und die Weltöffentlichkeit davon ausgehen, daß bei Beschlußfassungen und Durchführung die Prinzipien der Charta die Leitlinien für das Handeln darstellen und nicht nationale Interessen von Einzelstaaten. Dabei findet die universelle Beteiligung Ausdruck in der Teilnahme einer Vielzahl von Nationen an der Entscheidung, der Bereitstellung von Truppen und anderen Ressourcen und schließlich der Zurverfügungstellung von finanziellen Mitteln für die Operationen.

Dieses Idealbild der internationalen Konfliktbekämpfung wird realiter an vielen Stellen durchbrochen. So werden sicherheitspolitische Entscheidungen durch die ständigen Mitglieder des Sicherheitsrats so stark dominiert, daß man kaum von einer Entscheidung aller Mitglieder sprechen kann. Außerdem ist die Verfügbarkeit von Truppen, anderen Hilfskräften und Material bei weitem nicht ausreichend gewährleistet, so daß am Ende die erklärten Ziele der Friedensoperationen häufig nicht erreicht werden.

In diesem Zusammenhang stellt die Frage der finanziellen Ressourcen als Entsprechung der kollektiven Verantwortung auf der ökonomischen Ebene einen bedeutenden Aspekt dar; durch die zeitweise in dramatischer Weise mangelnde Willigkeit zur Zahlung offener, völkerrechtlich klar begründeter Rechnungen für gemäß der Regeln der Völkergemeinschaft beschlossene und durchgeführte Friedensoperationen werden die Mängel in der Bereitschaft zur gemeinsamen Konfliktbekämpfung offenbar.

All diese Abweichungen vom Idealzustand resultieren letztlich aus der Existenz nationalstaatlicher Interessen in Form ex- oder impliziter Abwägung von staatsindividuellen Nutzen gegen Kosten. Während der Nutzen meist wenig konkret greifbar in Form der Bewahrung humanitärer und völkerrechtlicher Werte besteht, können die Kosten sehr überzeugend beziffert werden in potentiellem oder tatsächlichem Verlust von Menschenleben oder Verbrauch von Sachwerten. Es liegt auf der Hand, daß die Argumentation gegen eine Friedensoperation sehr viel leichter fällt und überzeugend realistisch dargestellt werden kann als diejenige für deren Durchführung. Dies gilt umso mehr, wenn bei der Durchführung der Operation Fehler entstehen oder gar das Ziel offensichtlich nicht erreicht wird.

Es wäre sicherlich verfehlt, die Existenz nationaler Interessen zu ignorieren oder als korrigierbares, vorübergehendes Phänomen einzuordnen. Der einzig gangbare Weg zu einer Verbesserung der Verhältnisse ist die Stärkung derjenigen Kräfte, die in der Lage und willens sind, unmittelbare nationale Interessen zugunsten humanitärer und völkerrechtlicher Werte zurückzustellen und möglichst weitgehend die Ansatzpunkte für die Kritik zu elimieren.

Dieser Ansatz birgt eine fast entmutigende Vielfalt von Schwierigkeiten. Vergleichsweise einfach erscheint noch die Verbesserung von Verfahren, die auf operativer Ebene bei Beschlußfassung und Durchführung einer Friedensoperation auftreten. Weitaus schwieriger sind solche Tatbestände zu verändern, die auf politischer Ebene zu Ineffizienzen führen. Die Formulierung von Mandaten, die Entscheidung für oder gegen das Eingreifen in einen Konflikt, die Rechtzeitigkeit dieses Eingreifens, die Zurverfügungstellung von und Ausstattung mit Ressourcen, der Grad der Delegation von Verantwortung gehören zu den Aspekten und Bedingungen von Friedensmissionen, die über ihren Erfolg maßgeblich entscheiden.

Diese für eine Mission so entscheidenden Bedingungen können durch die UN-Organisation selbst, also Generalsekretär und andere Mitarbeiter des Sekretariats, nur in sehr geringem Ausmaß gestaltet werden. Vor allem können sie die Strukturen der Organisation im Rahmen der Charta und der untergeordneten Regeln ausbilden, innerhalb derer die relevanten Vorgänge ablaufen. Dazu zählt als Frage in prominenter Stellung die des Finanzierungsverfahrens. Die Organisation kann sich dabei auf die robusten und heutzutage anerkannten Regeln der Finanzverfassung der Organisation stützen. Wenn sie selbst auch über keine Handhabe verfügt, die Mitgliedstaaten unmittelbar zur pünktlichen und vorbehaltlosen Zahlung der Beiträge zu zwingen, so kann sie doch mittelbar Druck ausüben. Sie hat das in der Vergangenheit auch immer wieder getan, v.a. durch die Mobilisierung der Öffentlichkeit und die Werbung für die Vorteilhaftigkeit multilateralen Vorgehens. In der vorliegenden Arbeit ist eine weitere Möglichkeit vorgestellt worden, die notwendige Liquidität der Organisation sicherzustellen. Auch diese Variante der Finanzierung enthält einen Ansatzpunkt für die Ausübung des Drucks auf die entscheidenden nationalen Akteure. Darüber hinaus stellt sie den rechtzeitigen Mittelzufluß sicher und trägt damit zur Funktionsfähigkeit der Organisation im allgemeinen und ihrer Friedensoperationen im besonderen bei.

Trotzdem bleibt der dargestellte Lösungsansatz – wie vermutlich auch jeder andere –substantiell davon abhängig, inwieweit die Mitgliedstaaten bereit und die Handelnden in der Lage sind, zugunsten der Verfolgung des langfristigen Ziels der universellen Stabilisierung von Weltfrieden und internationaler Sicherheit ihre akuten, nationalen Interessen zurückzustellen. Dabei bietet die bestehende Weltorganisation und das geltende Völkerrecht ausreichend Spielraum für alle Staaten, nicht nur den ständigen Mitgliedstaaten des Sicherheitsrats. Das

Völkerrecht ist sogar im Prinzip soweit ausgebildet, daß unter bestimmten Umständen auch eine weitgehend demokratische Behandlung sicherheitspolitischer Themen möglich ist: durch die Uniting-for-peace-Resolution sollte es grundsätzlich möglich sein – das „Versagen" des Sicherheitsrats vorausgesetzt –, daß die Generalversammlung in Konfliktsituationen selbst eine Friedenstruppe aufstellen kann. Sicherlich wird dieses Recht der Generalversammlung in heutiger Zeit häufig in Frage gestellt; allerdings dürfte das größte Hindernis darin bestehen, daß der politische Wille und der Mut zur Bildung und Führung von entsprechenden Mehrheiten in der Generalversammlung fehlen.

Zu einer solchen Initiative aus der Generalversammlung heraus bedarf es v.a. dann einer großen Portion Mut, wenn die USA als letzte verbleibende Supermacht selbst den Sicherheitsrat durch Veto blockieren sollte; damit müssen sich die Initiatoren nicht nur der Mühe unterziehen, eine 2/3-Mehrheit in der Generalversammlung zu erzielen, sondern sie müssen auch sicherlich den politischen Widerstand der USA fürchten, mit hoher Wahrscheinlichkeit auch im bilateralen Verhältnis. All dies macht eine solche Initiative aus heutiger Sicht ziemlich unwahrscheinlich. Als Tatsache aber bleibt, daß es weniger einer Änderung der Charta, der Zusammensetzung des Sicherheitsrats, der Abstimmungsregeln oder anderer fundamentaler Änderungen bedarf, das häufig als unzureichend empfundene sicherheitspolitische Instrumentarium der UN zu stärken; die einzige Möglichkeit dafür liegt in der Chance, daß eine Gruppe von Staaten durch Mut und politisches Geschick ein politisches Gegengewicht schaffen kann.

Diese Feststellung setzt auch den Rahmen für die Finanzierungsfrage und entscheidet insoweit über die Umsetzungswahrscheinlichkeit der vorgeschlagenen Variante der ABS-Finanzierung. Da die ABS-Lösung letztlich einen Versuch darstellt, den über den US-Kongreß ausgeübten Druck auf die UN-Organisation zu vermindern, müßten die Staaten eine Konfrontation mit dem US-amerikanischen Gesetzgeber riskieren. Die Konfrontation wäre zwar sicherlich nicht von dem Ausmaß, das eine eigenständige, im Zweifel auch gegen Washington geführte Weltsicherheitspolitik hervorrufen würde, allerdings hat sich die internationale Gemeinschaft auch in der Finanzierungsfrage bisher nicht gerade als risikofreudig erwiesen. Möglicherweise bietet eine Situation, in der die USA verstärkt auf die UN zurückgreifen müßte (wie dies z.B. im Golfkrieg 1991 der Fall war), eine Chance, die notwendige Regelungen durchzusetzen. Zumindest würden dann die politischen Auseinandersetzungen, die bisher auf der finanziellen Ebene ausgetragen werden, auf die politischen Gremien verlagert, wo sie schließlich auch hingehören.

Literaturverzeichnis

A. Monographien

Bär, Hans Peter, "Asset Securitisation", Bern, Stuttgart, Wien, 1997.

Bowett, Derek William, "United Nations Forces - A Legal Study of United Nations Practice", London, 1964.

Brams, Steven J., Kilgour, D. Marc, "Game theory and National Security", Oxford, New York, 1988.

Briggs, Philip J., "Making American Foreign Policy - President-Congress Relations from the Second World War to the Post-Cold War Era", 2nd Edition, London, 1994.

Cezanne, Wolfgang, "Grundzüge der Makroökonomik", 4. Auflage, München, Wien, 1988.

Crabb, Cecil V., Antizzo, Glenn J., Sarieddine, Leila E., "Congress and the Foreign Policy Process", Louisiana, 2000.

Czempiel, Ernst-Otto, "Die Reform der UNO. Möglichkeiten und Mißverständnisse", München, 1994.

Davis, Morton David, "Game Theory - A Nontechnical Introduction", New York, 1983.

Deutsch, Hans-Peter, "Derivate und interne Modelle: Modernes Risikomanagement", 2. Auflage, Stuttgart, 2001.

Dixit, Avinash K., Nalebuff, Barry J., "Thinking Strategically", London, New York, 1991.

Childers, Erskine, Urquhart, Brian, "Renewing the United Nations System", New York, Uppsala, 1994.

Gates, Scott, Humes, Brian D., "Games, Information and Politics - Applying Game Theoretic Models to Politcal Science", Michigan, 1997.

Gehring, Babett, "Asset-Backed Securities im amerikanischen und im deutschen Recht", München, 1998.

Hufnagel, Frank-Erich, "UN-Friedensoperationen der zweiten Generation", Berlin, 1996.

Hüfner, Klaus, "Die Vereinten Nationen und ihre Sonderorganisationen - Teil 3: Finanzierung des Systems der Vereinten Nationen 1971-1995, Teil 3A: Vereinte Nationen - Friedensoperatioinen - Spezialorgane", Bonn, 1997.

Hüfner, Klaus, "Die Vereinten Nationen und ihre Sonderorganisationen - Teil 3: Finanzierung des Systems der Vereinten Nationen 1971-1995, Teil 3B: Sonderorganisationen - Gesamtdarstellung - Alternative Finanzierungsmöglichkeiten", Bonn, 1997.

J.P. Morgan/Reuters, "RiskMetrics – Technical Document", Fourth Edition, New York, 1996.

Lailach, Martin, "Die Wahrung des Weltfrieden und der internationalen Sicherheit als Aufgabe des Sicherheitsrates der Vereinten Nationen", Berlin, Göttingen, 1997.

Lindsay, James M., "Congress and the Politics of U.S. Foreign Policy", London, 1994.

Loewenstein, Karl, "Verfassungsrecht und Verfassungspraxis der Vereinigten Staaten", Berlin, Göttingen, Heidelberg, 1959.

Maltese, G.I., "The U.S. Federal Budget Process", New York, 1995.

Mayhew, David R., "Divided We Govern", New Haven, 1991.

McDermott, Anthony, "The New Politics of Financing the UN", Oslo, 1998.

Meiers, Franz-Josef, "NATO's Peacekeeping Dilemma", Bonn, 1996.

Morrow, James D., "Game Theory for Political Scientists", Princeton, 1994.

Ogata, Shijuro, Volcker, Paul et al., "Financing an Effective United Nations", New York, 1993.

Paul, Stephan, Siewert, Klaus-Jürgen, "Bankcontrolling I: Ertragsmanagement in Kreditinstituten", 3. Auflage, Frankfurt a.M., 1998.

Piel, Andreas H., "Finanzierungsproblematik der Vereinten Nationen und pragmatische Lösungsperspektiven einer alternativen Finanzierungsstrategie für den ordentlichen Haushalt", Berlin, 1996.

Prößdorf, Klaus, "Die Uniting For Peace Resolution", Köln, 1960.

Reckhard, Michael, "Die rechtlichen Rahmenbedingungen der Sanktionierung von Beitragsverweigerung im System der Vereinten Nationen", Frankfurt/Main, Berlin, Bruxelles, New York, Wien, 1999.

Righter, Rosemary, "Utopia Lost", New York, 1995.

Schelling, Thomas C., "The Strategy of Conflict", Cambridge, London, 1980.

Schick, Allen, "The Federal Budget", Washington D.C., 1995.

UNDPI, "The Blue Helmets", New York, 1996.

Weirich, Paul, "Equilibrium and Rationality - Game Theory Revised by Decision Rules", Cambridge, 1988.

White, N.D., "Keeping the Peace", Manchester, New York, 1997.

Zinn, Charles J., "Gesetzgebung in USA", Washington, 1977.

Zitka, Frank, "Wandel und Kontinuität - Amerikanische UNO-Politik 1977-1993", Berlin, 1997.

B. Sammelbände

Albrecht, Ulrich, "Die Reform der Vereinten Nationen nach friedenspolitischen Vorgaben", in: Hüfner, Klaus (Hrsg.), "Die Reform der Vereinten Nationen - Die Weltorganisation zwischen Krise und Erneuerung", Opladen, 1994.

Ansprenger, Franz, "Blauhelme - Markenzeichen und Albdruck der Vereinten Nationen", in: Hüfner, Klaus (Hrsg.), "Die Reform der Vereinten Nationen - Die Weltorganisation zwischen Krise und Erneuerung", Opladen, 1994.

Beigbeder, Yves, "The Continuing Financial Problems of the United Nations: Assessing Reform Proposals", in: Taylor, Paul (Hrsg.), "Documents on reform of the United Nations", Aldershot, 1997.

Bothe, Michael, "Peace-Keeping", in: Simma, Bruno (Hrsg.), "The Charter of the United Nations - A Commentary", München, 2002.

Frowein, Jochen, Kritsch, Nico, "Article 39", in: Simma, Bruno (Hrsg.), "The Charter of the United Nations - A Commentary", München, 2002.

Frowein, Jochen, Kritsch, Nico, "Article 40", in: Simma, Bruno (Hrsg.), "The Charter of the United Nations - A Commentary", München, 2002.

Frowein, Jochen, Kritsch, Nico, "Article 41", in: Simma, Bruno (Hrsg.), "The Charter of the United Nations - A Commentary", München, 2002.

Frowein, Jochen, Kritsch, Nico, "Article 42", in: Simma, Bruno (Hrsg.), "The Charter of the United Nations - A Commentary", München, 2002.

Frowein, Jochen, Kritsch, Nico, "Article 43", in: Simma, Bruno (Hrsg.), "The Charter of the United Nations - A Commentary", München, 2002.

Graefrath, Bernhard, "Die Vereinten Nationen im Übergang - Die Gratwanderung des Sicherheitsrats zwischen Rechtsanwendung und Rechts", in: Hüfner, Klaus (Hrsg.), "Die Reform der Vereinten Nationen - Die Weltorganisation zwischen Krise und Erneuerung", Opladen, 1994.

Hüfner, Klaus, "Die Finanzierung der Vereinten Nationen", in: Hüfner, Klaus (Hrsg.), "Die Reform der Vereinten Nationen - Die Weltorganisation zwischen Krise und Erneuerung", Opladen, 1994.

Hüfner, Klaus, "Financing the UN: The Role of the United States", in: Dijkzeul, Dennis; Beigbeder, Yves (Hrsg.), "Rethinking international Organizations: Pathology and Promise", New York, 2002.

Koschorreck, Wilfried, "Article 17", in: Simma, Bruno (Hrsg.), "The Charter of the United Nations - A Commentary", München, 2002.

Kühne, Winrich, "Völkerrecht und Friedenssicherung in einer turbulenten Welt", in: Kühne, Winrich (Hrsg.), "Blauhelme in einer turbulenten Welt - Beiträge internationaler Experten zur Fortentwicklung des Völkerrechts und der Vereinten Nationen", Baden-Baden, 1993.

Petkovic, Denis, "Securitisation of Distressed Consumer Loan Portfolios", in: Borrows, Jane (Hrsg.), "Current Issues in Securitisation", London, 2002.

Schweisfurth, Theodor, "Article 34", in: Simma, Bruno (Hrsg.), "The Charter of the United Nations - A Commentary", München, 2002.

Stein, Torsten, "Article 36", in: Simma, Bruno (Hrsg.), "The Charter of the United Nations - A Commentary", München, 2002.

Stein, Torsten, "Article 37", in: Simma, Bruno (Hrsg.), "The Charter of the United Nations - A Commentary", München, 2002.

Stein, Torsten, "Article 38", in: Simma, Bruno (Hrsg.), "The Charter of the United Nations - A Commentary", München, 2002.

Stoessinger, John G., "Budget Allocations and Assessments", in: Waters, Maurice (Hrsg.), "The United Nations - International Organization and Administration", New York, 1967.

Tomuschat, Christian, "Article 33", in: Simma, Bruno (Hrsg.), "The Charter of the United Nations - A Commentary", München, 2002.

Tomuschat, Christian, "Article 19", in: Simma, Bruno (Hrsg.), "The Charter of the United Nations - A Commentary", München, 2002.

Weiss, Thomas G., "Problems for Future U.N. Military Operations in 'An Agenda for Peace'", in: Kühne, Winrich (Hrsg.), "Blauhelme in einer turbulenten Welt - Beiträge internationaler Experten zur Fortentwicklung des Völkerrechts und der Vereinten Nationen", Baden-Baden, 1993.

C. Aufsätze aus Zeitschriften

Carlsson, Ingvar, "The United Nations: A Time to Reform", in: Foreign Policy Magazine, Fall 1995.

Döpp, Hansjörg, "Der Haushalt der Vereinten Nationen", in: Vereinte Nationen, 1/1973.

Keller, James, "Investor Perspectives on CDOs", in: Risk Magazine, Credit Derivatives 2001 - Issues and Opportunities, 2001.

Kühne, Winrich, "Friedenseinsätze verbessern – der Brahimi-Report", in: SWP - akutell, No. 63, 01.08.2000.

Muchkand Dubay, "Financing the United Nations", in: Indian Journal of International Law, Vol. 35, 1995.

Paul, James A., "Deadbeat Nation", in: The Nation Magazine, 1996.

Pollok, Philip, Stadum, Edward, Holterman, Gordon, "Die Sekuritisierung und ihre Zukunft in Deutschland", in: RIW, 1991.

Ruggie, John Gerald, "Wandering in the Void: Charting the U.N.'s New Strategic Role", in: Foreign Affairs, Vol. 72, November-December, 1993.

Schoettle, Enid C.B., "Kein Geld für den Frieden? Die Finanzierung der UN-Friedenserhaltung", in: Europa-Archiv, 48/16, 1993.

Sitkowski, Andrzej, "Reflections On the Peacekeeping Doctrine", in: International Peacekeeping, 2001.

UNA-USA, "Amendment to Withdraw from the UN is Overwhelmingly Defeated During House Floor Debate", in: Washington Weekly Report, XXIII-18, 19, 19.06.1997.

UNA-USA, "Foreign Relations Committee Adopts Arrears' Payment Plan; Lugar Opens Debate on Alternative", in: Washington Weekly Report, XXIII-18, 19.06.1997.

UNA-USA, "Republican Agenda, UN-Related Bills Provide Forecast of Congressional Debate", in: Washington Weekly Report, XXIII-9, 14.03.1997.

UNA-USA, "Senate Bill Raises New Problems for US/UN Contributions", in: Washington Weekly Report, XXIV-19, 20.07.1998.

UNA-USA, "U.N. Arrears Update: Payment Threatened by Linkage to Passage Of American Servicemembers' Protection Act", in: Washington Report, , 20.08.2001.

UNA-USA, "US Voted Off Key UN Budget Committee", in: Washington Weekly Report, , 18.11.1996.

Urquhart, Brian, "International Peace and Security: Thoughts on the Twentieth Anniversary of Dag Hammarskjöld's Death", in: Foreign Affairs, Fall 1981.

D. Dokumente der UN

GV-Res. 14 A (I), 1946.

"General Principles Governing the Organization of the Armed Forces Made Available to the Security Council by Member Nations of the United Nations", 30.04.1947.

SR-Res. 83 (1950), 27.06.1950.

GV-Res. 377(V), 03.11.1950.

UN-Doc. A/3256, 5.11.1956.

"Final Report on the Plan for an Emergency United Nations Force of the Secretary General", UN-Doc. A/3302, 06.11.1956.

GV-Res. 1089 (XI), 21.12.1956.

GV-Res. 1151(XI), 22.11.1957.

UN-Doc. S/PV 920, 13./14.12.1960.

GV-Res. 1583 (XV), 20.12.1960.

GV-Res. 1595 (XV), 03.04.1961.

GV-Res. 1739 (XVI), 20.12.1961.

IGH, "Advisory Opinion of the International Court of Justice Concerning Certain Expenses of the United Nations", 20.07.1962 ["Advisory Opinion"].

UN-Doc. A/1854 B (XVII), 19.12.1962.

UN-Doc. A/5916, GAOR (XIX), 31.08.1965.

GV-Res. 2734 (XXV), §9, 16.12.1970.

S/11052 Rev. 1, SR-Res. 341, 27.10.1973.

GV-Res. A/Res/963 (XXIX), 29.11.1974.

GV-Res. 3314 (XXIX), 14.12.1974.

GV-Res. 36/116 A, Dezember 1981.

"Regulations and Rules Governing Programme Planning, the Programme Aspects of the Budget, the Monitoring of Implementation and the Methods of Evaluation", 1985.

ST/SGB/Financial Rules/1/Rev. 3 (1985), 1985.

"Military and Paramilitary Activities in and against Nicaragua (ICJ Reports)", 1986.

GV-Res. 41/213, 19.12.1986.

SR-Res. 678 (1990), 29.11.1990.

"Declaration on Fact-finding by the United Nations in the Field of Maintenance of International Peace and Security", GV-Res. A/Res/46/59, 09.12.1991.

Boutros-Ghali, Boutros, "An Agenda for Peace", UN-Doc. A/47/277-S/24111, 31.01.1992
SR-Res. 770 (1992), 13.08.1992.
Statement on behalf of the European Union to the High-Level Open-Endend Working Group on the Financial Situtation of the United Nations, 24.01.1996.
GV-Res. A/Res/52/215, 20.01.1998.
"Financial Report and Audited Financial Statements for the Biennium Ended 31.12.1999", UN-Doc. A/55/5, Supplement No. 5, 2000.
"Press Release", GA/AB/3365, 08.05.2000.
"Report of the Panel on United Nations Peace Operations, Panel on United Nations Peace Operations", UN-Doc. A/55/305, S/2000/809, 08/2000, August 2000 ["Brahimi-Report"].
"Press Release", GA/9850, 23.12.2000.
"Report of the 5th Committee", UN-Doc. A/55/521, 23.12.2000.
GV-Res. A/Res/55/5 B-F, 23.12.2000.
UN-Doc. A/55/521/Add.1, 23.12.2000.
"Press Release", GA/AB/3436, 29.03.2001.
"No exit without strategy: Security Council Decision-Making and the Closure or Transition of United Nations Peacekeeping Operations", UN-Doc. S/2001/394, 20.04.2001.
UN-Doc. A/56/11, 28.06.2001.
"Press Release", GA/AB/3459, 16.10.2001.
GV-Res. 56/240 E, 27.03.2002.
UN-Doc. A/57/11, 21.06.2002.
UN-Doc. A/57/11, 21.06.2002.
DPKO, "United Nations Stand-by Arrangements System (UNSAS) Rapid Deployment Level (RDL) - Terms of Reference ", ohne Datumsangabe.

E. Artikel aus Zeitungen

New York Times, "Don't Capsize the U.N.", 01.04.1996.
Boutros Ghali, Boutros in: **New York Times,** "The US Must Pay Its Dues", 08.04.1996.
New York Times, "The No-Win Gamble", 12.11.1996.
New York Times, "Peacemaker for the U.N: Kofi Annan", 14.12.1996.
New York Times, "Congress Deprives Clinton of Money for UN and IMF", 14.11.1997.
New York Times, "Abortion Discord Holds Up UN Dues and US Budget", 11.11.1999.
Chicago Tribune, "The Deadbeat of the United Nations", 22.11.1999.
Der Tagesspiegel, "Verlust des Stimmrechtes in der Vollversammlung abgewendet", 23.12.1999.
Boston Globe, "Helms' Bombast at the UN", 22.01.2000.
New York Times, "US Begins Lonely Fight to Cut Back its UN Costs", 12.03.2000.
The Washington Times, "UN Talks to Review US Share of Costs", 16.05.2000.
New York Times, "G.O.P. Senator Frees Millions for UN Mission in Sierra Leone", 07.06.2000.
Financial Times, "US Welcomes Shift on Funding UN Operations", 08.09.2000.
New York Times, "Envoy Slams US Over its UN Policies", 02.10.2000.
New York Times, "Europeans Reject US Bid to Lower UN Dues", 02.10.2000.
Boston Globe "UN Peacekeeping In Question", 05.10.2000.
Frankfurter Allgemeine Zeitung, "Deutschland hält für UN-Einsätze Personal und Gerät bereit", 10.11.2000.
The Washington Times, "The Check's in the Mail", 12.02.2001.

Inter Press Service, "US Blamed Again for New Cash Crisis in UN", 01.04.2001.

Frankfurter Allgemeine Zeitung, "Unmut in der EU über die Vereinigten Staaten", 05.05.2001.

Frankfurter Allgemeine Zeitung, "Amerika verliert weitere UN-Wahl", 08.05.2001.

Interview der SZ mit **Kofi Annan** in: **Süddeutsche Zeitung,** ""Wir müssen die Gegner der Globalisierung ernst nehmen"", 13.07.2001.

The Washington Post, "Deciding When To Go", 16.08.2001.

The Washington Post, "UN Funds In Crossfire Over Court", 16.08.2001.

Singapore Straits Times, "International Scrooge", 21.08.2001.

The Washington Post, "House Approves UN Payment", 25.09.2001.

Associated Press, "US to Make Second Dues Payment to UN", 06.10.2001.

F. Papers und andere Veröffentlichungen

Bloodgood, Anne (Rapporteur), "Getting Down to Cases Enforcing Security Council Resolutions", Thirty-Third United Nations of the Next Decade Conference, The Stanley Foundation, Stowe, Vermont, 06/1998.

Fitch IBCA, "European Structured Finance - S.C.C.I. S.p.A.", Fitch IBCA, Inc., New York, 29.11.1999.

Fréchette, Louise, United Nations Peacekeeping at Fifty - Looking Back, Looking Forward, Academic Council on the United Nations (ACUNS), 1998.

GAO, Executive Branch Consultations With Congress Did Not Fully Meet Expectations in 1999-2000, U.S. General Accounting Office (GAO), 09/2001 (GAO-01-917).

GAO, How Assessed How Contributions for Peacekeeping Operations Are Calculated, U.S. General Accounting Office (GAO), 08/1994 (GAO/NSIAD-94-206).

GAO, United Nations: Financial Issues and U.S. Arrears, U.S. General Accounting Office (GAO), 06/1998 (GAO/NSIAD-98-201BR).

GAO, United Nations: Limitations in Leading Missions Requiring Force to Restore Peace, U.S. General Accounting Office (GAO), 03/1997 (GAO/NSIAD-97-34).

GAO, "United Nations: Status of Alternative Revenue Raising Proposals", U.S. General Accounting Office (GAO), 11/1996.

GfbV, Towards a World without Genocide, Gesellschaft für bedrohte Völker (GfbV), Göttingen, 19.05.2000.

Greig, Alison Joanne, The Role of the Security Council - An Opportunity for Reform, Dissertation, Wien, 1996.

Güth, Werner; Kliemt, Hartmut, Langzeiteffekte der "Theory of Games and Economic Behavior", Humbolt-Universität zu Berlin, Wirtschaftswissenschaftliche Fakultät, Berlin, 2001.

Haass, Richard N., "The Use and Abuse of Military Force", Policy Brief No. 54, The Brooking Institution, Washington DC, 11/1999.

Henke, Sabine; Burghof, Hans-Peter; Rudolph, Bernd, "Credit Securitization and Credit Derivatives - Financial Instruments and the Credit Risk Management of Middle Market Commercial Loan Portfolios", CFS Working Paper Nr. 98/07, Center for Financial Studies, 01/1998.

Johnson, Charles W., "How Our Laws are Made", Office of the Parliamentarian of the U.S. House of the Representatives, 31.01.2000.

Kaufmann, Johan, "The Evolving United Nations: Principles and Realities", Reports and Papers, 1994 No. 4, Academic Council on the United Nations (ACUNS), Brown University, Providence, RI, 1994.

PRS Group, "Russia Country Report", The PRS Group, (IBC USA Financial Services, Inc.), 01.11.1999.

SWP, "The United Nations and Regional Security Arrangements", Report of the 4th International Workshop, Stiftung Wissenschaft und Politik, Berlin, 1999.

Turpen, Elizabeth, Holt, Victoria K., Clary, Christopher, Shanahan, Moira K., "Following the Money - The Bush Administration FY03 Budget Request and Current Funding for Selected Defense, State, and Energy Department Programs", The Henry L. Stimson Center, 24.04.2002.

UNA-USA, "Crisis and Reform in United Nations Financing - Final Report of the Global Policy Project (Management Summary)", United Nations Assosiation - USA, New York, 02/1997.

G. Internet-Quellen

Arbenz, Peter, "Möglichkeiten und Grenzen der Blauhelme in Ex-Jugoslawien", Zürich, 1995
(url: http://www.fsk.ethz.ch/publ/zuercher/zu_37/zu37_ch2.htm).

Bentley College Model United Nations, "The United Nations Budget Process", 2001
(url: http://web.bentley.edu/students/s/seferia_davi/id48.htm).

Browne, Marjorie Ann, "United Nations Peacekeeping: Issues for Congress", 04.12.2001
(url: http://www.fas.org/man/crs/90-103.htm).

Bureau of International Organization Affairs, "Presidential Decision Directive 25, the Clinton Administration Policy on Reforming Multilateral Peace Operations, unclassified summary, 5/1994", May 1994
(url: http://www.fas.org/irp/offdocs/pdd25.htm).

Bureau of International Organization Affairs, "U.S. Plan for Paying UN Arrears", 03.12.1999
(url: http://www.uua.org/uuawo/unarrear.html).

Campaign for U.N. Reform, "How We Got Here from There", 11.08.2000
(url: http://www.cunr.org/UNfundchronology.htm).

Childers, Erskine, "Financing the United Nations", Rotterdam, 29.09.1995
(url: http://www.igc.org/globalpolicy/resource/pubs/childer3.htm).

Chopra, Jarat, "Facing the Truth at the United Nations", 10/1995
(url: http://www.hunger.brown.edu/Administration/News_Bureau/Op-Eds/Chopra.html).

Department of Foreign Affairs and International Trade (Kanada), "Towards a Rapid Reaction Capability for the United Nations", 1995
(url: http://www.dfait-maeci.gc.ca/english/news/newsletr/un/rap1.htm).

Dove, Robert B., "Enactment of a Law", 02/1997
(url: http://thomas.loc.gov/home/enactment/enactlaw.html).

DPKO, "Multidisciplinary Peacekeeping: Lessons from Recent Experience", ohne Datum
(url: http://www.un.org/depts/dpko/lessons/handbuk.htm).

Emergency Coalition for U.S. Financial Support of the United Nations, "Information on the Helms-Biden 'Package' for UN Funding", 10.06.1997.

Emergency Coalition for U.S. Financial Support of the United Nations, "Key Concerns: U.N. Issues in the FY98 State Department Authorization Conference", 09.07.1997
(url: http://www.africapolicy.org/docs97/un9707.htm).

Emergency Coalition for U.S. Financial Support of the United Nations, "The Final Outcome", Washington D.C., 1999
(url: http://www.uua.org/uuawo/unfinal.html).

Emergency Coalition for U.S. Financial Support of the United Nations, "U.S. Proposals to Fund the United Nations, FY98 - A Comparison of the President's and Congress' Budget Proposals for the United Nations", 16.07.1997 (url: http://www.clw.org/pub/clw/un/usunfy98.html).

GPF, GPF: "Chart on US Law on UN Arrears and Reform (Based on version passed by the Senate on June 22, 1999)", ohne Datum (url http//www.igc.org/globalpolicy/finance/info/uslaw.htm).

GPF, "Chronology - Background & History of the UN Financial Crisis", ohne Datum (url: http://www.igc.org/globalpolicy/finance/chronol/).

GPF, "Chronology", ohne Datum (url: http://www.igc.org/globalpolicy/finance/chronol/).

GPF, "Comparison of US and Total Debt to the UN", 10/2000 (url: http://www.igc.org/globalpolicy/finance/tables/dbttab00.htm bzw. http://www.igc.org/globalpolicy/finance/tables/core/un-us-01.htm).

GPF, "Comparison of US and Total Debt to the UN", ohne Datum (url: http://www.igc.org/globalpolicy/finance/tables/dbttab00.htm bzw. http://www.igc.org/globalpolicy/finance/tables/core/un-us-01.htm).

Hay, Robin, "Peacebuilding during Peace Support Operations - a Survey and Analysis of Recent Missions", 14.03.1999 (url: http://www.dfait-maeci.gc.ca/peacebuilding/hay-e.asp).

IPA, "IPA Seminar on Peacemaking and Peacekeeping in Vienna (Report)", 07/1998 (url: http://www.ipacademy.org/Publications/Reports/Training/PublRepoTraiViennPrint.htm).

IPEP, "Projektdokument der IPEP", 01/2000 (url: http://www.oau-oua.org/Document/ipep/Project/ipep.htm).

Lamont, Beth K., "The new Mandate for United Nations Peacekeeping", 25.11.2000 (url: http://www.corliss-lamont.org/hsmny/peacekeeping.htm).

Langille, H. Peter, "SHIRBRIG: A promising step towards a United Nations that can prevent deadly conflict", 2000 (url: http://www.igc.org/globalpolicy/security/peacekpg/reform/canada.htm).

Laurenti, Jeffrey, "Losing America's Vote at the United Nations", 29.06.1998 (url: http://www.unausa.org/newindex.asp?place=http://www.unausa.org/issues/losevote.asp).

Laurenti, Jeffrey, "The New U.N. Assessment Scale", 28.01.1998 (url: http://www.unausa.org/newindex.asp?place=http://www.unausa.org/programs/scale.asp).

Laurenti, Jeffrey, "The United Nations and International Security: Dilemmas and Agendas for American Engagement", Houston, Texas, 10.04.2000 (url: http://www.unausa.org/issues/peace/laurenti.htm).

Malone, David M., Cockell, John G., "The Security Council in the 1990s", 11/1996 (url: http://www.dfait-maeci.gc.ca/english/foreignp/leger1.htm).

Mathiason, John R., "Internal Management", New York, 05.11.2001 (url: http://classes.maxwell.syr.edu/intlmgt/sessions/internal/internalmanagementlecture.htm).

Maynes, Charles William, "What's Wrong at the United Nations?", 1997 (url: http://www.cosmos-club.org/journals/1997/maynes.html).

McNair Paper Number 58, "Searching for Partners: Regional Organizations and Peace Operations", 06/1998 (url: http://www.ndu.edu/inss/macnair/mcnair58/m58cont.html).

NAMTAC (National Association of Management and Technical Assistance Centers), "Budget System and Concepts and Glossary", 15.07.1999 (url: http://www.namtac.org/budgetsys.html).

News Bulletin, "US General Accounting Office Report Recognizes Arrears as Primary Cause of Financial Problems at the UN", 18.06.1998.

Novosseloff, Alexandra, "Revitalizing the United Nations", 12/1999 (url: http://www.stratisc.org/act/tri_0006_Novosseloff_Foresight.html).

Osmançavuşoğlu, Emel, "Challanges to United Nations Peacekeeping Operations in the post-cold War Era", 1999-2000 (url: http://www.mfa.gov.tr/grupa/percept/IV-4/cavusoglu.htm).

Project on Peacekeeping and the United Nations, "Developing a Rapid Deployment Capability", ohne Datum (url: http://www.clw.org/un/rapreac.html).

Project on Peacekeeping and the United Nations, "Does the U.N. Owe the U.S. for Past Support of Peacekeeping Operations?", 06/1996 (url: http://www.clw.org/pub/clw/un/unoweus.html)

Project on Peacekeeping and the United Nations, "Responding to a Crisis: Stand-by Arrangements at the United Nations", 05.08.1997 (url: http://www.clw.org/un/unstand.html)

Project on Peacekeeping and the United Nations "To restrict intelligence sharing with the United Nations (Auszug einer in den Senat am 19.01.99 eingebrachten Gesetzesvorlage)", ohne Datum (url: http://www.clw.org/pub/clw/un/s91.html)

Project on Peacekeeping and the United Nations, "U.N. and Peacekeeping Issues in Congress", 21.05.1998 (url: http://www.clw.org/pub/clw/un/legupdat.html)

Renner, Michael, "Peacekeeping Expenditures: 1947-2001", 2002 (url: http://www.globalpolicy.org/finance/tables/pko$$.htm)

Rivlin, Benjamin, "UN Reform from the Standpoint of the United States", 1995 (url: http://www.unu.edu/unupress/lecture11.html)

Simma, Bruno, "NATO, the U.N. and the Use of Force: Legal Aspects", 1999 (url: http://www.unausa.org/issues/sc/simma.htm)

U.S. Department of State, "Arrears Hurt U.S. Influence Beyond the UN", 24.10.2000 (url: http://www.state.gov/www/issues/fs-un_arrears-hurt_001024.html)

U.S. Department of State, "Senator Jesse Helms, Chairman, Senate Foreign Relations Committee: Remarks to UN Security Council", 20.01.2000 (url: http://grossmont.gcccd.cc.ca.us/mmckenzie/helms.htm)

UNDPI, "The Complicated Process of Financing a Peackeeping Mission", New York, ohne Datum. (url: http://www.media-awareness.ca/eng/med/class/teamedia/peace/part5/p5_7.htm)

UNDPI, Informationen zu allen abgeschlossenen und laufenden UN-Friedensmissionen werden durch das UNDPI für das Internet aufbereitet und ständig aktualisiert (url: http://www.un.org/Depts/DPKO/Missions/) ["Peacekeeping Missions"]

USIS Washington File, "Senate agrees to pay most of U.S. Back Dues to United Nations", 23.06.1999 (url: http://www.un.int/usa/99budsen.htm)

Walker, James P., "Alternative Financing for the United Nations: An Idea Whose Time Has Finally Come?", 12/1995 (url: http://www.igc.org/globalpolicy/finance/alternat/currtax/walker.htm)

WEED, "Ansatzpunkte für einen Politikwechsel Deutschlands in den Vereinten Nationen nach den Bundestagswahlen 1998", Bonn, 09/1998 (url: http://www.weedbonn.org/unreform/unoref3.htm)

WFA, "Another delay on payment of UN dues under debate--House passes resolution to hold backpayments", 09.05.2001
(url: http://www.wfa.org/issues/unfund/funddebate2001.html)

Williams, Abiodun; Alvarez, José; Gordon, Ruth; Knight, W. Andy, "Article 2(7) Revisited", Providence, RI, 1994
(url: http://www.acuns.wlu.ca/publications/2.7/2.7.TOC.shtml)

World Federalists of Canada, "How Money Talks: The Funding Crisis at the UN", 06/1996
(url: http://www.globalpolicy.org/finance/docs/wfedcan.htm)

INTERNATIONALE BEZIEHUNGEN

Herausgegeben von Klaus Hüfner

Band 1 Günter Max Teuber: Managementprobleme afrikanischer "Non-Governmental Organizations" (NGOs). Eine Analyse aus entwicklungspolitischer Sicht, basierend auf Fallbeispielen aus den anglophonen Entwicklungsländern des südlichen Afrika. 1993.

Band 2 Jochen Hönow: Zielgruppen, Methoden und Finanzierung nichtstaatlicher Entwicklungspolitik in Industrieländern. Eine qualitative Untersuchung der entwicklungspolitischen Rolle von ausgewählten Nichtregierungsorganisationen der Bundesrepublik Deutschland, Österreichs und Schwedens aus systemtheoretischer Sicht. 1997.

Band 3 Frank Zitka: Wandel und Kontinuität. Amerikanische UNO-Politik 1977-1993. 1997.

Band 4 Carsten F. Risch: Evolution, Legitimation und Organisation intergouvernementaler Wirtschaftskooperationen. Das Beispiel der EU und der Visegrád-Staaten. 1998.

Band 5 Martin Wündisch: Die United Nations Joint Inspection Unit als Instrument zur Einführung organisatorischer Rationalität in internationalen Organisationen. 1999.

Band 6 Klaus Hüfner / Jens Martens: UNO-Reform zwischen Utopie und Realität. Vorschläge zum Wirtschafts- und Sozialbereich der Vereinten Nationen. 2000.

Band 7 Chandararot Kang: Voraussetzungen zur Entdollarisierung in Kambodscha (eine monetär-keynesianische Lösung). 2001.

Band 8 Klaus Johannes Müller: Das Problem der Finanzierung von UN-Friedensoperationen. Die Rolle der USA und ein Ausweg über den Kapitalmarkt. 2005.

www.peterlang.de

FSC
www.fsc.org
MIX
Papier | Fördert gute Waldnutzung
FSC® C083411

Kolibri 360 GmbH
Ferdinand-Jühlke-Straße 7
99095 Erfurt, Deutschland
produktsicherheit@kolibri360.de

Druck:
CPI Druckdienstleistungen GmbH
im Auftrag der
Kolibri 360 GmbH
Ferdinand-Jühlke-Str. 7
99095 Erfurt